Michael Braun Alexander

INDIEN SUPERPOWER

Aufstieg einer Wirtschaftsmacht

MICHAEL BRAUN ALEXANDER

INDIEN

AUFSTIEG EINER

SUPER

WIRTSCHAFTSMACHT

POWER

FBV

Bibliografische Information der Deutschen Nationalbibliothek
Die Deutsche Nationalbibliothek verzeichnet diese Publikation in der Deutschen Nationalbibliografie. Detaillierte bibliografische Daten sind im Internet über http://dnb.d-nb.de abrufbar.

Für Fragen und Anregungen
info@finanzbuchverlag.de

Originalausgabe, 1. Auflage 2020

© 2020 by FinanzBuch Verlag, ein Imprint der Münchner Verlagsgruppe GmbH,
Nymphenburger Straße 86
D-80636 München
Tel.: 089 651285-0
Fax: 089 652096

Redaktion: Daniel Bussenius
Korrektorat: Matthias Höhne
Umschlaggestaltung: Marc-Torben Fischer, München
Umschlagabbildung: Shutterstock/Suto Norbert Zsolt
Satz: Bernadette Grohmann, Röser MEDIA GmbH
Druck: GGP Media GmbH, Pößneck
Printed in Germany

ISBN Print 978-3-95972-136-3
ISBN E-Book (PDF) 978-3-96092-245-2
ISBN E-Book (EPUB, Mobi) 978-3-96092-246-9

Weitere Informationen zum Verlag finden Sie unter

www.finanzbuchverlag.de

Beachten Sie auch unsere weiteren Verlage unter www.m-vg.de

Für Constanze von Wallenberg

Methodologies vary, but several calculations place humanity's centre of gravity, the geographical midpoint of the world's population, in or near the far north of India [...], and then I am reminded that I, like nearly everyone I know, am from the provinces, from the periphery of the map when the map is weighed by individual lives.

MARK VANHOENACKER[1]

It will be curious to see something of the India that is changing.

E. M. FORSTER[2]

Inhalt

Abkürzungen

ILVKA: Indien ist ein Land vieler kurzweiliger Abkürzungen. Man begegnet ihnen überall: in den Medien, im Umgang mit Behörden und Unternehmen, auf Formularen, im Gespräch, im Internet. Wer zum ersten Mal eine indische Zeitung aufschlägt, sieht sich typischerweise einem kaum entzifferbaren und für Nicht-Eingeweihte nahezu unverständlichen Buchstabensalat gegenüber. Hier anekdotenhaft drei Schlagzeilen aus der *Times of India*, einer der größten englischsprachigen Tageszeitungen der Welt, aus dem Jahr 2018:

> *Bofors: ASGs urge SC to hear CBI's plea with pending one*[3]
> *PIL says MPs, MLAs must not practise law, SC seeks AG help*[4]
> *Karti gets HC nod to travel abroad, ED arrests his CA*[5]

Aha. Selbst des Englischen Kundige, die vielleicht regelmäßig souverän das *Wall Street Journal*, die *Financial Times* oder die Wochenzeitschrift *The Economist* lesen, können mit einem solchen Kürzeljargon nichts anfangen. Zum Auftakt dieses Buches daher eine Auswahl von Abkürzungen und geläufigen Ausdrücken, die in Indien in Politik, Wirtschaft und Publikationen häufig benutzt werden – und ab und an auch in diesem Buch:

AAP	Aam Aadmi Party (»Partei des einfachen Mannes«)
AITC	All India Trinamool Congress (führende Partei in Westbengalen)
AP	Andhra Pradesh (Bundesstaat im Südosten)
BEST	Brihanmumbai Electricity Supply and Transport (Stromversorger und ÖPNV-Betreiber in Mumbai)
BJP	Bharatiya Janata Party (»Indische Volkspartei«, Regierungspartei in Delhi)

BKC	Bandra Kurla Complex (Geschäftsviertel in Zentral-Mumbai)
BMC	Brihanmumbai Municipal Corporation (früher Bombay Municipal Corporation, Mumbais Stadtverwaltung)
BRI	Belt and Road Initiative (Chinas globaler Infrastrukturplan)
BSE	Bombay Stock Exchange (eine der beiden Börsen von Mumbai)
CBI	Central Bureau of Investigation (Indiens Bundespolizei, etwa vergleichbar mit dem amerikanischen FBI)
CCI	Competition Commission of India (Kartellbehörde)
CEC	Chief Election Commissioner (oberster Wahlleiter)
CIL	Coal India Limited (Bergbaukonzern)
CM	Chief Minister (Regierungschef eines Teilstaats, ungefähr mit dem Ministerpräsidenten eines deutschen Bundeslands vergleichbar)
CPEC	China-Pakistan Economic Corridor (wirtschaftliche Entwicklungszone)
CPI	Communist Party of India (nicht zu verwechseln mit der CPI (M))
CPI (M)	Communist Party of India – Marxist (marxistische Partei, nicht zu verwechseln mit der CPI)
Crore	zehn Millionen (ausgesprochen »kror«, geschrieben 1,00,00,000)
FDI	Foreign Direct Investment (Investitionen ausländischer Unternehmen in Indien)
FII	Foreign Institutional Investors (institutionelle Investoren aus dem Ausland, zum Beispiel Fonds- und andere Anlagegesellschaften)
FMCG	Fast-Moving Consumer Goods (Konsumgüter)
FRRO	Foreigners' Regional Registration Office (Ausländerbehörde)

GDP	Gross Domestic Product (Bruttoinlandsprodukt)
GST	Goods and Services Tax (indische Mehrwert-/Umsatzsteuer seit 2017)
HDFC	Housing Development Finance Corporation, eine Hypothekenbank (HDFC) sowie eine der größten Privatbanken Indiens (HDFC Bank)
HPCL	Hindustan Petroleum Corporation Limited (Rohstoffkonzern)
HUL	Hindustan Unilever (Konsumgüterunternehmen, kontrolliert von Unilever)
IBC	Insolvency and Bankruptcy Code (Insolvenzrecht)
ICICI	ICICI Bank, benannt nach der Industrial Credit and Investment Corporation of India (große Privatbank)
ICS	Indian Civil Service
IIM	Indian Institutes of Management (Wirtschaftshochschulen)
IMF	International Monetary Fund (Internationaler Währungsfonds, IWF)
INC	Indian National Congress (Indischer Nationalkongress, führende Mitte-Links-Partei)
INR	Indische Rupie(n)
IOCL	Indian Oil Corporation Limited (Rohstoffkonzern)
IOR	Indian Ocean Region (der Indische Ozean im geopolitischen Sinne)
IRFC	Indian Railway Finance Corporation
ISI	Inter-Services Intelligence (pakistanischer Geheimdienst)
ISRO	Indian Space Research Organisation (Weltraumbehörde mit Hauptsitz in Bangalore)
IST	Indian Standard Time (Zeitzone)
ITC	India Tobacco Company, ursprünglich Imperial Tobacco Company (indischer Mischkonzern)
J&K	Jammu und Kaschmir (nördlicher Landesteil Indiens, politisch umstritten)

JLR	Jaguar Land Rover (zu Tata Motors gehörender Autokonzern mit britischen Wurzeln)
JN	Jawaharlal Nehru (erster Regierungschef der Republik Indien)
JNPT	Jawaharlal Nehru Port Terminal (bei Mumbai, Indiens wichtigster Seehafen)
JNU	Jawaharlal Nehru University (Hochschule in Neu-Delhi)
KYC	Know Your Customer (Leitprinzip bei der Erbringung von Finanzdienstleistungen in Indien, bürokratisches Monster)
Lakh	100.000 (ausgesprochen »lack«, geschrieben 1,00,000)
LoC	Line of Control (De-facto-Grenzverlauf zwischen Indien und Pakistan in Kaschmir)
L&T	Larsen & Toubro (indischer Baukonzern)
LTCG	Long-Term Capital Gains (gebräuchlich als LTCG tax, Kapitalertragssteuer)
LTTE	Liberation Tigers of Tamil Eelam (tamilische Unabhängigkeitsbewegung)
MEA	Ministry of External Affairs (Außenministerium in Neu-Delhi)
MG	Mohandas »Mahatma« Gandhi
MoF	Ministry of Finance (Finanzministerium in Neu-Delhi)
MP	Madhya Pradesh (Bundesstaat »Zentralindien«)
NASSCOM	National Association of Software and Services Companies (IT-Branchenverband)
NBFC	Non-Banking Financial Company (bankenunabhängiger Finanzdienstleister, »Schattenbank«)
NCR	National Capital Region (die Hauptstadt Delhi und Umland, vgl. NCT)
NCT	National Capital Territory (Territorium der Hauptstadt Delhi, vgl. NCR)
NDA	National Democratic Alliance (Regierungskoalition unter Führung der BJP, vgl. UPA)

NHPS	National Health Protection Scheme (»Modicare«, staatliche Krankenversicherung)
NPA	Non-Performing Asset (Problemkredit)
NPCIL	Nuclear Power Corporation of India Limited (staatlicher Atomkonzern)
NRI	Non-resident Indian (im Ausland lebender Inder)
NSE	National Stock Exchange (die größere der beiden Börsen in Mumbai)
NYSE	New York Stock Exchange (Börse in New York)
OBC	»Other Backward Class« (»andere benachteiligte Gesellschaftsschicht«)
ONGC	Oil and Natural Gas Corporation (staatlich kontrolliertes Rohstoffunternehmen)
PM	Prime Minister (Premierminister, Ministerpräsident)
PNB	Punjab National Bank (große staatlich kontrollierte Bank mit Sitz in Delhi)
PSU	Public Sector Undertaking (staatlich kontrolliertes Unternehmen, oft börsennotiert)
Raj	die britische Kolonialherrschaft von 1858 bis 1947
RBI	Reserve Bank of India (Indiens Notenbank mit Hauptsitz in Mumbai)
RIL	Reliance Industries (Konglomerat in Mumbai)
RSS	Rashtriya Swayamsevak Sangh (»Nationale Freiwilligenorganisation«, hindunationalistische Jugendorganisation)
SAARC	South Asian Association for Regional Cooperation
SBI	State Bank of India (größte staatlich kontrollierte Bank in Indien)
SC	Scheduled Caste (gesellschaftlich benachteiligte Kaste)
SC	Supreme Court of India (Oberstes Gericht)
SEBI	Securities and Exchange Board of India (Börsenaufsicht)
ST	Scheduled Tribe (gesellschaftlich benachteiligte Volksgruppe, vgl. SC und OBC)

TCS	Tata Consultancy Services (führendes IT-Unternehmen)
TDP	Telugu Desam Party (Regionalpartei in Südostindien)
TGB	Tata Global Beverages (Getränkekonzern mit Sitz in Kolkata)
TRAI	Telecom Regulatory Authority of India (Telekom-Regulierungsbehörde)
UP	Uttar Pradesh (bevölkerungsreichster Bundesstaat, Nordindien, früher »United Provinces«)
UPA	United Progressive Alliance (Mitte-Links-Koalition in Neu-Delhi unter Führung der Kongresspartei, politischer Gegner der NDA)
UT	Union Territory (Bundesterritorium, direkt der Bundesregierung in Neu-Delhi unterstellt)

Oft sieht man in Indien auch das Kürzel PTO: *please turn over*, bitte umblättern.

Ich war dann mal weg …

… und zog Anfang 2014 nach Mumbai. Das wäre kaum der Rede wert, wenn sich nicht der eine oder andere fragen würde, wie es wohl dazu kam. Wieso zieht der einfach mal so nach Indien? Spinnt der?

Lassen wir Karl Lagerfeld zu Wort kommen. Der (wie ich) aus dem Hamburger Umland stammende Couturier war ein erfrischend meinungsstarker, eloquenter Mann. Er formulierte einmal die Maxime, wonach man sich in seinem Leben ab und an, so alle paar Jahre, neu erfinden müsse, ansonsten gehe es bald abwärts mit einem, nicht nur mit dem Äußerlichen, sondern vor allem, noch unangenehmer, in der inneren, oberen Abteilung. (Lagerfeld drückte sich anders und eleganter aus; in meiner Erinnerung war dies der Kern seines Bonmots.) Eine solche Veränderung bedeutet Risiko; sie ist lästig, unbequem; geht etwas schief, blamiert man sich. Aber bekanntlich gehen diejenigen das größte Risiko ein, die sich nie neu aufstellen, bei denen deshalb nie etwas schiefgehen kann, die ein Leben lang auf der Stelle treten und schleichend schlicht im Kopf werden, oft ohne es zu merken.

Also: Ich war Mitte 40, glücklich verpartnert, mit einem zutiefst befriedigenden Beruf. Ich hatte in Deutschland als selbstständiger Journalist und Buchautor mehr als genug zu tun (und konnte, nicht selbstverständlich, prima davon leben). Von der berüchtigten Midlife-Crisis keine Spur. Und ich lebte seit mehr als zehn Jahren in Berlin, der übercoolen deutschen Hauptstadt, von deren Fabelhaftigkeit die ganze Welt seit Jahren geradezu besoffen ist.

Nur langweilte ich mich. Nicht jeden Tag. Aber immer öfter. Ein Ortswechsel und eine gezielte Horizonterweiterung schienen verlockend, um dem Leben eine Extradimension zu geben, eine Lagerfeld'sche Neuerfindung anzugehen. Und ich hatte glückliche Umstände, jenen Freiraum, den der Autor und Co-Berliner Wladimir Kaminer so beschrieb: »Die größte Freiheit ist die Möglichkeit abzuhauen.«[6] Also haute ich ab.

Die wunderbare Leichtigkeit des Schreibens

Natürlich zog ich nicht nach Mumbai, um Ferien zu machen, mich zu erholen oder gar »mich selbst zu finden«. Praktischerweise liegt es in der Natur meines Berufs, des Schreibens, dass man ihn in aller Welt ausüben kann, sofern man einen Laptop und einen Internetzugang hat – also heute so gut wie überall. Hinzu kam, dass Journalismus und Medien seit der Jahrtausendwende einen dramatischen, sich stetig beschleunigenden Umbruch durchliefen, so wie andere Branchen auch. Der Siegeszug des Internets erschütterte die Geschäftsmodelle von Verlagen und Redaktionen, ließ Auflagen und Anzeigenerlöse, die ins Digitale abwanderten, sinken. Ein Stellenabbau war bei vielen die Folge, nicht einmalig, sondern immer wieder. Für angestellte Journalisten war dies hässlich – viele verloren ihre Jobs –, aber natürlich auch für selbstständige Autoren, die Freien. Sie stehen in der Hackordnung auf dem medialen Hühnerhof weit unten – seien wir ehrlich: *ganz* unten. Auch für hartgesottene Arbeitgeber ist es nicht so einfach, fest angestellte Mitarbeiter zu entlassen, und billig ist es auch nicht. Bei Freien ist das denkbar einfach; man ruft sie einfach nicht mehr an und senkt so die variablen Redaktionskosten. Insofern lässt sich bei ihnen besonders mühelos sparen, und es kostet keine Abfindung.

Nun ist Wandel nichts Neues. Man muss und sollte ihm in allen Lebenslagen, um nicht auf der Strecke zu bleiben, mit offenen Armen entgegengehen. Der Beruf des freiberuflichen Autors hat manche Nachteile. Man muss sich sein Geschäft erarbeiten, akquirieren, seine Kunden (also Redaktionen und Verlage) zufriedenstellen und bei

Laune halten – und natürlich einen guten Job machen, und zwar jedes Mal wieder. Es gibt, klar, gewisse Abhängigkeiten und Sachzwänge. Zugleich lebt ein freier Publizist im Luxus: Er muss keinen Chef um Erlaubnis fragen, kann im Wesentlichen tun und lassen, was er will, sofern er sich eine gewisse Flexibilität bewahrt und seine Finanzen nicht aus den Augen verliert. Beispiel Indien: Um in Mumbai, Delhi oder sonst wo südlich des Himalajas als Journalist arbeiten zu können, braucht es erstaunlich wenig. Erstens: ein Flugticket, One-Way reicht, man will ja bleiben. Zweitens: ein Journalistenvisum (um 100 Euro, mehr dazu unten). Drittens: Laptop und Internetzugang. Das ist die Grundausstattung, und das ist auch schon alles. Zusammen nicht viel mehr als 1000 Euro, wobei zwei Drittel auf den Laptop entfallen, und den braucht man sowieso, unabhängig vom Arbeitsort.

Damit ist man, sofern man einen halbwegs funktionierenden Kopf mitbringt und schreiben kann, in Indien ein gefragter Mann. Denn eine Folge der Sparmaßnahmen in deutschen Verlagen ist die massive Ausdünnung des teuren internationalen Korrespondentennetzes, das praktisch jeder große Titel ungefähr bis Ende des 20. Jahrhunderts unterhielt. Vor dem Siegeszug des Internets konnten Verlagshäuser und seriöse Printtitel sich dieses Netzwerk leisten; danach wurde das Geld knapp und knapper. Heute ist es selbst bei Spitzentiteln durchaus üblich, Auslandskorrespondenten ein weites Feld beackern zu lassen. Man leistet sich beispielsweise, sinnvoll natürlich und für die Leserschaft ein Gewinn, einen Afrikakorrespondenten. Nun ist Afrika – in der Fläche Deutschland mal 85 – alles andere als klein, ein Kontinent eben. Praktisch bedeutet das, dass ein Afrikakorrespondent sein Büro in Nairobi, Johannesburg oder Kapstadt hat und von dort aus einen Erdteil mit mehr als 50 Staaten und zahllosen Kulturen und Sprachen abdeckt. Oder ein Verlagshaus beschäftigt einen Korrespondenten, der von Singapur aus über alles schreibt, was sich im geografischen Dreieck zwischen Pakistan, Mauritius und Australien an Berichtenswertem ereignet (also auch in Indien). Das ist selbstverständlich besser, als überhaupt keinen Korrespondenten im südlichen Asien zu haben, aber nicht optimal. Die Entfernung zwischen Singapur und

Neu-Delhi (4150 Kilometer Luftlinie) entspricht ungefähr der zwischen Berlin und Timbuktu (4230 Kilometer), und die politischen, wirtschaftlichen und gesellschaftlich-kulturellen Differenzen haben ähnliche Dimensionen. Man stelle sich vor, der einzige Europakorrespondent einer indischen Zeitung solle von Paris, Stockholm oder Rom aus den gesamten europäischen Kontinent mit seinen rund 50 Staaten abdecken: Island, die Kanaren, Weißrussland, Albanien und alles dazwischen. Das ist möglich, aber in der Praxis nicht einfach.

Der Niedergang des Korrespondententums birgt allerdings Chancen. Wer als Freier im Ausland Marktlücken sucht – in diesem Fall geografische Lücken –, wird fündig werden. Das gilt auch für Indien, das wie viele andere Erdteile und Länder in den Medien wenig Berücksichtigung findet und, falls doch, nur selten mithilfe fest angestellter Korrespondenten. Die deutschsprachigen Printjournalisten in Vollzeit, die neben den Vertretern der (subventionierten) öffentlich-rechtlichen Rundfunkanstalten aktuell in Indien wirken, lassen sich an einer Hand abzählen. (Ehrlich gesagt fallen mir gerade – Stand: Ende 2019 – nur zwei ein.) Eine Marktlücke. Ich sprach bei Redaktionen vor, mit denen ich bis dahin zu tun gehabt hatte. Und siehe da: Ich rannte offene Türen ein.

Warum Indien, nicht China?

Nun ist die Landkarte, sofern man der deutschen Hauptstadt überdrüssig geworden ist, groß. Man könnte schließlich sonst wohin gehen. Warum ausgerechnet Indien?

Es lag zum einen an der Sprache. Ich kann zwar kein Hindi (oder Marathi, Bengalisch und so weiter), aber passables Englisch, weil ich in Großbritannien und in den USA gelebt habe und bei mir zu Hause seit nunmehr drei Jahrzehnten ohnehin Englisch gesprochen wird. Zum anderen bin ich dank meiner Ausbildung – englische Universität, Teilvolontariat in einem Londoner Korrespondentenbüro – eine Spur anglophil und mit der Geschichte des Empire vertrauter als etwa mit derjenigen Chinas. Drittens gab es in China, dessen globale politische und wirtschaftliche Bedeutung auch Redaktionen im deutschen Sprachraum erkannt hatten, Korrespondenten, die im Gegensatz zu mir Ahnung von China hatten und Mandarin beherrschten. Indien dagegen war journalistisch jahrzehntelang vernachlässigt worden, und über die dortige Unternehmenslandschaft und die Finanzmärkte wurde praktisch überhaupt nicht berichtet. Für einen Wirtschafts- und Börsenjournalisten wie mich eine ideale Ausgangsposition.

Es kam hinzu, dass ich das Land mehrmals besucht hatte und mit den Gegebenheiten einigermaßen vertraut war. Mein erster Aufenthalt hatte 2007 stattgefunden, Goa, insofern ein glücklicher Auftakt, als die Westküstenregion ein Urlaubsparadies ist, touristisch erschlossen und historisch interessant – also harmlos und benutzerfreundlich. In den folgenden Jahren reiste ich wiederholt nach Indien; es war nicht einmal geplant, sondern ergab sich einfach. 2010 kam ich zum ersten Mal nach Mumbai, das vier Jahre später für mich dann eine so wichtige Rolle spielen sollte.

Dennoch: Ich war, als ich im Februar 2014 meinen Koffer packte und nach Mumbai flog und zog, zwangsläufig unvorbereitet. Ich war zuversichtlich, keinen Kulturschock zu erleiden, aber natürlich war ich naiv. Wobei Naivität und Unbedarftheit manchmal hilfreich sind im Leben, damit man vor lauter Zaudern und Zögern nicht erstarrt, damit man ab und an den sprichwörtlichen Sprung ins kalte Wasser wagt, die Neuerfindung à la Lagerfeld.

Prima Klima

Das Timing war selten bescheuert. Mein Leben als Expatriate in Mumbai begann mit einem Schock, nämlich einem *Klima*schock. Wer im Februar an die indische Westküste zieht, wird feststellen, dass es vom ersten Augenblick an warm ist und von Tag zu Tag heißer. Brütender. Unerträglicher. Der indische Sommer währt etwa von April bis Juni. Er ist eine körperliche Strapaze, aber auch eine

Herausforderung fürs Gemüt, weil die Hitze in Verbindung mit hoher Luftfeuchtigkeit auf Dauer mürbe macht. In E. M. Forsters Roman *A Passage to India* wendet sich sein Protagonist Aziz an die soeben (ungefähr im Februar) in Indien angekommene Mrs. Moore mit den Worten: »Please may I ask you a question now? Why do you come to India at this time of year, just as the cold weather is ending?«[7] Tja. Gute Frage. Die alte, sympathische Dame wusste es offenbar nicht besser, das dumme Huhn. So ein dummes Huhn war ich auch.

Die von Tag zu Tag zunehmende Sommerhitze war allerdings horizonterweiternd. Sie führte zu einer Wiederentdeckung von Utensilien und Kleidungsstücken, die für mich bis dahin praktisch keine Rolle gespielt hatten, die ich für obsolet gehalten hatte. Wer dauerschwitzt, wird zum Beispiel schnell die Nützlichkeit eines Stofftaschentuchs wiederentdecken, das ja keineswegs nur zum Nasenputz dienen kann, sondern auch zum Aufmoppen überflüssigen Körperschweißes. Oder das gute alte Unterhemd – unendlich praktisch, weil es Nässe aufsaugt und ein Oberhemd auch bei Lufttemperaturen weit oberhalb der 30-Grad-Marke recht lange trocken hält.

Es dauerte außerdem nicht lange, bis ich praktisch immer, tagsüber und nachts, Ohrstöpsel in Griffweite hatte. Ja, Indien *ist* ein lautes Land. Nicht immer, aber oft. Und der Lärm ist unberechenbar. Es kann praktisch jederzeit und unerwartet ohrenbetäubend werden. Man hat es beispielsweise ans Gate in einem indischen Flughafenterminal geschafft und vertieft sich gerade in Buch oder Zeitung – und wenige Schritte hinter einem gehen drei Presslufthämmer los, weil just zu jenem Zeitpunkt irgendeine Baustelle in Betrieb genommen wird. Da ist der Straßenverkehr. Da sind Millionen Kinder mit ihren Düdeldümaschinen, inzwischen allgegenwärtig und typischerweise auf Maximallautstärke eingestellt, damit die Eltern wissen, wo ihre Kinder spielen. Da sind die Erwachsenen mit ihren Smartphones. Und zu allem Überfluss werden in Indien jährlich mehr als zehn Millionen Hochzeiten gefeiert,[8] mit Pauken und Trompeten und Lebensfreude und viel, viel, viel Bäng, Bäng, Bäng nebst Getröte, stundenlang. Die meisten finden im Winter statt, etwa im Zeitraum November bis

Februar, weil die Temperaturen dann angenehm sind und es in weiten Teilen des Landes kaum regnet, jeweils mit Hunderten oder auch Tausenden Gästen.

Und dann: Monsun, die Regenzeit. Um deren Bedeutung zu verstehen, muss man berücksichtigen, dass »es in Indien drei Jahreszeiten gibt, während andere Länder vier haben«, wie Babur, der erste Großmogul, notierte.[9] Im Wetterzyklus von Mumbai »ist der Monsun das einzige Ereignis«, schreibt Suketu Mehta, Autor des 2004 veröffentlichten Bestsellers *Maximum City*.[10] Wenn Sie so alt sind wie ich (oder etwas älter), erinnern Sie sich vielleicht an den Schlager *Am Tag, als der Regen kam* aus den späten 1950er-Jahren, komponiert von Gilbert Bécaud und gesungen von der in Ägypten geborenen Dalida. Noch heute erinnere ich den Text des Ohrwurms, der in meiner Kindheit oft im Radio gespielt wurde: »Am Tag, als der Regen kam, lang ersehnt, heiß erfleht ...« Das ist kitschig, subtil schlüpfrig und hat außerdem nichts mit Indien zu tun, weil der Song eigentlich als musikalische Untermalung eines deutschen Fernsehkrimis diente. Egal. Der Text ist so unpassend nicht. »*Doch eines Tags von Süden her, da zogen Wolken über das Meer* ...« Ja. So ist es nun grad.

Der Tag, an dem der Regen kommt, liegt in Mumbai irgendwann im Juni, wenn Stadt und Land nach den langen Sommermonaten ausgedörrt sind.[11] Wenn dann bei den ersten weichen, schweren Tropfen im Sand und auf den Straßen alles, Groß und Klein, innehält, auf die Straße läuft und in den Himmel blickt: beseelt von der Bestätigung, dass die Große Uhr unserer Existenz noch tickt, dass die Jahreszeiten ihrem Zyklus folgen wie seit Urzeiten; wenn im Großreinemachen Staub und Schmutz von Blättern und Palmwedeln und Dächern und Asphalt gewischt werden und ein bisschen auch aus unserem Gemüt; wenn überall, von einem Tag auf den anderen, Grün in tropischsaftiger Pracht ausbricht und man spürt und denkt: Hurra, wir leben!; und wenn es dann nach fünf Tagen eigentlich schon wieder reicht mit dem ganzen Nass, wenn alles flutet und zu schimmeln anfängt, wenn die Straßen zu Schlammpisten werden und die ältesten Bäume, wie sie das in jedem Jahr tun, umkippen ... – ach, es ist eine wunderbar existenzielle Erfahrung, dieser Tag, wenn der Regen kommt. Der Monsun erreichte Mumbai zweimal am 11. Juni, meinem Geburtstag, Geschenk des Himmels.

Die Sprache

Nicht weniger peinlich als der Zeitpunkt meiner Ankunft war die Sache mit der Sprache. Ich war natürlich offen für alles und mit beträchtlichem Lernwillen gesegnet. Als junger Mensch hatte ich das Glück gehabt, ziemlich viele Sprachen studieren zu können, darunter auch solche mit eigener Schrift wie Altgriechisch und Russisch. Insofern hatte ich, als ich nach Mumbai kam, das Großprojekt »Hindi« weit oben auf meiner To-do-Liste stehen und war guten Willens. Nur dass in Mumbai, mir war das beschämenderweise vorher nicht so wirklich klar gewesen, natürlich vor allem Marathi gesprochen wird – und daneben zwar Hindi, aber auch Englisch, Gujarati, Arabisch, Konkani und vieles anderes. Mit der Folge, dass ich das Hindiprojekt hintanstellte. (Erst später, als ich viel Zeit in Delhi verbrachte, ging es dann los.)

Es zeigte sich aber, dass Sprache – womit ich hier meine: wortbasierte Kommunikation – überschätzt wird. Wenn man einmal in Ruhe darüber nachdenkt, wird schnell klar, dass es einfach ist, mit seinen Mitmenschen zu kommunizieren, ohne viele Worte zu machen. Blicke, Gesten, Mimik, Intonation – all das transportiert eine Fülle an Information, wobei dem *head bobble*, der hohen Kunst des Kopfschüttelns, in Indien besondere Bedeutung zukommt. Mit einem gekonnten *head bobble* kann man so gut wie alles »sagen« – ganz ohne etwas zu sagen. Um das geflügelte Wort des österreichischen Schriftstellers Karl Kraus zu zitieren: »In keiner Sprache kann man sich so schwer verständigen wie in der Sprache.« Stimmt. In Indien kann man im Großen und Ganzen prima und aufs Freundschaftlichste kommunizieren, ohne Worte zu machen. Mit Köpfchen.

Seniorentag

Noch eine neue Erfahrung: Ich war auf einmal ein alter Mann. In Deutschland mag man mit Mitte 40 im »mittleren« Lebensalter angekommen sein, jedenfalls bei halbwegs guter Gesundheit und der statistisch üblichen Lebenserwartung. Bei Männern sprechen manche gar euphemistisch vom »besten Alter«. In Indien dagegen war ich mit 45 auch nicht mehr annähernd im besten Alter, sondern alt. Und für viele: uralt, vergreist, so gut wie senil. Es war frappierend, als *old man* oder *uncle* bezeichnet zu werden. (Das *uncle*, wörtlich »Onkel«, bezeichnet einen älteren Mann, insbesondere für Kinder, aber nicht zwangsläufig einen Verwandten. Das feminine Pendant ist *auntie*, »Tantchen«.)

Das ist nur logisch. Die Hälfte der fast 1,4 Milliarden Inder ist noch keine Mitte 20, altersmäßig also weit entfernt von einem Mittvierziger oder noch Älteren. Auf dem Subkontinent gilt, ebenso wie in großen Teilen Afrikas: Wer jenseits Mitte 30 ist, gehört zum ältesten Drittel oder gar Viertel der Bevölkerung. Wer es bis nahe an die 50 geschafft hat, wird damit geradezu zu etwas Besonderem. Nicht zu einem Kuriosum natürlich, aber doch zu einem Wesen, das lange dabei ist und sich womöglich noch, du liebes bisschen, an Indira Gandhi erinnert – eine Figur aus weit entrückter Vorzeit.

Für jemanden aus dem westlichen Kulturkreis, in dem Jugendlichkeit als Ideal gilt, ist das gewöhnungsbedürftig und anfangs milde irritierend: wie jetzt, *ich*? *Senior*? Aber dann merkt man, dass diese Spontanalterung zugleich erfreulich und irgendwie liebreizend ist. In der indischen Gesellschaft gibt es bis heute – in Deutschland war es vor einem Jahrhundert kaum anders – einen Grundrespekt vor Altvorderen, vor dem Lebensalter an sich. Schließlich könnte es doch sein, dass die Älteren ab und an etwas Interessanteres oder gar Weiseres zu sagen haben als Neunzehnjährige, soeben erst den Irrungen und Wirrungen der Pubertät entkommen. Es gilt: Je reifer man wird, umso mehr wird man respektiert. Die ältesten Generationen sind keine Last, sondern eine Art lebendes Kulturgut. So ist es Brauch, und dieser traditionelle

Ansatz, in weiten Teilen Asiens und Afrikas üblich, hat einen großen Vorzug. In Gesellschaften, die Jugendlichkeit favorisieren oder gar einem »Jugendwahn« huldigen, verlieren früher oder später zwangsläufig alle – aus dem einfachen Grund, dass nun einmal alle altern. In Gesellschaften, die das Alter respektieren, *gewinnen* dagegen zwangsläufig alle mit der Zeit, die nicht gegen sie arbeitet, sondern für sie. Ich persönlich ziehe den indischen Modus Vivendi dem westlichen vor.

Mein schönstes Erlebnis als alter Mann hatte ich in den dramatischen Wochen der Demonetisierung Ende 2016 (Kapitel 7: »Modifizierung und Modernisierung«). Ich hatte damals praktisch kein Bargeld, so wie die allermeisten Inder auch nicht. Es war der Höhepunkt des Durchwurschtelns in meinem Leben, und selbstverständlich hatte ich größtes Interesse daran, irgendwie an Cash zu kommen, nämlich an ein paar der neu gedruckten Rupien-Noten. (Die standen mir zu, weil ich in Indien gemeldet war und dort ein Konto führte.) Nur waren sämtliche Banken im Land wochenlang hoffnungslos überlaufen, und es war praktisch unmöglich, an Bares zu kommen.

Nach mehreren Wochen kam ich in meiner Nachbarschaft am Rande von Neu-Delhis Geschäftsviertel Connaught Place an einer Bank vorbei, einer Filiale der damaligen State Bank of Bikaner & Jaipur. (Bikaner und Jaipur sind zwei Städte im indischen Bundesstaat Rajasthan.) Im Vorbeigehen sah ich, dass die Niederlassung voller Kunden war, das Gedränge und Geschiebe aber deutlich weniger turbulent als in den Wochen zuvor. Ich ging also in die Bank und fragte am Informationsschalter nahe am Eingang eine junge Angestellte im Sari, was denn los sei, warum es so ungewöhnlich ruhig sei und ob ich möglicherweise Bargeld bekommen könnte, obgleich kein Kunde der Bank. Eine hoffnungslos blöde Frage, schien mir in dem Moment. Ich hatte nichts zu verlieren.

»Kommen Sie«, sagte die junge Frau zu meiner Überraschung, legte mir die Hand stützend in den Rücken und führte mich an ein Schreibpult vor den Schaltern. Dort ließ sie mich ein Formular mit meinen Daten ausfüllen. Wenige Sekunden später bekam ich am Schalter tatsächlich Bargeld ausgehändigt: zwei der neuen pinkfarbenen Banknoten à 2000 Rupien. Ich war sprachlos: ein Wunder. »It's senior-citizens day«, sagte sie zur Erklärung, deswegen sei es so leer. Es war Seniorentag. Nur richtig alte Leute bekamen an diesem Tag Geld ausgezahlt.

Schöner wohnen

Natürlich brauchte ich in Mumbai ein Dach über dem Kopf. Irgendwie. Um mir den Einstieg zu erleichtern und mir drei Tage für die erste Orientierung und die Bewältigung des Jetlags zu geben – der Zeitunterschied zu Mitteleuropa beträgt während der Sommerzeit dreieinhalb, im Winter viereinhalb Stunden –, buchte ich mich in das Taj-Hotel am Gateway of India ein, das ich von einem früheren Besuch kannte. Das kostete mich um 150 Euro die Nacht und war luxuriös und angenehm. Der Swimmingpool im Hinterhof des Hotels (ursprünglich, vor mehr als 100 Jahren, die Zufahrt) ist einer meiner persönlichen Lieblingsorte weltweit. Aber natürlich konnte das auf Dauer nicht so weitergehen, aus finanziellen und praktischen Gründen. Einige Nächte logierte ich anschließend also ein paar Häuserblocks weiter im ziemlich heruntergekommenen Sea Palace Hotel, dessen Name rein symbolischer Natur war. Dort schrieb ich meinen ersten Zeitungsbericht aus Indien.

Es folgten fünf Wochen im traditionsreichen Royal Bombay Yacht Club in Colaba, einer anglophilen, elitären Veranstaltung. Ein Zufallstreffer und Glücksfall zugleich. Ich war zu jener Zeit Mitglied eines Universitätsclubs in London, der wiederum Partnerschaften mit anderen Clubs in aller Welt unterhielt, darunter aus historischen Gründen (das Empire) auch mit mehreren in Indien. So stellte mir der altehrwürdige Royal Bombay Yacht Club für mehr als einen Monat ein Zimmer zur Verfügung. Eigentlich war es eine Suite: um die 90 Quadratmeter in einem Obergeschoss, Fliesen auf dem Boden, knarzende Ventilatoren aus den 1940er-Jahren an der Decke, abgewohntes Mobiliar. Vor der breiten, hohen Fensterfront raschelten Palmwedel im Wind, darunter fuhren rote Stadtbusse und hupende Taxis, und dahinter lagen, ein

Tipptopp-Ausblick, das Gateway of India und das Arabische Meer mit den bunten Fähren, die zur berühmten Tempelinsel Elephanta übersetzen. Über das Gateway, Mumbais Wahrzeichen, schrieb ein Autor der *Frankfurter Allgemeinen* jüngst, dass es »in der Millionenstadt Bombay [...] als Hintergrund für ein Selfie kaum zu übertreffen [ist]. Ein Motiv, das es mit der Freiheitsstatue in New York oder dem Eiffelturm in Paris aufnehmen kann.«[12] Das ist übertrieben, weil das Gateway of India viel kleiner ist. Aber meine Unterkunft im ersten Monat in Mumbai war schlicht eine Sensation. Es war, als würde man als Inder nach Berlin ziehen, zum Auftakt wochenlang in einem historischen Baudenkmal wohnen und vom Fenster aus einen Traumblick aufs Brandenburger Tor haben. (Und das für wenig Geld, etwa 55 Euro die Nacht mit Frühstück.) Der Yacht Club hatte einen Diningroom, einen Fitnessraum, einen Garten, und gegen eine kleine Gebühr wurde die Wäsche gemacht – ein Kapitel in meinem Leben, das ich nicht missen möchte. Doch in den Anfangswochen im Club ging es natürlich nicht um Entspannung oder gar Urlaub. Ich hatte von Anfang an reichlich zu tun und musste gleichzeitig eine dauerhafte Bleibe finden, irgendwie irgendwo einen Mietvertrag bekommen. Und wer meint, dass Wohnen in Mumbai wenig kostet, weiß nicht, was Sache ist.

Richtig ist, dass in Indien aus europäischer Sicht vieles außerordentlich niedrigpreisig ist. Ein Beispiel sind die für mich aus beruflichen Gründen wichtigen Medienpublikationen – etwa Tageszeitungen, von denen ich normalerweise drei lese, sowie Zeitschriften und Bücher. Die Finanzzeitung *Mint* zum Beispiel, ein Pendant zu *Handelsblatt* oder *Financial Times*, kostete Anfang 2018 nur 6 Rupien, keine 10 Euro-cent. Für den Preis eines einzelnen *Handelsblatts* in Deutschland gab es also fast einen Monat lang *Mint* in Indien. Eine Rückfahrt vom Churchgate-Bahnhof in Süd-Mumbai nach Santacruz im Norden, unweit des Flughafens, dauert ungefähr eine Stunde im Vorortzug und kostete Anfang 2018 umgerechnet etwa 25 Cent. Eine Fahrt im gelb-schwarzen Rumpeltaxi von Colaba nach Fort, die Altstadt von Bombay, kostete 26 Rupien, 35 Cent (allerdings ohne Klimaanlage; dann war es etwas teurer). Für ein Prepaidtaxi (ebenfalls ohne

A/C) vom Flughafen in Nord-Mumbai nach Colaba, eine etwa einstündige Fahrt, waren ungefähr 670 Rupien fällig, 8 Euro. 5 Rupien kostete ein Ei in Delhi, 12 Rupien ein *vada pao*, Mumbais vegetarischer Straßensnack, gewissermaßen die Currywurst der Stadt. Der Apotheker in Mumbai berechnete für 140 generische Aspirin-Tabletten, also *no-names* aus indischer Produktion, 43 Rupien. Ein einfacher Flug von Mumbai nach Delhi (knapp zwei Stunden) oder nach Kolkata (gut zwei Stunden) war mit etwas Akribie meist für umgerechnet 50 Euro zu haben – und mit Terrierhaftigkeit und Glück für deutlich weniger. So weit, so billig.

Zugleich ist vieles in Indien erstaunlich teuer, für Inder wie Europäer. Zum Beispiel Milch. In keinem Land der Welt gibt es mehr Kühe und Büffel; Indien ist der größte Milchproduzent weltweit.[13] Doch ein Liter H-Milch von Amul,[14] einer Molkereigenossenschaft aus Gujarat mit in fast ganz Indien allgegenwärtigen Produkten, kostete Anfang 2018 regulär 63 Rupien. Das waren damals 80 Cent. Milch war deutlich teurer als in Deutschland – nicht nur in der relativen Betrachtung (unter Berücksichtigung der unterschiedlichen Einkommensverhältnisse), sondern auch absolut.

Vor allem aber ist Wohnen kostspielig, insbesondere in Mumbai und Delhi. In beiden Städten sind die Mieten und Immobilienpreise in guten Wohngegenden mit jenen in Westeuropa vergleichbar. Oder sie liegen darüber. Schon 2004 schrieb Suketu Mehta: »Ich komme aus New York und bin in Bombay bettelarm. Der Standardsatz für eine nette Wohnung in jenem Teil von South Bombay, in dem ich aufwuchs, liegt bei 3000 Dollar im Monat – zuzüglich 200.000 Dollar Kaution, unverzinst und rückzahlbar in Rupien. Dies nachdem die Immobilienpreise um 40 Prozent gefallen sind.«[15] Das ist übertrieben, und darüber, was eine »nette Wohnung« ist, gehen die Meinungen auseinander. Aber die Tendenz gibt es wieder. Spitzenlagen in Süd-Mumbai sind zum Beispiel Pedder Road, Altamount Road, Carmichael Road, Cuffe Parade und Malabar Hill. Mitte 2014 wechselte in Malabar Hill ein 50 Jahre altes Eigenheim für ungefähr 45 Millionen Euro den Besitzer. Es handelte sich, zugegeben, nicht um ein normales Einfamilienhaus, sondern um einen bungalowartigen Stadtpalast namens *Meherangir* mit 17 Zimmern, ungefähr 1600 Quadratmetern Wohnfläche und erstklassiger Provenienz. Hier wohnte einst der 1966 verstorbene Physiker Homi Bhabha, Spiritus Rector des indischen Atomprogramms und bis heute im ganzen Land bekannt und verehrt. Indes: der Quadratmeterpreis lag bei mehr als 28.000 Euro, trotz der ungeheuren Größe des Objekts. Wohnraum in Delhi ist etwas niedrigpreisiger als in Mumbai, was der Tatsache geschuldet ist, dass Delhi eine Flächenstadt ist, Mumbai dagegen eine Halbinsel, die kaum in die Breite wachsen kann. Allerdings erzielen auch frei stehende Bungalows in Neu-Delhi, wenn sie denn überhaupt auf den Markt kommen, Spitzenpreise.

Man konnte und kann in Mumbai für 20.000 oder 30.000 Rupien im Monat problemlos eine kleine, einfache Wohnung oder ein WG-Zimmer mieten, allerdings nicht in guter (also halbwegs zentraler) Lage. Typisch war zu jener Zeit – jedenfalls für viele berufstätige Ausländer – eine Größenordnung von 1 Lakh Rupien im Monat, 100.000 Rupien also, damals gut 1200 Euro. (Diplomaten residieren üblicherweise in Wohnungen, die ein Vielfaches kosten.) Der Haken war ein anderer. Aus Gründen, die sich meiner Logik entziehen, waren damals in Mumbai Elf-Monats-Mietverträge die Regel. Elf, nicht zwölf. Typischerweise waren bei Abschluss eines Vertrags sechs Monatsmieten im Voraus zu bezahlen. Hinzu kamen sechs Monatsmieten Kaution und die Courtage für den Makler, meist eine weitere Monatsmiete. In der Summe also ungefähr 20.000 Euro, zahlbar vorzugsweise in bar und ohne Rechnung oder Quittung. Erstens ist das eine Menge Geld für einen Mietvertrag. Zweitens bleibt offen, ob man die Kaution jemals wiedersieht – allein schon, weil jeder Vermieter weiß, dass sein Mieter Ausländer ist, in aller Wahrscheinlichkeit irgendwann in sein Heimatland zurückkehrt und mit den rechtlichen und sonstigen Gepflogenheiten in Maharashtra nicht vertraut ist. Mit anderen Worten: leichte Beute. Drittens stellt sich die Frage, wie man so einen Betrag, sofern man ihn überhaupt flüssig hat, nach Indien transferiert. Denn vor das indische Girokonto hat der indische Staat das Kontoeröffnungsverfahren gestellt, das in meinem Fall mehrere Monate dauern sollte – Monate, in denen ich irgendwo wohnen musste.

Am Ende des Prozesses landete ich mithilfe einer Maklerin in einer Dachgeschosswohnung in einem gut 100 Jahre alten, charmanten Stadthaus in Colaba. Im Sommer war sie außerordentlich heiß; im Monsun tropfte Wasser durch die Decke; Tauben gingen ein und aus (und starben verdächtig oft unter einem alten Tisch mit Marmorplatte, ein Mysterium). Aber es gab ein großes Wohnzimmer, ein Schlafzimmer, ein kleines Arbeitszimmer, eine Küche, zwei kleine Bäder (beide *arg* heruntergekommen) und eine Dachterrasse mit Blick über die Dächer der Südstadt. In etwa 400 Metern Entfernung ragte die Bombay-Gothic-Kuppel des Taj-Hotels in den Himmel, und im Osten, zwei Gehminuten entfernt, glitzerte das Arabische Meer, auf dem in diesiger Ferne Frachter den Hafen von Mumbai ansteuerten.

Ich zahlte lediglich eine Kaution in Höhe einer Monatsmiete (in bar, ohne Quittung – und bekam das Geld später wieder). Ich zahlte die Miete nicht für elf Monate im Voraus, sondern nur für einen. Und die Vermieter wurden meine besten Freunde in Indien.

Kurz: Es war fabelhaft.

Risiken und Nebenwirkungen

Der berüchtigte *Delhi belly* (Magen-Darm) ereilte mich ein einziges Mal, und zwar während eines Besuchs in Hyderabad mehrere Jahre vor meinem Umzug nach Mumbai. Nachdem ich inzwischen Tausende Liter Leitungswasser in Mumbai, Delhi, Kolkata und an vielen anderen Orten des Landes getrunken und so ziemlich alles gegessen habe, halte ich mich für einigermaßen alltagstauglich. Das Filtern von Leitungswasser ist in Indien in vielen Haushalten Standard. Es gibt dafür ein Extragerät, das neben dem Wasserhahn in der Küche fest in der Wand verankert ist. Für Kaffee, Tee und Mahlzeiten wird Wasser ohnehin abgekocht. Außerdem muss man pragmatisch sein. In Indien leben mehrere Hundert Millionen Kinder, von denen ein beträchtlicher

Teil keinen Zugang zu sauberem Wasser hat – weder zum Trinken noch zum Waschen. Und wir Gäste aus dem Ausland sollen unsere Zähne, wie viele Reiseführer empfehlen, mit Mineralwasser putzen? Als Nächstes duschen wir dann in Delhi und Mumbai mit Evian oder San Pellegrino? Okay, jeder, wie er will.

Aber ist Indien nicht, wie ich oft gefragt werde, schrecklich unsicher und gefährlich? In meiner – natürlich subjektiven – Erfahrung nicht. Ich selbst habe mich in Mumbai, Delhi und anderenorts immer deutlich sicherer gefühlt als in Berlin (wo ich diese Zeilen schreibe), jedenfalls nach den Wochen der Eingewöhnung. Das hat nichts mit Polizeipräsenz oder einem besonders ausgeprägten Recht-und-Ordnung-Ansatz im öffentlichen Raum in Indien zu tun. Vielmehr sind fast überall Menschen, Hunderte, Tausende, Myriaden, Millionen. Angesichts der großen Bevölkerungszahl kann eine Gesellschaft in Megastädten überhaupt nur funktionieren, wenn fast jeder sich an Spielregeln hält, halbwegs gesittet und umgänglich auftritt und sich mit wachem Geist in der Öffentlichkeit bewegt (allein aufgrund der Verkehrssituation wäre Dösigkeit lebensgefährlich). Damit gehen Achtsamkeit und eine gewisse Grundverantwortung für andere einher. Wenn ich mir beispielsweise vorstelle, was passieren würde, wenn ich auf offener Straße in Mumbai oder in der U-Bahn in Delhi bedroht, ausgeraubt oder verprügelt werden würde ... du liebe Güte, der arme Mann! (Es würde sich typischerweise nicht um eine Frau handeln, auch wenn das im Prinzip nicht ausgeschlossen ist.) Überall sind Leute, *aufmerksame* Leute, und ich bin mir nicht sicher, dass ein Straßenräuber so einen Vorfall, der von anderen beobachtet wird, ohne Blessuren überstehen würde. Auch ein derart rabiates Vorgehen wäre natürlich problematisch, denn wäre für die Ahndung von Verbrechen nicht die Polizei zuständig ...? Richtig. Aber Aufmerksamkeit und die damit verbundene Zivilcourage anderer sorgen eben auch für ein Gefühl der Sicherheit in der Menge, sogar der Geborgenheit.

Kehre ich dagegen nach Berlin zurück, brauche ich in der Regel einige Tage, um mich in U- und S-Bahnen wieder einigermaßen sicher zu fühlen. Es gibt meines Erachtens in der deutschen Hauptstadt – wie auch in anderen Städten natürlich – eine derart große Zahl an Menschen, die in der Öffentlichkeit Alkohol trinken oder gar betrunken sind oder unter Drogen stehen, die unhöflich, aggressiv oder gewalttätig auftreten, dass ich mich wieder eingewöhnen muss. Was würde passieren, wenn mich in Deutschland ein Unbekannter in der U-Bahn anpöbelt oder angreift? Ich weiß es nicht. Aber ich bin mir – anders als in Indien – nicht sicher, dass sich jemand dafür interessieren, mir helfen würde. Wie der deutsche Musiker Herbert Grönemeyer einmal textete: Wie eine träge Herde Kühe schaun wir kurz auf und grasen dann gemütlich weiter.[16] Das ist in Indien nicht der Fall. Die Zwischenmenschlichkeit funktioniert anders.

Das größte Risiko in Indien ist in meiner Wahrnehmung nicht die Kriminalität, sondern der Straßenverkehr. Grob geschätzt zählt Indien mindestens 400 Verkehrstote am Tag,[17] 17 in der Stunde, eine erschütternde Zahl – wobei angesichts der extrem großen Bevölkerung der Hinweis wichtig ist, dass der Verkehr in Ländern wie Thailand oder Vietnam im Verhältnis zur dortigen Einwohnerzahl noch weit tödlicher ist als in Indien.[18] Ein Beispiel für die hochgefährliche Straßensituation ist der Yamuna-Expressway, die 2012 eröffnete Autobahn zwischen den Großstädten Delhi und Agra. Der Expressway ist mit einer Geschwindigkeit von bis zu 100 Stundenkilometern befahrbar. Es handelt sich also um eine *Schnell*straße, und hohes Tempo ist erstens für viele Autofahrer in Indien ungewohnt und zweitens vielen abgefahrenen Reifen und Altfahrzeugen eigentlich nicht zumutbar. Die Unfallgefahr ist immens. Allein 2017 kamen auf dieser kurzen Straße, keine 170 Kilometer lang, 164 Menschen bei Unfällen ums Leben, seit 2012 mehr als 700. Tausende weitere wurden verletzt.[19] Um die Relationen zu verdeutlichen: Auf Indien entfällt ungefähr ein Sechstel der Menschheit. Weltweit kommen bei Auto- und anderen Verkehrsunfällen weit mehr als eine Million Personen im Jahr ums Leben. Indiens Anteil dürfte über dem Durchschnitt liegen, in einer Größenordnung zwischen 150.000 und 300.000.[20] Allein die zahllosen Schlaglöcher auf Indiens Straßen sollen für mehr als 3000 Verkehrstote im Jahr verantwortlich sein.[21]

Menschliches, allzu Menschliches

Indien ist ein außergewöhnlich soziales, kommunikationsfreudiges Land. Man lebt inmitten von Menschen (und Tieren) in einem im Großen und Ganzen gut funktionierenden Sozialwesen; in einem Kosmos, den ich als »Fülle des Lebens« bezeichnen möchte. Selbst wenn es pathetisch anmutet: Genauso kam und kommt es mir vor, wenn ich indischen Boden betrete und eintauche in die Gesellschaft. »Ich fühle mich wie ein Schwamm, den man in einen Ozean zurückgeworfen hat, dessen Existenz er vergessen hatte.« So formulierte es E. M. Forster, der einst vom Maharadscha von Dewas in Zentralindien als eine Art Oberstaatssekretär engagiert wurde (»als Ministerpräsident oder irgend so was«[22]). Diese vor rund 100 Jahren beschriebene Gefühlsregung – das Wiederfinden etwas Verlorengegangenen, zutiefst Menschlichen – teile ich. Selbst Mumbai und Delhi sind trotz ihrer unüberschaubaren Dimensionen keine anonymen Großstädte für mich, sondern weniger anonym als Berlin, das nur rund ein Sechstel so viele Menschen zählt. Wenn ich nach einigen Monaten im Ausland in meine Wohnung in Charlottenburg zurückkehre, spricht mich keiner der Nachbarn an, obwohl ich zu vielen ein gutes, freundschaftliches Verhältnis habe. Sie haben meist überhaupt nicht bemerkt, dass ich mehrere Monate weg war. Schlage ich dagegen zum Winteranfang – ungefähr im November – in meinem »Kiez« in Mumbai oder Delhi auf, dann sind die ersten Stunden und Tage ein Spektakel. Es wird gegrüßt und getratscht und gelacht und Chai getrunken, mit Nachbarn und Freunden, Security-Männern, mit Taxifahrern, Krämern. Die Fülle des Lebens eben: das, was unsere in der größeren Ordnung der Dinge bedeutungslose, kurze Existenz als Mensch so wunderbar macht.

Diese Vertrautheit bringt eine gewisse Vertraulichkeit mit sich – bis hin zu Aufdringlichkeit. Alles, was man auf der Straße tut, wird wahrgenommen, erinnert, auf Abruf für die nächste passende Gelegenheit gespeichert. »Nichts ist privat in Indien«, wie Forster schrieb.[23] Das gilt selbst im eigenen Haushalt, der in Indien keine Blase der Zurückgezogenheit darstellt, keinen Kokon, sondern der durchlässig ist, in dem stetes Kommen und Gehen herrscht. Wahrscheinlich wird es das halbe Viertel wissen, wenn man schmutzige Leibwäsche trägt, versehentlich einmal unhöflich ist, zu viel trinkt, zu fromm ist oder zu wenig. Das gilt andererseits auch, wenn man sich bemüht, ein halbwegs anständiger Mensch zu sein. Man hat schnell einen Ruf. So oder so.

Diese Durchlässigkeit hat ihren Grund. Ein wohlhabender Haushalt in Indien – das gilt a priori für jeden »europäischen« oder »westlichen« Haushalt – umfasst mehrere oder gar viele Personen, auch ein Single-Haushalt (ein im indischen Kontext milde absurder Begriff). Man hat *helpers*: »Personal« – ein Wort, bei dem viele Deutsche schaudern, weil es für sie elitär-dünkelhaft klingt und schlechte Assoziationen weckt. (Selbstverständlich war es auch in Deutschland vor wenig mehr als 100 Jahren in bürgerlichen Kreisen normal, Personal zu haben, zumindest eine Magd und oft, je nach Größe der Familie und des Hauses, ein halbes Dutzend Angestellte und mehr.) In gut situierten Familien in Indiens Städten gehört noch heute eine Köchin oder ein Koch zum Haushalt, entweder in fester Stellung oder als freie Kraft, die nach Bedarf aufschlägt. Es gibt Haushaltshilfen, die sich ausschließlich um das Reinemachen kümmern, also um Fegen, Wischen, Bäder, Dreck aller Art. Wer auf sich hält, hat einen Wagen (oder mehrere) sowie einen Fahrer (oder entsprechend mehrere) – wobei diese Herren sich nicht nur um das Fahren an sich kümmern, sondern auch um das Instandhalten, Waschen und Aufpassen aufs Auto. Wer einen Garten hat, braucht Gärtner. Andere wiederum sind für die Security zuständig. Um Wäsche und Bügelei kümmert sich ein Dhobiwalla (der »Wäschemann«) oder auch eine *maid* – oder aber man regelt es, sofern der Haushalt über eine Waschmaschine verfügt, noch wieder anders. Bei Bedarf werden Elektriker, sonstige Handwerker, Gaswallas oder Boten engagiert. Man beschäftigt einen Schneider für alles, was genäht oder geflickt werden muss. Und so weiter.

Mein eigener Haushalt in Mumbai war im Vergleich übersichtlich. Eine reifere Dame, V., kümmerte sich anfangs um Küche und Haushalt. Insbesondere der Einkauf war und ist in großen Teilen des

Landes aufwendig, weil es bis heute nur wenige Supermärkte gibt. Das Einholen von Vorräten ist ein größeres Projekt, weil man für Obst hierhin muss und für Gemüse dorthin, für die Eier zum Eiermann, für ein Huhn zum Hühnerschlachter und für Fisch zum Fischmarkt, aber bitte frühmorgens, weil sonst der Fisch aufgrund der Hitze schlecht wird. Die Organisation von Verpflegung und Ernährung ist also nicht ganz so mühelos wie in einem städtischen bundesdeutschen Biomarkt, bei Aldi, Lidl oder Rewe. Ich hatte weder Auto noch Fahrer. Eine Putzhilfe, der Dhobi und Handwerker schauten je nach Bedarf vorbei. Im Haus waren allerdings praktisch immer die Herren von der Security präsent – keineswegs von mir engagiert, sondern von der Hausverwaltung und für das gesamte Gebäude zuständig, nicht nur für mein Einzelschicksal.

All dies klingt für manche Leser in Mitteleuropa sicher dekadent, großkotzig, unsympathisch. Auch ich empfand das so, bevor ich nach Indien zog. Wie abgehoben: eine eigene Köchin! Man stellt sich das vielleicht so vor, dass man à la *Downton Abbey* morgens ausgeschlafen im Pyjama im Bett liegt, bei einer Tasse Darjeeling, pochiertem Ei und einem Toast mit Butter und Marmelade über den anstehenden Tag sinniert und die Küchenchefin informiert, ob man des Abends Besuch erwartet und vorzugsweise Langusten oder Garnelen oder sonst etwas Köstliches zu speisen gedenkt, gefolgt vielleicht von einem herrlichen Hühnercurry mit allem Pipapo, französischem Camembert und zum Abschluss einer Bavaroise mit Walderdbeeren von den Bergwiesen des Himalajas – all dies mit korrespondierenden Weinen, passend gekühlt bitte. Um 20.30 Uhr dann.

Blödsinn natürlich. Wie vieles in Indien ist die Sache mit den *helpers* komplizierter und vielschichtiger, und das merkt und lernt man erst mit der Zeit, wenn man sich einigermaßen eingelebt hat und weiß, wo vorne und wo hinten ist. Der schottische Schriftsteller Alexander McCall Smith, im südlichen Afrika geboren, hat in einem seiner Romane die Befindlichkeiten treffend formuliert und die Moral des Phänomens erklärt. »Von absolut jedem, der in Botswana Arbeit hatte«, schreibt er, »wurde erwartet, dass er jemanden als Haushaltshilfe einstellt. Das hatte nichts Extravagantes an sich; es war mehr eine Form des Teilens. Wenn du eine Arbeit hattest, hattest du Geld, und Geld musste kursieren.«[24] Das trifft es auch in Indien. Die Landesbevölkerung wächst täglich um mehr als 40.000 Menschen, und alle brauchen einen Job, ein Auskommen, etwas zu tun.

Was würde passieren, wenn ich selbst in Mumbai oder Delhi täglich meine Wohnung fegen, komplett selbst kochen und die Wäsche machen würde? (Was ich natürlich praktisch jeden Tag in gewissem Umfang tue, aber diskret, sodass es niemand groß mitbekommt.) Wenn ich also aus programmatischen Erwägungen weder *maid* noch Köchin noch Dhobi oder sonst irgendjemanden engagieren würde, wenn ich also aus Sicht vieler Deutscher, die heute ungefähr im »bürgerlichen« Milieu der Mittelschicht anzutreffen sind, anständig leben und niemanden »ausnutzen« würde? Eine Menge. Erstens würden es im Laufe kurzer Zeit alle Nachbarn, die es wissen wollten, wissen. Zweitens würde man mich für milde gestört halten – ungefähr so, wie wir in einer deutschen Großstadt einen Nachbarn einordnen würden, der sich auf dem Balkon ein Huhn hält, um die Kosten für das Frühstücksei zu sparen. Nicht verboten, so etwas (glaube ich); aber doch verhaltensauffällig. Drittens würden mich viele für entsetzlich geizig halten, weil sie sich mein Vorgehen anders gar nicht erklären könnten – schließlich gelte ich als Europäer als extrem reich (und bin es natürlich auch, allein schon, weil ich das Flugzeug nach Indien bezahlen konnte). Und viertens würden mich viele für unerträglich egoistisch halten. Die Denke ginge ungefähr so: »Da ist der Typ aus Deutschland jetzt schon wohlhabend und lebt allein in einer Riesenwohnung und spricht zig Sprachen und schreibt Zeitungsartikel und Bücher und reist ständig und trinkt sündhaft teuren Kaffee von Starbucks – und da muss er auch noch einem anderen, der nichts kann als Fegen oder Wäsche oder Aufpassen, die Arbeit wegnehmen und das Einkommen, das seine ganze Familie ernährt!?« Das ist aus meiner Sicht nachvollziehbar. *When in Rome ...*, wie die Rede geht.

Die Hilfe im Haushalt – wenngleich in meinem Fall in einem lockeren Arbeitsverhältnis, das wir in Deutschland Teilzeit nennen würden – hat Vorzüge, keine Frage. Der größte für mich: nicht jeden Tag stundenlang mit dem Einholen von Lebensmitteln zu tun zu haben, bei Hitze, bei Regen. Leider ist dies kein Freifahrtschein in ein Luxusleben jenseits aller Sorge, auch wenn dies auf Außenstehende auf den ersten Blick so wirkt. Die Sorgen und Probleme verschwinden keineswegs; sie verlagern sich. Die Dame V. beispielsweise, eine tolle Frau, hatte als Köchin einiges an Fähigkeiten (sie kochte Maharashtra-Cuisine). Ein schillerndes kulinarisches Talent war sie dann aber auch wieder nicht. Es machte mir Freude, sie in der Küche zu wissen, und wir wurschtelten uns beide irgendwie mit Händen und Füßen – ich kein Marathi, sie kein Englisch – durch und kriegten alles geregelt, und sie hatte ein Auge auf die Wohnung. Aber an das schöne Wort »Perle« mochte ich dann doch nicht denken, weil ihr Wirken zeitlich über zwei Stunden am Tag kaum hinausging und wir anschließend von OP-Hygieneverhältnissen definitiv weit entfernt waren. Oder der Wäschemann mit seinem dicken Filzer. Er kam regelmäßig vorbei, um die Wäsche zu holen; führte Buch über jedes einzelne Teil; brachte alles pünktlich, sauber, gebügelt und gefaltet zurück; war bei der Abrechnung ehrlich. Es passte alles. Um nichts durcheinanderzukriegen, hatte der Dhobi sich allerdings einen kleinen Trick überlegt: Er malte auf jedes meiner Kleidungsstücke mit einem nicht abwaschbaren schwarzen Marker einen Buchstaben, meist ein großes dickes »F« oder ein »T«, damit nichts durcheinandergeriet. Bis heute trage ich also Unterhosen, auf denen vorn über dem Eingriff auf der Außenseite gut lesbar »F« und »T« steht. Ebenso auf den Stofftaschentüchern. Auf den Handtüchern. Auf der Bettwäsche. Sagen wir mal so: Der wasserfeste Filzer war eine nicht so tolle Idee.

Kaputt

Things Fall Apart lautet der Titel eines Literaturklassikers des nigerianischen Autors Chinua Achebe.[25] Ich habe in Indien oft an diese Worte gedacht. Alles scheint kaputtzugehen. Die unternehmerische

Kühnheit, Papiertaschentücher in den Handel zu bringen, die sich beim Erstkontakt mit Flüssigkeit (Stirnschweiß, Erkältungsnase) in grauen Matsch verwandeln, muss man erst einmal aufbringen. Teebeutel, die sich in Wasser auflösen? Na ja. Küchen- und Toilettenpapier in Indien ist perforiert; doch es reißt entweder nirgends oder überall im Zickzack ab, aber nie da, wo es soll. Über das Öffnen von Joghurt- und Dahi[26]-Bechern könnte man einen gar nicht so uninteressanten Roman schreiben. Die Minen so gut wie aller Bleistifte aus indischer Produktion, die ich gekauft und benutzt habe, zerbröseln bei Kontakt mit Papier oder anderen Oberflächen zu einer Art Grafitstaub und sind ähnlich problemlos anzuspitzen wie Radiergummis. Viele einfache Haushaltskerzen aus dem Laden werden bei 35 Grad, einer normalen Temperatur in Mumbai, weich und folgen den Gesetzen der Schwerkraft – so schnell, dass man ihnen fast dabei zusehen wollte, hätte man Geduld und Zeit. Glühbirnen brennen binnen Tagen durch. Kaugummi ist im indischen Sommer gefährlich, weil es schmilzt, wenn man es einfach irgendwo liegen lässt – also unausgepackt und ungekaut liegen lässt. Es wird zu einer extrem klebrigen Paste: eine Riesensauerei. Messer schneiden nicht und nichts; selbst eine Tomate wird von manch fabrikneuer Klinge zerdrückt, nicht geritzt. Flaschenöffner zerbrechen an Kronkorken. Eier werden noch immer großteils in Plastik- oder Papierbeuteln verkauft – entsprechend sieht es aus, wenn man nach Hause kommt. All dies wäre geradezu tragisch, wenn es nicht auch unterhaltsam wäre.

Ein spannender Sonderfall ist die Stromversorgung, eine mitunter kribbelige Angelegenheit. Da die indische Gesellschaft nationale Superlative mag, sei hier erwähnt, dass der größte Stromausfall der Geschichte sich in Indien ereignete, und zwar am 31. Juli 2012. (Um die 600 Millionen Menschen saßen im Dunkeln.) Das Elektrizitätsnetz wurde seitdem erheblich ausgebaut und verbessert. Während noch vor ein paar Jahren Stromausfälle an der Tagesordnung waren, selbst in der Hauptstadt Delhi (wenngleich nur für Sekunden oder allenfalls Minuten, jedenfalls in meinem zentral gelegenen Viertel), kommt dies heute deutlich seltener vor. Das gesamte Leitungs- und

Kabelsystem ist allerdings weiterhin marode. Es gibt Milliarden Steckdosen und Stecker im Land, aber das eine passt überraschend selten ins andere, selbst wenn es an und für sich die richtige Gestalt hat (also kein ausländisches Modell ist). Mich hat immer wieder erstaunt, wie oft Stromkabel spontan zu brennen anfangen können – allein in meiner Wohnung passierte dies zweimal im Laufe eines Jahres: ein Kokeln und Schmelzen und Züngeln blauer Flammen und Funken. Was insbesondere während des Monsuns aufgrund der allgegenwärtigen Nässe unangenehm und riskant ist. Ich habe nicht mitgezählt, wie viele Stromschläge der heftigen Sorte ich in Indien erlitten habe, insbesondere an Lichtschaltern und im Badezimmer. An einem erinnerungswürdigen Tag bekam ich mehrere Male Ganzkörperstromstöße unter der Dusche, die mich für mehrere Stunden in einen Zustand des Dauerzitterns überführten. (Keine bleibenden Schäden, soweit bekannt.)

Kafka in Indien: Behörden

Kaputt ist in vieler Hinsicht auch die indische Verwaltung: der Behördenapparat, der noch heute monströse Züge trägt. Auf dem Amt in Indien gelten Pünktlichkeit und Zuverlässigkeit nicht als Standardtugenden. Zwei Beispiele aus meinem persönlichen Erfahrungsschatz:
• Erstens: Mit einem gewissen Stolz kann ich berichten, dass ich in der Republik Indien erfolgreich meine Einkommensteuererklärung abgegeben habe. Dies war für mich ein bisschen eine ominöse Idée fixe, vor allem im Vorfeld, weil ich das Schlimmste befürchtete – nicht an ausstehenden Zahlungen, sondern an vertrackten Situationen. Es stellte sich heraus, dass die Angelegenheit dank der Hilfe eines patenten Steuerberaters und seines Teams eher unkompliziert war. Allerdings: Das indische Fiskaljahr beginnt am 1. April und endet am 31. März. Eine einzige Steuererklärung dort bringt also gleich *zwei* Steuererklärungen in Deutschland (die in meinem Fall weiterhin notwendig waren) durcheinander, und nicht zu knapp. Doch wer

Steuern zahlen will – also muss –, der braucht ein Bankkonto, und vor die Eröffnung eines normalen, langweiligen Girokontos in Indien hat der Gott der kleinen Dinge KYC gestellt: *know your customer*. Dieses gesetzlich verankerte Prinzip gilt für Banken und verpflichtet sie, ihre Kunden (die *customers*) komplett und so weit als möglich zu durchleuchten. Bei mir dauerte die Kontoeröffnung alles in allem mehrere Monate. Der für mich zuständige Bankberater besuchte mich zur Vorbereitung der Kontoeröffnung mehrfach zu Hause; wir telefonierten viele Male; ein Stapel Formulare war auszufüllen. Es war eine Strapaze. Raghuram Rajan, der Ex-Gouverneur der indischen Zentralbank, hat KYC als eine »Straßensperre« bezeichnet, »selbst für etwas so Einfaches wie ein normales Sparkonto. [...] Heute verhindern stringente KYC-Normen den Zugang zu vieler Menschen zum Bankensystem und führen bei anderen unnötigerweise zu Schikanen.«[27] Mir graut vor dem Gedanken, mein Bankkonto eines Tages auflösen zu müssen. Es dürfte ähnlich lange dauern. Wahrscheinlich werde ich es nie wieder los.

• Zweitens: Es liegt eine gewisse Tragik darin, in diesem Leben Spezialist für Indien-Visa werden zu müssen. Wer heute – also 2020 – als Besucher nach Indien reist, meist als Tourist oder geschäftlich, hat allerdings kaum Gelegenheit, die Abgründe indischen Verwaltungswahnsinns auszuloten. Urlauber bekommen in der Regel problemlos in wenigen Tagen ein E-Visum (eine Reiseerlaubnis), online zu beantragen und relativ niedrigpreisig – ein Prozedere, das so oder ähnlich auch andere Staaten eingeführt haben, etwa Sri Lanka.

Ausländische Journalisten fallen in eine eigene Kategorie. Sie sind »politisch«, und ihr Visumsverfahren ist bis heute von Schikane geprägt – und leider oftmals von bürokratischer Inkompetenz. Von mir verlangt die Republik Indien bis heute, schriftlich und mit umfangreicher Dokumentation für jede einzelne Einreise, einen Visumsantrag. Dieser Antrag erfordert mehrfaches persönliches Erscheinen bei den zuständigen Konsulareinrichtungen in Berlin. Das Journalistenvisum, das die Republik Indien dann erteilt, erlaubt in der Regel nur eine einmalige Einreise und ist nach Ausstellungsdatum (nicht ab Einreisedatum) drei Monate lang gültig. Ich könnte also zum Beispiel, wenn mir danach wäre, Indien verlassen, indem ich von Delhi oder Mumbai nach Kathmandu oder Bangkok fliege, müsste von dort aber nach Deutschland zurückkehren und in Berlin ein frisches Journalistenvisum beantragen, persönlich natürlich. Das Visum kostet bei jedem Durchgang alles in allem 100 bis 120 Euro (und natürlich Zeit und Nerven). Es wäre den indischen Behörden durchaus möglich, eine Mehrfacheinreise in den Pass eintragen zu lassen, vielleicht sogar, kühner Gedanke, ein Mehr*jahres*visum. Sie tun dies aber nicht, aus programmatischen Gründen. Wie mir eine Berliner Mitarbeiterin des Konsulardiensts sagte: »Warum sollte Indien Sie gut behandeln? Sie [gemeint war der Berufsstand der Journalisten] schreiben schlecht über Indien – warum sollten die es Ihnen einfach machen!?« Dieses Missverständnis im Hinblick auf Medien ist auf dem Subkontinent weitverbreitet, 70 Jahre Demokratie hin oder her. Man kann sich als Journalist des Eindrucks nicht erwehren, dass die Repräsentanten der Republik Indien schreckliche Angst vor Journalisten haben, auf die sie mit Schikane, Verschleppung und übersteigertem Verwaltungsstarrsinn reagieren. Ich persönlich habe – teils beruflich, teils privat – Visumsverfahren mit den Behörden zahlreicher Staaten hinter mir, die nicht eben als geschmeidig gelten: China, die USA, Kongo-Brazzaville, Guinea, um einige zu nennen. Indien spielt, was den Formalitätenzirkus angeht, in einer eigenen Liga.

Je nachdem, wie lange sich ein Ausländer in Indien aufhält, ist – ergänzend zum Visum – eine offizielle Anmeldung auf dem indischen Ausländeramt innerhalb bestimmter Fristen erforderlich, dem Foreigners' Regional Registration Office (FRRO). Niederlassungen des FRRO gibt es in Großstädten. In meiner Erfahrung handelt es sich beim FRRO für den Neuankömmling in Indien, unerfahren, nervös, vielleicht kulturgeschockt, um eine Kammer des Schreckens. Man weiß nicht, *was* passiert; *warum* es passiert; und vor allem: *wann* es passiert, ob rechtzeitig oder nicht. Denn auch diese indische Behörde ist nicht mit Überpünktlichkeit gesegnet, getreu dem Motto: »Warum sollte ich das heute schon erledigen, wenn Ihr Visum erst in fünf Tagen abläuft?«

Mein Partikularschicksal: Am Tag X lief um Mitternacht mein Journalistenvisum aus. Ich wäre von diesem Moment an also formal ohne Aufenthaltsrecht gewesen – eine unappetitliche Situation, wenn man mit der Rigidität der indischen Verwaltung vertraut ist. Für die Verlängerung war das FRRO in Mumbai zuständig, das ich anfangs – so macht man es in Deutschland – rechtzeitig und mehrfach kontaktierte, um die Modalitäten, das Prozedere und so weiter zu erfragen. Leider ohne Erfolg. Es lief darauf hinaus, am Vortag von X, meinem vorletzten rechtlich einwandfreien Tag im Land, mit allen erforderlichen Dokumenten im FRRO zu erscheinen, einige Stunden zu warten und Stempel und Zettel zu erhalten. Damit wäre alles wieder gut. Nur dass niemand weiß, ob die Papiere ausreichen, akzeptiert werden und man den Stempel auch kriegt. Falls nicht – oder falls man sich auf dem Weg zur FRRO den Knöchel verstaucht –, wird die Sache knifflig. Dann laufen Fristen ab und man wird illegal. Das ist dann blöd.

Während meines Besuchs beim FRRO in Mumbai erlitt eine Französin auf dem Stuhl neben mir in einem der Wartezimmer einen Nervenzusammenbruch. Es war nicht schön. Ungefähr 40 westlich aussehende Besucher saßen in Sicht- und Hörweite und kauten mit Pässen und Papieren in Griffweite ihre Fingernägel ab. (Wenn ich die Notlage der Touristin richtig verstand, befand sie sich auf der Rückreise von Kerala in ihr Heimatland, wahrscheinlich mit einer Maschine nach Paris. Auf dem Flughafen von Mumbai hatte man ihr aus formalen Gründen die Ausreise verweigert und sie aufgefordert, nach Kerala zurückzukehren, dort einen Stempel einzuholen, anschließend nach Mumbai zu kommen und dort ein weiteres Mal das Ausländerbüro aufzusuchen. So eine Komplikation ist nicht für jeden europäischen Touristen eine erbauliche Perspektive.) Für mich persönlich kann ich sagen, dass der Morgen, an dem ich zum ersten Mal am FRRO in Mumbai aufschlug, der unangenehmste von allen war. Das Problem ist nicht nur, dass die Verfahren dort kompliziert sind und zahllose beglaubigte Dokumente erfordern, sondern auch, dass schlicht sehr viel davon abhängt. Geht irgendetwas schief, hat man ein großes Problem und muss im Prinzip innerhalb von wenigen Stunden Indien verlassen.

Natürlich darf man an dieser Stelle nicht unterschlagen, dass es für indische Staatsbürger – selbst Touristen – in der Regel noch schwieriger, aufwendiger und kostspieliger ist, ein Visum oder Papiere für einen Aufenthaltstitel in Deutschland (und damit das Schengen-Gebiet) zu erhalten. Auch die Ausländerämter der Bundesrepublik Deutschland haben nicht den Ruf, Paradiesbehörden zu sein. EU-Bürger können relativ mühelos – nämlich ohne Visum oder per Visum bei Ankunft – mehr als 150 Länder bereisen, Inhaber eines indischen Passes nur 51.[28]

Von der Tyrannei des Nebensächlichen

Indien verändert einen. Zwangsläufig. Es hat auch mich verändert. Es war – und ist – für mich ein wunderbares Land, um zu entdecken, auf was es im Leben ankommt, auf was nicht. Die eigenen Probleme, die man zu Hause enorm wichtig fand, entpuppten sich bei näherem Hinsehen aus der Ferne als Problemchen, als weitgehend bedeutungslos. In Mysore hatte ich vor Jahren – noch vor meiner Übersiedlung nach Mumbai – ein erschütterndes Erlebnis: ein junger Mann mit hübschem Gesicht, der am Straßenrand auf dem Rücken lag, mutmaßlich auf der Straße lebte. Er hatte keine Füße und keine Hände und bettelte, weil ihm keine andere Wahl blieb. Jahre später dann bei uns in Mumbai, nicht weit von meinem Wohnhaus entfernt, ein Junge auf dem Bürgersteig, vielleicht acht oder neun Jahre alt, der ein u-förmig nach oben gebogenes Bein hatte (der also von oben eine seiner Fußsohlen sehen konnte, auf welch unvorstellbare Weise auch immer es dazu gekommen war). Leprakranke. Die Ärmsten der Armen, in allen Landesteilen, in Städten und auf dem Land. Was sind angesichts solcher Lebenssituationen meine eigenen Sorgen, bitte? Lächerliche Luxusprobleme.

Während meiner ersten fünf Jahre in Indien starben drei Menschen aus meinem näheren Umfeld. Ein Mann Mitte 20, S., verheiratet, zwei kleine Kinder, deren Geburt wir, wie in Indien üblich, mit Süßigkeiten gefeiert hatten; es war ein Verkehrsunfall in Delhi. Ein zweiter, A., Mitte 30, Frau, Kinder, einer unserer Security-Männer, der von einem Tag auf den anderen starb, offenbar an einem Herzfehler. Und M., ein fabelhafter Friseur und Herr der alten Schule, Anfang 70, mit leiser Stimme und feinsten Umgangsformen. Eines Tages kam ich in den Salon, um einen Termin zu machen, und eine seiner Kolleginnen stand respektvoll auf und sagte leise, M. könne mir nicht mehr die Haare schneiden.

Angesichts solch tragischer Schicksale und mitunter schwierigster Lebensumstände ist es geboten, sich zügig ein paar absurde deutsche Macken und perfektionistische Züge abzugewöhnen. Für mich ist Indien stets eine Studie in Problemlösung gewesen – aber Problemlösung nicht auf perfektionistisch deutsche Weise, sondern auf pragmatisch indische. Oft alles andere als ideal. Ja, mit flexibler Denke, etwas Terrierhaftigkeit und Improvisieren. Man lernt zu sagen:»Okay, hier habe ich jetzt ein Problem, dessen Lösung mir noch nicht einfällt, das ich noch nicht einmal vollständig verstehe. Aber ich vertraue auf mich: auf meine Fähigkeit, das zu gegebener Zeit irgendwie lösen zu können.« Das ist auf seine Art eine befriedigende Erfahrung.

Natürlich gab es bei allem Durcheinander und Frust Momente größter Erfüllung. Noch heute ist es für mich zutiefst befriedigend, mit dem Auto vom Chhatrapati-Shivaji-Flughafen in Mumbai in die Stadt zu fahren, also von der nördlichen Stadtmitte in den Südzipfel, einmal querdurch. Die Sea-Link-Brücke mit dem Taj-Landsend-Hotel und Worli. Die Bucht mit dem Inselchen des Haji Ali Dargah, eines Schreins, die bei Hitze fürchterlich stinkt. Der Fly-over von Kemps Corner. Schließlich Marine Drive, Chowpatty Beach, das Air-India-Hochhaus, Oval Maidan, die National Gallery of Modern Art, das Regal-Kino, Colaba … Für Touristen, die zum ersten Mal nach Mumbai kommen, sieht vieles davon unappetitlich aus, vielleicht sogar bedrohlich. Für mich, nun vertraut mit dieser Stadt, ist es wunderbar.

Ich hatte das Glück und die Möglichkeit, beruflich und privat zahlreiche Reisen in Indien unternehmen und fast das gesamte Land kennenlernen zu können. Am beeindruckendsten fand ich immer wieder die Berge, vor allem den Himalaja. Aber auch in den Hochlagen in Zentral- und Südindien habe ich mich wohlgefühlt, insbesondere in Nilgiri. Ausgerechnet im Himalaja, im Bundesstaat Uttarakhand, spielte ich zum ersten Mal in meinem Leben Golf – der Beginn einer wunderbaren Freundschaft. Abenteuer ohne Ende; mit dem Wagen, dem Zug, dem Flugzeug, der Seilbahn, der Autorikscha, dem Moped, dem Flussschiff, im Kanu, zu Fuß. Die mitunter grenzenlose Warmherzigkeit, Gastfreundschaft, Großzügigkeit und Freundlichkeit der Menschen. Wunderbare Begegnungen und Gespräche. Und natürlich, Tag für Tag, das Essen. Ich kann nicht sagen, dass ich vor meiner Zeit in Mumbai ein großer Fan der indischen Cuisine gewesen wäre. (Wobei der Begriff einer »indischen« Küche natürlich unsinnig ist. Es gibt keine »indische« Küche, sondern Hunderte regionale.) Ich hatte nicht das Geringste *gegen* indisches Essen, auch nicht gegen besonderes scharfes. Aber ich war auch kein Fan. Es haute mich einfach nicht vom Hocker, weil am Ende des Zubereitens – so meinte ich anfangs zu wissen – ziemlich vieles eine undefinierbare braune Soße zu bilden schien. Das ist, etwa im Vergleich mit japanischer Küchenstilistik, nicht völlig falsch, aber auch alles andere als richtig. Dass sich mir inzwischen viele Feinheiten der indischen Küche erschlossen haben, ist großartig. Wenn ich heute nach einem längeren Aufenthalt in Deutschland nach Indien komme und zum ersten Mal in eines meiner Lieblingsrestaurants gehe? Ein Fest!

Natürlich verändert sich in einem komplexen Kosmos wie Indien auch der Blick auf das eigene Zuhause, in meinem Fall: auf Deutschland, auf Berlin. Johannes Boie, Chefredakteur der *Welt am Sonntag*, schrieb im Frühsommer 2019 in einem Editorial diese Sätze:

Ein Freund von mir ist nach vielen Jahren in Bangkok gerade zurück nach Deutschland gezogen, in einen ärmeren Teil der deutschen Hauptstadt. Zu Beginn war er erstaunt über die große Zahl an Men-

schen in Berlin, die tagsüber einfach nichts machen. Mittlerweile ist
er entsetzt: »Wenn ich durch Berlin laufe, dann habe ich das Ge-
fühl, dass ich durch eine ärmere Stadt laufe als Bangkok. Obwohl die
Menschen hier, auch die armen, viel mehr haben.«[29]

Das kommt meiner Erfahrung in Indien nahe; man ersetze einfach »Bangkok« durch »Delhi« oder »Mumbai«. Die Sorgen, die
die Menschen in Berlin umtreiben, sind einfach nicht die Sorgen,
die die Menschen in Indien beschäftigen. Es sind auch nicht meine
Sorgen. Mir kommt mein Heimatland immer öfter vor, als habe sich
ein Großteil meiner Zeitgenossen in einer Blase der Hysterie ver-
fangen – immer getreu dem Motto, dass, wer keine Sorgen hat, sich
eben welche erfinden müsse, um ausgelastet zu sein, sich aufregen zu
können. Meinetwegen; jeder, wie er mag; mich *langweilt* dieser Modus
nur schrecklich. Ich schüttele in den ersten Tagen und Wochen, in
denen ich mich in Deutschland wieder »akklimatisieren« muss, inner-
lich unentwegt mit dem Kopf, mit einer gewissen Resignation. Wie
der Schriftsteller und Pilot Antoine de Saint-Exupéry einmal über die
Freuden der Fliegerei schrieb: »*car cela libère mon esprit de la tyrannie*
des choses insignificantes«. Es befreit die Seele von der Tyrannei be-
deutungsloser Dinge. Ich kann kein Flugzeug steuern. Aber das war
genau meine Erfahrung in Indien.

Für mich war dieses Land in einem gut sechs Jahre währenden
Zeitraum – ungefähr von Mitte 2013 an, als die Vorbereitungen an-
liefen, bis Anfang 2020 – das Leitmotiv meines Lebens und meiner
Arbeit. Mit längeren Unterbrechungen gegen Ende zwar, aber doch
ein durchgehend hell leuchtender Punkt auf meinem persönlichen
Radarschirm. Für ein abschließendes Urteil ist es hoffentlich zu früh,
weil ich mich auf viele weitere Besuche freue. Aber eines ist schon
jetzt sicher: Es war ein Glück und zutiefst befriedigend, Indien in
einer außergewöhnlich aufregenden, von Aufbruch und Reformen geprägten Zeit erleben und erfahren zu können.

KAPITEL 1

Indien, eine neue Wirtschaftsmacht

Fangen wir mit Masala an, mit Soße.[30] Warren Buffett, Investment-Ikone und einer der reichsten Unternehmer der Welt, zeigte sich vor Kurzem beeindruckt, wie gut die Volksrepublik China sich seit ihrer wirtschaftlichen Öffnung vor 40 Jahren geschlagen habe. »Sie haben im Alleingang das Rezept für eine Geheimsoße gefunden«, sagte er mit Blick auf Asiens Supermacht, »so wie wir [die USA] vor ein paar Jahrhunderten auch die Geheimsoße fanden.« Das sei die Hauptsache, meinte Buffett: Man müsse nur das Potenzial der Leute entfesseln, das passende »Soßenrezept« dafür finden – dann sei der wirtschaftliche Aufschwung die natürliche Folge, so gut wie unvermeidbar.[31] Noch 1990, vor 30 Jahren, lag die Wirtschaftsleistung der Volksrepublik China kaufkraftbereinigt bei einem Bruchteil des Bruttosozialprodukts Westeuropas oder der USA. Heute ist China kaufkraftbereinigt die größte Volkswirtschaft der Welt, deutlich *vor* EU und Amerika. Und das gelang der Volksrepublik in einem Zeitraum, der einem Wimpernschlag der Geschichte gleicht.

Buffett hatte recht: Sowohl die Vereinigten Staaten von Amerika als auch China haben, um im Bild zu bleiben, brauchbare Soßenrezepturen entwickelt. Die USA setzen seit annähernd einem Vierteljahrtausend auf eine demokratisch verankerte Staatsform und eine liberale, kapitalistische Wirtschaftsordnung. China wiederum begann erst nach dem Tod Mao Tse-tungs 1976 mit der wirtschaftlichen Neuorientierung und Öffnung unter Deng Xiaoping – ohne jedoch das autoritäre Staats- und Regierungsmodell unter Führung der Kommunistischen Partei aufzugeben. Das chinesische Soßenrezept ist insofern originell und innovativ, als es kommunistische und kapitalistische Elemente scheinbar mühelos miteinander zu verknüpfen vermag. Die Kernthese dieses Buchs lautet, dass auch die Republik Indien in den vergangenen 30 Jahren ihr eigenes Soßenrezept entwickelt hat, mit dem sie das Potenzial von Menschen, Unternehmen und Gesellschaft hebt. Ein spektakulärer Wirtschaftsaufschwung ist die Folge, dessen Ende nicht abzusehen ist.

Das asiatische Jahrhundert

Dass in geopolitischer und weltwirtschaftlicher Hinsicht ein Paradigmenwechsel stattgefunden hat, ist längst Gemeinplatz. So wie das 20. Jahrhundert – in extrem vereinfachter Deutung – ein »amerikanisches« war, das 19. Jahrhundert ein »britisches«, so könnte, glauben viele, das 21. Jahrhundert ein »chinesisches« oder, breiter gefasst, ein »asiatisches« werden. Wobei von »könnte« eigentlich keine Rede mehr sein kann. Wir stecken längst mittendrin in diesem asiatischen Jahrhundert. Fraglos ist der chinesische Wirtschaftsraum heute der mit Abstand wichtigste in Asien. Unterschlagen wird dabei gern, dass keineswegs nur China einen fulminanten Wirtschaftsaufschwung erlebt hat, sondern dass dies für eine große Gruppe asiatischer Staaten gilt. Dazu zählen Südkorea, mehrere Länder Südostasiens, die rohstoffreichen Staaten im Mittleren Osten – und der Subkontinent, der bei einer Auflistung spektakulärer wirtschaftlicher Entwicklungen gern übersehen wird. Der Asienboom ist geografisch breit aufgestellt. Insofern wird das 21. Jahrhundert nicht zwangsläufig, wie heute implizit und explizit immer wieder vorgebracht, das »chinesische« (oder alternativ das »pazifische«) sein. Es könnte sich möglicherweise als »indisches« (oder »subkontinentales«) herausstellen. Ein erweiterter Blickwinkel auf die Großregion südlich des Himalajas erscheint sinnvoll, denn auch in Indien benachbarten

Staaten wie Bangladesch, Pakistan und Sri Lanka tut sich wirtschaftlich einiges.

China versus Indien

China eilt dem südlichen Nachbarn in der wirtschaftlichen Entwicklung um ungefähr 15 Jahre voraus (plus/minus drei oder fünf, es kommt nicht darauf an). Die Volksrepublik China begann schon Ende der 1970er-Jahre mit einer pragmatischen Reformpolitik und der Grunderneuerung und Liberalisierung ihrer Wirtschaft. Die Republik Indien schlug diesen Weg erst 1991 unter Ministerpräsident P. V. Narasimha Rao und seinem international bekannteren Finanzminister Manmohan Singh ein. Indien folgt in Chinas Fußstapfen; Pakistan und Bangladesch wiederum sind in ihrer Entwicklung Indien mit einigem Abstand auf den Fersen.

Im Direktvergleich mit China weist Indien allerdings auf lange Sicht Standortvorteile auf. An erster Stelle ist dabei der Umstand zu nennen, dass das Land seit mehr als 70 Jahren – länger als beispielsweise die Bundesrepublik Deutschland – eine funktionierende, stabile Demokratie ist. Die Regierungen in Neu-Delhi legitimieren sich durch Wahlen und sind insofern auf eine Weise in Wahlvolk und Gesellschaft verankert, von der das Regime in Peking nur träumen kann. China hingegen, wie Clemens Fuest, Präsident des Ifo-Instituts in München, es formulierte, »erreicht eine dynamische Wirtschaftsentwicklung mit einem politischen System, in dem eine Einheitspartei herrscht und in dem wichtige Bestandteile liberaler Demokratien wie Pressefreiheit, Gewaltenteilung und der Schutz von Individualrechten fehlen oder nur schwach ausgeprägt sind«. Ein Modell des autoritären Staatskapitalismus also.[32]

Auch im Vergleich mit anderen Schwellenländern wie Russland, den Philippinen oder der Türkei erscheint die Demokratie in Indien – bei allen Problemen, die später Thema sein werden – insgesamt stabil und krisenfest. Die Economist Intelligence Unit (EIU), ein Think-tank der Economist-Gruppe in London, platzierte Indien in ihrem Demokratieindex 2018 auf Rang 41 (von 167 Ländern). Damit fällt das Land ins EIU-Segment der *flawed democracies*, ist also eine »Demokratie mit Schwächen«, was auf den ersten Blick nicht allzu imposant klingt. Beeindruckender sieht Indiens Abschneiden allerdings aus, wenn man berücksichtigt, dass es bei diesem Demokratie-Ranking *vor* der Slowakei (Rang 44), Bulgarien (46), Polen (54), Ungarn (57), Kroatien (60) und Rumänien (66) lag, allesamt respektierte Mitglieder des EU-Demokratieclubs. Die Republik Indien schnitt zudem besser ab als das schwerreiche Singapur (66, gleichauf mit Rumänien) und die Nachbarländer Bangladesch (88) und Pakistan (112). In Asien, dem mit Abstand bevölkerungsreichsten Kontinent, sind demokratische Prinzipien nur in wenigen Ländern fester verankert als in Indien.

Von freiheitlicher Demokratie kann in China keine Rede sein. Die Regierung missachtet Menschenrechte; sie hat gesellschaftsweit geradezu manisch wirkende, technologisch extrem fortschrittliche Kontrollmechanismen installiert, die an George Orwells Big Brother erinnern. Die Staatsführung, also die Kommunistische Partei und deren Amtsträger, hat keinerlei Legitimation, die aus einem in freien und fairen Wahlen artikulierten Volkswillen hervorgegangen wäre. Was den Umbau der chinesischen Volkswirtschaft in den vergangenen Jahrzehnten angeht, hatte der Umstand, dass die Macht eben *nicht* vom Volk ausging, immerhin den Vorteil, dass über den Kopf der Nichtwähler hinweg geplant und durchregiert werden konnte. Die politische Durchsetzungskraft des Staates war und ist in China (und anderen autoritär geführten Staaten) insofern eine völlig andere als in Indien. Schnellbahntrassen für Hochgeschwindigkeitszüge oder Flughäfen beispielsweise sind in China deutlich einfacher und schneller zu planen und bauen als in Indien – nicht nur infolge des deutlich größeren Wohlstands im »Reich der Mitte«, sondern auch aufgrund des stringenteren politischen Entscheidungsprozesses, der keine Rücksicht auf Einzelschicksale nehmen muss oder will. Wer in China von Staats wegen zwangsumgesiedelt wird, kann schnell mundtot gemacht werden, schließlich hat er keine Stimme und kann seine Regierung nicht auf dem nächsten Wahlzettel abstrafen. Wer in Indien zwangsumgesiedelt wird, kann das sehr wohl. Millionen Inder leben noch immer in bitterer Armut, weit mehr als in China, wobei die Zahl der Armen in beiden Ländern in den vergangenen Jahrzehnten massiv zurückgegangen ist. Der große Unterschied: In Indien *haben* die Armen eine politische Stimme. Sie entscheiden über die Staatsgeschicke mit und sind zu Recht stolz darauf.

Es war einmal in Amerika

Es ist selbstverständlich zu früh für die Beantwortung der Frage, ob China, Indien, Asien oder ein anderer Erdteil das 21. Jahrhundert prägen wird. Aus Sicht des Jahres 2020 mag die Volksrepublik als Favorit gelten, ausgemacht ist das jedoch keineswegs. Die Publizistin Chrystia Freeland, von 2017 bis Ende 2019 Kanadas Außenministerin im Kabinett von Justin Trudeau und seitdem stellvertretende Premierministerin, berichtet in einem ihrer Bücher von einem Gespräch mit Jeffrey Immelt, dem damaligen Chef des US-Konzerns General Electric: »›Ich kam 1982 zu GE‹, sagte mir Herr Immelt. ›In den ersten 25 Jahren, bis zum Platzen der Blase 2007, waren Amerikas Verbraucher die entscheidende Triebkraft der Weltwirtschaft.‹« Aber die Zukunft werde anders sein, sagte Immelt. In den nächsten 25 Jahren werde der US-Verbraucher nicht die Lokomotive des globalen Wachstums sein. Das würden die eine Milliarde Menschen in Asien sein, die zur Mittelschicht aufschließen.[33] Die in London ansässige und vor allem in Asien tätige Großbank HSBC erklärte Anfang 2019, dass »in der nächsten Mittelschicht-Milliarde fast neun von zehn Verbrauchern aus Asien stammen werden«.[34] Dabei wird es sich keineswegs ausschließlich um Chinesen (die heute schon zu einem großen Teil der Mittelschicht angehören) handeln, sondern um Landsleute zahlreicher Staaten in allen Teilen Asiens – insbesondere Südasiens. Viele von ihnen, mehrere Hundert Millionen, sind Inder.

Indien ist schon heute eines der wirtschaftlichen und politischen Schwergewichte in einer multipolaren Welt neben den USA, der Europäischen Union, China und – mit Abstrichen – Russland. In dieser multipolaren Welt wird das Land weiter massiv an Bedeutung gewinnen, und zwar in vergleichsweise kurzer Zeit: nicht im Verlauf von Jahrzehnten, sondern binnen weniger Jahre. Wir alle tun gut daran, die verschiedenen Paradigmenwechsel in Südasien auf unserem mentalen Radar zu behalten und ihnen deutlich mehr Aufmerksamkeit als bislang zu schenken. Indien ist ernst zu nehmen – in demografischer, wirtschaftlicher, politischer und kultureller Hinsicht, als regionale Hegemonialmacht, als Atommacht und als Zentrum globaler *soft power*. Gerade in Deutschland sollten wir uns erheblich intensiver mit Indien beschäftigen, als wir dies bisher getan haben. Als wir dies *jemals* getan haben, müsste es besser heißen. Die Briten etwa – dies gilt tendenziell aber auch für Portugiesen, Holländer, Franzosen, Russen, selbst Italiener – hatten nie ernsthafte Zweifel daran, dass Südasien von enormer Bedeutung war. Während des *Raj*, auf dem Zenit der britischen Kolonialära, war Indien *jewel in the crown of Empire* und das Staatsoberhaupt der britischen Monarchie titularisch Kaiserin (und später dann Kaiser) von Indien. Für Deutsche, Österreicher oder Schweizer hingegen war Indien eher ein exotisches Land: mysteriös und, ja, irgendwie faszinierend und schillernd, aber auch abgelegen und daher vor allem irrelevant. Lea Deuber, Jahrgang 1991 und China-Korrespondentin der *Süddeutschen Zeitung*, hat dieses Desinteresse beschrieben: »[D]ie Chinesen – und viele andere Völker in Asien – [bleiben] für viele Menschen hierzulande eine anonyme Masse. Diese Ignoranz – oder ist es Arroganz? – gegenüber Asien macht mich inzwischen richtig wütend. [...] Dieses weit verbreitete Überlegenheitsgefühl des Westens gegenüber Asien und anderen Regionen der Welt – spätestens meine Generation sollte erkennen, dass es nicht mehr zeitgemäß ist. [...] Viele haben noch nicht mal begriffen, dass sie sich überhaupt im Wettlauf um die Zukunft befinden. Wenn ich sehe, wie groß der Wille in anderen Ländern ist, das eigene Leben zu verbessern, frage ich mich, woher wir in Deutschland die Zuversicht nehmen, dass unser Leben so bleibt, wie es ist.«[35] Das ist intelligent und trefflich formuliert und gilt, wie Deuber selbst aufzeigt, nicht nur im Hinblick auf China, sondern auch für andere Regionen in Asien, darunter Indien. Die Beobachtung deckt sich mit den Eindrücken dieses Autors. Deutschland und die deutsche Gesellschaft sind im Vergleich mit den aufstrebenden Generationen in Asien satt und träge. Und selbst diejenigen Deutschen, die es nicht sind, werden angesichts der Trägheit der Übrigen zwangsläufig unruhig, weil sie ab und an, wie Deuber, eine Ahnung erfasst, dass nicht nur die anderen, Ehrgeizigen, aufsteigen, sondern wir Schlafmützen *ab*steigen könnten – und es nicht einmal merken.

Ein Indiz: Wie viele Chinesen, Koreaner, Singapurer, Japaner oder Inder kommen nach Deutschland – nicht als Touristen, sondern um hier zu leben und zu arbeiten? Genau. Sehr wenige. Sie haben in ihren Heimatländern, in denen es wirtschaftlich brummt, schließlich viel bessere Möglichkeiten, und sie ziehen technologisch oder sonst wie attraktivere Zielländer vor – etwa die USA, Australien oder die mit eiserner Faust regierten, aber reichen Golfstaaten.

Superlatives Indien

Wer anfängt, sich eingehender mit Indien zu beschäftigen, muss sich aufgrund der demografischen Situation an große Zahlen gewöhnen – und an deren Schreibweise. Während man im Westen von 100 auf 1000 kommt und von dort in Dreierschritten in die Dimensionen von Millionen, Milliarden und Billionen vorstößt, wird in Indien bis heute in *lakh* und *crore* gerechnet. Das mag den ein oder anderen irritieren, ist aber nicht schwierig. Ein *lakh* (»lack« ausgesprochen) entspricht 100.000; ein *crore* (»kror«) sind zehn Millionen. Noch heute ist es beispielsweise üblich, den Börsenwert indischer Unternehmen in *crore rupees* anzugeben. Beispiel: Im Mai 2020 kam Tata Consultancy Services (TCS), eine Tata[36]-Tochter und zu dem Zeitpunkt das Unternehmen mit der zweitgrößten Marktkapitalisierung, auf einen Börsenwert von 710,514.04 *crore rupees* oder auch 7.1 *lakh crore rupees*. (Damals entsprach das rund 88 Milliarden Euro: 710.514 mal 10.000.000 geteilt durch 81.) Wer das umständlich, putzig oder gar albern findet, sollte sich klarmachen, dass ungefähr ein Viertel der Menschheit in *lakh* und *crore* rechnet, nicht nur in Indien, sondern auch in vielen anderen Staaten. Genauso gut könnte man im Umkehrschluss das Rechnen mit Millionen und Milliarden umständlich, putzig oder albern finden.

Die Dimensionen der beiden Milliardenvölker Indien und China sprengen unsere Vorstellungskraft. In beiden Ländern kommt man mitunter um die Basisrecheneinheit 100 Millionen – in Indien zehn *crore* – nicht herum, und die Faktenlage ist, wie die folgenden 14 Beispiele zeigen, kurios und mitunter überwältigend.

1. Auf den ersten Blick

Auf der Landkarte der *Tagesschau*, der bekanntesten Nachrichtensendung im deutschen Fernsehen, sieht Indien nicht besonders groß aus, sondern eher kompakt, ja: klein. Der Subkontinent, auf der dort gezeigten Weltkarte ungefähr mittig rechts gelegen und nicht allzu weit nördlich des Äquators, scheint etwa ein Viertel so groß zu sein wie das im hohen Norden gelegene Grönland, die größte Insel der Erde, die es an Fläche wiederum grob mit dem afrikanischen Kontinent aufnehmen kann. Jedenfalls wirkt es so.

Das ist natürlich eine optische Täuschung, eine Verzerrung. Mit einer Landesfläche von gut drei Millionen Quadratkilometern ist die Republik Indien (also der *Staat* Indien, nicht der gesamte Subkontinent) eineinhalb Mal so groß wie Grönland. Das mag erstaunen, liegt indes lediglich an der Mercator-Projektion – einer nach dem flämischen Kartografen Gerhard (Gerardus) Mercator benannten Landkartenmethodik, bei der Erdteile in der Nähe des Äquators relativ klein dargestellt werden und jene in Polnähe extrem groß. Indien ist in der Fläche gut neunmal so groß wie Deutschland, knapp vierzigmal so groß wie Österreich und achtzigmal so groß wie die Schweiz. Damit ist es das siebtgrößte Land auf der Erde und nur ungefähr ein Fünftel kleiner als das Gesamtgebiet der Europäischen Union, das in der Nord-

Süd-Ausdehnung immerhin von Lappland bis Andalusien reicht.[37] Die Flugzeit von Srinagar im Kaschmirtal – nicht annähernd der nördlichste Punkt indischen Territoriums – in den südlichsten Landesteil beträgt ungefähr fünf Stunden. Wer von Neu-Delhi, grob in der nördlichen Mitte Indiens gelegen, nach Guwahati fliegt, in die größte Stadt des nordöstlichen Bundesstaats Assam, ist aktuell ungefähr zweieinviertel Stunden unterwegs und benötigt eine weitere Flugstunde, um die Großstadt Dibrugarh im Nordostzipfel Indiens zu erreichen.

2. »Die Masse der Menschen«

Schon Babur, der erste der »großen« Mogule (mehr in Kapitel 4: »Exkurs: eine Kurzgeschichte Indiens«), war, als er nach Indien kam, geradezu erschlagen von den Menschenmassen, auf die er südlich des Himalajas traf. Das war im 16. Jahrhundert christlicher Zeitrechnung, also vor mehr als 400 Jahren, als Indiens Bevölkerung bei wenig mehr als 100 Millionen Einwohnern lag. (Ähnlich viele Menschen lebten damals in China.) »Hindustans Bevölkerung ist ohne Zahl«, hielt Babur in seinen Notizbüchern fest, während Jehangir, einer von Baburs Nachfahren und rund 100 Jahre später Mogulherrscher, über Agra schrieb, dass »die Masse der Menschen so groß ist, dass es schwierig ist, durch die Gassen und Märkte zu gelangen«.[38] Die britischen Inseln zählten um 1600, also gegen Ende des elisabethanischen Zeitalters, kaum fünf Millionen Menschen, das westliche Europa insgesamt weniger als 40 Millionen.[39]

An diesen Relationen hat sich seitdem so viel nicht geändert. Die Beobachtungen Baburs und Jehangirs wären noch heute, Jahrhunderte später, nicht falsch, mit dem erheblichen Unterschied natürlich, dass Baburs »Hindustan« – der gesamte Subkontinent also – seitdem eine Bevölkerungsexplosion erlebt hat. Um 1900 hatte Britisch-Indien 240 Millionen Einwohner, das unabhängige Indien um 1970 ungefähr 550 Millionen. Allein die Republik Indien zählt heute zehnmal so viele Menschen wie zu Baburs Zeiten; Pakistan hat mehr als 210 Millionen Einwohner, Bangladesch knapp 170 Millionen, Nepal 30 Millionen.

Im Hinterkopf behalten sollte man stets, dass allein die Republik Indien zurzeit ein Bevölkerungswachstum von ungefähr 15 bis 16 Millionen Menschen im Jahr verzeichnet, also mehr als 40.000 am Tag. Treibsatz dieser in absoluten Zahlen extrem dynamischen Bevölkerungsentwicklung ist der Umstand, dass Indien heute eine Phase des demografischen Übergangs durchläuft, in der mehrere Trends gleichzeitig auftreten und sich gewissermaßen zu einem Megatrend vereinen. Einerseits steigt infolge des insgesamt rasch wachsenden Wohlstands, besserer Ernährung und medizinischer Versorgung die Lebenserwartung rapide (beziehungsweise sinkt die Sterblichkeit). Andererseits fallen mit zunehmendem Wohlstand tendenziell die Geburtenraten. Kinder werden nicht mehr, anders als in den Jahrhunderten zuvor, als De-facto-Altersversorgung der Eltern betrachtet, während zugleich die Kindersterblichkeit deutlich zurückgegangen ist und weiter zurückgeht. Indische Frauen wiederum sind heute zunehmend gebildeter und damit unabhängiger; ein größerer Prozentsatz von ihnen verdient eigenes Geld, heiratet später (oder auch nie) und hat folglich weniger Nachwuchs.

Doch während man den Rückgang der Sterblichkeit in Indien seit vielen Jahren beobachten kann, ist das Sinken der Geburtenraten ein zeitlich nachgelagerter Trend – mit der Folge, dass vorerst das Bevölkerungswachstum in absoluten Zahlen extrem hoch ist (und es noch jahrelang bleiben wird). Um die Dramatik des Trends zu verstehen, ist ein Vergleich hilfreich: Ein Nettozuwachs von etwas mehr als 40.000 Menschen am Tag bedeutet, dass in Indien rechnerisch alle zwei Wochen eine Großstadt von der Größe Essens dazukommt, alle fünf Wochen ein München, in jedem Jahr ein weiteres Kolkata. Noch schneller entwickeln sich im Zuge der Urbanisierung die Großstädte. Delhi, Indiens Hauptstadt, wächst *stündlich* ungefähr um 79 Menschen, Mumbai um 51, Kolkata um 32.[40]

In den 2020er-Jahren – das genaue Datum schwankt – wird die Republik Indien nach Schätzung der Vereinten Nationen annähernd 1,5 Milliarden Einwohner zählen.[41] Damit wird Indien in Kürze nicht nur China als größte Nation der Welt ablösen, sondern der bevölkerungsreichste Staat aller Zeiten sein – eine historische Zäsur, die medial in aller Welt beträchtliche Aufmerksamkeit erregen wird.[42] Indien wird größer sein als 150 Länder der Erde zusammengenommen[43] und auf rund 2 Prozent der Landoberfläche der Erde etwa ein Sechstel der Weltbevölkerung stellen. Würde man »Indiens« Grenzverlauf auf dem Höhepunkt des britischen Weltreichs, des größten Empire der Menschheitsgeschichte, zugrunde legen – für einige sicherlich ein geschmackloser Vergleich –, hätte »Indien« heute schon mehr als 1,8 Milliarden Einwohner, läge zahlenmäßig also weit vor China. In der Republik Indien leben heute bereits dreimal so viele Menschen wie im *gesamten* britischen Weltreich in den 1920er-Jahren, als es seine größte territoriale Ausdehnung erreichte. Das Empire zählte vor 100 Jahren knapp 450 Millionen Einwohner, jeder vierte Mensch war damals Untertan des britischen Monarchen. Indien hat heute mehr Einwohner als Afrika, das auf der Landkarte der *Tagesschau* infolge des Mercator-Effekts ebenfalls klein wirkt, mit einer Fläche von mehr als 30 Millionen Quadratkilometern tatsächlich aber fast zehnmal so groß ist wie Indien. China wiederum, aktuell noch etwas bevölkerungsreicher als Indien, ist in der Fläche etwa dreimal so groß und damit deutlich dünner besiedelt.

Die Vereinten Nationen gehen davon aus, dass Indien ungefähr zur Mitte dieses Jahrhunderts den Zenit bei der Einwohnerzahl mit dann etwa 1,65 bis 1,7 Milliarden Menschen erreichen dürfte. Indien wäre dann fast so bevölkerungsreich wie China und die USA zusammen.[44] »Dürfte«, denn demografische Prognosen sind kurzweilig, aufgrund ihrer Komplexität aber auch mit größter Vorsicht zu genießen.

3. Englisch, Hindi ... und Hunderte andere Sprachen

Ungefähr im Zeitfenster von 2025 bis 2030 wird Indien wahrscheinlich das Land mit den meisten Englisch sprechenden (oder zumindest benutzenden) Menschen weltweit werden, vor den Vereinigten Staaten. Das ändert nichts daran, dass Hindi, die andere Amtssprache Indiens, die wichtigste Sprache südlich des Himalajas ist (Tabelle 1). Hindi wird vor allem im nördlichen Kernland Indiens gesprochen, grob dem Einzugsgebiet des Ganges und seiner Nebenflüsse entsprechend, die, aus dem Himalaja kommend, nach Süden und Osten fließen. Insgesamt werden in Indien mehrere Hundert Sprachen gesprochen, wobei die indische Verfassung davon 22 »offiziell« anerkennt. Mehrere dieser Sprachen sind alles andere als marginal und werden von ähnlich vielen Muttersprachlern genutzt wie etwa das Deutsche, zum Beispiel Bengalisch, Telugu (in Südindien) und Marathi (im westlichen Bundesstaat Maharashtra).

Sprache	Muttersprachler	Sprecher insgesamt	Schätzung 2020
Hindi	528	692	**800**
Englisch	< 0,5	129	**200-300**
Bengali	97	107	**125**
Marathi	83	99	**115**
Telugu	81	95	**110**
Tamil	69	77	**90**
Urdu	51	63	**72**
Gujarati	55	60	**69**
Kannada	44	59	**68**
Odia	38	43	**49**
Pandschabi	33	37	**42**
Malayalam	35	36	**41**
Sanskrit	< 0,1	< 0,1	**< 0,1**

Quelle: Census 2011 (jüngste verfügbare Zahlen), angepasste Schätzungen des Autors

Tabelle 1: Sprachen in Indien (Auswahl; Angaben in Mio.)

Die wichtigsten Sprachen in Indien – darunter auch das dominierende Hindi – gehören zur indoarischen Gruppe, die wiederum eine Unterabteilung der indogermanischen Sprachenfamilie bildet. Sie weisen also bei Grammatik und Wortschatz mitunter frappierende Ähnlichkeit zu jenen Sprachen auf, die im Mittelmeerraum sowie in Europa und Amerika gesprochen werden. Andere gehören der dravidischen[45] Sprachenfamilie an, darunter Kannada (im Bundesstaat Karnataka) und Tamilisch. Darüber hinaus sind in Indien die Sprachfamilien Tibetibirmanisch (zum Beispiel Bodo) und Austroasiatisch (zum Beispiel Santali) vertreten, die allerdings nur von kleinen Bevölkerungsgruppen genutzt werden. Ungefähr die Hälfte der Inder – je nach Statistik möglicherweise sogar die Mehrheit – spricht kein oder kaum Hindi, insbesondere in der südlichen Landeshälfte.

4. Der Nachwuchs, die Zukunft

Es gibt viele Staaten, in denen nicht mehr als einige Hunderttausend oder vielleicht eine Million Schüler leben. Indien zählt mehr als 1,5 Millionen Schulen und mehr als 260 Millionen Schüler[46] – was ungefähr der Einwohnerzahl Indonesiens, des nach Bevölkerung viertgrößten Landes der Welt, entspricht. (Hinzu kommen die Studenten.) Es gibt also weit mehr als dreimal so viele indische Pennäler wie Deutsche auf unserem Planeten. Die meisten von ihnen sind *digital natives*.

5. Karte und Gebiet: Bundesstaaten

Um Basiswissen über Indien ist es im westlichen Kulturkreis oft schlecht bestellt. Die Republik Indien ist, nicht anders als Deutschland, eine Bundesrepublik, die 28 Bundesstaaten und acht Bundesgebiete (*union territories*, die direkt der Regierung in Delhi unterstehen) umfasst, zusammen also 36 territoriale Einheiten (siehe Karte im Bildteil, Seite 1; Tabelle 10, Seite 134). Nun finden es die meisten Europäer sinnvoll, eine ungefähre Vorstellung davon zu haben, wo auf dem Erdball beispielsweise bedeutende Länder wie Australien, Kanada, Marokko oder Bolivien zu finden sind. Nachvollziehbar. Die wenigsten Europäer wissen indes, wer, was oder wo Uttar Pradesh ist. Der Ratschlag, dass man zum Atlas greifen möge, um die Wissenslücke zu schließen, erscheint angemessen, denn Uttar Pradesh – wörtlich »Nordland«, in Indien selbst meist U. P. genannt – ist keine bedeutungslose Provinz. Allein in diesem indischen Bundesstaat leben *doppelt* so viele Menschen wie in Australien, Kanada, Marokko und Bolivien *zusammengenommen*. Wäre U. P. ein unabhängiger Staat, wäre er mit 223 Millionen Einwohnern der fünftbevölkerungsreichste (hinter China, Indien selbst, den USA und Indonesien). Allein in U. P. und Bihar im indischen Kernland beiderseits des Ganges leben zusammen ungefähr so viele Menschen wie in den USA.

6. Die größten Metropolen aller Zeiten

Nicht weniger frappierend sind die Zahlen, wenn wir die nationale Perspektive verlassen und einzelne Städte betrachten. »Bombay!«, rief der amerikanische Schriftsteller Mark Twain schon Mitte der 1890er-Jahre auf seiner Weltreise aus, die ihn nach Britisch-Indien führte: »Ein Ort, der einen verhext und verwirrt und verzaubert – die Wiederauferstehung von Tausendundeiner Nacht? Es ist eine gigantische Stadt; zählt ungefähr eine Million Einwohner.«[47] Heute mögen wir – selbst diejenigen, die nie indischen Boden betreten haben – über Twains heftige Reaktion schmunzeln. *Nur* eine Million? Na das waren Zeiten.

Suketu Mehta leitete seinen Erfolgstitel *Maximum City* so ein: »Bald werden in Bombay mehr Menschen leben als auf dem australischen Kontinent.«[48] Auch das war keineswegs falsch, allerdings eine verkürzte Sichtweise. Im Großraum Bombay, das Mitte der 1990er-Jahre in Mumbai umbenannt wurde, leben heute wahrscheinlich deutlich mehr als 25 Millionen Menschen – was tatsächlich ungefähr der australischen Bevölkerung entspricht. Das gilt auch für Delhi, zurzeit die größte Stadt in Indien, die zudem noch schneller wächst als Mumbai und Kolkata, die Nummern zwei und drei. In Mumbai leben heute mehr Menschen als in Berlin, Hamburg, München, Köln, Frankfurt am Main, Stuttgart, Düsseldorf, Dortmund, Essen, Leipzig, Bremen, Dresden, Hannover, Nürnberg, Duisburg, Bochum, Wuppertal, Bielefeld, Bonn, Münster, Karlsruhe, Mannheim, Augsburg, Wiesbaden, Gelsenkirchen, Mönchengladbach, Braunschweig, Kiel, Chemnitz, Aachen, Magdeburg, Halle an der Saale, Freiburg im Breisgau, Krefeld, Lübeck, Mainz, Oberhausen, Erfurt, Rostock, Kassel, Hagen, Saarbrücken, Hamm, Potsdam, Mülheim an der Ruhr, Ludwigshafen, Oldenburg, Osnabrück, Leverkusen und Heidelberg zusammengenommen. Es ist also größer als die 50 größten deutschen Städte. In Delhi leben unter Einberechnung der Vorstädte schon heute mehr Menschen als in *sämtlichen* deutschen Großstädten. Mumbai und Delhi sind damit jeweils deutlich bevölkerungsreicher als Österreich und die Schweiz zusammen.

Aber das ist nur die halbe Wahrheit. Die Zahlen werden schon in Kürze so veraltet sein wie jene von Mark Twain aus dem Jahr 1897. Allein in den beiden größten Metropolen Indiens, also Mumbai und Delhi, werden im Jahr 2050 schätzungsweise 42 beziehungsweise 36 Millionen Einwohner leben (Tabelle 2, folgende Seite). Sie könnten dann für einen gewissen Zeitraum die größten Städte des Planeten sein.[49] Natürlich klingt das spektakulär. Auch dabei darf man aber die Relationen nicht aus den Augen verlieren. Denn schon heute dürften beispielsweise im Großraum Tokio um die 40 Millionen Menschen leben. Mit anderen Worten: Es kommt entscheidend darauf an, wie man zählt, Grenzen zieht und zugrunde liegende Begriffe wie »Stadt« oder »urbaner Großraum« definiert. Gegen Ende des 21. Jahrhunderts aber dürften Delhi, Mumbai und einige weitere Metropolen, die ausnahmslos in heutigen Schwellenländern liegen, urbane Räume vom Range Tokios weit, weit hinter sich gelassen haben (Tabelle 3, Seite 64). Im Jahr 2100 werden – jedenfalls einigen Prognosen zufolge, und solche Prognosen sind stets mit gesunder Skepsis zu betrachten – 67 Millionen in Mumbai leben und 57 Millionen in Delhi. In Lagos (Nigeria) und Kinshasa (in der heutigen Demokratischen Republik Kongo) könnten dann jeweils mehr als 80 Millionen Menschen leben, in Daressalam in Ostafrika mehr als 70 Millionen – auf den Rängen vier und fünf gefolgt von Mumbai und Delhi. Metropolen wie New York City und Shanghai werden in der 2100er-Projektion gewissermaßen in eine andere Liga verdrängt, zu einer Art regionaler Oberzentren degradiert, quasi zu *Have-beens,* die auf ein Drittel oder allenfalls die Hälfte der Einwohnerzahlen echter Weltstädte kommen werden: Shanghai 21 Millionen, New York 30 Millionen, Mumbai 67 Millionen. Der urbane Raum am Arabischen Meer wird dem Spitznamen, den er schon heute trägt, mehr als gerecht werden: *Maximum City*.[50]

Rang	Stadt/urbaner Großraum	Land	Einwohnerzahl 2050 (in Mio.)
1	Mumbai	Indien	42,4
2	Delhi	Indien	36,2
3	Dhaka	Bangladesch	35,2
4	Kinshasa	DR Kongo	35,0
5	Kolkata	Indien	33,0
6	Lagos	Nigeria	32,6
7	Tokio	Japan	32,6
8	Karatschi	Pakistan	31,7
9	New York	USA	24,8
10	Mexico City	Mexiko	24,3
...	...	...	...
14	Shanghai	China	21,3
18	Chennai	Indien	16,3
21	Peking	China	16,0
23	Bengaluru	Indien	15,6
26	Hyderabad	Indien	14,6
33	Ahmedabad	Indien	12,4
43	Pune	Indien	10,9
56	Surat	Indien	9,2
66	Kanpur	Indien	7,4
73	Jaipur	Indien	6,9
83	Lucknow	Indien	6,3
99	Nagpur	Indien	5,8

Quelle: Hoornweg & Pope

Tabelle 2: Weltstädte im Jahr 2050 nach Einwohnern (Auswahl)

Rang	Stadt/urbaner Raum	Land	Einwohnerzahl 2100 (in Mio.)
1	Lagos	Nigeria	88,3
2	Kinshasa	DR Kongo	83,5
3	Dar es Salaam	Tansania	73,7
4	**Mumbai**	**Indien**	**67,2**
5	**Delhi**	**Indien**	**57,3**
6	Khartum	Sudan	56,6
7	Niamey	Niger	56,1
8	Dhaka	Bangladesch	54,2
9	**Kolkata**	**Indien**	**52,4**
10	Kabul	Afghanistan	50,3
11	Karatschi	Pakistan	49,1
...	...	...	...
22	New York	USA	30,2
27	**Chennai**	**Indien**	**25,8**
29	**Bengaluru**	**Indien**	**24,8**
32	**Hyderabad**	**Indien**	**23,2**
37	Shanghai	China	20,8
42	**Ahmedabad**	**Indien**	**19,7**
49	**Pune**	**Indien**	**17,3**
52	Peking	China	15,6
58	**Surat**	**Indien**	**14,5**
68	**Kanpur**	**Indien**	**11,7**
78	**Jaipur**	**Indien**	**11,0**
82	**Lucknow**	**Indien**	**10,1**
90	**Nagpur**	**Indien**	**9,1**
97	**Patna**	**Indien**	**8,2**

Quelle: Hoornweg & Pope

Tabelle 3: Weltstädte im Jahr 2100 nach Einwohnern (Auswahl)

Es ist denkbar, für einige Beobachter sogar wahrscheinlich, dass die beiden indischen Megacitys Delhi und Mumbai Ende des 21. Jahrhunderts jeweils mehr Einwohner zählen werden als Deutschland.[51] Vielleicht sogar *erheblich* mehr, das kommt auf die Berechnungsmethode an, der man sich anschließen mag. So hat Thilo Sarrazin, ehemals Bundesbankvorstand und Berliner Finanzsenator, in seinem umstrittenen Bestseller *Deutschland schafft sich ab* – 2010 erschienen, also lange vor der Zuwanderungswelle der jüngeren Vergangenheit – provokativ in den Raum gestellt, dass »[Deutschland] beim gegenwärtigen demografischen Trend [...] in 100 Jahren noch 25 Millionen, in 200 Jahren noch 8 Millionen und in 300 Jahren noch 3 Millionen Einwohner haben [wird]«.[52] Man erkennt sogleich, warum Prognosen fehleranfällig sind, wenn sie aktuelle Trends lediglich in die Zukunft fortschreiben. Sollte sich die demografische Hochrechnung, auf die Sarrazin verweist, allerdings bestätigen, dürfte allein Mumbai Ende dieses Jahrhunderts doppelt so groß sein wie Deutschland. Delhi ebenfalls.

Natürlich könnte alles anders kommen. »Wenn sich der aktuelle Trend fortsetzt«, schrieb Yuval Noah Harari Anfang 2018, »könnte es in 50 Jahren unmöglich sein, in Mumbai zu leben. Entweder weil der Indische Ozean ansteigen und einen Großteil der Stadt schlucken wird oder weil es so heiß sein wird, dass niemand dort leben könnte.«[53] Vielleicht. Möglich ist allerdings auch, dass die beiden zitierten Vorhersagen, Sarrazins und Hararis, gleichermaßen unzutreffend sind. Vielleicht unterschätzen beide die Anpassungsfähigkeit des Menschen im Einzelnen und im Kollektiv. So gab es im Jahr 1907 demografische Hochrechnungen – und zwar seriöse –, die für Deutschland im Jahr 1980 um 150 Millionen und zur Jahrtausendwende 200 Millionen Einwohner prognostizierten.[54] Es kam bekanntlich anders.

7. Holy Cow

Im geografischen Dreieck zwischen Kaschmir im Nordwesten, Kolkata im Osten und Kerala im Süden leben nicht nur weit mehr als eine Milliarde Menschen, sondern auch Tiere in insgesamt unübersehbarer Anzahl. Insbesondere zählt Indien schätzungsweise mehr als 300 Millionen Rinder, weit mehr als jedes andere Land der Welt

(Tabelle 4). Wobei man auch solchen Statistiken generell misstrauen sollte, weil im südlichen Asien mit »Rindern« sowohl Kühe als auch Büffel (nämlich Wasserbüffel) gemeint sein können – eine Ungenauigkeit, die die Aussagekraft von Bestandserhebungen zwangsläufig mindert. Um aber die ungefähren Dimensionen und Relationen zu verdeutlichen: In der EU leben um die 90 Millionen Rinder (und nur sehr wenige Büffel); in den USA sind es etwas mehr; Brasilien, in der Fläche erheblich größer als Indien, kommt auf mehr als 200 Millionen dieser Tiere. Die menschliche Bevölkerungsdichte in Österreich – Wien und alle anderen Städte mitgerechnet – entspricht etwa der Bevölkerungsdichte des Rinds in Indien. Es gibt also ziemlich viele Kühe im Land.

Land (Auswahl)	in Mio.	in Prozent des Weltbestands	Rinder je Quadratkilometer
Indien	303	30,4 %	92
Brasilien	226	22,6 %	27
China	100	10,0 %	10
USA	94	9,4 %	10
EU*	89	8,9 %	20
Argentinien	54	5,4 %	19
Australien	28	2,8 %	4
Russland	18	1,9 %	1
Mexiko	17	1,7 %	8
Türkei	14	1,4 %	18
Kanada	12	1,2 %	1
Uruguay	12	1,2 %	67
Neuseeland	10	1,0 %	37
Ägypten	7	0,7 %	7
Weißrussland	4	0,4 %	21
Japan	4	0,4 %	10

mit Vereinigtem Königreich; Quellen: FAO, USDA, Braun Alexander; jüngste verfügbare Zahlen (in der Regel 2017)

Tabelle 4: Bestand an Rindern (mit Büffeln)

Bekanntlich ist diese Spezies Hindus, der großen Mehrheit der indischen Bevölkerung, heilig. Es soll ihnen kein Leid zugefügt werden, und den Launen des Rindviechs ist generell mit Geduld und Gleichmut zu begegnen, etwa wenn sich Kühe mitten auf der Autobahn zu einer gepflegten Rast niederlassen und wiederkäuen oder sonst was tun – was in Indien so alltäglich ist, dass sich jedes Erstaunen des Lesers an dieser Stelle in Grenzen halten sollte. Während die meisten Rinder und Büffel in Indien Eigentümer haben und durchaus wertvoll sind, laufen mehr als fünf Millionen von ihnen – meist alte und kranke Tiere – herrenlos durch die Landschaft beziehungsweise der größeren Bequemlichkeit halber auf den Straßen herum.[55] Ein beträchtliches Verkehrsrisiko.

8. Das zweitgrößte muslimische Land der Erde

Indien ist, obgleich mehrheitlich hinduistisch, das Land mit der zweitgrößten muslimischen Bevölkerung der Welt mit rund 180 Millionen Gläubigen. Es liegt in der Statistik damit nur hinter Indonesien, während die Anzahl der Muslime in Pakistan und Indien ungefähr gleich ist. Das benachbarte Bangladesch, der Fläche nach klein, aber extrem dicht besiedelt, folgt auf Rang vier. Damit leben in Indien gut fünfmal so viele Muslime wie in Saudi-Arabien, das sich selbst, vor allem dank der von Muslimen als heilig erachteten Städte Mekka und Medina, als Weltzentrale der Religion versteht. Mitte dieses Jahrhunderts wird Indien Indonesien voraussichtlich als größtes muslimisches Land der Welt ablösen.[56]

Das Christentum ist die drittgrößte Religion in Indien. Der Anteil der Christen an der Gesamtbevölkerung liegt zwischen 2 und 3 Prozent (Tabelle 11, Seite 145). Das klingt nicht nach viel, steht in absoluten Zahlen aber für eine Größenordnung irgendwo zwischen 25 und 40 Millionen Menschen. In Indien leben damit mehr Christen als beispielsweise im zunehmend säkularen England. Ein Großteil von ihnen gehört der katholischen Glaubensrichtung an, was in erster Linie ein kulturell-religiöses Erbe des portugiesischen Einflusses auf dem Subkontinent ist (Kapitel 4: »Exkurs: eine Kurzgeschichte Indiens«). Auch der Anglikanismus, der im Gepäck der britischen Kolonialherren Einzug hielt und sich seiner Wahrheiten sehr sicher war, ist bis heute stark präsent. In großen Teilen Nordostindiens liegt der Bevölkerungsanteil der Christen bei weit über 80 Prozent. Die Missionare leisteten, so scheint es, ganze Arbeit.

Allerdings reichen die Wurzeln des Christentums in Indien weit vor die Ära europäischer Eroberungen zurück. So soll der Apostel Thomas – unter Indiens Christen als St. Thomas bekannt – der Überlieferung nach schon im Jahr 52 christlicher Zeitrechnung in Kerala, wo noch heute viele Christen leben, erfolgreich missioniert haben. Sicher ist, dass in Indien viele gläubige Christen lebten, *bevor* Portugiesen, Briten und andere Europäer auf dem Seeweg dort aufkreuzten. Mit großer Wahrscheinlichkeit ist die christliche Tradition in Indien damit ähnlich alt wie jene im Mittelmeerraum – und weit älter als die frühesten christlichen Zeugnisse in Mittel- und Nordeuropa.

9. Indien, Wirtschaftsmacht

Indien ist eine Wirtschaftsmacht, schon jetzt. Kaufkraftparitätisch gerechnet ist es die drittgrößte Volkswirtschaft der Welt hinter China und den USA (und weit, weit vor Japan und Deutschland). In nominaler Rechnung, also auf Dollar-Basis, unter Nichtbeachtung der unterschiedlichen Preisniveaus in relativ armen und reichen Ländern, liegt es auf Rang fünf.[57] Es ist lediglich eine Frage der Zeit – und der Präzision der Vorhersage –, wann Indien Volkswirtschaften, die heute zu den allergrößten weltweit zählen, einholen und überholen wird.

Schon 2022 dürfte Indien Deutschland hinter sich lassen und zur Nummer vier aufrücken, schätzt der Internationale Währungsfonds.[58] Japan dürfte nach einer Schätzung der britischen Großbank HSBC ungefähr im Jahr 2028 abgehängt sein.[59] Voraussichtlich 2040 wird Indien kaufkraftparitätisch die USA überholen und zur zweitgrößten Volkswirtschaft der Welt aufsteigen.[60] Raghuram Rajan, Wirtschaftsprofessor in den USA und ehemaliger Gouverneur der indischen Zentralbank, hat jüngst prognostiziert, dass Indien langfristig – in der zweiten Hälfte des 21. Jahrhunderts – selbst an China vorbeiziehen könnte und dann die wirtschaftliche Nummer eins der Welt wäre.[61] Vielleicht. Vielleicht auch nicht. Aber dass Indien (seit Generationen für viele Synonym für Armut) in einem Atemzug mit China (seit Jahrzehnten Sinnbild wirtschaftlichen Aufstiegs) genannt wird, ist Sensation genug.

Sicher ist, dass die Republik Indien seit vielen Jahren ein echtes Wirtschaftswunder erlebt, nicht anders als beispielsweise Westdeutschland in den 1950er-Jahren auf dem Höhepunkt des Wiederaufbaus der Nachkriegszeit. Die Treibsätze in Indien sind vor allem politische Reformen, eine umfangreiche Liberalisierung der wirtschaftlichen Rahmenbedingungen und die allgegenwärtige Digitalisierung. Man kann darüber streiten, wann genau der Aufschwung begann. War schon Ministerpräsident Rajiv Gandhi in den 1980er-Jahren der entscheidende Initiator? Waren es erst die Reformen von Ministerpräsident Narasimha Rao und seines Finanzministers Manmohan Singh ab 1991? Oder sind der amtierende Regierungschef Narendra Modi und seine Verbündeten die treibende Kraft hinter dem Wirtschaftsaufschwung? Anders formuliert: Hätte das indische Wirtschaftswunder unabhängig davon begonnen, wer gerade die politische Macht innehatte? In Neu-Delhi und anderen Teilen Indiens gehen die Meinungen darüber auseinander. In diesem Buch vertrete ich die These, dass zwei Reformschübe – Rao ab 1991, Modi ab 2014 – die entscheidenden Akzente setzten.

Wie dem auch sei: Unbestreitbar ist, dass die dynamische Digitalisierung der indischen Wirtschaft – vor allem durch den Markteintritt von Reliance Jio 2016 und die Nebenwirkungen der Demonetisierung im selben Jahr (Kapitel 7: »Modifizierung und Modernisierung«) – das Wachstum beschleunigt hat.[62] Das Wirtschaftswunder ist real und im ganzen Land zu spüren, selbst in armen und ärmsten Landesteilen, zum Beispiel in nordöstlichen Bundesstaaten wie Jharkhand und Bihar. Es ist in seiner Dynamik durchaus mit dem erwähnten Wachstumsschub in der Bundesrepublik Deutschland in den 1950er-Jahren vergleichbar, aber auch mit dem spektakulären Wirtschaftsaufschwung Chinas in den vergangenen Jahrzehnten. Die

chinesische Pro-Kopf-Wirtschaftsleistung liegt aktuell vier- bis fünfmal höher als in Indien, wobei man jedoch die innerchinesischen
und innerindischen Wohlstandsgefälle bedenken sollte, die beträchtlich sind. Im armen Bihar, Indiens nach Bevölkerung drittgrößtem
Bundesstaat, liegt die Pro-Kopf-Wirtschaftsleistung bei etwa einem
Viertel der Vergleichswerte in den reichsten Regionen Indiens. Die
reicheren Gegenden Indiens sind wiederum deutlich wohlhabender
als die ärmeren Gegenden Chinas.

Dass Indien zurzeit Jahr für Jahr höheres Wachstum verzeichnet
als die meisten anderen G20-Staaten, beschleunigt den Aufhol-
prozess. Zwar ist hohes Wachstum in einem einzigen Wirtschafts-
jahr schön und gut, in der größeren Ordnung der Dinge aber relativ
unbedeutend, und es kommt hinzu, dass die offiziell verlautbarten
Wachstumsraten, meist oberhalb der 6-Prozent-Schwelle, umstritten
sind und möglicherweise aufgrund von Statistikfehlern überhöht. Der
Mehrjahreseffekt aber, in seiner Durchschlagskraft mit dem aus der
Geldanlage geläufigen Zinseszinseffekt vergleichbar, ist bei hohem
Wachstum umso frappierender. Bei der längerfristigen Betrachtung
ist die Frage, ob es nun 5 oder 6 oder 8 Prozent Wachstum waren,
nicht entscheidend. Der *Trend* bleibt intakt; die Wirtschaftsleistung
geht durch die Decke. Indien zählt heute und auf absehbare Zeit
zweifellos zu den am schnellsten wachsenden Volkswirtschaften der
Welt. Selbst die Indien Anfang 2020 erfassende Covid-19-Pandemie,
die zum »Lockdown« fast des gesamten wirtschaftlichen und gesellschaftlichen Lebens führte, änderte daran nichts. Die Folgen waren
auch auf dem Subkontinent dramatisch. Dennoch prognostizierte der
IWF noch Mitte April für 2020 ein Wirtschaftswachstum in Indien
von annähernd 2 Prozent – während Europa und Nordamerika in die
schwerste Rezession seit Jahrzehnten rutschten.

Ein Blick auf Tabelle 5, die einzelne Entwicklungsparameter seit
1991 aufzeigt, verdeutlicht die wirtschaftliche Dynamik im Land im
Laufe einer einzigen Generation.[63] Die Bevölkerung wuchs in diesem
kurzen Zeitraum um mehr als 400 Millionen, also um etwa 50 Prozent. Das Pro-Kopf-Einkommen verfünfzehnfachte sich fast (auf

Rupienbasis, aber immerhin). Während ein (Festnetz-)Telefon in den frühen 1990er-Jahren ein Luxusgut wohlhabender Inder war, hat heute praktisch jeder ein Handy (inzwischen meist ein Smartphone). Und so weiter.

	1991	2016
Bevölkerung	880 Mio.	1,3 Mrd.
Bruttoinlandsprodukt	274 Mrd. USD	2.182 Mrd. USD
Pro-Kopf-Einkommen*	6.295 INR	93.293 INR
Lebenserwartung	58,4 Jahre	67,7 Jahre
Telefonnutzer**	60,2 Mio.	1,1 Mrd.
Anzahl an Computern	80.000	220 Mio.
Internetnutzer	10.000	244 Mio.
Anzahl an Fernsehgeräten	34,3 Mio.	168 Mio.
Schnellstraßennetz	33.700 km	100.087 km
Pkw-Absatz	392 am Tag	7.473 am Tag
Devisenreserven	9,2 Mrd. USD	355,6 Mrd. USD
BSE Sensex (Börsenindex)***	1.167	25.341

*Nicht inflationsbereinigt; auch das reale Pro-Kopf-Einkommen hat sich im genannten Zeitraum indes vervielfacht. ** Festnetz und Mobiltelefone; *** In Punkten, Stand per 31. März, dem letzten Tag des indischen Fiskaljahrs; Quellen: Hindustan Times, Jokhakar*

Tabelle 5: Indien im 25-Jahres-Vergleich: 1991 versus 2016

Die Dynamik dieser Entwicklung kann indes nur auf den ersten, oberflächlichen Blick überraschen. Der ungewöhnlichste Aspekt liegt möglicherweise nicht in dem Umstand, dass Indien im 21. Jahrhundert zügig wächst und zu reicheren Ländern aufschließt, sondern vielmehr darin, dass der Subkontinent in den vorangegangenen Jahrzehnten wirtschaftlich so stark zurückgefallen war. Noch im 18. Jahrhundert, also vor der in Westeuropa einsetzenden Industrialisierung, dominierte Asien bei der globalen Weltwirtschaftsleistung. Um 1775 – ungefähr zu der Zeit also, als James Watt mit seiner bahnbrechenden Dampfmaschine daherkam – zeichneten der indische Subkontinent und China für zwei Drittel der Weltwirtschaftsleistung verantwortlich, Gesamtasien für 80 Prozent.[64] Insofern ist es eigentlich nicht bemerkenswert, dass Indien im 21. Jahrhundert wirtschaftlich wieder in der ersten Liga mitspielt beziehungsweise den Anschluss findet. Vielmehr ist es ungewöhnlich, dass Indien im 19. und 20. Jahrhundert *nicht* dort mitspielte.

10. Mehr Sein als Schein

Indien hat in weiten Teilen der westlichen Welt – ein Punkt, auf den ich im folgenden Kapitel ausführlich eingehe – nicht eben den besten Ruf, vielmehr ein massives Imageproblem. Es gilt als Sinnbild der Armut. Das ist weder völlig falsch noch richtig. Im internationalen Vergleich ist Indien kein »armes« Land, sondern liegt ungefähr im unteren Bereich des mittleren Segments. Es gibt, wenn man das Pro-Kopf-Einkommen als Messlatte nimmt, deutlich ärmere Länder, in Südasien beispielsweise Nepal, Myanmar, Laos und Kambodscha sowie die Mehrzahl der afrikanischen Staaten.

Selbstverständlich leben noch heute in Indien trotz aller positiver Entwicklungen Hunderte Millionen in armen oder ärmsten Verhältnissen. Der prozentuale Anteil extrem Armer ist in den vergangenen Jahrzehnten allerdings massiv geschrumpft und tut dies weiter, schnell. Die »Weltarmutsuhr«, ein Zahlenwerk eines Thinktanks in Wien, schätzte die Zahl derjenigen, die weltweit in »extremer Armut« leben, Ende November 2019 auf 590 Millionen, etwa 8 Prozent der Menschheit. Indien lag bei 2,6 Prozent der Bevölkerung und schnitt damit nicht relativ schlecht ab, sondern relativ *gut*. In absoluten Zahlen waren demnach in Indien Ende 2019 etwa 36 Millionen Menschen extrem arm; in Nigeria und Kongo[65] – beides nach Einwohnern im Vergleich mit Indien kleine Länder – waren es mit 95 beziehungsweise 60 Millionen erheblich mehr.[66] Die Zahlen verdeutlichen, dass Indien sich in den vergangenen drei Jahrzehnten auf einem anderen, erfolgreicheren Entwicklungspfad befunden hat als viele afrikanische Länder, die aus verschiedenen Gründen kaum vom Fleck gekommen sind.

Doch bitterste Armut ist in Indien noch lange nicht ausgemerzt und wird es auf absehbare Zeit auch nicht sein. Die Folge ist ein beträchtliches innerindisches Wohlstandsgefälle zwischen Arm und Reich. Indiens Süden, Westen und Nordwesten (also unter anderem Gujarat, Kerala, Maharashtra, der Pandschab und Tamil Nadu) sind insgesamt relativ wohlhabende Regionen, während Indiens Osten und Nordosten in wirtschaftlicher Hinsicht relativ schlecht abschneiden (zum Beispiel Bihar, Chhattisgarh, Jharkhand, Westbengalen, Odisha und die kleineren Bundesstaaten im Nordosten). Der Unterschied im Pro-Kopf-Einkommen von Goa und Bihar, Indiens ärmstem Bundesstaat, entspricht ungefähr der Fallhöhe zwischen den EU-Mitgliedsstaaten Belgien und Bulgarien.[67] Auch innerhalb dieser Landesteile sind die Differenzen beim Pro-Kopf-Einkommen und -Vermögen außerordentlich hoch. So leben in Mumbai viele der reichsten und ärmsten Menschen der Welt, oft in unmittelbarer Nachbarschaft, wenige Schritte voneinander entfernt. Eine Studie des Marktforschungsunternehmens New World Wealth mit Sitz in Johannesburg, Südafrika, nahm 2017 die Summe des Privatvermögens in einzelnen Metropolen der Welt unter die Lupe. Indiens Wirtschaftshauptstadt Mumbai kam dabei auf einen Wert von 950 Milliarden US-Dollar, was Platz zwölf bedeutete. Die Rangliste führte damals New York City mit einem Gesamtvermögen von etwa 3 Billionen Dollar an – deutlich mehr also, aber so viel mehr als Mumbai auch wieder nicht.[68] Die Studie ergab zudem, dass 28 Dollar-Milliardäre in Mumbai residierten, von denen wir einigen später begegnen werden. Das reichste Prozent der Inder besaß nach Angaben der Schweizer Großbank Credit Suisse im Jahr 2016 annähernd 60 Prozent des Landesvermögens, ein im internationalen Vergleich extrem hoher Wert; in Deutschland waren es gut 30 Prozent, in Japan weniger als 20 Prozent. Im Jahr 2019 lebten in Indien laut Credit Suisse etwa 759.000 Dollar-Millionäre, was angesichts der großen Bevölkerungszahl nicht viel ist – 0,5 Promille der Bevölkerung.[69] Selbst Kolkata, dessen speziellem Imageproblem wir uns im nächsten Kapitel zuwenden, zählt um die 10.000 Dollar-Millionäre. Und auch das vermutlich reichste Volk der Welt lebt in Indien: die Parsen – wenngleich diese Volksgruppe, klein an der Zahl, sich selbst eher als Völkchen beschreiben würde (Kapitel 8: »Die Unternehmenslandschaft«).[70]

Die Zahl sogenannter Ultra-High Net Worth Individuals (UHNWI), die über ein Vermögen von mehr als 30 Millionen US-Dollar verfügen, stieg in Indien von 2012 bis 2017 um 10,7 Prozent. Ausgehend von niedrigem Niveau zugegebenermaßen, aber immerhin. Lediglich in Bangladesch (17,3 Prozent), China (13,4 Prozent), Vietnam (12,7 Prozent) und Kenia (11,7 Prozent) lagen die Vergleichswerte in diesem Zeitraum höher.[71]

Das Nettovermögen eines erwachsenen Inders hat sich im statistischen Durchschnitt seit der Jahrtausendwende ungefähr vervierfacht, ausgehend allerdings ebenfalls von einem sehr niedrigen Basisniveau.[72] Das kann man über das Nettovermögen eines durchschnittlichen Haushalts in Deutschland oder den USA – in diesen beiden reichen Ländern natürlich unter Zugrundelegung eines deutlich größeren Ausgangsvermögens – auch nicht annähernd sagen.

11. »Ein faules Volk«?

Bedauerlicherweise hört man aus berufenem Munde im Westen gelegentlich Sätze wie den, wonach »die Afrikaner«, »die Latinos« oder auch »die Inder« oder Angehörige anderer Länder, Gegenden oder Gesellschaftsgruppen relativ arm seien, weil sie eine besonders dürftige Arbeitsmoral hätten, also schlicht faul seien. Ein sensibles Sujet, prädestiniert für den sprichwörtlichen Tritt ins Fettnäpfchen, sodass hier ein Inder mit einem in aller Welt tadellosen Ruf zu Wort kommen soll, nämlich Mohandas »Mahatma«[73] Gandhi. »Man wirft uns vor«, schrieb er vor mehr als 100 Jahren, »wir seien ein faules Volk, die Europäer dagegen seien sehr fleißig und unternehmerisch.«[74]

Solche Klischees sind von keinerlei Sachkenntnis getrübt. Insbesondere die Deutschen gelten international als diszipliniert und fleißig; viele Inder, die ich kenne, beschreiben sie mit diesen

Attributen (»genau, pünktlich, hart arbeitend«, so die Richtung). Auch viele Bundesbürger sehen sich selbst – oder jedenfalls viele ihrer Landsleute – in diesem Licht: als leicht pedantisch-erbsenzählerische und überemsige Gesellen, die ihre 35-Stunden-Woche und sechs Urlaubswochen im Jahr voll und ganz im Schweiße ihres Angesichts verdienen – sowie die Lohnfortzahlung im Krankheitsfall und eine im internationalen Vergleich spitzenmäßige Bezahlung.

Unterdessen deutet einiges darauf hin, dass in Indien härter gearbeitet wird als irgendwo sonst auf der Erde – und erst recht als in Deutschland. Die Schweizer Bank UBS untersuchte 2018 beispielsweise, wie viel in 77 Groß- und Weltstädten im Schnitt gearbeitet wird (Tabelle 6, Seite 76). Mumbai lag in dieser Studie mit Abstand auf dem ersten Platz mit einer typischen Jahresarbeitszeit von 3315 Stunden.[75] Neu-Delhi (2511 Stunden) kam auf Rang vier. New York City, Shanghai, Tokio folgten auf weit abgeschlagenen Plätzen. Die Deutschen wiederum erzielten laut UBS diese Werte: Berliner durchschnittlich 1794 Stunden, Beschäftigte in Frankfurt am Main 1773 Stunden; diejenigen in München, Wien, Zürich und Luxemburg kommen jeweils auf marginal mehr. Die OECD schätzte die durchschnittliche Arbeitszeit von Angestellten und Selbstständigen in Deutschland im Jahr 2017 wiederum auf durchschnittlich 1356 Stunden, womit sie, sollte die Zahl stimmen, weniger arbeiten würden als alle anderen.[76] Umgerechnet auf die Gesamtbevölkerung – also alle Rentner, Schüler, Arbeitslose eingeschlossen – arbeiteten die Bundesbürger demnach im Durchschnitt 729 Stunden. Das entspricht zwei Stunden täglich. Die Franzosen kamen auf 635 Stunden, 104 Minuten am Tag. Selbstverständlich gibt es, wie man hier einwenden kann, Produktivitätsunterschiede unter Arbeitnehmern in verschiedenen Ländern. Aber die absoluten Arbeitszeiten sprechen für sich. Mumbaikars schaffen demnach doppelt so lange wie Pariser (1663 Stunden) oder Römer (1581 Stunden).

Rang	Stadt	Jahresarbeitszeit in Stunden
1	**Mumbai**	3.315
2	Hanoi	2.691
3	Mexico City	2.622
4	**Neu-Delhi**	2.511
...	...	...
23	Athen	2.092
25	New York	2.046
30	London	2.003
32	Tokio	1.997
33	Shanghai	1.987
46	São Paolo	1.890
50	Stockholm	1.866
56	München	1.830
57	Wien	1.822
60	Zürich	1.813
61	Luxemburg	1.809
66	Berlin	1.794
71	Frankfurt am Main	1.773
75	Paris	1.663
76	Rom	1.581

Quelle: UBS

Tabelle 6: Jahresarbeitszeit je Beschäftigtem in Weltstädten 2018 (Auswahl)

12. Ein Einfamilienhaus in Mumbai

Ein weiterer Irrtum liegt darin, Indien als relativ armes und daher zwangsläufig billiges Land zu sehen. Wer das glaubt, kennt die indischen Immobilienmärkte nicht. Immobilien in guten Lagen von Mumbai, Delhi und mehreren anderen Städten zählen zu den teuersten der Welt, spielen also in einer Liga mit Metropolen wie Hongkong, London, Sydney oder New York – und damit in einer Preisklasse, die erheblich oberhalb jener der meisten deutschen Städte und Städtchen liegt. In Delhi gilt dies insbesondere für den *trophy bungalow* in Lutyens' Delhi, also im noch immer von grünen Gärten und hübschen Alleen durchzogenen Neu-Delhi. Ein Einfamilienhaus – zugegeben: ein sehr geräumiges und komfortables – kann dort durchaus 40 Millionen Euro kosten. Oder auch 100 Millionen.[77] Wenn, ein großes Wenn, es denn jemals auf den Markt kommt. Der hohe Preis erklärt sich vor allem durch die Größe der Grundstücke und die enorme Exklusivität dieser Objekte: die Gandhis sowie andere Politdynastien und Machthaber residieren quasi nebenan.

In Süd-Mumbai sind viele Wohngebiete außerordentlich hochpreisig, etwa Malabar Hill, eine gen Südwesten ins Arabische Meer ragende (und bei heißem Wetter erheblich stinkende) Halbinsel mit zahllosen Hochhäusern. In der Altamount Road, wenige Autominuten entfernt, steht das vermutlich teuerste Privathaus der Welt, einmal abgesehen vom Buckingham Palace in London, was aber mehr als nur eine Privatresidenz ist. *Antilia* heißt dieses Gebäude, ein Einfamilienhaus, in dem die Eheleute Mukesh und Nita Ambani mit Anhang leben. Mukesh Ambani ist Mehrheitsaktionär und Chef beim Mischkonzern Reliance Industries, der im Frühjahr 2020 das nach Marktkapitalisierung größte Börsenunternehmen Indiens war. Mukesh Ambani (nicht zu verwechseln mit seinem Bruder Anil Ambani von der Reliance Group) war damit nicht nur der reichste Inder, an sich schon beachtlich, sondern der reichste Asiate. Ein Wolkenkratzer ist *Antilia* mit einer Gesamthöhe von 173 Metern auf 27 Stockwerken zwar nicht, aber doch ein *landmark*, eine aus jeder Himmelsrichtung sofort identifizierbare Silhouette in Mumbais Skyline. Der »Wert« des Hauses wird in zahlreichen Medien mit 1 Milliarde Dollar oder mehr angegeben, was kaum mehr als wilde Spekulation ist. Das Gebäude, entworfen vom Architektenbüro Perkins & Will in Chicago, ist erst wenige Jahre alt und hat noch nie den Besitzer gewechselt. Der ehemalige *Economist*-Korrespondent Adam Roberts, tendenziell auf links gebürstet, bezeichnete diese Extremimmobilie erwartungsgemäß denn auch als »monströs«, »hässlich« und »kaum zu toppen, was den schlechten Geschmack angeht«.[78] Kann man so sehen; diese Meinung teilen viele. Man kann darüber jedoch gepflegt streiten. Es gibt im breiten Spektrum indischer Neubauten eine solche Fülle an Hässlichem, dass es zumindest diesem Autor geradezu absurd vorkommt, ausgerechnet *Antilia* als Beispiel scheußlicher Architektur zu zitieren, nicht als Beispiel relativ gelungener zeitgenössischer Baukunst. Wer fürchterliche, der Anmut des Brutalismus verpflichtete Betonbauten sucht, wird in Indien nicht enttäuscht werden und kann aus dem Vollen schöpfen.

In Kürze wird Mumbai noch ein Hochbau anderer Art zieren. Zurzeit wird im Meer vor der Küste ein Denkmal für den Marathenfürsten Chhatrapati Shivaji Bhonsle gebaut, der Westindien im 17. Jahrhundert zu einer Blüte führte.[79] Dieses Monument wird insgesamt mehr als 200 Meter hoch werden, also doppelt so hoch sein wie die Freiheitsstatue in New York (den Sockel mitgezählt) und das höchste Denkmal der Welt. (Zum Vergleich stelle man sich spaßeshalber vor, was los wäre, wenn Deutschland im 21. Jahrhundert ein mehr als 200 Meter hohes Reiterdenkmal für den Großen Kurfürsten errichten würde, zum Beispiel auf dem Tempelhofer Feld in Berlin oder in der Lübecker Bucht vor Travemünde.) Die Verschwendung von Steuergeldern wird auch in Indien kritisiert. Gleichzeitig sollte man aber nicht vergessen, dass Shivaji mit großer Wahrscheinlichkeit auf Jahrzehnte oder gar Jahrhunderte hinaus ein touristisches Wahrzeichen Indiens sein wird, im Rang vergleichbar mit dem Taj Mahal in Agra, dem Gateway of India in Mumbai oder dem India Gate in Delhi.[80]

13. Boomende Börsen

Ein weiterer Superlativ betrifft die Börsen in Indien. Die beiden größten und wichtigsten, die altehrwürdige Bombay Stock Exchange (BSE) und die deutlich jüngere National Stock Exchange (NSE), befinden sich in Mumbai, dem wirtschaftlichen Zentrum des Landes. Die BSE wurde 1875 im Stadtteil Fort gegründet und hat ihren Sitz heute in der Dalal Street (wörtlich »Broker-Straße«, manchmal »D Street« genannt), Indiens Pendant zur New Yorker Wall Street. Der BSE-Leitindex Sensex ging wiederum 1986 an den Start und ist damit ähnlich jung wie der Deutsche Aktienindex DAX, der in seiner heutigen Form 1988 eingeführt wurde.

An den Leitbörsen in Mumbai – die NSE ist inzwischen die wichtigere – sind mehr Unternehmen notiert als in jedem anderen Land. Allein an der BSE waren es zuletzt gut 5100 Unternehmen, mehr als an den amerikanischen Marktplätzen New York Stock Exchange (NYSE) oder Nasdaq. Die NSE handelt die Aktien von gut 1900 Gesellschaften. Damit liegen Indiens Finanzmärkte deutlich vor denen in Deutschland, der Schweiz und Österreich.[81] Aber Masse ist natürlich nicht gleichbedeutend mit Klasse oder auch Größe. Was die Marktkapitalisierung angeht, liegt die NYSE weiterhin weit vorn, gefolgt von der Nasdaq. BSE und NSE sind jedoch alles andere als marginale Finanzplätze. Nach Marktkapitalisierung waren sie 2019 die neunt- und zehntgrößten Börsen der Welt und lagen damit vor Frankfurt oder Zürich. Die größten kotierten Unternehmen in Indien kommen auf eine Marktkapitalisierung um 100 Milliarden Euro (Tabelle 14, Seite 286), was etwa den Verhältnissen in Deutschland entspricht.

Der indische Kurszettel ist zugleich nicht nur aufgrund seines Umfangs relevant, sondern weist auch Kuriositäten auf. Fast jeder Bundesbürger dürfte zum Beispiel schon einmal von Bosch gehört haben, einem Technologiekonzern und Zulieferer der Autobranche in der Rechtsform der GmbH, der großteils der Robert Bosch Stiftung in Stuttgart gehört und an den europäischen Aktienbörsen keine Rolle spielt. In Indien gibt es dagegen eine Bosch-Aktie. Darüber hinaus werden dort die Aktien von BASF India, Siemens Ltd., Nestlé India und vielen anderen Weltunternehmen gehandelt. Insgesamt sind mehr als 1700 deutsche Unternehmen in dem Land aktiv.[82]

14. Indiens Schnapsideen

Ein letzter Superlativ ist spiritueller Natur. Der durchschnittliche Alkoholkonsum der indischen Bevölkerung liegt im internationalen Vergleich extrem niedrig. Viele Inder, insbesondere die Inderinnen, trinken so gut wie nie Alkohol. In einigen Landesteilen, etwa in den *dry states* Bihar und Gujarat, herrscht striktes Alkoholverbot. Indien ist die Heimat der Hindus, von denen viele – man denke an Mohandas Gandhi – jede Form von Alkohol ablehnen. Dies gilt auch für viele der Muslime und ungefähr fünf Millionen Jains (ausgesprochen »Dschäins«) im Land, die aus religiösen Gründen oft abstinent leben. Dennoch produziert Indien mehr »Whisky«[83] als jedes andere Land. Inder trinken 48 Prozent allen weltweit destillierten Whiskys; und der Whiskymarkt wächst in Indien zurzeit schneller als irgendwo sonst.[84] Die meisten Europäer – selbst diejenigen, die gern Whisky, Cocktails oder andere Alkoholika zu sich nehmen – mögen noch nie von *Officer's Choice* (*OC* unter Kennern) gehört haben. Das ändert nichts daran, dass *OC* die Bestseller-Whiskymarke der Welt ist. Die nächstwichtigen Marken im indischen Markt, bei uns ebenfalls weitgehend oder völlig unbekannt, sind *McDowell's No. 1* (aus dem Hause Diageo), *Imperial Blue*, *Royal Stag* und *Original Choice*.

Indisches Alltägliches

Indische Produkte und Begriffe sind aus unserem Alltag nicht wegzudenken, auch wenn sich die wenigsten im Westen darüber im Klaren sind. Mit großer Wahrscheinlichkeit tragen Sie, während Sie diese Zeilen lesen, egal ob Frau oder Mann, baumwollene *Unterwäsche* – also nicht jene wollene Leibwäsche der kratzigen Sorte, die wohlhabende Europäer noch vor einigen Jahrhunderten anzogen. Diese Innovation hatte, es lag auf der Hand und der Haut, beträchtliche Vorteile und ist Indien zu verdanken, genauer: der dort angebauten und nach Europa verfrachteten Baumwolle. Vermutlich benutzen Sie regelmäßig *Shampoo*. Sie schlafen in *Pyjamas*, tragen *Khakis* und im Winter einen *Schal*. Vielleicht leben Sie in einem *Bungalow*. All dies sind indische Begriffe, die Eingang in viele Sprachen gefunden haben. Dann wäre da der *Punsch*, ein sommerliches Erfrischungsgetränk, traditionell eine Mischung aus fünf (*panj*) Zutaten. (Genauso wie der Pandschab, eine fruchtbare Region im indischen Nordwesten, inzwischen geteilt zwischen der Republik Indien und Pakistan, die nach »fünf Flüsser.« benannt ist.) Ein höchst nützliches Utensil, der *Knopf*, ist eine indische Erfindung, soweit bekannt, und wurde erstmals in der Indus-Hochkultur nachgewiesen. Die *Null*, eine der hilf- und folgenreichsten Innovationen überhaupt und aus unserem Alltag schlicht nicht wegzudenken, stammt von dort. *Schach* sowieso.

Das Einzige, was es in Indien *nicht* gibt, ist das, was viele Besucher als Erstes mit dem Land verbinden, nämlich Curry. Der heute weltbekannte Begriff geht auf das tamilische Wort *kari* – »Beilage« (zu Reis), Soße – zurück. Die Briten, die schon das portugiesische *bom baim* (»gute kleine Bucht«) zu Bombay zu verhunzen wussten, machten aus *kari* im Laufe der Zeit Curry, und das war das. Wer sich in Indien heute auf die Suche nach so etwas wie Curry macht: *masala* – »gewürzt« – ist der gebräuchliche Ausdruck. Die am Anfang dieses Kapitels erwähnte Soße.

Indien, Superpower

Dieses Buch greift viele der genannten Trends auf, die Indien, ganz Südasien und in vieler Hinsicht die gesamte Welt in den kommenden Jahren prägen werden. Es richtet sich vor allem an jene Leser, die allenfalls eine vage, möglicherweise gar verzerrte Vorstellung von Indien haben – ein Phänomen, das insbesondere das nachfolgende Kapitel (»Indiens Image«) untersucht. Vor allem geht es um Indiens politische und gesellschaftliche Entwicklung und um den seit nunmehr drei Jahrzehnten anhaltenden Wirtschaftsboom. Unterm Strich eine spektakuläre Erfolgsgeschichte.

Als Autor befinde ich mich dabei in einer Zwickmühle. Es gilt, den Spagat zu schaffen: sich in Indien nicht mit peinlicher Oberflächlichkeit lächerlich zu machen und zugleich Leser in Mitteleuropa nicht zu überfordern. Denn Basiswissen über Indien ist im deutschen Sprachraum kaum vorhanden, noch nicht einmal in Kreisen derjenigen, die für sich in Anspruch nehmen, gebildet zu sein und über so ziemlich alles in der Welt Bescheid zu wissen. Das ist keine Kritik, sondern beschreibt lediglich den normalen Kenntnisstand. »Der Durchschnittsmensch hat so gut wie kein Wissen über ferne Länder«, schrieb Mark Twain seinerzeit. »Wenn die ihm gegenüber erwähnt werden, fackeln ein oder zwei Fakten und vielleicht noch ein paar Namen auf, beleuchten ein winziges Stückchen, und der Rest bleibt im Dunkeln.«[85] Das liegt in der Natur der Sache und im Wesen des Menschen. Unter Indern sind die Kenntnisse über Mitteleuropa keineswegs besser, weil ein Großteil der Bevölkerung (sehr) jung ist und bislang noch nicht die Mittel und Möglichkeiten hatte, die Welt persönlich – oder zumindest ersatzweise in der Schule, in Büchern, im Internet und in anderen Medien – zu erfahren. So ist es zurzeit durchaus typisch, auf kultivierte und gebildete Leute in Indien zu treffen, deren Deutschlandbild sich auf die Stichworte »Bayern München«, »Merkel«, »Volkswagen« (in Indien »Volks-WA-gen« ausgesprochen) und »Hitler« beschränkt, was dürftig und unvollständig erscheint.[86] Deutschland hat dann doch einige Facetten mehr. Auch hier gilt selbstverständlich, dass Ausnahmen die Regel bestätigen und es in Indien im Einzelfall spektakulären Kenntnisreichtum gibt, auch über Deutschland – das interessanterweise in Indien ein insgesamt *positives* Image hat, während Indien in Deutschland insgesamt eher *negativ* gesehen wird.

Kapitel 3, »Von Kaschmir bis Kolkata und Kerala«, stellt das Land in den Mittelpunkt, wobei »Land« ein unbefriedigender Ausdruck ist, den man besser durch »Kontinent« ersetzt. Es geht um Fakten, um Grundkenntnisse. Für viele Bundesbürger dürfte sich Indiens Zeitgeschichte auf drei Namen – Gandhi, Nehru, Indira – beschränken, und selbst die Erklärung dieses politischen Dreigestirns würde viele, fragte man sie nach Details, in Schwierigkeiten bringen. (Mit »Gandhi« ist Mohandas »Mahatma« Gandhi gemeint, mit »Indira« Indiens Ministerpräsidentin Indira Gandhi. Beide waren trotz Namensgleichheit nicht miteinander verwandt; Indira Gandhi war Jawaharlal Nehrus Tochter.) Zugleich liegt eine gewisse Ironie der Geschichte darin, dass die weltweit bekannteste Inderin ausgerechnet die vom Balkan stammende Anjezë Bojaxhiu ist, die zusätzlich Pässe des Vatikans und der Vereinigten Staaten führte: Mutter Teresa.

Auf einen historischen Exkurs in Kapitel 4 – eine unverschämt kurze, für manche Leser aber vermutlich hilfreiche Geschichte Indiens – folgt das fünfte Kapitel (»Unabhängigkeit und Partition«), das die politisch komplexen Geschehnisse in den 1940er-Jahren perspektivisch einordnet. Kapitel 6 setzt mit der folgenreichen wirtschaftspolitischen Wende des Jahres 1991 ein, in dem Regierungschef Narasimha Rao einen ersten Reformschub einleitete. Unter Ministerpräsident Narendra Modi, seit 2014 im Amt und 2019 mit großer Mehrheit wiedergewählt, erlebt Indien eine zweite Welle umfangreicher Wirtschaftsreformen (Kapitel 7: »Modifizierung und Modernisierung«). Die positiven Auswirkungen sind überall im Land zu spüren und zu sehen – und werden, in diesem Punkt unterscheidet sich Indien nicht von anderen demokratischen Ländern, von der Opposition lautstark abgestritten. Danach soll es um *Corporate India* gehen, um Indiens dynamische und mitunter kuriose Unternehmenswelt (Kapitel 8). Das neunte Kapitel schließlich, »Indien im 21. Jahrhundert«, wagt einen Ausblick auf die verbleibenden acht Jahrzehnte dieses Jahrhunderts.

Und damit kommen wir zum Unerfreulichen.

KAPITEL 2

Who's perfect? Indiens Image

Indien ist nicht das Paradies auf Erden und wird es auch nie sein. Sofern man der Berichterstattung in manchen Medien Glauben schenken mag, ist das Land ein einziger Moloch. »Die Presse im Ausland ist brutal zu Indien«, wie es der General Manager eines führenden Hotels in Delhi einmal lapidar ausdrückte.[87] Dieses Kapitel soll eine Auswahl der oft mit Indien assoziierten negativen Themenkomplexe aufgreifen, um dieses Narrativ quasi »aus dem Weg zu räumen« für eine klarere Sicht auf die Dinge. Es handelt sich um eine Art Katastrophenbericht.

In der indischen Gesellschaft hat allerdings noch nie irgendjemand so getan, als wäre das eigene Land eine idyllische Schönwetterveranstaltung, frei von Fehl und Tadel. Diese Wahrhaftigkeit ist löblich und sympathisch. Man denke zum Vergleich an südostasiatische Länder fern jeder offiziellen Kritikfähigkeit – zum Beispiel Malaysia und Singapur –, denen diese selbstkritische Haltung deutlich schwerer fällt. »Im Gegensatz zu so vielen anderen Staaten«, schrieb der Historiker Fernand Braudel, »praktiziert Indien die Tugend, Wunden nicht zu verbergen – weder vor sich selbst noch vor anderen.«[88] Eine direkte Folge dieser Uneitelkeit ist allerdings, dass Indien in weiten Teilen der westlichen Welt einen entsetzlichen Ruf und ein grässliches Image hat.

Die meisten Deutschen waren nie in Indien und kennen sich nicht oder jedenfalls kaum aus, was auch für einen Großteil der Leser dieser Zeilen gelten dürfte. Ihr Indienbild speist sich vor allem aus Informationen, die passiv erworben werden, die also irgendwo in den Medien auftauchen, weil Redaktionen oder Verlage sie für wichtig erachten. Selbst diejenigen, die das Land schon einmal besucht haben,

laufen jedoch Gefahr, einen winzigen Ausschnitt – nämlich das persönlich Erlebte, oft in einer touristisch relativ erschlossenen Region – für
repräsentativ zu halten. Auch das ist problematisch und verzerrend.
Einerseits hat es ein westlicher Tourist leicht, wenn er indischen Boden
betritt, Land und Leute kennenlernen will, denn er ist in der Regel
relativ wohlhabend. Andererseits hat er es unendlich schwer, denn
er reist meistens in einer Blase fern des indischen Alltags – oft ohne
dies überhaupt zu bemerken, weil ihm sein Lebensstil in Indien mit
weichem Bett, Klimaanlage, Strom, interessantem Essen und Rück-
flugticket »normal« vorkommt. Diese Blase ist komfortabel, aber auch
irreführend und mitunter eine Spur grotesk. »Es ist zweifellos richtig,
dass viele westliche Besucher, die im Taj [dem Luxushotel Taj Palace in
Süd-Mumbai] gebucht haben, sich nie weit davon entfernen«, schrieb
etwa Gillian Tindall, eine Stadtbiografin von Mumbai, schon Anfang der
1980er-Jahre. »Ab und zu kommen sie heraus, um eine teure Postkarte
am Gateway [of India] zu kaufen oder einen ausgestopften Mungo mit
dazugehöriger Kobra an einem der Stände am Meer, die solche Artikel
durchweg en masse vorhalten. Dann ziehen sie sich wieder in ihren
klimatisierten Palast zurück, auf dem Weg vielleicht von Heerscharen
besonders schmutziger Obdachloser aufgehalten, die auf dem Bürgersteig vor dem Taj ihren Bettelstand aufgeschlagen haben. So geht es ein
paar Tage, dann fliegt der Taj-Gast zurück nach London, Washington
oder Milwaukee und erzählt seinen Freunden von der schrecklichen
Armut in Indien.«[89] Zugegeben: Einzelne Details, die Tindall erwähnt,
haben sich inzwischen erledigt. Es ist heute undenkbar, das einst be-
liebte »Dekorationsobjekt« der ausgestopften Kobra mit einem die
Schlange bekämpfenden Mungo in einem Touristenshop zu finden.
Grundsätzlich aber ist das aufgezeigte Muster – Ankunft per Flugzeug
in Indien, wohnen (und oft speisen) in einem Luxushotel, zwischen-
durch kurze, risikofreie Ausflüge in das vermeintlich »echte« Indien
vor der Tür, Abreise – noch heute typisch. Nicht nur Bequemlichkeit
spielt dabei eine Rolle, sondern auch Fremdeln, manchmal gar Furcht.
»Die in fremden Umgebungen grundlegend und angsterzeugend in
Frage gestellten eigenen Erfahrungen und Gewissheiten können in

Extremfällen, wenn man alleine und ohne verständige Hilfe bleibt, zu einer Art Angststarre führen, zu einem Rückzug in das Schneckenhaus eines Hotelzimmers, das man erst am Ende des Aufenthalts für die Rückreise wieder verlässt«, schrieb Jörn Mundt, Biograf des Reisepioniers Thomas Cook.[90] Eine pointiert-akkurate Beobachtung.

Um es mit einem Vergleich zu sagen: Man stelle sich vor, ein Inder kommt zum ersten Mal in seinem Leben nach Deutschland. Er bucht sich für zwei oder drei Nächte im Berliner Luxushotel Adlon ein, läuft einmal die Linden runter zum Stadtschloss (Humboldt Forum), speist – mutig, mutig – im Borchardt um die Ecke und fährt dann wieder im Taxi zum Flughafen und Abflug – in dem Glauben, er kenne jetzt Deutschland. Man merkt sogleich, wie problematisch dieses Urteil wäre.

Indien, Land der Slums

Ein Aspekt, der sich im touristischen Indien mittlerweile gewandelt hat, ist der Umstand, dass Slums – insbesondere Dharavi in Mumbai, der bekannteste – zu einer Art Attraktion geworden sind, einem abzuarbeitenden Punkt auf der To-do-Liste des ausländischen Gasts. Denn das ist, was er in der Regel mit der Westküstenmetropole verbindet: »the city of slums, Mumbai«, so der in Indien geborene Publizist Pankaj Mishra.[91]

Überall in Mumbai kann der Besucher heute eine »Slum-Tour« mit fachkundigem Guide buchen, die einem das arme Mumbai jenseits der Luxusblase erschließt. Beworben werden diese Touren oft mit dem Superlativ, dass Dharavi »der größte Slum in ganz Indien« sei, was bei ausländischen Gästen oftmals ein gewisses Schaudern auslöst und die Sache interessanter macht.[92] Natürlich sind solch sensationshungrige Slumtouren alles andere als unumstritten. Wer ließe sich schon gern aufgrund seiner ärmlichen oder auch bitterarmen Lebensverhältnisse als Sehenswürdigkeit begaffen oder gar fotografieren und ins Internet stellen?

Sicher erscheint indes, dass viele Menschen des westlichen Kulturkreises Indien – sowie eine Reihe weiterer Entwicklungs- und Schwellenländer – als »verslumt« wahrnehmen. Das ist, sofern man eine vernünftige Definition des Begriffs »Slum« gebraucht, in der Sache richtig. Denn was ist ein Slum eigentlich? Eine Siedlung mit Wohnungen, die sich im Laufe der Zeit gebildet hat, ohne dass die Bewohner (oder gegebenenfalls ihr Landlord, der »Vermieter«) eine Rechtsgrundlage dafür hätten. Sie wohnen also auf Grund und Boden, der ihnen nicht gehört, und haben so gut wie keine vertragliche Absicherung. Ein Slum bildet sich vor allem infolge schneller, unkontrollierter Urbanisierung und Zuwanderung, also durch einen dynamischen – mitunter extrem rasanten – Zustrom von Menschen in eine Stadt. Ein Beispiel ist die Landflucht, die 1970 infolge des verheerenden Wirbelsturms einsetzte, der das bevölkerungsreiche Bengalen traf, dessen westlicher Teil heute zur Republik Indien gehört, während der östliche, Bangladesch,[93] ein souveräner Staat ist. Die Naturkatastrophe hatte dramatische wirtschaftliche und politische Folgen (siehe Kapitel 5: »Unabhängigkeit und Partition«) und führte zu einer Fluchtwelle gen Kalkutta, wo die enorme Masse der Flüchtenden sich irgendwie arrangieren, irgendwie überleben musste. Anfang der 1980er-Jahre galt Kalkutta folglich als größte Metropole Indiens, mit mehr als zehn Millionen Menschen, und als fünftgrößte weltweit hinter Tokio, Mexico City, New York und Shanghai. (Im Rückblick handelte es sich dabei natürlich um eine relativ *kleine* Zahl. Kolkata dürfte heute um 15 Millionen Einwohner haben.) Weitgehend ungeordnete Zuwanderung in Städte binnen kurzer Zeit speist Slums. Jeder braucht nun einmal ein Dach über dem Kopf, und wenn Staat und Verwaltung dies nicht bereitstellen können oder wollen, muss man improvisieren, und aus Improvisation wird nach einiger Zeit ein Dauerzustand.

Wie viele Inder zurzeit in Slums leben, ist kaum abzuschätzen. 2011 führte Indien zwar einen Slum Census durch, also eine Volkszählung in den Slums, die allerdings in ihrer Methodik umstritten war (und ohnehin veraltet ist). Aktuell dürften zwischen 10 und 30 Prozent der urbanen Bevölkerung in Indien in Slums hausen, was zugegebenermaßen eine breite Spanne darstellt. Sicher ist, dass mehr als 100 Millionen Inder in einem Slum leben, also ungefähr so viele wie die Bevölkerung von Deutschland, Österreich und der Schweiz zusammengenommen. Ein Fünftel aller Slums in Indien liegt im Bundesstaat Maharashtra, und dort insbesondere in Mumbai, wo nach einzelnen Schätzungen die Hälfte der Bevölkerung in Slums wohnt.[94] Dharavi ist mit mehr als einer halben Million Menschen auf engstem Raum der größte, bekannteste, berüchtigtste.[95] Aber Slumsiedlungen gibt es überall. Im Wahlbezirk an der Südspitze Mumbais beispielsweise liegen Fort (das historische Zentrum der Stadt, gewissermaßen das Dorf, in dem einst alles anfing), Colaba (mit dem Taj-Hotel), Nariman Point (ein Geschäftsviertel), Cuffe Parade und Churchgate (bekannt für den dortigen Bahnhof). Es ist eine der wohlhabendsten Ecken Indiens, und viele der reichsten Menschen der Welt haben hier ihren Hauptwohnsitz. 2014 lebten in diesem elitären Wahlkreis ungefähr 150.000 Personen in 35.218 Haushalten, darunter laut Statistik 22.265 Slumbewohner, also ungefähr ein Siebtel der Bevölkerung.[96]

Für die meisten westlichen Besucher, die mit einer Mischung aus Neugier und Beklemmung nach Dharavi aufbrechen, gelten Slums als Orte der Anarchie, der Armut, eines dystopischen Chaos, der Brutalität, der Unterdrückung, an denen das Prinzip des *Homo homini lupus* regiere, als Hölle auf Erden gewissermaßen oder zumindest deren Vorhof. Der Eindruck ist durch und durch negativ. Manche denken, es gehe zu wie bei Thomas Hobbes im von ihm ersonnenen Naturzustand der Anarchie: »das Leben des Menschen – einsam, arm, widerlich, brutal und kurz«.[97] Diese Hobbes'sche Beschreibung der menschlichen Existenz ist beim Blick auf die Lebensverhältnisse in Slums relevant, aber in vieler Hinsicht unzutreffend. Ganz so einfach – und ganz so düster – ist die Sache nicht. Richtig ist: Die Lebensverhältnisse in Indiens Slums sind nach allen objektiven Kriterien hochproblematisch. Hygiene, Trinkwasser und Abwassersystem. Die medizinische Versorgung. Armut. Mangelnde Bildung und Ausbildung. Konflikte, Gewalt. Extreme physische Enge und alles, was diese an zwischenmenschlichen Problemen mit sich bringt. All dies stimmt.

Zugleich sind Slumbewohner – ein Umstand, den viele Besucher aus dem Westen in ihrem »Schockzustand« selten wahrnehmen – nicht obdachlos. Wenn acht und mehr Menschen, darunter Kinder und Ältere, auf weniger als zehn Quadratmetern hausen, dann sind die Lebensverhältnisse in der Tat dramatisch und prekär. Aber selbst wenn in bedrängendster Enge gelebt wird, hat diese Familie ein Dach über dem Kopf, ein Zuhause, einen Rückzugsort (und sei er noch so klein) und ist insofern besser gestellt als jene Millionen Menschen, die in Indien, für jeden sichtbar, auf der Straße leben, die also obdachlos sind und sich mit Aushilfsjobs, bettelnd oder kleinkriminell irgendwie durchschlagen. Die Verhältnisse in Slums sind von extremer Armut gekennzeichnet, aber in vielen Haushalten auf ihre Weise geordnet. Chaos und Anarchie herrschen dort jedenfalls nicht, im Gegenteil: Derart viele Menschen können überhaupt nur dann auf engstem Raum koexistieren, wenn es klare Regeln für ein Miteinander gibt. Die gibt es, wie es sie in jeder Zivilisation und Kultur gibt. Sie sind nur in der Regel für Besucher von auswärts nicht ersichtlich. Dies gilt für viele Aspekte Indiens, das im Westen allzu gern als »chaotisch« beschrieben wird. Das Gegenteil ist der Fall. Zusammenleben und Gesellschaft sind alles andere als chaotisch, sondern geordnet und regelbasiert – nur eben anders als in Paderborn, Luzern oder Zell am See.

Insofern sind Slums zwar Stadtviertel, die sich eigendynamisch entwickelt haben, deren Infrastruktur und »Verwaltung« in fast jeder Hinsicht mangelhaft sind, deren Bewohner keinen (oder so gut wie keinen, die Gesetzeslage ändert sich häufig) Rechtsanspruch auf ihr Zuhause haben. Aber in ihnen tobt auch das Leben. Allein in Dharavi gibt es Tausende Unternehmen – darunter viele Start-ups –, deren Jahresumsatz grob auf umgerechnet 600 Millionen bis 1,5 Milliarden US-Dollar geschätzt wird. Viele davon sind Handwerksbetriebe, arbeiten beispielsweise mit Leder oder Textilien. Es gibt Töpfereien und zahlreiche kleine Firmen, die sich auf Recycling spezialisiert haben. Dharavi, für viele der vermeintliche Vorhof der Hölle, erzeugt tonnenweise Lebensmittel, zum Beispiel Tag für Tag Hunderttausende Idli, die in ganz Mumbai ausgeliefert werden. (Idli sind weiße, recht geschmacksneutrale Küchlein aus Bohnen- und Reismehl, die ursprünglich aus der südindischen Küche stammen und vor allem zum Frühstück gegessen werden.) Wie ganz Indien ist Dharavi digitalisiert. Jeder, der es sich irgendwie leisten kann, hat ein Handy, Smartphone, Whatsapp, und Dharavis Erzeugnisse werden online vertrieben.[98] Dharavi ist ein Slum, aber es ist zugleich ein trubeliges und an vielen Stellen höchst erfolgreiches, sich rapide wandelndes Geschäftsviertel. Die meisten Menschen, die hier leben, gehen einer Arbeit nach, die Kinder zur Schule. In den engen – oft engsten – Gassen und Passagen wird Kricket gespielt. Es gibt eine quirlige Hip-Hop-Szene.[99]

Kalkutta und die Mutter

Niemand hat Indiens Image in der Welt in den vergangenen Jahrzehnten mehr geschadet als Mutter Teresa von der katholischen Kirche. Ich weiß, ich weiß: ausgerechnet die. Die *gute* Mutter Teresa. Der gesunde Menschenverstand legt schließlich nahe, dass sie eine »Gute« gewesen sein muss. Leider ist der gesunde Menschenverstand oft unverständig.

Der größte Slum Indiens mag in Mumbai an der Westküste liegen, aber machen wir uns nichts vor: Fast niemand aus Europa, der nicht schon einmal dort war, hat jemals von Dharavi gehört. Das ist bei Kalkutta, seit 2001 offiziell »Kolkata«, anders. In der Hitliste der Städte, die in der Welt den schlechtesten Ruf haben, dürfte die heutige Hauptstadt des Bundesstaats Westbengalen Spitzenreiter sein. Kalkutta gilt seit dem Wirken von Teresas Nonnen fast überall als Moloch und gigantischer Müllhaufen, als gescheiterter urbaner Raum, der Massen armer, kranker, siechender Menschen aufweise und sonst wenig oder nichts.[100] Selbst Fernand Braudel, für den sich als Historiker eine objektive Betrachtungsweise empfiehlt, spricht vom »monströsen

Kalkutta«,[101] als könne eine Stadt, das Zuhause von Millionen, ein personifiziertes »Monster« sein.

Es lohnt vor diesem Hintergrund, gedanklich einen Augenblick am Hugli zu verweilen – in jener Metropole, die einst die Hauptstadt Britisch-Indiens war und nach London die zweitwichtigste Stadt des größten Weltreichs der Menschheitsgeschichte. Es lohnt auch, diesen Satz gleich noch einmal zu lesen: *die zweitwichtigste Stadt des größten Weltreichs der Menschheitsgeschichte.* Ja, gemeint ist Mutter Teresas vermeintlicher Höllenpfuhl.

Aufstieg und Fall der Stadt Kalkutta ist ein Historiendrama in mehreren Akten. Die Stadt ist jung; gegründet – als potenzielles Handelszentrum in der Wildnis Bengalens – wurde sie 1690 vom Briten Job Charnock im Auftrag der British East India Company. Diese Unternehmung mit ihrem Hauptquartier in Londons Leadenhall Street war wiederum um 1600 gegründet und von Königin Elisabeth I. mit einer Charta ausgestattet worden, also von höchster Instanz genehmigt. Charnocks Vorname »Job« bedeutet so viel wie »Hiob«, und der Name war passend, denn Charnock leitete ein Kommando, bei dem Hiob'sche Leidensfähigkeit für alle Beteiligten hilfreich war. Die Siedlungsstelle inmitten unwirtlicher Mangrovensümpfe stellte sich bald als unglücklich heraus, weil dort ein extrem feucht-heißes Klima herrschte, weil Krankheitserreger aller Art, Giftschlangen und Raubtiere wie Tiger und Leoparden zahllose Neuankömmlinge das Leben kosteten. Der Hugli, ein mächtiger, extrem wasserreicher Mündungsarm des Ganges, tritt regelmäßig über seine Ufer und ändert seinen Lauf. Und obgleich die neue Stadt weit entfernt vom Meer geplant und gebaut wurde, lag sie nicht weit genug entfernt, als dass nicht alle paar Jahre ein Zyklon schwerste Verwüstungen anrichten würde. Ein Jahr nach der Gründung lebten in Kalkutta 1000 Menschen und 460 waren gestorben.[102]

Und doch sollte die Siedlung florieren, angetrieben vom Handel und der Hoffnung der Kaufleute auf Reichtum. Sowohl die britische als auch die holländische Ostindiengesellschaft, beide ungefähr zeitgleich gegründet und mit Handelsmonopolen ausgestattet, verfolgten das Ziel, das zu jener Zeit bestehende portugiesische Monopol im Gewürzhandel mit dem Fernen Osten zu umgehen. Das gelang. Schon 1612 nahm die britische East India Company den Portugiesen Surat (im heutigen Gujarat) ab, ihr Einfallstor in Indien, und baute ab den 1660er-Jahren den damals noch winzigen Hafen in Bombay zur neuen Westküstenbasis aus.

Kalkutta wiederum wurde binnen Jahrzehnten spektakulär reich, zur politischen, wirtschaftlichen und kulturellen Hochburg des britischen Kolonialreichs und zur Hauptstadt des britischen Indiens.[103] Die reisende Engländerin Eliza Fay, die zwischen 1779 und 1816 jahrelang am Hugli lebte, bescheinigte Kalkutta, »schön« zu sein, und einzelnen Stadtteilen, »scheinbar aus nichts als Palästen zu bestehen«.[104] In einem ihrer Briefe aus dem Jahr 1780 heißt es: »Man kann sagen, dass die Flussufer absolut durchsetzt sind von eleganten Anwesen, die man hier (wie in Madras) Gartenhäuser nennt. Rundherum liegen Haine und Rasenflächen, die zum Wasser hin abfallen und dem Auge immer wieder aufs Angenehmste schmeicheln und den Reichtum und die Eleganz ihrer Besitzer zeigen.«[105] Auch die aus Wien stammende weltreisende Hausfrau Ida Pfeiffer, die Mitte des 19. Jahrhunderts am Hugli aufschlug, sah, wohin sie auch blickte, »Paläste«, wobei sie nicht verschwieg, dass in Kalkutta jedes größere Haus »Palast« hieß, wie in Venedig.[106] Robert Clive, der britische Eroberer Bengalens, konstatierte seinerzeit, dass die Stadt »luxuriös jenseits aller Vorstellung« sei. Anfang des 19. Jahrhunderts – also zur Zeit der Napoleonischen Kriege und der politisch-militärischen Rivalität der Briten und Franzosen – erlebte Kalkutta ein goldenes Zeitalter und war in den Worten des schottischen Historikers William Dalrymple »ohne Frage die reichste, größte und eleganteste Kolonialstadt in Indien«, das »Sankt Petersburg des Ostens«.[107] Noch in den 1930er-Jahren hatte die Metropole, die heute als Armenhaus der Welt gilt, den Ruf, die reichste Stadt zwischen Rom und Tokio zu sein.

Bald waren nicht mehr Gewürze die wichtigsten Handelsgüter, sondern Baumwolle, Textilien, Opium und Tee. Die Briten – genauer: meist Schotten – brachten von den 1830er-Jahren an Teesträucher aus

China nach Indien und kultivierten sie in den noch heute wichtigen Anbauregionen Assam und Darjeeling (im Nordosten), Nilgiri (im Süden) und Ceylon (dem heute unabhängigen Staat Sri Lanka).[108] Bald zeigte sich, dass Tee in Südasien kostengünstiger zu produzieren war als in Fernost. Mitte des 19. Jahrhunderts begann die Plantagenwirtschaft, die die indische Teeerzeugung bis heute prägt. Das Heißgetränk, zuvor vor allem aus China nach Europa verschifft und anfangs ein Luxusgut, wurde so bald zum Erfrischungsgetränk der Massen, selbst der Arbeiter und einfachsten Leute. Von jener Zeit an war ständig irgendwo auf dem Planeten *teatime*: in London, auf den britischen Inseln, im Empire – und natürlich in Indien, wo ein Großteil des weltweit genossenen Tees wuchs. Noch heute ist Indien der größte Produzent und Verbraucher von Tee in der Welt. Ungefähr 40 Prozent der globalen Schwarzteeproduktion stammen aus Indien,[109] wo er bis heute vor allem als *masala chai* getrunken wird, ein mit Gewürzen, Zucker und Milch aufgekochter Pick-me-up, den es an jeder Straßenecke für ein paar Rupien gibt. (Chai wird nicht aufgebrüht, sondern gekocht, sodass auch relativ minderwertige Tees zur Zubereitung geeignet sind.)

Kalkutta, wo man die Ware aus Assam und Darjeeling handelte und verschiffte, wurde zum Teezentrum der Welt. Es war phasenweise eine Stadt im Rausch, in der ein junger ehrgeiziger Mann (und eine junge ehrgeizige Frau auf der Suche nach einer neuen Lebenssituation) in kürzester Zeit ein Vermögen machen (oder es heiraten) konnte. Krankheit und Tod waren in der Gründungsära allerdings allgegenwärtig, wie dramatische Berichte von Zeitgenossen belegen. Aber der Ruf des Reichtums lockte Tausende an – nicht anders als die verschiedenen Episoden des Goldrauschs in Kalifornien, Südafrika und am Klondike oder das südafrikanische »Diamantenfieber«. Viele scheiterten, einige machten ein Vermögen. In der Folge lösten die Briten die Holländer als größte Handelsmacht im Indischen Ozean ab – und damit der Welt. Bengalen wurde unter den Briten das geografische, politische und wirtschaftliche Herz Indiens. Und Kalkutta war das geografische, politische und wirtschaftliche Herz Bengalens.

Der 2018 verstorbene Schriftsteller und Nobelpreisträger V. S. Naipaul – indischer Abstammung, aber in Trinidad geboren, ein umstrittener Kritiker Indiens – war einer derjenigen, die Kalkuttas Niedergang früh beklagten. »Die Briten hatten Kalkutta gebaut und der Stadt ihren Stempel aufgedrückt«, schrieb er vor 30 Jahren. »Und als die britische Herrschaft endete, begann die Stadt zu sterben – obgleich die Umstände günstig waren.«[110] Fraglos ist »sterben« im Rückblick ein unglücklich gewähltes Wort angesichts der Tatsache, dass die Bevölkerung der Stadt sich seit dem Abzug der Briten verdreifacht hat. Dennoch erscheint es gerechtfertigt, trotz – oder wegen – dieser Bevölkerungsexplosion zumindest von einem Niedergang zu sprechen. Bei Kalkuttas Abstieg, der im Laufe der vergangenen eineinhalb Jahrhunderte in mehreren Schüben stattfand, spielten sechs Aspekte eine Rolle.

1. Der 1869 für den Welthandel eröffnete Suezkanal, der das Mittelmeer (also den Atlantik) mit dem Roten Meer (dem Indischen Ozean) verband, war ein Fortschritt für Indien, aber ein Rückschlag für Kalkutta. Ein Schiff, das von Europa kommend nach der Passage des Kanals über das Arabische Meer gen Osten fuhr, erreichte auf direkter Route als Erstes Bombay. Kalkutta war damit auf einen Schlag zu einem Randgebiet des Welthandels geworden, Bombay dank der günstigeren Lage zu einem Verkehrsknoten.

2. Von 1911 an ließen die Briten »Neu-Delhi« planen und errichten – also das von den Architekten Herbert Baker und Edwin Lutyens am Reißbrett entworfene Areal südlich von Old Delhi, noch heute oft *Lutyens' Delhi* genannt. In den folgenden zwei Jahrzehnten zogen die britisch-indische Verwaltung und Regierung in die uralte, revitalisierte Metropole. Die Kolonialhauptstadt Kalkutta, wirtschaftlich bereits deutlich geschwächt, verlor nun auch noch politisch massiv an Bedeutung.

3. Die Teilung des indischen Subkontinents im Zuge der Unabhängigkeitserklärungen 1947 (Kapitel 5: »Unabhängigkeit und Partition«) hatte verheerende Folgen für Kalkutta. Pakistan bestand aus zwei territorial getrennten Landeshälften, einem Westteil (dem heutigen Pakistan) und dem Ostteil (dem heutigen Bangladesch). Die

Partition (»Aufteilung«) besiegelte indes nicht nur den geografischen Zerfall »Indiens«, sondern auch die Teilung mehrerer Regionen, nämlich Kaschmirs, des Pandschabs und Bengalens. Kalkutta, das traditionell als Handels- und Verwaltungszentrum des fruchtbaren, landwirtschaftlich intensiv genutzten bengalischen Hinterlands fungiert hatte, befand sich plötzlich in einem Randgebiet weniger als 100 Kilometer von der Grenze Ost-Pakistans entfernt – und damit in direkter Nähe des neuen Erzfeinds. Das Hinterland, von dem die Stadt sich genährt hatte, war abgehängt. Nicht nur für die Metropole war dies verhängnisvoll, sondern auch – und mehr noch – für das östliche Bengalen. »Ohne Kalkutta und die industrialisierteren Regionen Westbengalens«, schrieb der Historiker John Keay, »wirkte Ostbengalen wie das, was ein britischer Beamter ›einen ländlichen Slum‹ genannt hatte; ohne die landwirtschaftlichen Erträge Ostbengalens verstummten Kalkuttas Mühlen.«[111]

4. Dann die Katastrophen. In den Weltkriegsjahren 1943/44 erlebte Bengalen eine verheerende Hungersnot mit drei bis vier Millionen Toten, nach manchen Schätzungen noch mehr.[112] 1970 dann der katastrophale Bhola-Zyklon, der mutmaßlich tödlichste Wirbelsturm der Menschheitsgeschichte. Er kostete Schätzungen zufolge eine halbe Million Menschenleben im damaligen Ost-Pakistan, führte indirekt zur Unabhängigkeit des Landesteils (als Bangladesch, siehe Kapitel 5: »Unabhängigkeit und Partition«) und löste einen weiteren Flüchtlingsstrom aus.[113] »Bist du ruiniert, flieh in die Stadt«, lautet ein tamilisches Sprichwort.[114] Die naheliegende Großstadt war zu dieser Zeit Kalkutta, das eine Bevölkerungsexplosion erlebte.

5. Von 1977 bis 2011 wurde der indische Bundesstaat Westbengalen – und damit auch Kalkutta, die mit Abstand größte Metropole der Region – linksextrem regiert. Was die Wirtschaftspolitik anging, brannten in diesem Segment des Parteienspektrums nicht alle Lichter hell.

6. Und schließlich die aus Albanien stammende Anjezë Bojaxhiu alias Mutter Teresa, die »Heilige«[115] der Gosse, die Kalkutta in der Zeit ihres Wirkens einen kolossalen Imageschaden zufügte, während ihr

eigenes Image in der westlichen Welt leuchtete. »Mutter Teresa ist eine Marke, die Kalkutta berühmt gemacht hat«, schreiben die Stadtporträtisten Rupert Winchester und Simon Winchester, »aber keine, die besonders hilfreich für die Stadt gewesen wäre.«[116] Wer etwa die umfangreiche Mutter-Teresa-Studie des aus Kalkutta stammenden, heute in Großbritannien lebenden Arztes Aroup Chatterjee zur Hand nimmt, wird kaum anders können, als sich diesem Urteil der Winchesters anzuschließen.[117] Chatterjee bescheinigt Mutter Teresa, in Sachen PR – PR in eigener Sache – ein »Naturtalent« gewesen zu sein.[118]

In der Wahrnehmung der Weltöffentlichkeit war Teresa ein Engel der Armen im Vorhof der Hölle. Ihre Kritiker, allen voran Chatterjee und der 2011 verstorbene britisch-amerikanische Publizist Christopher Hitchens, sehen sie dagegen als Hell's Angel, wenngleich als »einen der wenigen unangreifbaren Menschen im mentalen Universum der Mittelmäßigen und Leichtgläubigen«.[119] Nach Chatterjees Berechnungen hat Teresa die Stadt Kalkutta dank ihrer Negativ-PR in den 25 Jahren vor ihrem Tod rund 4,5 Milliarden US-Dollar an entgangenen Tourismuseinnahmen gekostet.[120] Ihr Orden, die sogenannten Missionarinnen der Nächstenliebe, hat laut Chatterjee in der Spitze 450.000 Dollar im Jahr in Kalkutta an Hilfsleistungen ausgegeben – fast nichts also.[121] In der Summe könnte der Orden während eines Wirkungszeitraums von vier Jahrzehnten in Kalkutta – bei optimistischer Hochrechnung – 18 Millionen Dollar an Hilfeleistungen erbracht haben. Da Teresa und ihre Nonnen in aller Welt bekannt, ja: berühmt waren, gingen selbstverständlich Spenden in völlig anderen Dimensionen ein, insbesondere aus den Vereinigten Staaten, wo viele Teresa huldigten. Ein Großteil der Spenden landete, so Chatterjee und Hitchens, im Vatikan. »Mutter Teresas Armenküchen ernährten dreimal so viele Menschen in New York wie in Kalkutta«, merkt Chatterjee an.[122] Geschadet hat dies New Yorks Image nicht, wohl aber jenem Kalkuttas, dessen glorreiche, reiche Vergangenheit dank des Wirkens der »heiligsten Person unserer Zeit«[123] außerhalb Indiens in Vergessenheit geriet, von Negativschlagzeilen überlagert wurde. Allein der Hinweis auf die vielschichtigen und keineswegs nur positiven Folgen, die das Wirken der »Missionarinnen der Nächstenliebe« in Bengalen hatte, wird im Westen recht schnell als Spielart unanständigen Ikonoklasmus gerügt.[124] Absurd natürlich; aber heute, schreibt Chatterjee, »darf man Gott kritisieren, aber nicht Mutter Teresa«.[125] Indiens Image ist nicht zuletzt dank des Wirkens dieser Europäerin im Eimer. Teresa erhielt 1979 den Friedensnobelpreis; Mahatma Gandhi war aus Sicht des zuständigen Komitees für diese Ehrung stets zu unbedeutend gewesen.

Selbstverständlich gibt es auch positive Stimmen: die Gruppe der Indienbegeisterten und manchmal auch -verklärer, die zahlenmäßig gar nicht so klein ist. Die Hippie-Bewegung der 1960er-Jahre hinterlässt bis heute Spuren. Damals war Südasien auf dem Landweg – mit dem Auto über Iran und Afghanistan – noch relativ einfach zu erreichen, anders als heute, ein durch und durch »exotisches«[126] Reiseziel für Menschen aus dem Westen, die nach einem alternativen Lebensstil suchten, wie immer das im Einzelfall gedeutet wurde. Gurus, Ashrams, Yoga, Spiritualität, Ayurveda – all dies schien verlockend, interessant, verführerisch. Man denke beispielhaft an die florierende Ayurveda-Infrastruktur in Indien, insbesondere im südwestindischen Bundesstaat Kerala oder in Goa. Der Reiz des »anderen«, »Exotischen« wirkt noch heute, inzwischen ergänzt um das für Indien positive *Eat-Pray-Love*-Phänomen und historische Vorbilder wie Mohandas Gandhi. Indien hat durchaus treue Fans im Westen.

Typischer erscheint allerdings die Reaktion, die die deutsche Autorin Meike Winnemuth zeigte, als sie nach Indien kam. Winnemuth, Jahrgang 1960, hatte 2010 bei der Fernseh-Spielshow *Wer wird Millionär?*, moderiert von Günther Jauch, dank ihrer guten Allgemeinbildung und allgemeiner Patentheit 500.000 Euro gewonnen. Einen kleinen Teil des Geldes nutzte sie, um jeweils einen Monat in zwölf Städten rund um den Globus zu verbringen, in Barcelona, Sydney, Honolulu, Havanna und anderen Orten des Fernwehs und der Sehnsucht. Vom Buch, das daraus entstand, *Das große Los*, verkauften sich mehr als 160.000 Exemplare.[127] Es ist ein kurzweiliges, gelungenes Werk – oder besser: es *wäre*. Fast. Wäre da nicht das Kapitel über Mumbai, das jemanden, der viel Zeit in Indien verbracht hat, enttäuscht zurücklässt. Nun ist Winnemuth eine wunderbare und wunderbar erfolgreiche Autorin, reflektierend, nachdenklich, sinnig und durchaus selbstkritisch. »Reisen ist eine schrecklich subjektive Sache«, schreibt sie. »Wie man eine Stadt erlebt, hängt von derart vielen Zufällen ab, dass es eigentlich verboten sein müsste, ein Buch darüber zu schreiben.«[128] Später zitiert sie die Schriftstellerin Anaïs Nin mit den Worten: »Wir sehen die Dinge nicht, wie sie sind. Wir sehen sie, wie wir sind.«[129] Was Sätze voller Selbsterkenntnis und Weisheit sind. Man wünscht sich insgeheim, Winnemuth hätte sie sich während ihres Indienaufenthalts zu Herzen genommen. Im März nämlich – an der Küste Maharashtras der Übergangsmonat vom klimatisch angenehmen Winter in den schwül-heißen, strapaziösen Sommer – sitzt die weit gereiste, kosmopolitische Autorin ihrem Bericht zufolge in einem Luxushotel in »Mumbai, dem verdammten Höllenpfuhl«.[130] »Ich saß da oben frisch geduscht in meiner luxuriösen kleinen Seifenblase und starrte auf die Wirklichkeit hinunter. Und dachte: *fuck. Fuckfuckfuck.* Ich will da nicht raus. Ich habe hier nichts zu suchen. Ich habe mich komplett und total und mit jeder Faser fehl am Platz gefühlt, das war eine fast physische Reaktion, so was habe ich noch nie erlebt.«[131] Später findet sie eine Unterkunft, und zwar am Nana Chowk (Süd-Mumbai), bevor sie zur Erholung in die Touristenhochburg Rajasthan aufbricht, flieht. Nana Chowk ist, da hat sie recht, keine Idylle, sondern ein ganz normaler verkehrsreicher Platz, auf dem sich mehrere belebte Straßen kreuzen – ein Ort der Zweckmäßigkeit und nicht für hübsche Postkartenansichten oder inspirierende Straßencafékultur berühmt.

Was die Besucherin im »Höllenpfuhl« übersah, ist, dass Millionen Mumbaikars vor Freude quietschen würden, wenn sie sich eine Wohnung – und sei sie noch so klein – in Süd-Mumbai leisten könnten. Geschweige denn ein Zimmer in einem Hotel. Ja, reisen ist »eine schrecklich subjektive Sache«, und man kann Winnemuth keinen Vorwurf machen. War halt nicht ihrs, dieses Mumbai. Die Wirkung, die dieser Abschnitt in *Das große Los* auf Leserinnen und Leser haben dürfte, kann man sich derweil ungefähr so vorstellen: Wenn es schon der cleveren, weltläufigen Winnemuth mit ihrer halben Million vom Günther Jauch nicht gelingt, einen Moment des Glücks in Indien zu erleben, wie soll es dann wohl der Normalo mit Standard-Reisekasse schaffen? Fahren wir vielleicht doch lieber nach Thailand. Ist zwar eine Militärdiktatur; aber egal.

Junge, Mädchen, Mann und Frau

Die noch heute allgegenwärtige Diskriminierung von Frauen und Mädchen trägt nicht zu Indiens Imageverbesserung bei. Im traditionellen Hinduismus ist die Frau dem Mann untergeordnet, was in dieser frappierenden Deutlichkeit und Ungerechtigkeit im Islam, der zweitgrößten Glaubensgemeinschaft in Indien, nicht anders ist (und exakt so natürlich auch in der Bibel steht, die wiederum gläubigen Christen das Maß der Dinge ist[132]). Vor wenigen Generationen war dies auch in der westlichen Welt die normale, wenngleich aus heutiger Sicht verrückte Rollen- und Machtverteilung. Im konservativen Indien sind Mädchen oder Frauen ihrem Vater untertan; während der Ehe ihrem Gatten; und sollte der Ehemann sterben, gerät die Witwe unter die Fuchtel ihres eigenen Sohns. Die Vorstellung, dass eine Frau oder ein Mann *nicht* heiraten könnte, war in Indien lange theoretischer Natur. Dieses Muster ändert sich in Indien gerade mit ungeheuerlicher Schnelligkeit, es dominiert aber weiterhin, insbesondere in ärmeren, ländlichen Gegenden.

Zugleich wirkten und wirken in Indien auffallend viele Frauen in Führungspositionen, ausgestattet mit größter Macht. Beispiele sind Indira Gandhi, Nehrus Tochter und Ministerpräsidentin Indiens, die zweite demokratisch legitimierte Regierungschefin der Weltgeschichte;[133] die schillernde Gayatri Devi, dritte Ehefrau des Maharadschas von Jaipur und politische Gegnerin Indira Gandhis (die sie ins Gefängnis werfen ließ); die gebürtige Italienerin Sonia Gandhi, Indiras Schwiegertochter und de facto jahrelang Regierungs-

˙chefin; oder die Politikerinnen Mamata Banerjee in Westbengalen und die 2016 verstorbene Jayaram Jayalalithaa, zuvor eine berühmte Schauspielerin, im südlichen Bundesstaat Tamil Nadu. (Die kultische Verehrung, die viele der »Amma«, »Mutter«, genannten Jayalalithaa entgegenbrachten, nahm geradezu absurde Züge an. Einer ihrer Huldiger ließ sich für sie kreuzigen. Als die Matriarchin starb, schnitt sich ein anderer in Verzweiflung einen Finger ab. Mehr als 100, so Berichte, brachten sich, mutmaßlich ihres Lebenssinns beraubt, um. Es gab zahlreiche weitere Selbstmordversuche.[134]) Anders als in der Bundesrepublik Deutschland hat in der Republik Indien eine Frau als Staatsoberhaupt gedient, nämlich Pratibha Patil, Präsidentin von 2007 bis 2012. In der ersten Amtszeit Modis hatte Indien eine Außenministerin, die 2019 verstorbene Sushma Swaraj, und eine Verteidigungsministerin, nämlich Nirmala Sitharaman, die 2019 im zweiten Kabinett Modi das Ressort wechselte und sich seitdem um die Staatsfinanzen kümmert. Zahlreiche Unternehmen, darunter viele der größten Banken, wurden oder werden von Frauen geführt, so zum Beispiel bis 2017 die State Bank of India,[135] das mit Abstand größte Finanzinstitut in Indien, von Arundhati Bhattacharya. Auch die Spitzenpositionen bei den Privatbanken ICICI und Axis Bank hatten lange Frauen inne – was man von deutschen Finanzinstitutionen wie der Deutschen Bank, der Commerzbank oder dem Deutschen Sparkassen- und Giroverband (DSGV) bislang nicht sagen kann.

Allerdings sind dies Ausnahmen. Im Lok Sabha, dem Unterhaus, in seiner Funktion mit dem Deutschen Bundestag vergleichbar, liegt der Anteil der weiblichen Abgeordneten extrem niedrig.[136] Die Masse der Frauen und Mädchen hat in Indien im Vergleich mit Männern und Jungen noch heute einen relativ schweren Stand. Der Wirtschaftshistoriker David Landes wies darauf hin, dass »generell der Status und die Rolle der Frau das beste Indiz für das Wachstum und Entwicklungspotenzial einer Nation sind«.[137] Insofern hat Indien beträchtliches Aufholpotenzial.

Gleichzeitig weist die indische Gesellschaft einen dramatischen Männerüberschuss auf. In ländlichen Regionen kamen 2018 auf

1000 Männer 929 Frauen; in den Städten waren es sogar nur 916 Frauen. In Daman und Diu (einem winzigen, damals noch zweiteiligen Bundesterritorium im indischen Westen) waren es lediglich 555 und in der Millionenstadt Chandigarh (verwaltungstechnisch ebenfalls ein Bundesterritorium) 766.[138] Diese ungewöhnlichen Relationen sind zum Teil damit zu erklären, dass das natürliche, biologisch determinierte Geschlechterverhältnis zum Zeitpunkt der Geburt etwa bei 100 Mädchen zu 105 Jungen liegt. Aber eben nur zum Teil. Hinzu kommt eine Präferenz für Jungen in weiten Teilen der indischen Bevölkerung, die bis heute anhält.[139] Insbesondere der Umstand, dass das Geschlecht eines im Mutterleib heranwachsenden Kindes seit Langem mühelos und ohne großen finanziellen Aufwand mit Ultraschalltechnologie vor der Geburt erkannt werden kann, hat das Problem verstärkt. Zwar ist die pränatale Geschlechtsuntersuchung in Indien seit den 1990er-Jahren illegal, das Verbot lässt sich aber einfach umgehen. Wurde oder wird es ein Mädchen, wurde oder wird öfter abgetrieben. In einigen Regionen kommen bei der Geburt auf 100 Mädchen 120 Jungen. Im Bundesstaat Haryana etwa, westlich der Hauptstadt Delhi gelegen, entfielen vor einigen Jahren auf 1000 Jungen unter sechs Jahren lediglich 830 Mädchen.[140] Wenn diese Jahrgänge das heiratsfähige Alter erreichen, wird es natürlich ein Problem geben.[141] Bereits vor 30 Jahren hatte der aus Bengalen stammende Wirtschaftswissenschaftler und Nobelpreisträger Amartya Sen das Problem der »mehr als 100 Millionen fehlenden Frauen« – insbesondere in Asien, insbesondere in China und Indien – umrissen. Die *BILD*-Zeitung brachte es Anfang 2018 plakativ auf die Schlagzeile: »In Indien fehlen 63 Millionen Frauen«.[142] Der *Economist* wiederum kam vor einigen Jahren auf 66 Millionen »fehlende« Frauen in China und 43 Millionen in Indien.[143]

Die Präferenz vieler werdender Eltern für Jungen ist grotesk, extrem diskriminierend, tödlich. Die Sache ist jedoch ein klein wenig komplexer, als es auf den ersten Blick den Anschein hat. Drei Aspekte, die dieses Unrecht in keiner Weise rechtfertigen oder entschuldigen, aber im Ansatz erklären, spielen eine Rolle.

1. Beim Tod eines Hindus entzündet bei der anschließenden Einäscherung traditionell sein (ältester) Sohn das Feuer. Hat ein Mann keinen Sohn, ist die Zeremonie unvollständig – und damit auch das Ende des irdischen Lebens.

2. Heiratet die Tochter einer indischen Familie (beziehungsweise *wird* sie verheiratet), sind ihre Eltern noch heute in der Regel für die Aussteuer und einen Teil der Kosten einer möglichst opulenten Hochzeitsfeier verantwortlich. Diese Mitgift ist in Indien seit 1961 nicht mehr erlaubt, aber weiterhin allgegenwärtig. Die Hochzeit gilt als das zentrale Lebensereignis zwischen Geburt und Tod, und ihre Umstände – also die damit verbundenen Kosten – sind ein Statussymbol ersten Ranges. Hunderte Hochzeitsgäste, die alle beköstigt werden wollen, sind in Indien normal, selbst in ärmeren Kreisen. Das große Fest geht oft an die Grenzen der finanziellen Belastbarkeit und mitunter darüber hinaus. Viele Familien verschulden sich für das Ereignis auf Jahre hinaus. Hinzu kommt das »Brautgeld«, die Aussteuer der Braut, die man der juristischen Geschmeidigkeit halber heute oft »Geschenke an die Brautfamilie« nennt. Ein Auto, ein Motorrad, Schmuck, eine Klimaanlage, ein iPhone, so Sachen.

Heiratet eine junge Inderin – vielleicht mit Anfang 20, ein typisches Alter –, zieht sie in der Regel zur Familie ihres Mannes. Das Brautgeld zieht mit, ist also weg. In der Schwiegerfamilie wird sie aufgenommen, mal warmherzig, mal nicht so. Insofern ist eine Hochzeit in Indien nicht nur die Vermählung zweier Individuen (die sich mehr oder weniger lieben oder mögen oder kennen), sondern auch die Verbindung zweier Familien – was natürlich auch in vielen europäischen Kulturräumen jahrhundertelang das Grundmuster der Eheanbahnung und -schließung war. Die Schwiegermutter hat in aller Welt nicht immer den besten Ruf; in Indien hat sie einen besonders schlechten, den Leumund übelster Heimtücke. So eine altvordere Dame kann ihrer Schwiegertochter, ist diese einmal aus der Obhut ihrer eigenen Familie entlassen, das Leben zur Hölle machen, oft mit tödlichen Folgen für die junge Frau. Mehr als 20 Frauen am Tag verlieren in Indien ihr Leben, weil die Familie ihres Mannes mit der Aussteuer oder irgendetwas anderem unzufrieden ist und sich an ihr rächt.[144] Tausende Frauen bringen sich in ihrer Verzweiflung um.[145] Einige Umfragen legen zudem nahe, dass Gewalt in der Ehe weiterhin »normal« ist. Noch heute finden es 52 Prozent der indischen Frauen legitim, wenn ihr Mann sie schlägt.[146]

In der rein *finanziellen* Betrachtung droht die Geburt eines Mädchens für seine Familie einen erheblichen Nachteil mit sich zu bringen. Die Geburt eines Jungen wiederum macht in 18 oder 20 Jahren eine Art Lottogewinn für seine Familie wahrscheinlicher. Heiratet der Bub, kommt mit seiner Braut viel Geld in die Familienkasse. So jedenfalls die Logik. Es ist ein denkbar unglücklicher Fehlanreiz.

3. Dieses System hat in der jüngeren Vergangenheit insofern noch an Dramatik gewonnen, als die Zahl der Geburten je Frau in Indien dramatisch zurückgegangen ist. Hat eine Frau im Durchschnitt sechs Kinder – wie in Indien noch vor zwei Generationen[147] –, so »mittelt« sich gewissermaßen das mit dem Geschlecht der Kinder verbundene finanzielle Risiko für die Familie. Typischerweise kommen ein paar Jungen und ein paar Mädchen. Zu gegebener Zeit muss die Familie Aussteuern aufbringen, die durch die über die eigenen Jungen »eingeholten« Aussteuern aber ganz oder teilweise ausgeglichen werden. Das finanzielle Gesamtrisiko für die Familie bleibt bei höherer Kinderzahl also einigermaßen überschaubar. Bringt eine Mutter dagegen nur zwei Kinder oder sogar nur ein einziges zur Welt – in vielen indischen Städten heute typisch –, steigt das finanzielle Risiko für die Familie beträchtlich. Vereinfacht formuliert: Hat eine Familie »nur« Mädchen, wird Aussteuer fällig – und nichts kommt im Gegenzug rein.

Indiens Regierungschef Narendra Modi hat die geschlechtsspezifische Abtreibung in Indien als »psychische Krankheit des gesamten Landes«[148] bezeichnet. Im März 2018 sprach er von einer »großen Schande« Indiens. »Eine Tochter ist keine Last.«[149] Immerhin ändern sich die Lebensverhältnisse von Hunderten Millionen Inderinnen im 21. Jahrhundert rasend schnell. Der Anteil derjenigen Frauen, die bereits mit 18 Jahren verheiratet sind, hat sich auf zuletzt etwa

27 Prozent halbiert. 2011 konnten 85 Prozent der 21-jährigen Frauen lesen und schreiben, während es 1990 lediglich 60 Prozent gewesen waren.[150] Die Veränderungen innerhalb einer einzigen Generation waren dramatisch – mit *positivem* Vorzeichen dramatisch.

Die Leitprinzipien der Eheanbahnung wandeln sich entsprechend. Insbesondere in konservativen Gesellschaftskreisen spielen bei diesem Projekt nach wie vor die Eltern oder das Familienoberhaupt die Schlüsselrolle. Wen Tochter oder Sohn heiraten, bestimmen Mutter, Vater oder Vormund, so das überlieferte Muster. Aber es steht außer Frage, dass die am meisten Betroffenen, also die jungen Leute im »heiratsfähigen« Alter, heute weniger passiv sind als früher und sich mit ihrer Meinung im Allgemeinen und Besonderen nicht zurückhalten. Es ist alles andere als selten, dass Tochter oder Sohn des Hauses sich weigern, den von den Eltern auserkorenen Lebenspartner zu ehelichen. Zunehmend wird heute einvernehmlich vorgegangen, indem im ersten Schritt Tochter oder Sohn ihre Wahl treffen und die Eltern im zweiten lediglich zustimmen (oder auch nicht). Dass die Angelegenheit der Lebenspartnersuche sich für alle Beteiligten in den vergangenen Jahren ins Internet verlagert hat, wo die Kombinationsmöglichkeiten exponentiell größer sind als in einem Dorf auf dem Lande, hat die Dynamik des Wandlungsprozesses zusätzlich massiv beschleunigt.[151] Ja, auch in Indien gibt es Tinder. Selbst Ehen zwischen Angehörigen verschiedener Religionen – etwa die geradezu klassische »Problemkonstellation« Hindu/Muslim – werden geschlossen, wenngleich noch immer selten.

Die Scheidungsraten wiederum liegen in Indien im internationalen Vergleich weiterhin extrem niedrig, bei steigender Tendenz allerdings. Noch vor zwei Generationen war die Scheidung einer Ehe praktisch undenkbar, jedenfalls jenseits der schon immer kosmopolitisch denkenden, vermögenden Elite. Auch die Verstoßung einer muslimischen Frau durch ihren Mann per *triple talaq*, in vielen (darunter überwiegend muslimischen) Ländern längst abgeschafft, ist in Indien inzwischen verboten.

Wirtschaftlich sind Frauen weiterhin erheblich benachteiligt. Drei Viertel aller Beschäftigten in Indien sind Männer. Frauen erbringen in der Statistik lediglich 18 Prozent der Wirtschaftsleistung (Tabelle 7), was darauf hindeutet, dass sie relativ einfache Aufgaben übernehmen und entsprechend unterdurchschnittlich bezahlt werden. Der Anteil liegt zwar deutlich über dem im benachbarten Pakistan (11 Prozent) und entspricht ungefähr jenem in Bangladesch. China liegt mit 41 Prozent aber weit vor Indien.[152]

	Anteil an der Wirtschaftsleistung*	Anteil aller Beschäftigten
Pakistan	11 %	22 %
Indien	18 %	25 %
Bangladesch	19 %	29 %
Sri Lanka	29 %	34 %
Indonesien	29 %	38 %
Malaysia	32 %	38 %
Myanmar	36 %	41 %
Nepal	36 %	52 %
Singapur	39 %	45 %
Thailand	40 %	46 %
Vietnam	40 %	48 %
China	41 %	44 %
Kambodscha	41 %	50 %
Welt	**36 %**	**39 %**

* in % des Bruttosozialprodukts; Quelle: McKinsey Global Institute, April 2018

Tabelle 7: Frauen: Anteil an der Wirtschaftsleistung in asiatischen Ländern (Auswahl)

Als gesichert gilt, dass der Männerüberschuss in der indischen Gesellschaft in den nächsten Jahren noch erheblich zunehmen wird. Das Ausbildungsniveau junger Inderinnen bessert sich langsam, aber stetig; sie heiraten später (oder gar nicht mehr); sie kriegen Kinder, aber tendenziell später und eher ein bis zwei statt fünf bis sieben. Für die Männer dieser Jahrgangskohorten bedeutet dies, dass die-

jenigen, die in einem Jahr keine Frau finden, im nächsten weiter-
suchen und so den demografischen Männerpool im Laufe der Zeit
immer mehr vergrößern. Es ist möglich, dass in den 2060er-Jahren
in Indien 191 Männer auf 100 Frauen kommen werden, ein Verhältnis, das eine unkalkulierbare gesellschaftliche Dynamik und enorme
Probleme nach sich ziehen dürfte.[153] Allerdings handelt es sich bei
dieser Prognose um das *worst-case scenario* einer Studie, die schlimmst-
mögliche Entwicklung unter Zugrundelegung extremer Annahmen.
Das *best-case scenario* geht davon aus, dass 2050 auf 100 Frauen »nur«
164 Männer kommen.

Homosexualität

In Indien gibt es nicht nur Tinder, sondern auch Grindr und
Planetromeo. Das ist kein Wunder: Es gibt heute wahrscheinlich
mehr homosexuelle Inder als heterosexuelle Deutsche. Grob geschätzt
dürften in Indien 100 Millionen Lesben und Schwule leben (wobei
eine sexuelle Orientierung natürlich nicht gleichzusetzen ist mit deren
Ausleben). Viele von ihnen sind in einem Dilemma: Sie wissen um
ihre Homosexualität, sind oft aber verheiratet, haben Kinder und Enkel
– und nie ein Coming-out gehabt. Die meisten leben ein Doppelleben.
»Schwule Liebe gedieh nur mit Lügen«, wie R. Raj Rao in *The Boyfriend*
schrieb, einem der ersten »schwulen« Romane Indiens.[154]

Der Prozess der Legalisierung von Homosexualität (beziehungsweise homosexueller Handlungen unter Männern) ist in Indien
nunmehr weitgehend abgeschlossen. Im September 2018 urteilte
das Oberste Gericht, dass der berüchtigte Artikel 377 des indischen
Strafgesetzbuchs, der Sex unter Männern unter Gefängnisstrafe gestellt hatte, hinfällig ist und eine juristische Unverschämtheit war.[155]
Ursprünglich ging dieser Artikel 377 auf das prüde britische Strafrecht
der viktorianischen Ära zurück. Doch während Frauen und Männer
in Großbritannien längst gleichgeschlechtlich heiraten dürfen, liegt
eine gewisse Tragik der Geschichte darin, dass ausgerechnet Indien –

immerhin das Land, in dem einst das *Kamasutra* entstand – bis heute die viktorianische Prüderie nicht abgelegt hat.

Diese zögerliche Haltung ist durchaus verwirrend. Einerseits war Homosexualität bis 2018 in Indien nicht nur gesellschaftlich geächtet, sondern von Staats wegen verboten. Andererseits gab es schon seit 2014 drei Geschlechter, ganz offiziell. So konnte und kann sich, wer als Deutscher einen Visumsantrag der Republik Indien ausfüllt, wahlweise als *male, female* oder *transgender* identifizieren, an und für sich ein relativ fortschrittlicher, liberaler Ansatz. Er geht auf die besondere Rolle zurück, die traditionell Hijras in der indischen Gesellschaft spielen. In ganz Indien dürfte es zwischen einer Million und fünf Millionen Hijras geben, eine vielschichtige Gruppe, deren Mitglieder in der Mehrzahl bi-, homo-, trans- oder intersexuell sind und meist Frauenkleider, Schmuck und Make-up tragen. Angehörige dieses »dritten Geschlechts« stehen in der gesellschaftlichen Hierarchie allerdings weit unten. Sie verdienen oft ihren Lebensunterhalt mit Tanzen, Musizieren, Betteln oder Prostitution. Insbesondere auf Hochzeiten oder anderen Festen sind sie präsent, indem sie lautstark Spenden einfordern (»Geld her, oder wir machen Stunk«, so ungefähr) – ein Geschäftsmodell, das man sympathisch finden kann oder nicht.

Trotz der nun durchgesetzten Legalisierung der Homosexualität ist die Republik Indien auch heute noch weit davon entfernt, Schwulen und Lesben so etwas wie Verpartnerung oder Eheschließung anzubieten, ihnen also die Möglichkeit einzuräumen, sich nicht nur emotional zu binden, sondern auch finanziell und rechtlich füreinander einzustehen. Breiter gefasste Definitionen von Geschlechtsidentitäten – etwa LGBT oder LGBTQIA+ – sind den allermeisten Indern weiterhin völlig fremd und befremdlich. Allerdings brauchen die nächsten Schritte des gesellschaftlichen Wandels wahrscheinlich einfach nur etwas Zeit. Das war in Deutschland und vielen anderen Ländern nicht anders. Der deutsche Paragraf 175 (»Homo-Paragraf«) wurde erst 1994 endgültig gestrichen, also vor 26 Jahren. Das ist, was oft vergessen wird, so lange nicht her.

Die Legalisierung in Indien bedeutet keineswegs, dass Homosexualität in der Mitte der Gesellschaft angekommen wäre. In Teilen der Gesellschaft herrscht Akzeptanz, etwa in wohlhabenden kosmopolitischen Kreisen in den Großstädten oder in der Mode- und Medienbranche. In ungefähr einem Dutzend indischer Großstädte fanden schon zu Zeiten von Artikel 377 regelmäßig Gay-Pride-Paraden statt (auf denen allerdings viele Teilnehmer mit Masken demonstrierten und die von massiver Polizeipräsenz geprägt waren). In anderen Schichten – insbesondere auf dem Land und unter Älteren – sind die Wertesysteme konservativer und Phänomene wie »Schwulsein« für viele schlicht unvorstellbar.

Angesichts der immens hohen absoluten Zahl der Betroffenen in Indien ist Homosexualität kein marginales gesellschaftliches Thema, sondern ein zentrales, was die künftige demografische Entwicklung angeht. Denn was sollen Schwule und Lesben in Indien tun? Ihre sexuelle Orientierung leugnen, so tun, als ob nichts wäre – und heiraten? Das ist seit Langem die Standardlösung, die mittel- und langfristig tragische Folgen hat, für Homosexuelle, ihre Partner, ihre Kinder, ihr ganzes Umfeld. In aller Wahrscheinlichkeit sind Millionen Inder und Inderinnen mit einem homosexuellen Partner verheiratet, ohne dies zu wissen oder auch nur zu ahnen. Abermillionen weitere haben schwule Väter oder lesbische Mütter. Direkt oder indirekt ist somit praktisch die gesamte indische Bevölkerung betroffen.

Hinzu kommt der schon heute spürbare und sich in den kommenden Jahren voraussichtlich dramatisch zuspitzende Männerüberhang in der indischen Gesellschaft, dem wir im vorangegangenen Abschnitt begegnet sind. Wenn Millionen Schwule aufgrund gesellschaftlichen Drucks Frauen heiraten, dann können diese Frauen eben keine heterosexuellen Männer mehr heiraten, die ledig bleiben. Die in moralischer und demografischer Hinsicht einzig richtige Lösung liegt auf der Hand. Indien sollte Schwulen und Lesben eine gesellschaftliche, rechtliche und wirtschaftliche Perspektive geben, die ihnen eine Alternative zur »Norm« – der heterosexuellen Ehe – eröffnet.

Gewalt und Kriminalität

In vielen Erdteilen – und ganz sicher in Deutschland – gilt Indien als Land, in dem Kriminalität und Gewalttaten häufig sind, alltäglich. Katalysierend wirkte in den Medien die Vergewaltigung der 23-jährigen Studentin Jyoti Singh am 16. Dezember 2012 in Delhi, an deren Folgen sie 13 Tage später starb. Ihr Freund wurde mit Eisenstangen geschlagen und schwer verletzt. Ein indischer Minister empfahl ausländischen Besucherinnen in Indien nach der Gewalttat, keine Röcke oder Kleidung zu tragen, die ein heterosexueller Mann »aufreizend« finden könnte, nahm im Kern also die Haltung ein: »Selbst schuld – wenn Frauen sich so anziehen, können die Männer eben nicht an sich halten.«

Aus einem im Nachhinein nicht eindeutig identifizierbaren Grund fand der Mord an Jyoti Singh in Medien in ganz Indien und im Ausland größte Beachtung. (Dies ist ohne jeden Zynismus gemeint. Es kommt in Indien täglich zu Tausenden Vergewaltigungen, über die *nicht* berichtet wird.) In Indien demonstrierten und protestierten Frauen und Männer. Die Anzahl ausländischer Touristen, die nach Indien reisten, fiel in den folgenden Monaten derart dramatisch, dass die Regierung gegenzusteuern versuchte.[136]

Auch in Indien liegen Zahlen und Statistiken vor, die Gewalt gegenüber Frauen quantifizieren, aber ihre Belastbarkeit ist fragwürdig, vor allem weil die Dunkelziffer – wie überall auf der Welt – hoch ist. Hinzu kommt, dass die Vergewaltigung einer Frau in der Ehe in Indien keine Straftat darstellt, sofern die Frau zum Zeitpunkt der Tat mindestens 15 Jahre alt war,[137] und dass die meisten Vergewaltigungen in Indien (um 90 Prozent) *innerhalb* einer Ehe oder Beziehung stattfinden.[138] (Wer in Mitteleuropa lebt und einen solchen Rechtsrahmen barbarisch, unzivilisiert und anachronistisch findet, hat recht, sollte sich aber in Erinnerung rufen, dass Vergewaltigung in der Ehe in Deutschland erst am 1. Juli 1997 zur Straftat wurde. 138 Bundestagsabgeordnete stimmten damals gegen das Gesetz.) All dies ist tragisch und völlig inakzeptabel. Medien berichten von einer »Vergewaltigungsepidemie, die Indien überrollt«.[139] Beispielhaft sei die deutsche Frauenzeitschrift

Maxi erwähnt, die im Herbst 2018 in einem mehrseitigen Bericht feststellte, dass »in keinem anderen Land so viele Frauen vergewaltigt werden wie in Indien. [...] Mehr als 40.000 Vergewaltigungen werden pro Jahr angezeigt, die Dunkelziffer liegt noch um ein Vielfaches höher.«[160]

Es ist durchaus möglich, dass es sich, um den Begriff aufzugreifen, um eine »Epidemie« handelt, also um ein Massenphänomen, das eine Eigendynamik entwickelt hat. Es ist andererseits schwierig, diese These nicht nur mit Bauchgefühl und berechtigter (aber diffuser) Betroffenheit zu untermauern, sondern mit belastbaren Zahlen. Jeder Beobachter läuft an dieser Stelle Gefahr, einer Verfügbarkeitsheuristik anheimzufallen.[161] Allein der Umstand, dass die indische Bevölkerung so außerordentlich groß ist, bringt es mit sich, dass ceteris paribus auch die absolute Zahl der Gewalttaten deutlich höher liegen muss als in anderen Ländern. Sollte die Zahl der Vergewaltigungen in Indien beispielsweise zehnmal so hoch liegen wie in Deutschland – ein hypothetisches Beispiel –, würde dies in der relativen Betrachtung bedeuten, dass erheblich *weniger* Frauen in Indien Opfer einer Vergewaltigung würden als in Deutschland. Um die Berichterstattung in *Maxi* aufzugreifen: Während in Indien nach Angaben der Zeitschrift 40.000 Vergewaltigungen jährlich gemeldet werden, sind es laut Statista in Deutschland 11.200.[162] Einfachste mathematische Berechnungen würden angesichts dieser Zahlen nahelegen, dass eine »Epidemie« allenfalls in Deutschland zu sehen ist, nicht in Indien: Deutschland hat 83 Millionen Einwohner, Indien mehr als fünfzehn mal so viele.

Eine andere Studie (wenngleich eine etwas ältere) legt nahe, dass sexuelle Gewalt gegenüber Frauen in Indien ein massives Problem darstellt, in vielen anderen Entwicklungsländern aber ein noch viel größeres. In einer von der Thomson Reuters Foundation durchgeführten Untersuchung, die Daten von 43 Staaten berücksichtigte, lag Indien »nur« auf Rang 32. In vielen anderen Staaten, vor allem in Afrika und Asien, war sexuelle Gewalt gegenüber Frauen demnach ein noch erheblich dramatischeres Problem als in Indien. Dessen ungeachtet wird Indien, siehe *Maxi*, klischeehaft als Hort superlativer Gewalt dargestellt, während eigentlich, so die Thomson-Studie, Kamerun und 30 weitere Länder zuerst genannt werden müssten – oder zumindest in einem Atemzug.[163]

Kasten

Hinduismus ist nicht nur eine Religion, sondern auch eine Gesellschaftsordnung: ein Gesellschaftsvertrag, um den von Jean-Jacques Rousseau im 18. Jahrhundert geprägten Ausdruck zu gebrauchen. Teil dieses unausgesprochenen Vertrags ist in Indien das Kastenwesen, das noch heute eine zentrale Rolle spielt. Es beruht auf einem Wertesystem, das seit mehr als 2500 Jahren alle – oder im 21. Jahrhundert zumindest noch viele – Lebensbereiche bestimmt. Die Verfassung der Republik mag alle Bürger auf eine Stufe stellen, unabhängig von ihrer Kastenzugehörigkeit, aber das ist ein lobenswertes Leitmotiv und Ideal, nicht unbedingt mehr. Denn eine »Verfassung ist zunächst mal nur ein Text«, wie Andreas Voßkuhle, Präsident des deutschen Bundesverfassungsgerichts, es einmal formulierte.[164] Es gilt, sie mit Deutung und Bedeutung zu füllen. Kasten und Kastenzugehörigkeit sind weiterhin zentrale Elemente der indischen Gesellschaft mit massiven Konsequenzen für alle, sowohl für die »unten« Stehenden (die benachteiligt werden) als auch für die »oben« (die Privilegien genießen, die sie oft für selbstverständlich halten). Die Kastenzugehörigkeit beeinflusst die Frage, welchen Beruf man ergreift, wie viel Geld man im Laufe des Lebens zur Verfügung hat, mit wem man Umgang pflegt, wen man heiratet – und, selbst heute noch in konservativen Kreisen, wen man anfassen darf.

Die Kastenzugehörigkeit ergibt sich aus der Geburt, also per Zufall; sie ist Folge einer biologischen Lotterie und zugleich aus Sicht gläubiger Hindus unwiderruflich. In einer solch prädeterminierten Gesellschaft gibt es diejenigen, die in eine bessere, dominierende, herrschende Schicht geboren werden, und jene, die »dienen«, die zu dienen *haben*. Wem dieses Muster aus heutiger, aufgeklärter »westlicher« Sicht menschenverachtend und empörend vorkommt, der hat recht. Er sei zumindest aber daran erinnert, dass es jahrhundertelang in Europa so anders nicht war, wo eine herrschende »Kaste« – nennen wir sie Adel, ergänzt um den Klerus – das gesellschaftliche Leben dominierte.

Das Kastenwesen ist Jahrtausende alt, seine Ursprünge liegen im Dunkeln der Frühgeschichte. Vor rund 3000 Jahren wanderten sogenannte arische Stämme (*arya*) auf den Subkontinent ein. Sie sprachen Sanskrit, eine Urform des heutigen Hindi, und bildeten mit der Zeit eine neue Herrscherklasse, die sich vor allem in den Gesellschaftsschichten der Priester und Krieger durchsetzte. Die ansässige Bevölkerung stellte hingegen den Plebs: Arbeiter und Sklaven. Später bildeten sich vier Hauptkasten (*varnas*) heraus: erstens die Brahmanen, die Priester und Deuter höherer Mächte; zweitens die *kshatriyas*, die Militärs, zu denen Herrscher und Fürsten ebenso zählten wie Krieger; drittens die Klasse der Händler und Geschäftsleute (*vaishyas*); und schließlich *shudras*, einfache Arbeiter und Handwerker. Es gibt Hunderte Unterkasten (*jati*) und -gruppen, oder auch, abhängig vom Grad der Differenzierung, mehrere Tausend.[165] Weit unten in dieser Gesellschaftsordnung stehen die sogenannten Dalits, ehemals als »Unberührbare« diskreditiert, die ungefähr ein Sechstel der indischen Gesamtbevölkerung stellen. Es gibt sogenannte *Other Backward Classes* (OBCs) und *Scheduled Tribes* (STs, *adivasi*), Nachkommen der Ureinwohner auf dem Subkontinent und oft Nicht-Hindus, die ebenfalls benachteiligt sind.

Oftmals sind die Kastenzugehörigkeit und damit die implizite Stellung in der Gesellschaft am Nachnamen zu erkennen. Wer beispielsweise Sharma oder Shukla heißt, ist für so ziemlich jeden Inder als Brahmane zu erkennen – also als jemand, der für viele »etwas Besseres« ist, der weit oben steht, jedenfalls in der traditionell-hinduistisch interpretierten Gesellschaftsordnung. Das Prinzip kennen wir auch in Deutschland, wo Nachnamen wie Gerber, Schäfer, Meier, Müller, Schneider, Armbruster, Schmidt, Töpfer, Weber, Fassbinder und so weiter auf den Beruf hindeuten, den die Vorfahren des jeweiligen Namensträgers einst, also vor vielen Generationen, ausübten. (Andererseits: Nicht jeder, der »Kaiser« oder »König« heißt, hatte einen solchen Vorfahren.) Entsprechend aufschlussreich sind viele Nachnamen in anderen Sprachen, beispielsweise die Smiths, Taylors, Potters und Coopers im Englischen.

Selbstverständlich spricht überhaupt nichts dagegen, dass Frau Schmidt und Herr Müller ein hohes Regierungsamt übernehmen oder Konzerne lenken oder Karriere beim Film oder als Fußballprofi machen, auch wenn einer ihrer Vorfahren vor Jahrhunderten vielleicht eine Schmiede oder Mühle hatte. Wäre ja noch schöner. Es spricht ferner nicht das Geringste dagegen, dass eine Frau Schmidt einen Herrn Müller heiratet, wenn beide einverstanden sind. Wenn ihre Eltern deswegen einen Nervenzusammenbruch erleiden sollten, liegt das mutmaßlich daran, dass sie die Persönlichkeit von Frau Schmidt oder Herrn Müller nicht einnehmend finden – und nicht daran, dass Mutter Schmidt es unerträglich findet, den Abkömmling eines Müllers zum Schwiegersohn zu bekommen, wo doch ihre Vorfahren an völlig anderem Orte wirkten, nämlich in der Schmiede.

In Indien ist die Angelegenheit noch heute komplexer und althergebrachten Traditionen verpflichtet, selbst wenn die Verfassung es jedem erlaubt, sich nach Gutdünken zu verheiraten. Auch in Indien wandeln sich Gesellschaft und Sitten, und zwar – beschleunigt von modernen Medien, insbesondere Fernsehen und Internet – rasch. Indien hat mit Narendra Modi einen Ministerpräsidenten mit OBC-Hintergrund. Das Land hatte einen Präsidenten, nämlich K. R. Narayanan, und viele andere führende politische Persönlichkeiten aus der großen Gruppe der Dalits. Selbstverständlich gibt es zahllose reiche Dalits und arme Brahmanen. Doch gilt bis auf Weiteres, dass Ausnahmen die Regel bestätigen, und die Regel ist weiterhin die von Kasten und ihren Gesetzmäßigkeiten dominierte Gesellschaft, insbesondere außerhalb der Großstädte. In weltoffenen Metropolen wie Delhi, Mumbai oder Bangalore gleichen sich größere Teile der Gesellschaft dem westlichen, individualistischeren Modell an, in dem, vereinfacht formuliert, jeder seines Glückes Schmied sein darf. In der großen Mehrheit der Hindugesellschaft aber ist die Kaste, die schicksalhaft verliehene, unwiderrufliche Zugehörigkeit zu einer Gruppe und der ihr anhaftende Status, die Prägung, die oftmals über Erfolg und Misserfolg im Leben entscheidet. Nach potenziellen Ehepartnern gesucht und geheiratet wird weit überwiegend noch immer innerhalb der eigenen Kaste beziehungsweise Unterkaste. Auch im Jahr 2020.

Je nach Blickwinkel ist die Segmentierung der Gesellschaft in Kasten entweder eine dramatische, zutiefst ungerechte und menschenverachtende Benachteiligung großer Bevölkerungsgruppen. (Was die Sicht des Autors dieses Buches ist.) Oder aber – auch dies ist zumindest eine relevante Deutung, selbst wenn man sie nicht teilt – sie ist Schicksal, von höchster, göttlicher Stelle angeordnet und so dramatisch nicht, denn das irdische Leben des Individuums ist für gläubige Hindus nicht alles. »Hindus sehen die Zeit als Zyklus, während wir [im Westen] sie linear sehen«, wie Gillian Tindall es formulierte.[166] Hat man Unglück in diesem Leben, deutet dies auf Fehlverhalten in einem vorigen Dasein hin, und vielleicht, sofern man sich in seine Rolle fügt, werden die Umstände im nächsten Leben anders, besser sein, so die Hoffnung.

Insbesondere nach der Unabhängigkeit und Teilung Indiens nach dem Zweiten Weltkrieg wurde der Buddhismus zu einer Art »Ausweichreligion« jenseits des Kastenwesens, die für Dalits attraktiv erschien. (Wobei Buddhismus im engeren Sinne keine »Religion« ist, sondern eher eine Weltanschauung.) Dies ist weniger ungewöhnlich, als es auf den ersten Blick scheinen mag. Der »Buddha«, Siddhartha Gautama, wirkte als Religionsstifter im 6. Jahrhundert vorchristlicher Zeitrechnung an Orten und in Regionen, die im heutigen Norden der Republik Indien und in Nepal liegen. Als Wegweiser hin zu einer Religions- und Gesellschaftsordnung jenseits des hinduistischen Kastentums wirkte Bhimrao Ramji (»BR«) Ambedkar, ein Zeitgenosse Mohandas Gandhis. Ambedkar, selbst Dalit, war einer der Gründerväter der indischen Republik und hatte als Vorsitzender der verfassungsgebenden Versammlung mehr Einfluss auf die Ausgestaltung der indischen Verfassung als jeder andere. Er wirkte als erster Justizminister des demokratischen Indiens und trat 1956 kurz vor seinem Tod in Nagpur, einer Großstadt im Osten Maharashtras, zum Buddhismus über – ein symbolträchtiger, mutiger Akt, der von vielen Indern bis heute zelebriert wird. Millionen Dalits taten es Ambedkar gleich und traten aus Protest gegen das Kastenwesen zum Buddhismus über. So wurde »der Buddhismus [...], der als Religion in Indien fast völlig ausgestorben ist, [...] zur Kampf-Identität der bis heute am stärksten diskriminierten Gruppierung der indischen Gesellschaft, der so genannten Unberührbaren oder Dalits«, wie die deutsche Publizistin und Indienkennerin Britta Petersen schreibt.[167] Ambedkar wurde zum »Messias der Dalits«.[168]

Langsam, aber sicher scheint die Kastenzugehörigkeit indes an Bedeutung zu verlieren. Ein Beispiel: Nach traditioneller Deutung war es für einen Brahmanen undenkbar, Speisen zu sich zu nehmen, die von einem Dalit zubereitet worden waren, weil dies einer »Verunreinigung« gleichgekommen wäre und zwangsläufig einen aufwendigen Reinigungszyklus nach sich gezogen hätte. Im 21. Jahrhundert sind allerdings Fast-Food-Restaurants in Indiens Städten allgegenwärtig. Wer dort genau in der systemgastronomischen Küche im hinteren Teil des Restaurants den Burger zubereitet, ist schlicht nicht nachzuvollziehen. Das gilt auch für Essen, das in Zügen und in Flugzeugen gereicht wird. (In den oberen Buchungskategorien der indischen Bahn schließt der Ticketpreis Essen und Trinken ein.) Die Frage, wer das Essen zubereitet hat und welcher Kaste er angehört, verliert aus pragmatischen Gründen zwangsläufig an Relevanz. Wie ein bengalischer Intellektueller in Jamshedpur dem Autor im Dezember 2018 sagte: »Wenn man in Indien heute sagt, dass man an das Konzept der Unberührbarkeit glaubt, ist man beruflich erledigt.«

Neben Kastenzugehörigkeit spielt die Hautfarbe weiterhin eine große Rolle. Die Hautpigmentierung ist, anders als Religions- oder Kastenzugehörigkeit, für jeden mit bloßem Auge zu erkennen, auf der Straße, im Alltag. Weite Teile der indischen Gesellschaft sind noch heute rassistisch eingestellt, wobei hellere Pigmentierung in dieser verfehlten Deutung höheren Status mit sich bringt, dunklere Haut niedrigeren. »Asiatisch« aussehende Inder wiederum, vor allem in den nordöstlich gelegenen Bundesstaaten lebend oder von dort stammend, werden in anderen Landesteilen massiv diskriminiert und mit Begriffen wie *chinki* (»schlitzäugig«), *Chinese* oder *junglee* (»primitiv, unkultiviert«) herabgewürdigt. Noch extremer ist der Rassismus gegenüber Afrikanern, insbesondere den in Indien lebenden Nigerianern.

Auch sogenannte weiße Menschen erfahren Tag für Tag Rassismus in Indien, allerdings fast ausschließlich mit positivem Vorzeichen, indem sie deutlich höflicher und aufmerksamer behandelt werden als andere, indem sie bevorzugt werden: ein Fall von *white privilege*. Viele »weiße« Kurzfristbesucher in Indien – Touristen, Geschäftsleute – bemerken dies überhaupt nicht, sondern finden den ihnen entgegengebrachten Respekt normal und selbstverständlich.

Umweltverschmutzung

Wer als Mitteleuropäer zum ersten Mal nach Indien reist, kommt zügig zu dem Schluss, dass das gesamte Land eine einzige Müllhalde ist. Wer einige Jahre dort verbracht hat, weiß: Das ist ungenau; es ist viel schlimmer. Schmutz und Gift finden sich zwar auch in Müllhalden, die sich praktisch überall von alleine gebildet haben, aber auch im Wasser und in der Luft. Es ist bedauerlich, die Lage so drastisch beschreiben zu müssen, aber bis auf Weiteres leider zutreffend. Es gibt an Indiens langer Küste beispielsweise Tropenstrände, die zu den herrlichsten der Welt zählen – könnten. Noch vor 200 Jahren berichtete die Weltreisende Eliza Fay, der wir oben schon begegnet sind, wie bemerkenswert schön der Strand in der Nähe von Madras, dem heutigen Chennai, sei.[169] Das würde hier und heute niemand zu sagen wagen. An den Küsten des subkontinentalen Festlands gibt es kaum einen Strand ohne reichlich Schmutz, Dreck, Abfall – Fäkalien und Tierkadaver ebenso wie Plastik aller Art, entsorgte Elektrogeräte und Schrott-Lkws.[170]

Hoffnungslos ist die Lage nicht. In einigen Orten und Regionen geht es fortschrittlicher, zeitgemäßer und nachhaltiger zu, es wird Rücksicht auf Natur und Umwelt genommen. In Shimla beispielsweise, Hauptstadt und Verwaltungssitz des dünn besiedelten, an der Südflanke des Himalajas gelegenen Bundesstaats Himachal Pradesh, darf auf öffentlichen Plätzen nicht geraucht werden, Plastiktüten sind verboten, Mülleimer im öffentlichen Raum allgegenwärtig. Geht doch. Aber dies ist eine Ausnahme mit Seltenheitswert.

Die *Delhi Air Show*

Das größte Umweltproblem ist zurzeit die katastrophale Luftqualität in nahezu allen indischen Städten. Weltweit größte Beachtung findet bei diesem Stichwort in der Regel die Hauptstadt Delhi, deren spektakulär trübe Luftverhältnisse von Indern selbst manchmal in zynischem Fatalismus als *Delhi Air Show* bezeichnet werden. Die Atemluft im Stadtgebiet ist selten gut. Sie wird allerdings vor allem in den Wintermonaten – etwa von Anfang November bis Ende Februar – zu einem extremen gesundheitlichen Problem. Delhi und die umgebenden Satellitenstädte in den angrenzenden Bundesstaaten Haryana (westlich gelegen) und Uttar Pradesh (östlich) liegen in einer flachen landschaftlichen »Pfanne«, über der es in der kalten Jahreszeit regelmäßig zu einer Inversion kommt. Dabei hängt kalte Luft in den unteren Sphären fest, die von einer Schicht wärmerer Luft abgedeckt wird – eine relativ stabile Lage, bei der ein Austausch der Luftschichten ausbleibt. Die Abgase von zahllosen mit Holz oder Kohle befeuerten Kochstellen, von Ziegelfabriken und anderen Industrieanlagen sowie von Kraftfahrzeugen aller Art können so nicht abziehen und konzentrieren sich in den unteren Luftschichten – also dort, wo Mensch und Tier atmen. Allein auf Delhis Straßen sind inzwischen mehr als zehn Millionen Kraftfahrzeuge unterwegs, Mopeds und andere Kleinfahrzeuge mit Verbrennungsmotor mit eingerechnet,[171] und die Zahl steigt täglich um viele Hundert. Hinzu kommt mit Ende des Monsuns das im Umland der Hauptstadt bis heute praktizierte Abbrennen von Stoppelfeldern, insbesondere im Getreideanbau, also von gezielt gelegten Flächenbränden mit entsprechender Rauchentwicklung. Und schließlich feiert ganz Indien im November Diwali, das Hindu-Lichterfest, das begangen wird wie Silvester: mit Böllern, Raketen und Feuerwerk. Es kann als gesichert gelten, dass Delhi unter allen Metropolen in den Wintermonaten zurzeit die schlechteste Luft der Erde hat. Nach Angaben der Weltgesundheitsorganisation (WHO) liegt die Belastung mit Schadstoffpartikeln beim Mehrfachen des Vergleichswerts für Shanghai (wobei der Großraum Kairo fast mit Delhi mithalten kann). Andere Megastädte des Subkontinents – neben Kolkata und Mumbai auch Bangladeschs Hauptstadt Dhaka – folgen mit nicht allzu großem Abstand.[172] Schätzungen legen nahe, dass die Luftverschmutzung die Lebenserwartung in Indien um 2,6 Jahre senkt.[173]

Es wäre jedoch verfehlt, hieraus zu folgern, dass es in Indien offenbar nicht nur sehr viele Menschen gibt, sondern auch sehr viele Fahrzeuge. So kamen landesweit 2016 nur ungefähr 20 Autos auf 1000 Einwohner, was ungefähr dem Stand in den USA zur Zeit des Ersten Weltkriegs entsprach.[174] Auch der Schluss, dass Indiens Regierungen und Verwaltungen möglicherweise kein Interesse an der Behebung des Problems hätten, ist in dieser Schwarz-Weiß-Denke falsch. Maßnahmen gegen Luftverschmutzung werden in der Tat ergriffen, in Delhi wurden und werden zum Beispiel partielle Fahrverbote ausgesprochen. Taxis und Busse fahren immer häufiger mit relativ umweltfreundlichem Erdgasantrieb. Und der öffentliche Personennahverkehr wird in den meisten Städten ausgebaut, so mit der zügigen Erweiterung des U- und Schnellbahn-Netzes in der Hauptstadt und mit dem Bau der U-Bahn von Mumbai. Aber all dies reicht längst nicht aus.

Bürokratie und Korruption

Indiens Bürokratie ist legendär. Der *Licence Raj* der Nachkriegszeit, dem wir in Kapitel 5: »Unabhängigkeit und Partition« ausführlich begegnen werden, wirkt bis heute nach und ist weiterhin eines der größten Hemmnisse der wirtschaftlichen Entwicklung. Ob Post (ein Staatskonzern), Behörden, Versorger, Gesundheit oder andere Dienstleistungen, für die der Staat sich zuständig fühlt: Es geht kompliziert, langsam und häufig desinteressiert und schlicht inkompetent zur Sache.

Zwar zahlen nur etwa 4 Prozent der Inder Einkommensteuer, was an und für sich darauf hindeuten könnte, dass es bei den Finanzbehörden geordnet und alles andere als drängelig zuginge. Berücksichtigt man aber, dass ganz Indien – Stand 2016 – nur 42.000 Finanzbeamte bei zu jener Zeit annähernd 1,3 Milliarden Menschen beschäftigte, relativiert sich das. 42.000 ist ungefähr die Größenordnung, um die die indische Bevölkerung täglich wächst. Ein Finanzbeamter kommt auf knapp 30.000 Bürger – mehr als das Zehnfache des Vergleichswerts in westlichen Ländern und China.[75]

Korruption ist weitverbreitet. »Ohne Bestechung geht in Indien nichts«, wie ein Geschäftsmann in Mumbai dem Autor einmal sagte, süßsauer lächelnd. Leider deutet wenig darauf hin, dass Indiens politische Klasse durchwegs mit gutem Beispiel vorangehen würde. Da ist zum Beispiel der Fall der oben erwähnten Jayaram Jayalalithaa, die vor 50 Jahren Karriere beim Film machte und dank ihres Ruhms zum Chief Minister des südindischen Bundesstaats Tamil Nadu gewählt wurde. (In Deutschland würde man entsprechend von der Ministerpräsidentin eines Bundeslands sprechen – wobei das bevölkerungsreichste deutsche Bundesland, Nordrhein-Westfalen, 18 Millionen Einwohner zählt, Tamil Nadu mehr als 80 Millionen.) Jayalalithaa kam wegen Korruptionsvorwürfen vor Gericht und wurde 2014 zu einer Gefängnisstrafe verurteilt. In ihrem Haus in Tamil Nadu wurden mehr als 90 hochpreisige Armbanduhren sichergestellt, mehr als 10.000 Saris, 750 Paar Schuhe, mehr als 800 Kilo Silber, etwa 30 Kilogramm Gold und umgerechnet mehrere Millionen Euro in bar.[176] Die populäre Politikerin, die im Dezember 2016 starb, stritt stets jede Schuld ab. Das Urteil wurde 2015 zunächst wieder aufgehoben, später dann bestätigt. Für Millionen ist die Dame weiterhin eine Heldin der Weltgeschichte. Unschuld ist in der politischen Elite Indiens ein erstaunlich rares Phänomen. Von den 543 Abgeordneten, die 2004 ins Unterhaus (Lok Sabha) gewählt wurden, hatte fast jeder Vierte ein Ermittlungsverfahren gegen sich am Laufen (wobei allein dies natürlich nichts über Schuld und Unschuld sagte). Gegen immerhin 12 Prozent der Parlamentarier, also jeden Achten, wurde wegen eines Schwerverbrechens ermittelt, darunter Mord, versuchter Mord, Körperverletzung, Entführung.[177] Mutmaßliche und überführte Kriminelle saßen und sitzen an den Schalthebeln der Macht. Eine Studie ergab, dass von allen Kandidaten, die im Zeitraum zwischen Januar 2004 und September 2013 bei Parlamentswahlen in Indien antraten (also für das Parlament in Neu-Delhi und die Regionalparlamente), annähernd 14.000 wegen mutmaßlicher Schwerverbrechen in Ermittlungsverfahren verwickelt waren, darunter 4.357 Mordfälle.[178] Was sie nicht, wie man vermuten könnte, davon abhielt, sich bei den Wählern um politische Ämter zu bewerben. Viele hatten Erfolg. Mehr noch: Es *erhöht* die statistische Wahrscheinlichkeit eines Wahlerfolgs um fast das Dreifache, wenn die Justiz gegen einen Kandidaten ermittelt.[179] Offenbar sehen indische Wähler bei Politikern ein gewisses Maß an Bosheit und Schurkenhaftigkeit als Eingangsvoraussetzung und sinnvolle Qualifikation, vielleicht als ein Indiz für Durchsetzungskraft.

Bestechung ist im politischen System weitverbreitet. Auch »normale« Leute aus finanziell übersichtlichen Verhältnissen werden vor Wahlen mit spektakulären Versprechen geködert. So wurde in der jüngeren Vergangenheit in einzelnen Wahlkreisen in grotesker Schamlosigkeit ein Fernsehgerät versprochen, sofern man zusagte, »richtig« abzustimmen. In einem anderen Fall sollte es für das Kreuzchen an der richtigen Stelle eine – dies ist wörtlich zu verstehen – Reise nach Jerusalem geben.[180]

Dabei darf man jedoch nicht übersehen, dass in Indien eine ganze Menge ohne Korruption funktioniert. Da ist beispielsweise das in Mumbai beheimatete, im 19. Jahrhundert von Parsen begründete Konglomerat Tata Sons, das größte Unternehmen Indiens, das seit Jahrzehnten öffentlich – und glaubhaft – jeder Form der Bestechung oder unangemessenen Vorteilsnahme abgeschworen hat und genau deswegen hohes Ansehen genießt. Die Organisation Transparency International setzte Indien im Corruption Perceptions Index des Jahres 2018 unter 180 Ländern auf Rang 78.[181] Das ist alles andere als beeindruckend und weit von skandinavischen oder neuseeländischen Verhältnissen entfernt. Aber immerhin liegt Indien damit in der oberen Hälfte des Feldes. Die Position hat sich in den vergangenen zehn Jahren zudem leicht verbessert.[182]

Indiens Justiz wiederum ist überfordert und oftmals korrupt, wie zahllose Fälle belegen. Viele Richter gelten als bestechlich, und mit Geld oder gezielter Einflussnahme, zur rechten Zeit am richtigen Ort, sind Urteile oft in die eine oder andere Richtung zu lenken. Die Mehrzahl der Insassen indischer Gefängnisse, darunter viele Unschuldige, wartet darauf, dass ihnen der Prozess gemacht wird[183] – also darauf, dass überhaupt etwas passiert. Viele Schuldige wiederum, die über die Mittel und/oder hilfreiche Verbindungen verfügen, um den Arm des Gesetzes abzuwehren, sitzen *nicht* im Gefängnis, sondern leben in Freiheit und relativer Sorglosigkeit.

»Das Vertrauen in den Rechtsstaat und seine Stabilität hängt von einer funktionsfähigen Justiz ab«, sagte der Präsident des Bundesverfassungsgerichts Voßkuhle. »Zentrale Voraussetzung einer funktionsfähigen Justiz ist ausreichendes und gut ausgebildetes Personal.«[184] Von »ausreichend« kann in Indien nicht ansatzweise die Rede sein. Ende November 2019 waren dort 31.615.186 Rechtsverfahren offen.[185] (Es ist natürlich schon einmal ein gutes Zeichen, dass man das überhaupt so genau weiß.) Davon liefen 20,9 Prozent seit mehr als fünf Jahren, davon wiederum mehr als ein Drittel seit mehr als zehn Jahren.[186] Jeder Richter – es dürfte in ganz Indien nur um die 20.000 geben, wahrscheinlich sind es weniger – war im Durchschnitt also mit einer praktisch nicht zu bewältigenden Zahl von 1500 und mehr Verfahren beschäftigt oder besser: konfrontiert. Vor Gericht und auf hoher See, geht die Redewendung, ist man in Gottes Hand, wobei in Indien gilt, dass die göttlichen Mühlen gründlich mahlen mögen, dies aber sehr, sehr langsam tun. Wie es Nanabhoy »Nani« Palkhivala, ein indischer Jurist und Ökonom, einmal formulierte: »Ein in Indien einmal begonnenes Gerichtsverfahren ist das, was auf Erden dem ewigen Leben am nächsten kommt.«[187] 2010 schätzte der in Andhra Pradesh tätige Richter V. V. Rao, dass das Abarbeiten sämtlicher offener Fälle beim damals vorherrschenden Tempo 320 Jahre dauern würde,[188] was die beteiligten Parteien vor Herausforderungen stellen könnte.

Solche Probleme und Fehlanreize im indischen Rechtssystem haben schwerwiegende Konsequenzen, weil sie die Rechtssicherheit untergraben. Unternehmen, indische wie ausländische, halten sich folglich tendenziell mit Investitionen zurück oder investieren jedenfalls weniger in Indien, als sie es tun würden, wenn beispielsweise luxemburgische oder britische Rechtsverhältnisse herrschen würden. Der sprichwörtliche kleine Mann glaubt in Indien *nicht* an die Kraft des Gesetzes, an Fairness und Gleichheit ohne Ansehen der Person. Ob Unternehmen oder Bürger: Jeder weiß, dass ein Gerichtsprozess unbedingt zu vermeiden ist, weil er jahrelang – oder auch jahrzehntelang – Geld, Zeit und Nerven kostet und am Ende keineswegs zwangsläufig zu einem »gerechten« Ergebnis führt. Wie Raman Jokhakar, ein Wirtschaftsprüfer aus Mumbai, es ausdrückt: »Normalen Leuten Zugang zu Rechtstaatlichkeit zu verschaffen – schmerzlos, bezahlbar und zügig –, ist weiterhin ein Traum.«[189]

Indien in den Medien

Zahllose indische Medien greifen die angesprochenen Themen – und viele weitere – verantwortungsbewusst und mutig auf. Die gesellschaftliche Diskussion ist rege und oft von Furchtlosigkeit geprägt, und Politiker aller Richtungen werden öffentlich kritisiert. Doch es wäre verfehlt, hieraus den Schluss zu ziehen, dass in Indien volle Pressefreiheit herrschen würde. Nach Einschätzung der Organisation Reporter ohne Grenzen belegte Indien auf dem World Press Freedom Index im Jahr 2019 Rang 140 von 180 berücksichtigten Staaten. Es schnitt also ausgesprochen schlecht ab und lag hinter Ländern wie den Vereinigten Arabischen Emiraten, Afghanistan, Haiti und Südsudan, die allesamt nicht für ihre liberalen Ideen und großen medialen Spielraum bekannt sind.[190] Dies liegt keineswegs nur am Bemühen der Regierung und des Staats, Berichterstattung in den Medien zu beeinflussen oder zu kontrollieren, aber natürlich auch. Der Fisch muffelt bekanntlich vom Kopf. Ministerpräsident Narendra Modi, ein alles andere als sprachlich unbeholfener oder öffentlichkeitsscheuer Mann, gibt kaum Interviews, nicht einmal führenden indischen Medien. Tut er es doch einmal, so sind die aus diesen Interviews hervorgehenden Texte stark von der Regierung bearbeitet und redigiert.[191] Bei vielen indischen Publikationen wiederum, die – wie Medien überall – auch von Anzeigenerlösen abhängig sind, hat sich ein vorauseilender Gehorsam durchgesetzt. Staat und Regierung kontrollieren weiterhin zahllose Unternehmen, darunter viele der größten des Landes, so die State Bank of India, das führende Finanzinstitut. Wer kritisch berichtet, läuft Gefahr, das von der Regierung direkt oder indirekt kontrollierte Anzeigenvolumen zu verlieren.

Auf dem World Press Freedom Index stand Deutschland zuletzt auf Rang 13, Österreich auf Rang 16 und die Schweiz sogar auf Platz sechs – alle drei Länder also weit oben. Vorbildlich. Doch was die mediale Berichterstattung *über* Indien im deutschen Sprachraum angeht, findet man erstaunlich wenig, und dieses wenige ist oft oberflächlich.[192] Zwei Beispiele verdeutlichen das verzerrte Bild von Indien in Teilen Mitteleuropas:

• Am 8. November 2016 kam es zu einem Weltereignis, das das Leben von weit mehr als einer Milliarde Menschen für viele Wochen aus der Bahn werfen sollte. Woran viele gut informierte Leser nun sogleich denken: die Präsidentschaftswahlen in den USA, klar. Trump. Der Schock. Dies war selbstverständlich ein weitreichendes Ereignis von außerordentlicher politischer und weltpolitischer Tragweite: das Amt mit der größten Machtfülle in den Händen eines Menschen, den viele für psychologisch recht auffällig halten. Okay, wichtig und nachvollziehbar, dass in allen Medien Trump die »Diskussion« beherrschte. Aber es geht nicht um Trump. Am 8. November 2016 ereignete sich noch etwas anderes von erheblich größerer Tragweite und Dramatik. Es ging in den westlichen Medien weitgehend unter, weil alle so sehr mit den USA beschäftigt waren.

Modi trat am Abend (indischer Zeit) live und ohne große Vorankündigung im Fernsehen auf und erklärte, dass um Mitternacht 86 Prozent allen umlaufenden Bargelds im Land ungültig werden würden, und zwar sämtliche 500- und 1000-Rupien-Scheine. (500 Rupien entsprachen damals ungefähr 7 Euro.) Es war der größte Währungseingriff der Menschheitsgeschichte: Schätzungsweise 1,5 Milliarden Menschen hatten binnen Stunden kein Bargeld mehr und sollten es wochenlang nicht mehr haben. Eingerechnet sind bei dieser Zahl nicht nur die Inder selbst, sondern auch die Bewohner umliegender Staaten, die wirtschaftlich eng mit Indien und mit der indischen Währung verbunden sind, insbesondere Bhutan, Nepal, Bangladesch, die Malediven und Sri Lanka. Das Wirtschaftsleben kam binnen Stunden zum Erliegen (Kapitel 7).

Bis heute haben die meisten Deutschen sehr wohl von Donald Trump gehört, nicht aber von der sogenannten *demonetization* in Indien, einem spektakulären Fiasko. Wenn ich Freunden, Bekannten und Kollegen davon erzähle, ernte ich weiterhin ungläubige Blicke: »Du spinnst, das *wüssten* wir doch, wenn es so gewesen wäre!?« Was genau mein Punkt ist: Sie wissen es eben *nicht*, weil es die Medien in Mitteleuropa nur am Rande berücksichtigten.[193] Die USA fanden und finden reichlich statt. Indien, ein deutlich größeres Land, tat und tut es nicht.

• Im August 2017 erreichte Hurrikan Harvey amerikanisches Festland und verursachte verheerende Überschwemmungen, insbesondere in Houston, einer der größten urbanen Regionen in den USA mit sieben Millionen Einwohnern. Die Berichterstattung in aller

Welt war extrem umfangreich, zu Recht selbstverständlich. Zeitgleich erlebten Teile des Subkontinents monsunbedingt schwerste Überschwemmungen. Verkehr und Verwaltung in Mumbai, einer Stadt mit schon damals mehr als 20 Millionen Menschen, kamen zum Erliegen. Die Faktensammlung, die die FAZ über die Flut anzufertigen versuchte,[194] spricht für sich: 1500 Tote in Indien; mehr als eine Million Menschen obdachlos; 18.000 Schulen zerstört. Allein in Nepal wurden eine Viertelmillion Häuser unbewohnbar. Bangladesch, in der Fläche ungefähr so groß wie Bayern (das größte deutsche Bundesland) und Österreich zusammen, stand fast zur *Hälfte* unter Wasser. Allein dort wurden 700.000 Häuser zerstört und 10.000 Kilometer Straße weggespült.

Ja, es war schlimm im Spätsommer 2017 in Houston; in Texas schien die Welt unterzugehen. Die erheblich dramatischere, tödlichere Situation in Südasien wurde in den Medien erwähnt, aber vergleichsweise kurz, als Nachricht. Diese Marginalisierung ist leider typisch. Selbstverständlich spielt dabei der Umstand, dass das Auslandskorrespondentennetz deutschsprachiger Medien in den vergangenen Jahrzehnten aus Kostengründen massiv ausgedünnt wurde, eine wichtige Rolle. In den USA beschäftigen viele deutschsprachige Verlage und Publikationen weiterhin eigene Journalisten, in Südasien mit ganz wenigen Ausnahmen nicht.

Andererseits ist die Berichterstattung über Indien durchaus rege, wenn es Sensationelles oder Anrührendes zu berichten gibt, das die Klickzahlen auf Webseiten in die Höhe zu treiben vermag. So zum Beispiel der »Mob, der in Indien ein Elefanten-Baby anzündete«;[195] Lynchmorde und »Hexenjagden«;[196] die Frau, die starb, als sich ihr Haar in einer Gokart-Kette verhedderte;[197] der Überlandzug, der in Rajasthan in eine Herde Dromedare fuhr und 14 Tiere tötete;[198] ein anderer Zug in Assam, der ein Blutbad unter Elefanten anrichtete.[199] Angriffe von Leoparden, Tigern, Elefanten, Wildschweinen, Würgeschlangen und anderen Tieren auf Menschen sind angesichts der Größe des Landes wiederum nahezu alltäglich.[200] Raubtiere haben zu allen Zeiten Menschen angegriffen, verletzt, getötet und in vielen Fällen gefressen.

Mark Twain notierte unter Verweis auf offizielle Statistiken seinerzeit, dass Tiger in Indien rund 800 Menschen jährlich das Leben kosteten, während umgekehrt Menschen jährlich rund 1600 Tiger töteten. (Bis 1970 waren in Indien die Tigerjagd und der Export von Tigerfellen erlaubt.[201]) Allein der berüchtigte »Tiger von Chumpawat« attackierte und fraß Anfang des 20. Jahrhunderts in Nordindien und Nepal 436 Menschen, bevor er zur Strecke gebracht wurde.[202] Annähernd so viele Menschen starben zu Twains Zeit jährlich durch Wölfe; Leoparden brachten 230 ums Leben, Bären – meist Lippenbären (der so knuffig wirkende Balu aus Rudyard Kiplings *Dschungelbuch*) – etwa 100.[203] Auch Angriffe und tödliche Attacken durch Straßenhunde waren und sind häufig, während Wildelefanten in den Jahren 2015 bis 2018 insgesamt mehr als 1700 Menschen töteten, also rechnerisch mehr als einen am Tag.[204]

Schlangenbisse – zu den giftigsten und gefährlichsten Spezies zählen in Indien Kettenvipern und Kobras – sind so häufig, dass sie es so gut wie nie in die Zeitungen schaffen. Um die 200.000 Menschen werden in Indien im Jahr von Schlangen gebissen, die meisten in Maharashtra und Westbengalen, also im Schnitt stündlich mehr als 20. Zwischen 40.000 und 50.000 Menschen sterben jährlich in Indien an den Folgen eines Schlangenbisses,[205] deutlich mehr als 100 *am Tag*. Oft passiert dies in der Landwirtschaft, sodass mit dem Ernährer auch das finanzielle Potenzial einer ganzen Familie und die Bildungsperspektiven der Kinder sterben. Vor allem in der Trockenzeit ziehen sich Schlangen gern in relativ feuchte Höhlen und Nischen zurück, zum Beispiel in Wasserleitungen, und es kommt nicht selten vor, dass der Kopf einer (lebenden) Schlange in einer Toilettenschüssel zu sehen ist, wo sie atmen und sich kühl halten kann – was für alle Beteiligten in der Regel eine unschöne, stressige Begegnung ist.

All dies erscheint – und *ist* natürlich – irgendwie kurzweilig, gruselig und sensationell, und es wird von Medien in Indien, im Ausland und im virtuellen Raum aufgegriffen. Eine Folge ist, dass die wenigen Fakten, die in der westlichen Welt überhaupt über das Land wahrgenommen werden, von der gewaltsamen, schrecklichen, brutalen, fanatischen oder schmutzig-ungesunden Sorte sind. Es sind Facetten, die schaurigen Unterhaltungswert haben, den Kenntnisstand über Indien aber keineswegs steigern, sondern lediglich hysterisieren und verzerren. Der ebenso umstrittene wie erfolgreiche britische Autor Douglas Murray hat dieses Phänomen mit Blick auf Deutschland treffend umrissen: »Nachrichten aus Deutschland schaffen es komischerweise nicht mehr weit. Die Kosten der Auslandsberichterstattung – oder auch nur die Kosten für einen einzigen Vollzeitkorrespondenten in einer anderen [kontinental]europäischen Stadt – sind eine Erklärung dafür. Eine andere ist der anscheinend nachlassende Appetit der Öffentlichkeit auf Nachrichten zugunsten von Klatsch und Unterhaltung.«[206] Das gilt auch, wenn man mit Blick auf die hiesigen Medien »Deutschland« durch »Indien« ersetzt: *News from India strangely no longer travels very far.*

Die indische Gesellschaft wirkt dank dieser fetzenhaften, kaum Kontext herstellenden Berichterstattung in der Tendenz brutal, unbelehrbar, mitunter infantil und generell hoffnungslos zurückgeblieben. Die Wahrnehmung des Landes in der breiteren Öffentlichkeit erscheint verzerrt und oftmals absurd, und selbstverständlich sind die Medien als Gatekeeper der Informationsgesellschaft mitverantwortlich. Sie projizieren in Deutschland und anderswo ein Indien-Image, das lediglich einen Ausschnitt der Wirklichkeit darstellt und das Alltägliche, Normale, Erfreuliche konsequent ausblendet, weil es nicht berichtenswert erscheint. Thilo Sarrazin kritisiert dieses Phänomen zu Recht, wenn er argumentiert, dass »die Medien [die] Verwalter dieser Pseudorealität sind [...] oder besser gesagt die dort handelnden Personen, nämlich die Journalisten«.[207] Der französische Literat Michel Houellebecq würde vielleicht süffisant ergänzen, dass »Journalisten [...] naturgemäß dazu neigen, Informationen zu ignorieren, die sie nicht verstehen«.[208]

Um es mit einem Bild zu sagen: Die Medien im Westen tendieren beim Blick auf Indien dazu, sich mit Bäumen zu beschäftigen, nicht mit dem Wald. Und während die »Bäume« in Indien durchaus von Interesse sind, so ist doch der »Wald« – das große Ganze – hier und heute die eigentliche, wichtigere Geschichte. Wenn man sich zu sehr auf einzelne kranke Bäume konzentriert, übersieht man leicht, dass der Wald in seiner Gesamtheit wächst und gedeiht – dass Indien nämlich auf einem guten, insgesamt erfreulichen Weg ist. Ellen Barry, die lange als Korrespondentin für die *New York Times* in Indien arbeitete, zog im August 2017 zum Abschluss ihrer Tätigkeit in dem Land dieses Teil-Resümee: »Ich schrieb zu viel über Gewalt. Besonders in Indien, wo alljährlich Millionen Menschen der extremen Armut entkommen, gibt es eine Menge, das zuversichtlich stimmt – der Wandel durch Mobiltelefone und Internetzugang; oder junge Frauen, die ihren ersten Gehaltsscheck einlösen; oder vielleicht eine Familie, die ihre erste Klimaanlage installiert. Ich schrieb auch solche Geschichten, aber der Trend – aus tiefster Armut heraus hin zu eher ›normaler‹ Armut – ist subtil und schwer darstellbar. Gewalt [dagegen] schreibt sich von selbst.«[209]

Von Kaschmir bis Kolkata und Kerala: das Land, ein Kontinent

Wer einen Spaziergang durch das Örtchen Matheran macht, eine Hill Station in den Ghats einige Autostunden östlich von Mumbai, erkennt sogleich die geologische Verbundenheit Indiens mit anderen Erdteilen. Es gibt in Matheran, einem Naherholungsort für Städter, keine befestigten Straßen und keine Autos, sondern nur staubige Wege, die kreuz und quer durch grüne Vegetation führen. Die Erde hier ist rötlich, ein Farbton, der auf ihren hohen Eisengehalt zurückgeht. Sie sieht nicht anders aus als die Erde in weiten Teilen Ostafrikas, Madagaskars und Australiens. Mit diesen Erdteilen sowie mit einem weiteren, der Antarktis, war Indien in Urzeiten im Megakontinent Gondwana verbunden. Vor Jahrmillionen zersplitterte Gondwana, und der spätere »indische« Teil ging auf eine lange Reise quer durch einen Ozean. Er traf schließlich auf eine andere Landmasse. Durch die Wucht des Aufpralls entstand das heute höchste Gebirge der Erde, der Himalaja.

Obgleich Indien als Subkontinent (wörtlich: »Unterkontinent«) Teil Asiens und das Kernland Südasiens ist, ist das Land geografisch relativ isoliert. Im Westen und Osten wird Indien vom Indischen Ozean begrenzt, vom Arabischen Meer und dem Golf von Bengalen. In südlicher Richtung liegen nur einzelne versprengte Inseln auf der Seeroute gen Antarktis. Im Norden wiederum türmt sich das Hochgebirgsband des Himalajas in einer Ost-West-Ausdehnung von mehreren Tausend

Kilometern auf. China errichtete einst die Große Mauer, um sich vor Feinden aus dem Norden zu schützen. Indien hingegen hatte stets eine natürliche Große Mauer im Norden, die um ein Vielfaches höher und nahezu unüberwindlich war. Dieses Hochgebirge schottete den Subkontinent ab. Dass gläubige Hindus traditionell nicht über das offene Meer fahren wollten, weil sie sonst, so das Credo, ihre Kastenzugehörigkeit verloren hätten, verlieh dieser geografischen Abgeschiedenheit eine zusätzliche Dimension. Es schränkte den Austausch von Ideen und Handelsgütern tendenziell ein (und übertrug ihn später den Angehörigen anderer Glaubensgemeinschaften, insbesondere Muslimen, Parsen und europäischen Christen).

In diesem gigantischen, klimatisch in weiten Teilen unwirtlichen Gebirgszug liegt auch, bildlich gesprochen, das Nadelöhr der indischen Geschichte: der Khyberpass an der heutigen Grenze zwischen Afghanistan und Pakistan. Wer im Laufe der Jahrhunderte hier auftauchte und eine schlagkräftige Armee mitbrachte, hatte es in der Regel in der Hand, die Isolation des Subkontinents zu durchbrechen und die südlich gelegenen Ebenen zu erobern. Schon Alexander der Große kam auf seinem Feldzug über den Khyberpass. Babur zog Anfang des 16. Jahrhunderts, aus Afghanistan kommend, mit Kanonen und Musketen gen Hindustan und begründete dort das Mogulreich – wörtlich das »Mongolenreich«. Anfang des 19. Jahrhunderts trug sich selbst das russische Zarenreich mit dem Gedanken, über den Khyberpass in Indien einzumarschieren (Kapitel 4: »Exkurs: eine Kurzgeschichte Indiens«).

Insbesondere nach 1947, dem Jahr der Unabhängigkeitserklärung und der *Partition*, der territorialen Teilung des Subkontinents in mehrere Staaten, befand sich die neu gegründete Republik Indien darüber hinaus in einer geopolitischen Isolation, die im Wesentlichen bis heute weiterbesteht. Im Nordwesten grenzt Indien seitdem an Pakistan, seit 1947 Erzfeind. Im Norden liegt die Volksrepublik China, die spätestens seit der chinesischen Besetzung Tibets und der Flucht des Dalai Lama 1959 nach Indien, wo sein Nachfolger bis heute im Exil lebt, ebenfalls Gegner war. Bangladesch im Osten wiederum, das Anfang der 1970er-Jahre mit indischer Hilfe die Unabhängigkeit von (West-)Pakistan erlangte, ist zwar kein Feind, aber auch nicht der ziemlich beste Freund. Die kleineren Staaten im geografischen Umfeld Indiens wiederum – Bhutan, Nepal, die Malediven, Sri Lanka, Birma – spielen zwar eine Rolle, in ihrer politischen und wirtschaftlichen Bedeutung für Indien aber in einer nachrangigen Liga. Indien ist regionale Hegemonialmacht und wird von einigen der kleineren Nachbarstaaten als solche anerkannt. So verfolgten die Malediven, deren Bevölkerung weit überwiegend muslimischen Glaubens ist, lange eine *India-first*-Politik, die sich im Zuge des gestiegenen geopolitischen Interesses Chinas am Indischen Ozean in jüngerer Zeit allerdings abgeschwächt hat.

Schmelztiegel

Indien ist nicht nur ein Land und ein Staat, sondern auch eine Schmelztiegel-Nation, in ihrer Komplexität nicht weniger vielschichtig als die Vereinigten Staaten oder die Europäische Union. Anders formuliert: Es besteht aus vielen verschiedenen Indiens. Die Republik weist eine Reihe von Parallelen zur EU auf, so eine Fülle verschiedener Ethnien, Sprachen und Kulturen, die von einem organisatorischen Dach politisch und wirtschaftlich zusammengehalten, regiert und verwaltet werden. In der EU gibt es 24 Amtssprachen (und viele weitere regionale); die indische Verfassung kennt 22 offizielle Sprachen (und es gibt Hunderte regionale). Um zu verstehen, was das bedeutet, ist eine Überschlagsrechnung aufschlussreich, die ein Forscherteam um Romain Wacziarg von der University of California in Los Angeles durchführte. Wenn man per Zufallsgenerator zwei Inder aus dem großen Pool der fast 1,4 Milliarden Staatsbürger auswählt, dann liegt die Wahrscheinlichkeit, dass sie dieselbe Muttersprache haben, bei unter 20 Prozent.[210] Das EU-Motto *In varietate concordia* (»In Vielfalt geeint«) wäre auch für Indien passend.

Das größte Volk der Welt

Um Indiens heutige Dimensionen zu erfassen, lohnt ein Rückblick ins Jahr 1931, also um nicht ganz 90 Jahre, kaum mehr als der sprichwörtliche Wimpernschlag der Geschichte. *Knaurs Welt-Atlas* aus den 1930er-Jahren schrieb damals: »Die Fläche des Kaiserreiches Indien umfaßt 4 675 616 qkm mit einer Bevölkerung von *(1931)* rd. 353 Mill. E, das sind 75,5 je qkm; in Deutschland 141,0, Großbritannien 190,5, Japan 178,4, China 121,4.«[211]

Zum einen wich Indiens Landesfläche 1931 also von der heutigen (knapp 3,3 Millionen Quadratkilometer) erheblich ab. Sie war um gut ein Drittel größer, weil das indische Kaiserreich, Teil des damaligen britischen Weltreichs, zahlreiche weitere Territorien und Länder umfasste (Bangladesch, Pakistan, Birma und andere). Zum anderen war Indien noch vor 90 Jahren relativ dünn besiedelt, sowohl im Vergleich mit dem damals armen China als auch mit industrialisierten Ländern wie Deutschland und insbesondere Großbritannien, dem politischen »Mutterland« jener Epoche. Greater London, der urbane Londoner Großraum, war Anfang der 1930er-Jahre *dreimal* so bevölkerungsreich wie Bombay plus Kalkutta (Tabelle 8). Kalkutta und Bombay, damals die mit Abstand bevölkerungsreichsten Städte in Indien, sowie Delhi waren noch vor 90 Jahren insgesamt erheblich kleiner als Berlin, um 1920 immerhin die drittgrößte Stadt der Welt.

Im Laufe der 2020er-Jahre wird die Republik Indien nach UN-Hochrechnungen voraussichtlich 1,5 Milliarden Einwohner zählen und nicht nur das größte Volk der Welt sein, sondern auch das größte Volk aller Zeiten. Der demografische Zenit der Republik Indien wird von Experten heute ungefähr zur Mitte des 21. Jahrhunderts bei 1,7 Milliarden Staatsbürgern erwartet. Indien ist seit Langem bevölkerungsreicher als das fast zehnmal so große Afrika.

Dies zeigt sich entsprechend bei der Bevölkerungsdichte (Tabelle 9, Seite 134). In Indien leben auf einem Quadratkilometer Landfläche zurzeit gut 400 Menschen, in Afrika etwa 40. Damit weist Indien im internationalen Vergleich erwartungsgemäß eine sehr hohe Einwohnerdichte auf, die sich allerdings nicht wesentlich von den Vergleichswerten etwa der Niederlande oder Israels unterscheidet. Bangladesch wiederum, mit deutlich mehr als 1000 Menschen je Quadratkilometer, spielt bei dieser Kennziffer in einer eigenen Liga – einmal abgesehen von territorial sehr kleinen Staatseinheiten wie Singapur, Monaco oder einigen Karibikinseln.

Stadt	Einwohnerzahl in 1.000
Kalkutta (Kolkata)*	1.486
Bombay (Mumbai)	1.161
Madras (Chennai)	647
Hyderabad	467
Delhi	447
Ahmedabad	314
Bangalore (Bengaluru)	306
Lucknow	275
Amritsar	265
Puna (Pune)	250
Kanpur	244
Agra	230
Nagpur	215
Benares (Varanasi)	205
...	...
Groß-London***	8.302
Berlin****	4.194

*ohne Howrah; ** ohne heute in Bangladesch, Myanmar und Pakistan liegende Großstädte (Dhaka, Karatschi u. a.); *** 1933; **** 1935; Quelle: Knaurs Welt-Atlas (1936)*

*Tabelle 8 Indien: Bevölkerung der größten Städte, 1931***

Land/Region	Einwohner je Quadratkilometer
Bangladesch	1.165
Niederlande	418
Israel	414
Indien	**412**
Japan	334
Pakistan	271
Deutschland	233
Schweiz	208
China	145
Österreich	106
Afrika	*40*
USA	34
Russland	9
Kanada	4
Australien	3
*Welt**	*57*

* ohne Antarktis und Meere; Quelle: Wikipedia; Stand: Dezember 2019 (jüngste verfügbare Zahlen)

Tabelle 9: Bevölkerungsdichte (ausgewählte Staaten)

Bundesstaat/ Bundes- territorium	Bevölke- rung (in Mio.)	entspricht ungefähr der Einwohner- zahl von	Einwohner je Quadrat- kilometer	Quadrat- kilometer	entspricht ungefähr der Fläche von
Uttar Pradesh	**223,7**	Pakistan	919	243.286	Groß- britannien
Maharashtra	**122,2**	Japan	397	307.713	Oman
Bihar	**111,0**	Äthiopien	1.179	94.163	Ungarn
West- bengalen	**96,4**	Vietnam	1.086	88.752	Jordanien
Tamil Nadu	**82,1**	Iran	631	130.058	Nicaragua
Madhya Pradesh	**80,5**	Deutschland	261	308.252	Polen

Bundesstaat/ Bundesterritorium	Bevölkerung (in Mio.)	entspricht ungefähr der Einwohnerzahl von	Einwohner je Quadratkilometer	Quadratkilometer	entspricht ungefähr der Fläche von
Rajasthan	76,4	Thailand	223	342.269	Finnland
Gujarat	68,9	Großbritannien	351	196.024	Senegal
Karnataka	68,5	Frankreich	357	191.791	Syrien
Andhra Pradesh	54,2	Myanmar	338	160.205	Surinam
Odisha	46,3	Spanien	297	155.820	Tunesien
Telangana	40,3	Sudan	351	114.840	Benin
Kerala	37,7	Kanada	970	38.863	Bhutan
Jharkhand	36,7	Marokko	491	74.677	Tschechien
Assam	35,5	Saudi-Arabien	452	78.550	Panama
Pandschab	30,4	Angola	604	50.362	Costa Rica
Chhattisgarh	29,7	Nepal	220	135.194	Griechenland
Haryana	28,7	Ghana	649	44.212	Dänemark
Delhi (NCT)	21,5	Sri Lanka	14.430	1.490	Färöer
Jammu & Kaschmir*	14,2	Simbabwe	336	42.241	Schweiz
Uttarakhand	10,4	Portugal	194	53.483	Kroatien
Himachal Pradesh	7,9	Sierra Leone	142	55.673	Togo
Tripura	4,7	Neuseeland	448	10.492	Libanon
Goa	3,6	Eritrea	972	3.702	Kapverden
Meghalaya	3,6	Uruguay	158	22.720	Belize
Manipur	3,3	Bosnien & Herzegowina	148	22.347	El Salvador
Nagaland	3,3	Mongolei	199	16.579	Eswatini (Swasiland)
Arunachal Pradesh	1,7	Lettland	20	83.743	Österreich
Mizoram	1,7	Bahrain	81	21.081	Israel

Bundesstaat/ Bundesterritorium	Bevölkerung (in Mio.)	entspricht ungefähr der Einwohnerzahl von	Einwohner je Quadratkilometer	Quadratkilometer	entspricht ungefähr der Fläche von
Puducherry	1,6	Estland	3.252	492	Palau
Chandigarh	1,2	Zypern	10.526	114	Jersey
DNHDD**	0,7	Montenegro	1.161	603	St. Lucia
Lakshadweep	0,7	Salomonen	21.875	32	Tuvalu
Sikkim	0,7	Bhutan	92	7.096	Kapverden & Samoa
Andamanen & Nikobaren	0,4	Bahamas	48	8.249	Brunei & Mauritius
Ladakh*	0,3	Barbados	4	59.146	Svalbard (Spitzbergen)

*jeweils nur der de facto von Indien kontrollierte Teil; ** Dadra & Nagar Haveli & Daman & Diu; Quellen: indiapopulation2019.in, Wikipedia, Braun Alexander; Schätzungen für 2019*

Tabelle 10: Indiens Bundesstaaten und -territorien

Schnell ist angesichts solcher Zahlen und Prognosen von »Überbevölkerung« die Rede – ein aus Sicht des Autors inakzeptabler, menschenverachtender Begriff. Vielen Indern geht es heute ohne jede Frage wirtschaftlich deutlich besser als ihren Vorfahren vor 50 oder 100 Jahren, obgleich die Bevölkerung sich in den vergangenen 100 Jahren weit mehr als vervierfacht hat. Insofern ist das Land heute deutlich weniger »übervölkert«, als es dies zu Zeiten der britischen Herrschaft war, und die Zahl der Menschen, die in extremer Armut leben, hat sich seitdem massiv verringert.

Wer die Wahl hat

Im Laufe der 2020er-Jahre wird Indien eine Milliarde Wahlberechtigte haben. Schon bei den Wahlen im April und Mai 2019 waren es um die 900 Millionen, also mehr als doppelt so viele wie bei den wenige Tage später durchgeführten Wahlen zum Europaparlament mit

427 Millionen Wahlberechtigten. Man sollte innehalten und diese Zahlen kurz sacken lassen. Seit Langem sind die Wahlen der Zentralregierung in Neu-Delhi – in Indien selbst oft *the Centre* genannt, »das Zentrum« – die größten demokratischen Wahlen der Weltgeschichte. Wann immer Indien abstimmt, handelt es sich, da die Bevölkerung rasch weiterwächst, um einen neuen Superlativ. Das wird auf absehbare Zeit so bleiben. »Indiens Wahlen sind immer historisch«, wie der Politikwissenschaftler Vinay Sitapati schreibt. »Jede Neuauflage ist die größte der Welt.«[212] Jeder vierte Wahlberechtigte auf der Erde ist Inder.[213]

Der Superlativ galt bereits 1951/52, als in einem Zeitfenster von vier Monaten die ersten Wahlen im unabhängigen Indien durchgeführt wurden – in einer Ära, in der es keine Computer und aus heutiger Sicht lediglich rudimentäre Kommunikationsmöglichkeiten gab. 176 Millionen Menschen, von denen etwa 85 Prozent nicht lesen und schreiben konnten, waren damals zur Wahl in 224.000 Wahllokalen aufgerufen. Insgesamt wurden zwei Millionen stählerne Wahlurnen aufgestellt.[214] Mehrere Zehntausend Behördenmitarbeiter waren zuvor zwei Jahre damit beschäftigt gewesen, ein Wählerregister zu erstellen – ein grob geschätzt 150 Meter dickes »Buch«.[215] (Dieses Wählerverzeichnis wäre entsprechend heute ungefähr fünfmal so voluminös.) Um die komplexen Dimensionen dieses Projekts zu verstehen, muss man zudem berücksichtigen, dass im Zuge der Partition acht Millionen Flüchtlinge nach Indien gekommen waren und beispielsweise allein in Bombay etwa 100.000 Wahlberechtigte auf der Straße lebten, also ohne festen Wohnsitz waren.[216] Westbengalen zählte 1950 ungefähr 1,7 Millionen Flüchtlinge,[217] viele ohne Papiere. Die damaligen Wahlen, weltweit vielerorts belächelt und mit Häme bedacht (»Das wird sowieso nichts«), waren eine der zivilisatorischen Höchstleistungen der Menschheitsgeschichte.

Angesichts solcher Dimensionen werden Wahlen in Indien generalstabsmäßig geplant. Eine vollständige Wahl der Bundesregierung dauert heute etwa sechs Wochen, wobei jeweils mehrere Bundesstaaten und -territorien auf einmal an die Urne gehen, also schubweise, in Etappen. Die Kosten einer nationalen Wahl belaufen sich Schätzungen zufolge auf 5 Milliarden US-Dollar.[218]

Jeder zweite Inder ist unter Mitte 20

Die indische Gesellschaft ist außerordentlich jung, nicht nur im Vergleich mit jenen der westlichen Welt, sondern insbesondere auch mit China. Das Medianalter liegt um 26 Jahre. Das bedeutet, dass jeder zweite Inder – in der Summe ungefähr 700 Millionen – jünger als Mitte 20 ist, der Rest älter. Allerdings ist auch hier, wie stets, die Perspektive wichtig. In vielen afrikanischen Staaten sind die Gesellschaften noch erheblich jünger als in Indien. Im Kongo[219] beispielsweise, einem Land mit heute ungefähr 80 Millionen Menschen, ist fast die Hälfte der Bevölkerung jünger als 14.[220] In Ägypten liegt das Medianalter unter 20, zwei Drittel der Bevölkerung sind unter 30.[221]

Auf die Generation der Millennials – nach 1980 geboren, heute ungefähr Mitte 20 bis Mitte/Ende 30 – entfallen in Indien 34 Prozent der Bevölkerung. Dies sind prozentual deutlich mehr als in den USA (26 Prozent) oder im Vereinigten Königreich (14 Prozent). Diese jungen Erwachsenen – die indische Journalistin Snigdha Poonam nennt sie in einem Buchtitel etwas abfällig *Dreamers*,[222] Träumer – verfügen in der Summe über 71 Prozent der gesamten Haushaltseinkommen in Indien[223] und repräsentieren die Zukunft und das Wirtschaftspotenzial Indiens. Sie werden großteils noch jahrzehntelang konsumieren, und von Jahr zu Jahr im Zuge von Einkommenssteigerungen mehr.

Alles fließt

Der Ganges ist nicht nur der wichtigste Strom Indiens, sondern der Welt. In seinem Einzugsbereich leben mehr als 600 Millionen Menschen, weit mehr als in der gesamten EU. Er gilt gläubigen Hindus als heilig, ebenso wie einige Nebenflüsse – etwa die Yamuna, mit der sich *Ganga* (der in Indien gebräuchliche Name) in Allahabad (Prayagraj) vereint. Das Baden im Ganges und das Trinken seines Wassers sind traditionelle Rituale für viele Hindus, insbesondere in der als heilig geltenden Stadt Varanasi,[224] dem ehemaligen Benares. Zugleich dient der Ganges Hunderten Millionen Menschen de facto als Abwasserkanal und Entsorgungsweg. Der Fluss ist noch heute die Toilettenspülung für annähernd ein Zehntel der Menschheit (und für Tiere in zahlloser Anzahl), das größte Klo der Welt, eine träge fließende Kloake und ein Gesundheitsrisiko ersten Ranges. Man stelle sich vor, die gesamte EU-Bevölkerung und das gesamte russische Volk obendrein würden ein einziges Flusssystem zur Entsorgung nutzen.

Die nächste Hauptstadt der Welt

Indiens Städte – allen voran die wirtschaftlich, politisch und kulturell einflussreichsten, Delhi und Mumbai – haben heute Dimensionen erreicht, die für die meisten Europäer schlicht unvorstellbar sind. Ungefähr 0,3 Prozent aller Menschen leben jeweils in Delhi und Mumbai, einer von 300. Delhi und Mumbai haben jeweils mehr Einwohner als Skandinavien oder die amerikanischen Bundesstaaten New York und Florida. In Mumbai und Delhi leben jeweils ungefähr so viele Menschen wie in Texas, wobei man ergänzen muss, dass Texas mit 696.000 Quadratkilometern über annähernd doppelt so viel Fläche verfügt wie Deutschland. Auch andere urbane Zentren im Land – in Indien *Tier-1* (»ersten Ranges«) genannt – werden im Laufe des 21. Jahrhunderts westliche Größenordnungen hinter sich lassen, insbesondere Ahmedabad, Bangalore, Chennai, Hyderabad, Kolkata und Pune. Die Segmente *Tier-2* und *Tier-3*, in der Regel zumindest Millionenstädte, umfassen Dutzende Agglomerationen, deren Auflistung den hier verfügbaren Platz sprengen würde.

Dabei unterscheiden sich Indiens Großstädte nicht zuletzt infolge ihrer Geschichte erheblich. Es gibt »indische« Städte wie Varanasi, Hyderabad, Surat oder Ahmedabad, wobei die Endungen *-pur* (Hindi) und -*abad* (Persisch, Mogulära) »Stadt« bedeuten. (Zum Beispiel: Jamshedpur, »Jamsheds Stadt«, und Ahmedabad, »Ahmeds Stadt«.) Mehrere Metropolen wurden wiederum von den Kolonialbriten gegründet, erbaut oder entscheidend weiterentwickelt. In diese Gruppe zählen Bombay (der Stadtteil, den man heute South Bombay nennt), Neu-Delhi (ein Teil Delhis), Madras (1639 gegründet), Shimla, Kolkata und Karatschi (heute in Pakistan), nach Einwohnern ähnlich groß wie Kolkata oder Kasachstan.

Darüber hinaus gibt es städtebauliche Kuriositäten wie das nordindische Chandigarh, heute die Doppelhauptstadt für die indischen Bundesstaaten Pandschab und Haryana. Diese Planstadt wurde in den 1950er-Jahren in einer modernistisch geprägten Phase von Regierungschef Nehru in Auftrag gegeben und unter anderem vom Schweizer Architekten Le Corbusier am Reißbrett entworfen. Das war eine dem Zeitgeist entsprechende Idee, wie andere Planstadt-Projekte im 20. Jahrhundert zeigen – neben Neu-Delhi und Jamshedpur (Jharkhand) auch die heutige brasilianische Hauptstadt Brasilia. Ob Chandigarh mit seiner brutalistischen Betonästhetik eher hübsch oder monströs ist, ist eine andere Frage.

Delhi

Indiens Hauptstadt ist im urbanen Großraum in den vergangenen 90 Jahren durchschnittlich um gut 750 Menschen am Tag gewachsen und tut dies aktuell in noch höherem Tempo. Dessen ungeachtet ist Delhi eine außergewöhnlich alte Stadt, eine der am längsten durchgehend von Menschen besiedelten Gegenden der Erde, die in einer Liga mit Babylon, Jericho und Ur spielt. »Unter den großen Städten der Welt können nur Rom, Istanbul und Kairo auch nur annähernd mit Delhi mithalten, was die schiere Menge und Dichte des historischen Erbes angeht«, schreibt William Dalrymple.[225]

Die größten Veränderungen brachten jedoch die vergangenen 100 Jahre, weil sich in diesem Zeitraum die Einwohnerzahl Delhis verfünfzigfachte. 1920 zählte Delhi weniger als eine halbe Million Menschen; aktuell wächst der urbane Großraum Delhi jährlich um mehr als eine halbe Million. Es ist durchaus berechtigt, wenn *Spiegel Online* im Oktober 2018 in atemloser Tonalität schreibt: »Delhi in Indien. Schon bald könnten dort so viele Menschen leben wie in keiner Region sonst auf der Welt. [...] Im Großraum Delhi, zu dem auch Neu-Delhi gehört, leben etwa 29 Millionen Menschen, und die Vereinten Nationen gehen davon aus, dass die Region weiter wächst. [...] Bereits 2028 könnte Delhi zur größten Metropole der Erde werden.«[226]

Es gab und gibt allerdings viele verschiedene Delhis, was die Sache einigermaßen kompliziert macht. Es fängt mit dem Umstand an, dass das auch in Deutschland bekannte Old Delhi alles andere als richtig *old* ist, sondern erst in den 1640er-Jahren in der Regierungszeit des Mogulherrschers Schah Dschahan am Ufer des Yamuna-Flusses erbaut wurde. (Was seinen Alternativnamen erklärt: Shahjahanabad, »Schah Dschahans Stadt«.) Dem Namen nach ist dieser Fürst der großen Mehrzahl der Europäer nicht geläufig. Seine Großbauten, Höhepunkte der Weltarchitektur, sind es dagegen sehr wohl, etwa der Taj Mahal in Agra (das Grab seiner Lieblingsfrau), die Shalimar-Gärten in Lahore oder das Rote Fort zu Delhi.

Neu-Delhi wiederum, mehrere Kilometer südlich von Old Delhi gelegen, ist eine britische Ergänzung. 1911 besuchte George V., Herrscher über das Britische Weltreich und Kaiser von Indien, den Subkontinent und verkündete den mittelfristig geplanten Umzug des Regierungssitzes von Kalkutta nach Delhi. Es war eine große Idee, die damals bei vielen auf Skepsis und Gelächter stieß. Der französische Premierminister Georges Clemenceau kommentierte 1920, als der Bau Neu-Delhis noch längst nicht vollendet war: »Das wird die herrlichste von allen diesen Ruinen werden.«[227] Dessen ungeachtet plante und baute der britische Architekt Edwin Lutyens hier ein neues Regierungsviertel mit repräsentativen Bauten und Prachtstraßen wie Janpath und Rajpath, die in ihrer Anlage einige planerische Parallelen zu Amerikas Hauptstadt Washington, D. C., aufweisen – mit indischem Einschlag natürlich. Die Bungalows und Villen des Stadtteils, umgeben von gepflegten Parkanlagen, dienen bis heute Regierungsvertretern als Wohnsitz.

Jenseits von »Neu«-Delhi und »Old« Delhi haben auch andere Viertel im Laufe der Geschichte als Siedlungszentrum gedient, waren also »Delhi« – so zum Beispiel Qutb einige Kilometer südlich von Neu-Delhi, vor 800 Jahren die Hauptstadt des Sultanats, oder Purana Qila, mutmaßlich das berühmte Indraprastha der volkstümlichen indischen Legenden.

Im 21. Jahrhundert ist die Metropole von einem Ring aus Satellitenstädten umgeben, die im Osten und Westen in den angrenzenden Bundesstaaten Haryana und Uttar Pradesh liegen und das exorbitante Wachstum des Großraums wie ein Schwamm aufsaugen: Faridabad, Ghaziabad, Gurugram (bis 2016 mit offiziellem Namen Gurgaon) und Noida. Allein in Gurugram, der Vorstadt im Südwesten, dürften heute mehr als zwei Millionen Menschen leben.

Bombay, Mumbai – Maximum City

Was die Bevölkerungszahlen betrifft, ist Mumbai inzwischen vom Großraum Delhi überholt worden. Das ändert jedoch nichts daran, dass die Westküstenmetropole weiterhin die wirtschaftliche und kulturelle Hauptstadt Indiens ist, deren Glamour und Glanz die stets etwas politisch-dröge Kapitale im Norden überstrahlen.

»Bombay ist Masse«, schrieb V. S. Naipaul 1990 am Anfang eines Buchs.[228] Damit hatte er zwar recht; im Rückblick handelt es sich indessen um unbeabsichtigtes Understatement. Bombay zählte um 1800 um die 150.000 Einwohner, zur folgenden Jahrhundertwende dann etwa 800.000 – womit es zu jener Zeit mehr als doppelt so groß war wie Delhi, allerdings kleiner als Kalkutta. Vor 30 Jahren, als Naipauls Werk erschien, lebten knapp zehn Millionen Menschen in Greater Bombay und weitere 2,6 Millionen in der Vorstadt Thane. Zur Jahrtausendwende waren es ungefähr 15 Millionen, und heute, 2020, ist Mumbai mehr als doppelt so bevölkerungsreich wie 1990.

Ursprünglich war Bombay eine von sieben kleinen, der indischen Westküste vorgelagerten Inseln,[229] die heute kaum noch voneinander abzugrenzen sind, weil sie miteinander verbunden und durchgehend dicht besiedelt sind. Vor mehr als 500 Jahren, 1509, tauchten die Portugiesen hier erstmals auf, die einen Seeweg nach Fernost gesucht und gefunden hatten. Die westeuropäischen Neuankömmlinge traten in der Fremde mit dem gewohnt würdevollen Auftreten jener Epoche auf, »fingen viele Kühe und einige Schwarze, die sich in den Büschen versteckten, von denen die Guten behalten und der Rest umgebracht wurde«.[230] 1661 übernahmen jedoch die Briten den damals winzigen Handelsposten – nicht gewaltsam, sondern als Teil der Mitgift von Katharina von Braganza, Infantin Portugals, die die Ehe mit Karl II. einging, König von England. Wo genau sich dieses mysteriöse Bombay wohl befand, wurde am Hof in London damals kontrovers diskutiert; manch einer ging davon aus, dass es »irgendwo bei Brasilien« lag.[231] Nach der Heirat änderte sich der Name des Orts. Die Portugiesen hatten von einer »guten kleinen Bucht« (*bom baim*[232]) gesprochen, womit ein günstiger, geschützter Ankerplatz gemeint war, ein Naturhafen. Daraus wurde unter den sprachlich etwas nachlässigen Engländern Bombay.

Zwischen den beiden wichtigsten Metropolen Indiens gibt es heute eine relativ klare Aufgabenverteilung. Delhi ist, obgleich Standort vieler Firmensitze, in erster Linie die politische Hauptstadt, Mumbai dagegen die ökonomische, in der Börsen und Kommerz zu Hause sind – ergänzt um eine Prise Glamour und Kreativität in Bollywood, der gigantischen indischen Filmindustrie, sowie um viele Unternehmen, die in Lifestyle, Mode, Chic machen. Andere Länder weisen eine ganz ähnliche Rollenverteilung auf, so die Vereinigten Staaten (Washington, D. C., New York), die Volksrepublik China (Peking, Shanghai), Australien (Canberra, Sydney), Italien (Rom, Mailand) und Spanien (Madrid, Barcelona).

Allerdings stechen vor allem die Parallelen zwischen den Küstenstädten Mumbai und New York hervor, die beide in vieler Hinsicht einflussreichere Metropolen sind als die Hauptstädte ihres jeweiligen

Landes, in denen »nur« Politik gemacht wird. Sowohl der *Big Apple* als auch die *Maximum City* waren ursprünglich Inselsiedlungen. Neu-Amsterdam nahm an der Südspitze Manhattans seinen Anfang, Bombay auf der dem Festland vorgelagerten Insel gleichen Namens. Beide ähneln sich heute in ihren geografischen Dimensionen, bedecken in Nord-Süd-Ausrichtung ungefähr 20 Kilometer lange und vier Kilometer breite Landzungen. Beide waren und sind wichtige Hafenstädte und damit »Weltstädte« in dem Sinne, dass Handelsnetzwerke sie mit der gesamten Welt verbanden, der Ideenaustausch mit anderen Ländern und Kulturen florierte und Zuwanderung für stete Erneuerung sorgte. Sowohl New York als auch Mumbai waren und sind Schmelztiegel verschiedener Nationalitäten und Ethnien, Sprachen, Religionen, Kasten, Klassen. Beide sind in drei Himmelsrichtungen von Wasser umgeben. Jenseits aufwendiger Landgewinnung an den Uferlinien war die Ausdehnung des urbanen Raums jeweils nur in zwei Richtungen möglich: nach Norden und nach oben – was die immense Hochhausdichte in beiden Städten erklärt. In Mumbai ragen schon heute mehr Wolkenkratzer in den Himmel als in Singapur und fast so viele wie in Chicago. Da die Stadt ungefähr doppelt so viele Einwohner zählt wie New York City, weist sie eine deutlich höhere Siedlungsdichte auf. Während in New York in der Spitze knapp 60.000 Menschen je Quadratkilometer leben, sind es in Mumbai doppelt so viele[233] – und in einzelnen Stadtvierteln wahrscheinlich noch deutlich mehr. In Dharavi, Mumbais größtem Slum, dürfte die Bevölkerungsdichte bei rund 200.000 je Quadratkilometer liegen.

Beide Städte sind jung (anders als das buchstäblich Ur-alte Delhi), wurden vor ungefähr 400 Jahren von Europäern gegründet,[234] die Handel und Gewinn suchten. Im Falle New Yorks waren dies die Holländer, im Falle Mumbais die Portugiesen. Beide Städte kamen wenige Jahrzehnte später gewaltfrei unter britischen Einfluss, Bombay 1661 als Teil der königlichen Mitgift, Manhattan 1664 infolge eines Deals mit den Holländern. Handel und Kommerz florierten an der Mündung des Hudson Rivers ebenso wie am Arabischen Meer. In New York bildete sich an der Wall Street der heute größte Finanzmarkt der Welt. In Mumbai übernahm diese Funktion die Dalal Street in Fort, dem historischen Stadtkern, wo eine der beiden indischen Leitbörsen, die Bombay Stock Exchange (BSE), im 118 Meter hohen Phiroze-Jeejeebhoy-Tower ihren Sitz hat. Die zweite, die National Stock Exchange (NSE), befindet sich im heute zentral gelegenen Stadtteil Bandra Kurla Complex (BKC).

Götter und Menschen

Bis auf den Konfuzianismus sind auf dem Subkontinent alle großen Glaubenslehren vertreten oder einflussreich (Tabelle 11). Wie Mohandas Gandhi es ausdrückte: »In Indien gibt es so viele Religionen, wie es Einwohner gibt.«[235] Leider waren im Laufe der indischen Geschichte die Grenzen zwischen organisierter Religion und organisierter Kriminalität oft fließend.

Religion	Bevölkerungsanteil
Hindus	79,5 %
Muslime	14,4 %
Christen	2,2 %
Sikhs	1,7 %
Buddhisten	0,7 %
Jains	0,4 %
Zoroastrier	< 0,01 %
Andere	um 1 %

Quellen: div.; Stand: Ende 2019

Tabelle 11: Religionszugehörigkeit in Indien

Die wichtigste Religion ist der *Hinduismus*, der allerdings nicht nur Glaubenslehre ist, sondern zugleich für ein komplexes gesellschaftliches System steht, für eine das Leben in jeder Beziehung ordnende

Instanz, insbesondere durch das Kastenwesen, das jedem Individuum von Geburt an eine Stellung in der Gesellschaftsstruktur zuweist – ein zutiefst beliebiger und ungerechter Ansatz. Ungefähr 80 Prozent der indischen Bevölkerung werden dem Hinduismus zugerechnet, wenngleich im Zuge der raschen Verjüngung und Modernisierung der Gesellschaft ein erheblicher Anteil davon inzwischen ins nicht religiöse (also nicht praktizierende, desinteressierte) Lager abgewandert sein dürfte.

Anders als die drei abrahamitischen Religionen kommen Hindus ohne eine allgemein anerkannte, als heilig erachtete Referenzschrift aus, wie sie etwa Bibel und Koran darstellen, sodass es viele Texte und verschiedene Deutungen der Religion gibt. Ein weiterer wichtiger Unterschied besteht darin, dass man als Hindu geboren wird oder eben nicht; man kann der Religion nicht beitreten. Damit sind – anders als beim Christentum und im Islam – Missionierung und Konvertierung undenkbar und sinnlos. Dieser Punkt ist wichtig. Die Möglichkeit der Missionierung erlaubt die Quantifizierung des Glaubens und legt die Grundlagen für ein fragwürdiges Anreizsystem. Sie macht den »Erfolg« des Missionars messbar, nämlich anhand der Anzahl der »gewonnenen« Gläubigen, und den Punktsieger zum Helden seiner Organisation und Religion. Von hier ist es nur noch ein kleiner Schritt hin zu einer Mission, in der mit List, Tücke oder Gewalt konvertiert wird.

Im Wesentlichen sind die drei abrahamitischen Religionen »linear« in dem Sinne, dass es in ihrer Deutung der Menschheitsgeschichte einen Anfang und ein Ende gibt, ein »Ziel« wie das Paradies, den christlichen »Himmel« oder auch das Jüngste Gericht. Hindus dagegen denken nicht linear, sondern zyklisch; alles ist Werden, Vergehen, Wiederkehren. Die Frage, ob und inwieweit der Hinduismus polytheistisch ist (und eine Religion wie das Christentum monotheistisch), ist dabei weniger leicht zu beantworten, als es den Anschein hat. Einerseits wird die Zahl der in Indien verfügbaren »Götter« oder zumindest gottähnlichen Wesen gern im Millionenbereich angegeben, was die Vorstellungs- und Glaubenskraft der meisten dann doch übersteigt, aber immerhin eine gewisse Nonchalance zum Ausdruck bringt (»Es kommt nicht auf ein paar mehr oder weniger an«). Andererseits »ist der Hinduismus aber kein Polytheismus, auch wenn es im Volksglauben diesen Anschein hat«, schreibt Britta Petersen.[236] Denn trotz der scheinbaren göttlichen Überfülle weist er monotheistische Züge auf: »Vishnu ist neben Brahma und Shiva einer der drei Hauptgötter des Hinduismus. Brahma steht für die Erschaffung, Vishnu für die Erhaltung und Shiva für die kreative Zerstörung der Welt.«[237] »Gott« hat mehrere Verkörperungen auf Erden, sogenannte Avatare, und manifestiert sich insofern auf vielerlei Weise. Man könnte sagen, dass Hindus eigentlich einen einzigen Gott verehren, der lediglich viele Formen annehmen kann.

Das ist beispielsweise beim Christentum – einer von den meisten gläubigen Christen als »monotheistisch« gedeuteten Religion – so anders nicht. Da gibt es die Dreifaltigkeit mit Vater, Sohn und Heiligem Geist. Einen Teufel, böse, zerstörerisch. Engel; Erzengel gar, mutmaßlich höheren Ranges als »normale« Gottesgesandte; Propheten und Apostel, die, Götterboten gleich, eine Verbindung zu höheren Mächten haben (oder vorgeben); und Katholiken verehren Hunderte Heilige, die Muttergottes und den Stellvertreter Gottes auf Erden, den Papst zu Rom. So mono ist das alles nicht. »Innerhalb der monotheistischen Religionen gab es ebenfalls ein stetes Zurückdriften zum Polytheismus«, schreibt die streitbare US-Publizistin Barbara Ehrenreich. »Der christliche Gott teilte sich in die Dreifaltigkeit; in Christentum und Islam wucherte die Zahl der Heiligen [...].«[238] Yuval Noah Harari warnt denn auch vor einer fehlgeleiteten Voreingenommenheit in der westlichen Welt: »Zweitausend Jahre monotheistischer Gehirnwäsche haben dazu geführt, dass die meisten Menschen im Westen Polytheismus als dumme, kindische Götzenverehrung ansehen. Das ist ein ungerechtfertigtes Klischee.«[239] Schließlich spricht die Geschichte der vergangenen zwei Jahrtausende, in denen in weiten Teilen der Welt Christen Hauptrollen spielten, Bände. Ein »einziger« Gott reichte ihnen, um sich in zahllose Glaubenslehren und Splittergruppen zu teilen, sich gegenseitig anzufeinden und Abermillionen zur Ehre dieses Einen zu foltern und zu töten.

Gerade die Göttervielfalt macht den Hinduismus zu einer deutlich toleranteren Religion, als es das missionierende Christentum jahrhundertelang war. »Polytheismus ist seinem Wesen nach offen für anderes und verfolgt selten ›Häretiker‹ und ›Ungläubige‹«, so Harari.[240] »Monotheisten sind tendenziell erheblich fanatischer und missionarischer aufgetreten als Polytheisten. Eine Religion, die die Legitimität anderer Glaubensformen anerkennt, geht davon aus, dass ihr Gott entweder nicht die höchste Macht im Universum ist oder sie allenfalls einen Teil der gesamten Wahrheit von Gott empfangen hat. Insofern als Monotheisten üblicherweise überzeugt waren, im Besitz der gesamten Botschaft des einen und einzigen Gottes zu sein, haben sie auch alle anderen Religionen diskreditieren müssen. In den vergangenen zwei Jahrtausenden haben Monotheisten wiederholt versucht, ihren Standpunkt zu stärken, indem sie alle Wettbewerber mit Gewalt vernichteten.«[241] (Wobei an dieser Stelle anzufügen ist, dass es monotheistische Religionen gibt, denen diese Art missionarischen Eifers fern ist, etwa den Zoroastrismus und den jüdischen Glauben.) A priori hat eine polytheistische Religion einen deutlich schwächer ausgeprägten Absolutheitsanspruch. In Indien »waren Hindus dem Islam gegenüber deutlich toleranter, als es Muslime dem Hinduismus gegenüber waren«, schreibt der Historiker Abraham Eraly. »Das war nur natürlich. Der Hinduismus mit seinen zahllosen Göttern und Göttinnen und vielfältigen Glaubensformen und -praktiken konnte den Islam in seinen geräumigen Kosmos aufnehmen, ohne den Götterkreis groß auszuweiten oder sein Ethos erheblich zu verändern. Der Islam dagegen konnte die immensen Dimensionen des Hindu-Pantheons nicht übernehmen, ohne seine monotheistischen Grundprinzipien zu verletzen.«[242] Man ruft sich unwillkürlich Thomas Mann in Erinnerung, der in *Joseph und seine Brüder* formulierte: »Gott ist eine Anstrengung, aber die Götter sind ein Vergnügen.«[243]

Die zweitwichtigste Religion in Indien ist der *Islam* mit rund 180 Millionen Gläubigen, was etwa einem Siebtel der Gesamtbevölkerung entspricht. Nach Indonesien ist Indien damit das Land mit der zweitgrößten muslimischen Bevölkerung der Welt, wobei es sich diesen Rang mit Pakistan teilt. Viele Muslime im Land neigen dem Sufismus zu, einer relativ gemäßigten, mystisch geprägten Glaubensrichtung.

Lediglich 2 Prozent der Inder sind *Christen*. Das klingt nach wenig. Nicht vergessen darf man angesichts der großen Bevölkerungszahl in Indien aber, dass weit mehr als 20 Millionen Christen im Lande leben, ein Großteil von ihnen in den südlichen Bundesstaaten Kerala, Goa und Tamil Nadu. Den mit Abstand höchsten Bevölkerungsanteil, weit mehr als 80 Prozent, stellen sie in den kleinen Bundesstaaten im Nordosten Indiens, so in Meghalaya, Mizoram und Nagaland.

Eine der ältesten Religionen der Welt, der *Jainismus*, der sich wahrscheinlich ab 900 vor Christus vom Ur-Hinduismus abspaltete, hat heute etwa fünf Millionen Anhänger, von denen ein Großteil in Westindien lebt, insbesondere in den Bundesstaaten Gujarat, Rajasthan und Maharashtra. Ihr Leitmotiv, *ahimsa*, verbietet jede Form von Gewalt, was Gewalt gegen Tiere – selbst Insekten – einschließt. Der *Sikhismus* wiederum, heute eine große und weltweit praktizierte Religion, wurde vor einem halben Jahrtausend von Guru Nanak begründet und weist einzelne Parallelen sowohl zum Hinduismus als auch zum Islam auf. Sikhs, von denen besonders viele im indischen Nordwesten leben – so im Pandschab und in Delhi –, sind, sofern sie männlichen Geschlechts sind, noch heute am Tragen von Turbanen zu erkennen. Da Sikhs ihre Haare nicht schneiden, hat diese Kopfbedeckung nicht nur symbolische Bedeutung, sondern dient daneben einem praktischen Zweck.

Auch die Ursprünge des *Buddhismus*, vor etwa 2500 Jahren von Siddhartha Gautama begründet, liegen in »Indien« beziehungsweise »Nepal« – wobei diese Staaten zu jener Zeit selbstverständlich noch nicht existierten. Gautama wirkte vor allem im heutigen Kerngebiet des Hinduismus, nämlich in der Gangesebene, mit immenser Ausstrahlung. So machte der Herrscher Ashoka im dritten Jahrhundert vorchristlicher Zeitrechnung den Buddhismus zur Staatsreligion

– ein Schritt, der in seiner Konsequenz vergleichbar ist mit der Hinwendung des römischen Kaisers Konstantin zum Christentum im 4. Jahrhundert. Das buddhistische Jahrtausend in Indien währte bis ins 8. Jahrhundert, als die Religion im Zuge der Expansion des Islams zunehmend unterdrückt und marginalisiert wurde.

Opfer dieser Verfolgung wurden auch die im Gebiet des heutigen Iran lebenden *Zoroastrier*, denen lediglich die Wahl zwischen Zwangskonvertierung, Tod oder Emigration blieb. Viele wanderten nach Zentralasien und in heute im Westen Chinas gelegene Gebiete aus, wo sich ihre Spur verliert. Andere fuhren übers Meer und landeten an der Küste des heutigen indischen Bundesstaats Gujarat, wo sie – um das zeitgenössische Wort zu nutzen – Asyl beantragten und einige Jahrhunderte später zu einer phänomenal erfolgreichen Wirtschaftselite werden sollten (Kapitel 8: »Die Unternehmenslandschaft«). Heute zählt die Volksgruppe dieser Parsen (»Perser«) etwa 60.000 Menschen, von denen die meisten im Westen Indiens in den Bundesstaaten Maharashtra (insbesondere in Mumbai) und in Gujarat leben.

Anfang 2018 lebten ungefähr 4500 *Juden* in Indien, die meisten ebenfalls in Mumbai. Schon zur Zeit der Römer hatten sich jüdische Händler an der indischen Südwestküste niedergelassen, so nach der Zerstörung des Tempels in Jerusalem im Jahr 70. In den 1830er-Jahren zogen insbesondere Juden aus Bagdad nach Indien, darunter die Sassoons, die das Stadtbild Süd-Bombays prägen sollten, etwa mit der Sassoon Library und den Sassoon Docks, einem Fischerhafen im Süden der Stadt.[244] Nach der Staatsgründung Israels 1948 – nur wenige Monate nach der indischen Unabhängigkeitserklärung und unter dem Eindruck zahlloser Pogrome im Zuge der Partition – wanderten viele Juden dorthin aus.

Exkurs:
eine Kurzgeschichte Indiens

Zugegeben: Es ist eine kühne, aberwitzige Idee, die jahrtausendelange, in die Anfänge der Zivilisation zurückreichende Geschichte Indiens in ein einziges Kapitel komprimieren zu wollen. Das Sujet füllt Bibliotheken. Man stelle sich vor, ein Autor würde nicht nur die deutsche Geschichte auf wenige Seiten verdichten, sondern auf diesem knappen Platz auch noch die Historie des gesamten europäischen Kontinents unterbringen wollen. Zwangsläufig muss ein solches Unterfangen unvollständig und skizzenhaft ausfallen.

Und doch ist eine solche Skizze hilfreich, weil sie wenigstens eine grobe Form erkennen lässt, ohne die das heutige Indien unverständlich bleiben muss. Dies gilt insbesondere für die meisten Leser im deutschsprachigen Raum, die bei diesem Thema in der Regel größere Wissenslücken haben als Inder, Briten oder die Angehörigen vieler heutiger Commonwealth-Länder, die mit den wesentlichen Etappen des ehemaligen britischen Weltreichs vertrauter sind – und damit zwangsläufig auch mit vielen Facetten Indiens. Während ihnen Stichworte wie *Raj, Delhi Durbar, Partition, Plassey* oder *Emergency* als historische Eckpunkte und Orientierungshilfen geläufig sind, ist dies in Deutschland und weiten Teilen Kontinentaleuropas bei den wenigsten der Fall. Indiens Geschichte wird an Schulen und in den Medien kaum vermittelt oder thematisch nur angekratzt, allenfalls bei den Stichworten »Zeitalter des Imperialismus«, »passiver Widerstand« und »Gandhi«.

In diesem Kapitel soll es daher um die wichtigsten Aspekte in Indiens Vergangenheit gehen, die großen zivilisatorischen Brüche und historischen Weichenstellungen, die sich bis heute auf die politischen, gesellschaftlichen und wirtschaftlichen Verhältnisse auswirken. Das dominierende, immer wiederkehrende Thema ist dabei die jahrhundertelange militärische und politische Unterwerfung des Subkontinents durch äußere Mächte, zuerst durch muslimische Invasoren, über Land aus dem Norden kommend, später dann durch europäische Seefahrernationen.

Indien vor 1206

Tief in die Anfänge der Zivilisation reicht die Indus-Hochkultur zurück, nach einem archäologischen Fundort in Pakistan auch Harappa-Kultur genannt, die im Dunkel der Geschichte nur undeutlich zu erkennen ist. Noch vor gut 100 Jahren war von dieser Zivilisation, die im dritten vorchristlichen Jahrtausend erblühte und in unserem heutigen Geschichtsbild in einer Reihe mit Mesopotamien, Ägypten und den frühen chinesischen Dynastien steht, nichts bekannt, weder in Indien noch in Europa. Es war der Fall »einer gesamten Zivilisation, die kollabierte und dann für mehr als 3500 Jahre aus der Erinnerung der Menschen verschwand«, wie Neil MacGregor, der langjährige Direktor des British Museum in London, schreibt. »Sie war voll und ganz in Vergessenheit geraten.«[245] Die Harappa-Kultur fand erst mit archäologischen Entdeckungen Anfang des 20. Jahrhunderts wieder Eingang ins kollektive Gedächtnis. Die Bücher über die Urgeschichte der Menschheit mussten daraufhin umgeschrieben werden. Möglicherweise war die Harappa-Kultur sogar die erste, die das Rad nutzte.[246]

Vor ungefähr 3000 Jahren – im Zeitraum von 1500 bis 700 vorchristlicher Zeitrechnung – führte eine Völkerwanderung zu einem dramatischen Umbruch südlich des Himalajas. Damals wanderten sogenannte Arier (*arya*) aus dem Gebirge in die Gangesebene ein und stießen auf die dort ansässige Bevölkerung, gewissermaßen die Ureinwohner Indiens, heute Draviden genannt, denen sie zivilisatorisch voraus waren und mit denen sie sich im Laufe der Jahrhunderte nach und nach vermischten. Es war ein Aufeinanderprallen zweier Welten. »Indiens Geschichte, so wie wir sie heute deuten, begann mit zwei Kulturen, die sich gegenseitig beklagenswert fremd waren«, schreibt John Keay.[247] Das noch im 21. Jahrhundert existierende und relevante Kastenwesen mit seiner rigiden Durchstrukturierung der Gesellschaft nahm in jener Ära seinen Anfang. Die geografische Bruchlinie, die die beiden Sprachfamilien – Indo-arisch im Norden, Dravidisch im Süden – heute in Indien bilden, ist ein Echo dieses Jahrtausende zurückliegenden Wandels.

Auch Alexander der Große, der im 4. Jahrhundert vorchristlicher Zeitrechnung binnen weniger Jahre ein Weltreich eroberte, gelangte von Norden nach Indien, und zwar durch den heute großteils in Afghanistan liegenden Hindukusch. Es war ein ätherischer Moment der Weltgeschichte, in der die Zeit quasi für einige Wochen stillstand, »an und für sich unwichtig, aber [...] ein Vorbote weitreichender Veränderungen in Indien«.[248] Eine europäische Zivilisation warf damals einen Blick auf Indien, auf die fruchtbaren Ebenen im Umland des heutigen Peschawar, und hatte Aristoteles, Plato, Pythagoras und das Know-how der griechischen, persischen und vieler anderer Kulturen im Gepäck. Alexander führte eine kampferprobte, multiethnische Armee, die nun am Indus stand, vor sich das »Land am Fluss«: »Hindustan«. Und doch blieb es bei einer historischen Fußnote. Alexanders Armee war ermattet, er selbst verletzt, und so zog der mazedonische Eroberer mit seinen Schiffen den Indus stromabwärts und von dessen Mündung weiter nach Westen in den Persischen Golf.[249] Gut 1800 Jahre vor dem Portugiesen Vasco da Gama tauchten die Europäer also in Indien auf, klopften gewissermaßen an die Tür – und verschwanden wieder. Die Weltgeschichte wäre völlig anders verlaufen, wenn Alexander nicht abgebogen, sondern nach Indien weitergezogen wäre.

Auf dem Subkontinent blühten im Laufe der folgenden Jahrhunderte Reiche und Dynastien auf und verblassten wieder, jahrtausendelang, nicht anders als etwa in Ägypten oder China. Das

Maurya-Reich beispielsweise erlebte seinen Zenit wenige Jahrzehnte nach Alexanders Stippvisite unter Ashoka im dritten vorchristlichen Jahrhundert. Das Kuschana-Reich (bis 200 nach Christus) und die Gupta-Dynastie (ungefähr ab 320) währten jeweils ungefähr zwei Jahrhunderte.

Der Islam in Indien

Schon seit dem frühen 8. Jahrhundert war es im Zuge der raschen Expansion des Islam zu Einfällen von Arabern und Muslimen auf den indischen Subkontinent gekommen. 500 Jahre später, von 1206 an, gipfelte diese territoriale Ausdehnung in den Sultanaten von Delhi, die in der einen oder anderen Form bis 1526 Bestand haben sollten. Ihr Machtzentrum lag anfangs im Süden der heutigen Hauptstadt – dort wo noch heute der imposante Turm namens Qutb Minar steht. Es war ein historischer Bruch. Bis ins 19. Jahrhundert sollte die herrschende Schicht in weiten Teilen Indiens muslimisch sein.

Die Begründung des Sultanats von Delhi leitete eine Ära ein, in der sich verschiedene Herrscherhäuser und Dynastien im Laufe der Jahrhunderte quasi die Klinke in die Hand drückten. Anfangs (von 1206 bis 1290) lag die Macht bei den Mamluken (ursprünglich Militärsklaven), auf die für einige Jahrzehnte die Dynastien der Chaldschi (1290 bis 1320) und der Tughluq (1320 bis etwa 1400) folgten. Ende des 14. Jahrhunderts marschierte der aus Zentralasien stammende Timur, in den Geschichtsbüchern auch als Tamerlan bekannt, in Indien ein und überfiel und plünderte Delhi. Auf die Sayyid-Dynastie (1414 bis 1451) folgten die Lodis (bis 1526), das letzte Herrscherhaus des Sultanats. Während das Delhi-Sultanat sich geografisch lange auf Delhi und Teile Nordindiens beschränkt hatte, weiteten die Lodis ihren Einflussbereich massiv aus. Sie beherrschten schließlich ein Territorium, das ungefähr vom Mündungsdelta von Ganges und Brahmaputra im Osten bis jenseits des Indus im Westen reichte.

Das Zeitalter der Mogule

Die muslimische Ära gipfelte im Reich der Mogule, die im Jahr 1526 den letzten Sultan von Delhi besiegten, beseitigten und sich de jure bis 1857 hielten, de facto allerdings nur bis Mitte des 18. Jahrhunderts herrschten, als die Briten in der Schlacht von Plassey Bengalen eroberten. Die geografischen Grenzen des Mogulreichs waren fließend, umfassten im Wesentlichen aber das heutige Nordindien, Pakistan, Afghanistan und Bangladesch. Als Hauptstädte dienten vor allem Agra und Delhi sowie, allerdings nur für kurze Zeit, Fatehpur Sikri nahe Agra.

Es gab zahlreiche Mogulherrscher, von denen viele relativ bedeutungslos blieben, jedenfalls im historischen Rückblick. Sechs von ihnen stachen allerdings hervor, und es ist für jeden Indien-interessierten oder -reisenden hilfreich, mit ihren Namen und ihrem Wirken vertraut zu sein.

Der Begründer der Moguldynastie war *Babur*, der von 1504 an in Kabul herrschte und auf eine beachtliche Ahnentafel zurückblickte. Väterlicherseits stammte er von Timur ab, mütterlicherseits vom Mongolenherrscher Dschingis Khan, von dem sich das Wort »Mogul« (also »Mongole«) ableitet. 1526 zog er mit seiner Armee über den Khyberpass. Der Einsatz von Schießpulver, damals eine ebenso spektakuläre wie tödliche Neuerung, entschied die Schlacht von Panipat zu Baburs Gunsten. Er brachte Ibrahim Lodi, den letzten Sultan von Delhi, um und besiegte später die Rajputen – und damit begann die Ära der Großmogule in Indien, die mehr als drei Jahrhunderte währen sollte, bis schließlich Europäer ihren politischen und wirtschaftlichen Einfluss ausweiteten. Baburs Eroberung signalisierte mehr als »nur« ein neues Regime. »Mit Babur, dem ersten der Groß-mogule, beginnt die Verfestigung der multilateralen Geschichte des indischen Subkontinents in eine monolithische Geschichte Indiens«, wie Keay schreibt.[250] Es war der Anfang vom Ende eines Zeitalters der Kleinstaaterei mit zahllosen Fürstentümern und geografisch mäandernden Herrschafts- und Einflussbereichen – man denke vergleichsweise an die Landkarte des kleinteiligen »Deutschland« im 18. Jahrhundert. Fortan entwickelte sich der Subkontinent von einem multipolaren Machtraum mit zahlreichen Einflusssphären und Politzentren hin zu einer Superpower mit einem eindeutig erkennbaren Zentrum, das alles Umliegende überstrahlte. Mit Babur begann die Zentralisierung von Macht und Kultur.

Wobei man nicht sagen kann, dass Babur von dem, was er südlich des Himalajas erobert hatte, anfangs allzu begeistert war, wie er in seinem Tagebuch festhielt. »Hindustan ist ein wenig reizvolles Land. Seine Menschen sind nicht schön; es gibt kein gesellschaftliches Leben, weder besucht noch empfängt man; Genie und Talent – nein; Manieren – keine; Handwerk und Kunstfertigkeit weisen keinen Sinn für Symmetrie, Methode oder Qualität auf. Es gibt keine guten Pferde, keine guten Hunde, keine Trauben, weder Zuckermelonen noch erstklassiges Obst, weder Eis noch gekühltes Wasser, auf den Märkten gibt es weder gutes Brot noch gute warme Mahlzeiten; es gibt keine Hamams, Colleges, Kerzen, Fackeln oder Leuchter.«[251] Hindustan, sein neues Herrschaftsgebiet, erschien ihm als das, was wir heute ein Entwicklungsland nennen würden – eine Sichtweise, die Jahrhunderte später Europäer in Indien teilen würden.

In vieler Hinsicht begann mit Baburs Herrschaft ein goldenes Zeitalter, jedenfalls für die zahlenmäßig winzige Elite, die der »richtigen« Ethnie und Religion angehörte, die »richtigen« Kontakte hatte und sich »richtig« artikulieren konnte. Unter den Mogulen war Persisch die offizielle Sprache der Verwaltung, Urdu weitverbreitet und Arabisch die Sprache der Religion.[252] (Urdu vereint persische, arabische und indische Elemente; es war und blieb jedoch die Sprache des Hofs und der Elite, nicht die des Volks. Heute ist Urdu die wichtigste in Pakistan gesprochene Sprache.) Erst 1837, mehr als drei Jahrhunderte nach Baburs Zug über den Khyberpass, sollten die Briten Persisch als Amtssprache durch Englisch ersetzen. Zugleich wurde der Islam in der Mogulära zur dominierenden Religion, ausgehend von der Glaubenspräferenz der politischen und wirtschaftlichen Eliten jener Zeit.

Baburs Sohn und Nachfolger *Humayun*, dessen Mausoleum bis heute eine der größten Sehenswürdigkeiten von Delhi ist, konnte das von seinem Vater gegründete Reich jedoch nicht halten. Er wurde nach empfindlichen militärischen Niederlagen vorübergehend aus Hindustan vertrieben und floh nach Persien. Erst nach fünfzehnjährigem Exil kehrte er nach Indien zurück und ließ die Mogul-Dynastie wiederaufleben.

Humayuns Sohn *Akbar*, als Akbar der Große bekannt, machte sich an die Rückeroberung Nordindiens und führte das Mogulreich in vieler Hinsicht zu seinem Höhepunkt, wobei ihm der Umstand half, dass er in jungem Alter den Thron bestieg und fast ein halbes Jahrhundert lang durchregieren konnte. Charakterlich war Akbar ein wohlwollender, weiser und liberaler (um einen heutigen Ausdruck zu gebrauchen) Herrscher. Vor allem war er in religiösen Fragen tolerant und heiratete, schon damals ein wichtiges Signal, auch Hindufrauen (neben vielen weiteren). Wirtschaftlich blühte das Land auf.[253]

Nach Akbars Tod im Jahr 1605 kam sein Sohn *Jehangir* an die Macht, der bis 1627 auf dem Thron saß, über die Maßen Alkohol und Opium zusprach und stilistisch dem nahekam, was wir heute in abfälligem Ton »dekadent« nennen würden. Zwischen seinem elften und 50. Geburtstag war er unter anderem damit beschäftigt, aus Spaß an der Freud eigenhändig mehr als 17.000 Wildtiere zu erlegen, darunter 86 Löwen und zehn Krokodile.[254]

Ihren kulturell-künstlerischen Zenit erreichte die Mogulära unter *Schah Dschahan* (oder Shajahan), der von 1628 bis 1658 regierte und den heute Old Delhi genannten Stadtkern der indischen Hauptstadt erbauen ließ – wobei seine Lieblingstochter Jahanara eine wichtige stadtplanerische Nebenrolle spielte und unter anderem Chandni Chowk entwarf, die repräsentative Hauptstraße und -achse der neuen Hauptstadt, gewissermaßen ihr Unter den Linden. Während zuvor Agra der politische Mittelpunkt des Reichs gewesen war, ließ Schah Dschahan seinen neuen Regierungssitz in Delhi einrichten und zog samt Hof und Regierung um.

Auch jenseits von Stadtplanung und Baukunst waren die zivilisatorischen Leistungen in der ersten Hälfte des 17. Jahrhunderts erstaunlich, das in vieler Hinsicht zu einem goldenen Zeitalter spektakulärer, raffiniertester Opulenz wurde. »Schah Dschahan war seinerzeit der reichste und erhabenste Monarch der Welt und lebte in denkbar großem Prunk«, so Abraham Eraly.[255] Natürlich mangelte es in jener Epoche auch in anderen Erdteilen nicht an Pracht, Prunk, Reichtum. So überlappten sich 15 Jahre der Ära von Schah Dschahan mit jener Ludwigs XIV. in Frankreich, der ebenfalls nicht dank Frugalität und Sparsamkeit in die Annalen der Geschichte einging. Allerdings dürften die Jahreseinkünfte von Schah Dschahans Sohn und Thronfolger *Aurangzeb* wenig später die des Sonnenkönigs um mehr als Zehnfache übertroffen haben.[256]

Eine Quelle des sagenhaften Reichtums der Mogulzeit, die zivilisatorische Höhepunkte und kulturelle Großtaten aller Art finanzierte, war Golkonda in der Nähe des heutigen Hyderabad im südlichen Zentralindien. »600 Jahre lang war Golkonda die Lagerstätte eines anscheinend unendlichen Stroms aus Diamanten, der aus den Minen der Region quoll«, schreibt Dalrymple, »die einzige bekannte Quelle dieser kostbarsten aller Steine bis zur Entdeckung der Minen in der Neuen Welt im 18. Jahrhundert.«[257] Aus Golkonda stammen einige der berühmtesten Diamanten der Weltgeschichte, so der Koh-i-Noor (»Berg des Lichts«), der ominöse Hope, der Pitt. Die Mine machte Hyderabad zur reichen Stadt und den Nizam, ihren Fürsten, zu einer ähnlich legendären Figur der Opulenz wie die Großmogule im Norden des Subkontinents.

Die Lebensart erreichte zuvor ungeahnte Raffinesse. In Lahore, Srinagar und vielen anderen Städten florierte der Gartenbau (das ursprünglich aus dem Persischen stammende Wort »Paradies« bedeutet »Garten«). Handwerk und Kunsthandwerk blühten auf. Stoffe, Schnitzereien, Parfüm und Schmuck waren von erlesenster Qualität. Der legendäre Pfauenthron, mit Tausenden kostbarster Edelsteine aller Art besetzt und vielleicht die großartigste Goldschmiedearbeit der Geschichte, entstand unter Schah Dschahan in den 1630er-Jahren. Ob

Miniaturmalerei, Dichtkunst oder Kulinarik: Die Mogulära war denkbar reich an Feinsinn und Kreativität. Eine Hochkultur.

Was nicht heißen soll, dass dieses künstlerische goldene Zeitalter die gesamte Gesellschaft erfasst hätte. Es beschränkte sich im Wesentlichen auf den städtischen Hofstaat und die muslimische Oberschicht, während auf dem Land in weiten Teilen Massenarmut herrschte. Wer nicht zum elitären Machtzirkel gehörte, die überwältigende Bevölkerungsmehrheit nämlich, wurschtelte sich durch und verkaufte, wenn die Ernte ausfiel oder eine andere Katastrophe über Land und Familie hereinbrach, seine Kinder. Braudel weist in lakonischem Ton darauf hin, dass »zur Zeit der Großmogule so viele Kinder von ihren Eltern in die Sklaverei verkauft wurden, dass es ein wohltätiger Akt war, sie zu kaufen«.[258]

Indes nahm Schah Dschahan ein böses Ende. 1657 erlitt er einen Schlaganfall und wurde von seinem Sohn Aurangzeb kurzerhand abserviert. Dieser sperrte seinen Vater im Roten Fort von Agra ein, wo er von seinen Gemächern aus das Grabmal seiner geliebten Mumtaz sehen konnte und auf seinen Tod wartete. Aurangzeb, der letzte »große« Mogul, war der dritte Sohn Schah Dschahans und nicht dessen Liebling. Er setzte sich anfangs in einem blutrünstigen Erbfolgestreit gegen seinen Bruder durch, den vom Vater vorgezogenen Dara Shikoh. Dies war keineswegs der erste Bruderkampf um den Thron. Vielmehr war der Wettbewerb der Prinzen um die Macht (die zahlreichen Prinzessinnen hatten keinen Anspruch auf den Thron, wenngleich sie oft einflussreich waren) in der Ära der Großmogule, die Polygamie praktizierten, eine ebenso blutrünstige wie normale Routine, ein wahres *Game of Thrones*. Dabei galt für jeden legitimen männlichen Nachkommen des Moguls: Thron oder Tod. Was es mit sich brachte, dass jeder Machtwechsel mit zahllosen Morden – auch und gerade innerhalb des engsten Familienkreises – einherging. Erst wenn es keine potenziellen Thronanwärter mehr gab, waren Macht und Legitimität des neuen Herrschers gesichert. Aurangzeb etwa ließ Brüder sowie den ältesten Sohn und Erben Dara Shikohs ermorden. Der Mogulthron wurde weder per Wahl vergeben noch vererbt; er wurde *okkupiert*, um die gelungene Formulierung des britischen Autors Simon Sebag Montefiore aufzugreifen. »Thronbesteigungen wurden mit königlichen Massakern zelebriert.«[259]

Der Umstand, dass Aurangzeb in Deutschland der vermutlich bekannteste der sechs »großen« Mogule ist, ist einem spektakulären Werk des Goldschmieds und sächsischen Hofjuweliers Johann Melchior Dinglinger zu verdanken. Er schuf von 1701 bis 1708 den prachtvollen *Hofstaat zu Delhi am Geburtstag des Großmoguls Aurangzeb* mit 132 Figuren und Tausenden Edelsteinen, heute im Grünen Gewölbe im Residenzschloss in Dresden zu sehen, der Schatzkammer Augusts des Starken, eines Zeitgenossen.[260] Unter Aurangzeb, der von 1658 bis 1707 regierte, erreichte das Mogulreich seine größte territoriale Ausdehnung und erstreckte sich nach der Eroberung Hyderabads im Jahr 1687 erstmals bis tief in den indischen Süden.

Zugleich war Aurangzeb das, was wir heute einen religiösen Fundamentalisten nennen würden: theokratisch, fanatisch und intolerant gegenüber anderen Religionen und ihren Anhängern – also auch gegenüber Hindus und Sikhs, die den Großteil der Bevölkerung stellten. Engstirnigkeit und religiöse Überheblichkeit, das genaue Gegenteil der weltoffenen, »liberalen« Ansätze eines Akbar (oder auch Dara Shikohs), läuteten den Anfang vom Ende der Mogulära ein. »Aurangzeb versuchte, die Uhr zurückzudrehen«, schrieb Jawaharlal Nehru Jahrhunderte später, »und bei diesem Versuch zerbrach er sie, und sie blieb stehen.«[261] In nicht muslimischen Bevölkerungsgruppen des Subkontinents regte sich verständlicherweise Widerstand gegen die zunehmend rigide und abgehobene, diskriminierende Mogulherrschaft. Insbesondere der Marathenfürst *Shivaji Bhonsle*, ein Zeitgenosse Aurangzebs, bis 1680 an der Macht, bot den Mogulen die Stirn. Shivajis Reich umfasste weite Teile West- und Zentralindiens, wobei der heutige Bundesstaat Maharashtra geografisch ungefähr das Kerngebiet bildete. Die ikonenhafte Verehrung, die Shivaji heute im Zuge des neu erstarkten Hindunationalismus in Indien entgegengebracht wird, geht auf diesen Antagonismus vor mehr als drei Jahrhunderten zurück. Shivaji ist Symbolträger der indischen Souveränität und Unabhängigkeit – was den Bau des bereits erwähnten, ungefähr 200 Meter hohen Shivaji-Denkmals in Mumbai zumindest nachvollziehbar macht. Shiv Sena (»Shivajis Armee«) ist im 21. Jahrhundert eine der führenden Parteien in Maharashtra.

Nach Aurangzebs Tod 1707 hatte das Mogulreich formal noch 150 Jahre Bestand, mit zahlreichen Herrschern auf dem Thron. Erst 1857 sollte der letzte Mogul, Bahadur Shah II., abserviert von den Briten, das Land verlassen und im Exil sterben. Aber die Mogulära hatte mit Aurangzebs Ende ihren Höhepunkt überschritten. Er selbst schien dies zu ahnen, als er erklärte: »Nach mir – Chaos!« Im 18. Jahrhundert sollten auf dem Subkontinent vor allem Willkür und Anarchie herrschen. Die alte politische Ordnung des hegemonialen Mogulreichs verfiel, ein neues multipolares Machtgefüge entwickelte sich nach und nach. Im Süden wuchs der Einflussbereich von Marathen (in Pune), Mysore (unter Haidar Ali und Tipu Sultan) und des halbautonomen Hyderabad in stetig pulsierendem Auf und Ab, im Osten der der britischen und französischen Neuankömmlinge. Afghanische Fürsten wiederum, von Norden kommend, zogen ein ums andre Mal gen Delhi und durchs nördliche Indien, brandschatzend und mordend.

Anfang des 18. Jahrhunderts aber schien das Mogulreich noch ein politisch, militärisch und wirtschaftlich starkes Imperium zu sein – eine Supermacht, wie wir heute sagen würden, oder zumindest das unangefochtene, scheinbar unanfechtbare Machtzentrum des Erdteils. Es umfasste die größten Teile der heutigen Staaten Indien, Pakistan, Bangladesch und Afghanistan. Und »seine dekadente und kultivierte Hauptstadt Delhi, mit ihren zwei Millionen Einwohnern größer als London und Paris zusammen, war noch immer die wohlhabendste und prächtigste Stadt zwischen dem osmanischen Istanbul und dem kaiserlichen Edo (Tokio)«.[262]

1739 dann: die Katastrophe. Der Perser *Nader Schah* zog mit seiner Armee nach Delhi, der damaligen Megacity des Subkontinents. Er eroberte die Prachtstadt des Mogulreichs und schlachtete die Bevölkerung ab, 150.000 Menschen an einem einzigen Tag.[263] Es war ein Blutbad und politisches Erdbeben, das in seiner historischen Bedeutung in einer Reihe mit der Eroberung Bagdads durch die Mongolen (1258) oder jener Konstantinopels durch die Osmanen (1453) steht. Auf das Massaker folgte die wochenlange Plünderung der Stadt. Nader Schah nahm mit, was sich mitnehmen ließ. Die Karawane, die nach knapp zwei Monaten die Beute abtransportierte, umfasste 700 Elefanten, 4000 Kamele und 12.000 Pferde, beladen mit Gold, Silber, Juwelen, Geschmeide und allem, was wertvoll war.[264] Der größte materielle und symbolische Verlust war der edelsteinbesetzte Pfauenthron. Mit ihm verschwanden der Koh-i-Noor und der blassrosafarbene, 182 Karat schwere Diamant Daria-i-Noor (»Meer aus Licht«) sowie der als »Timur-Rubin« berühmte Stein, mehr als 300 Karat schwer.[265] Auf dem Pfauenthron – beziehungsweise dessen Nachfolgemodellen – saß von nun an der Herrscher von Persien: der Schah. (Was aus diesem prächtigsten aller Throne wurde, ist nicht bekannt.) Die Mogulherrscher, die im verwüsteten Nordindien noch mehr als 100 Jahre lang weiterregierten, waren politisch und wirtschaftlich fortan entscheidend geschwächt und militärisch weitgehend machtlos.

Wo der Pfeffer wächst: Portugal in Indien

Die Briten beherrschten den Subkontinent bekanntlich jahrhundertelang. Weniger bekannt ist, dass sie reichlich spät nach Indien kamen – lange nach anderen Großmächten, die im Zuge der Ausweitung ihrer Weltkarte ihr Interesse an diesem für sie »exotischen« Erdteil entdeckten. Selbstverständlich war Indien auch vordem stets in ein System des internationalen Austauschs eingebunden gewesen. So gibt es viele Belege, dass vor zwei Jahrtausenden der Handel zwischen dem Römischen Reich und den südindischen Hafenstädten rege war. An der Malabarküste, der Südwestküste des Subkontinents, standen italienische Söldner in Fürstendiensten.[266] Und selbstverständlich war der gesamte Großraum des Indischen Ozeans mit seinen regelmäßigen Monsunwinden schon lange vor der Ankunft irgendwelcher Europäer eine Region des Austauschs von Waren und Ideen, der

Globalisierung, wie wir heute sagen würden. Zwischen der Küste Ostafrikas, dem Archipel des heutigen Indonesiens und China florierte
der Seehandel jahrhundertelang in großem Stil – vergleichbar mit den
Handelsnetzwerken, die sich auf dem Mittelmeer zwischen Europa,
Nordafrika und Levante herausbildeten.

Im ersten Drittel des 15. Jahrhunderts, in einem der faszinierendsten
Kapitel der Weltgeschichte, rüstete China mehrere gigantische Flotten-
verbände aus – weit größer als alles, was die Europäer in den nächsten
dreieinhalb Jahrhunderten zustande bringen würden. Admiral Zheng
He erkundete mit Hunderten Schiffen und Zehntausenden Mann Be-
satzung die Welt, reiste nach Indonesien, Indien, Ostafrika, ins Rote
Meer. Eine fabelhafte und dabei höchst reale Episode, die die damalige
Weltoffenheit Chinas symbolisierte, die allerdings jäh enden sollte.
Ein Hinweis auf den in der westlichen Welt erheblich bekannteren
Genuesen Christoph Kolumbus ist hier aufschlussreich, der Ende des
15. Jahrhunderts in spanischem Auftrag mit gerade einmal drei Schiff-
chen und rund 100 Mann gen Westen fuhr und nur wie durch ein
Wunder nach Europa zurückkehrte. Dass er auf der Suche nach dem
Seeweg nach Indien eine ungünstige Richtung eingeschlagen hatte,
wie wir heute wissen, kam erschwerend hinzu. Aber es waren neu-
gierige, auf die Etablierung neuer Handelswege bedachte *Portugiesen*,
die eine folgenreiche Erkundungsexpedition unter Vasco da Gama auf
den Weg brachten. Sie wurden die ersten Europäer, die in großer Zahl
nach Indien kamen und dort Stützpunkte gründeten – die also nicht
nur auf einen Besuch vorbeischauten, sondern um zu bleiben.

Die Weltkarten, die im 15. Jahrhundert in Europa kursierten, waren
aus heutiger Sicht dürftig und für Seefahrer lebensgefährlich. Die
berühmte zeitgenössische Landkarte des Fra Mauro berücksichtigte
unter anderem die geografischen Erkenntnisse des venezianischen
Großreisenden Niccolò de' Conti, der Calicut (heute Kozhikode) als
Wirtschafts- und Handelszentrum an der südwestindischen Küste
kannte. Auf der Karte schlug sich diese Horizonterweiterung als »wo
der Pfeffer wächst« nieder.[267] Was sich aus heutiger Sicht drollig liest,
damals aber vor allem meinte: »wo ungeahnter Reichtum zu holen

ist« – nämlich in Europa sündhaft teures Gewürz. Malakka etwa war eine Art Hongkong oder New York jener Zeit, »die kosmopolitischste Stadt der Welt«, eine reiche, opulente Metropole, in der 84 Sprachen gesprochen wurden und selbst Papageien polyglott waren.[268] Hier und in Calicut liefen globale Warenströme zusammen, von denen Europa zur Zeit der Ankunft der Portugiesen nicht die geringste Vorstellung hatte: Muskatnuss und Nelken von den Molukken, Porzellan aus China, Pferde aus Persien, Reis aus Bengalen, Baumwolle aus Gujarat, Elefanten, Gold und Silber, Diamanten, Perlen, Kupfer, Schwefel, Zimt, Ingwer. Mit anderen Worten: vieles von dem, was zu jener Zeit in Europa rar, exotisch und außerordentlich luxuriös war. Mit solchen Waren war ein Vermögen zu machen. Um die Verlockung dieses Marktplatzes zu verstehen, muss man die geografische Isolation nachvollziehen, in der sich Westeuropa im 15. Jahrhundert befand. Im Westen lag der Atlantik, ein sich scheinbar in die Unendlichkeit erstreckender Ozean. Im Osten erschien die eurasische Weite ähnlich endlos, die mehr als Gefahrenherd und Revier mörderischer Reitervölker denn als Chance gesehen wurde und für eine dem Meer zugewandte Seefahrernation wie Portugal ohnehin keine Rolle spielte. Im Norden: unwirtliche Arktis. Und im Süden Europas das Mittelmeer, auf dessen Südseite sich muslimische – und damit in der Regel verfeindete – Reiche in einem Bogen von Südspanien über Nordafrika und die Levante bis an den Bosporus reihten.

Handel zwischen Europa und dem Orient, also mit im Osten gelegenen Ländern, fand statt, aber er war außerordentlich komplex und kostspielig. Waren aller Art aus Indien – und darüber hinaus aus China, von den Molukken und anderen fernöstlichen Regionen – wurden in einer ersten Etappe nach Aden und ins Rote Meer verschifft. Von dort gelangten sie auf dem Landweg nach Kairo, dem damaligen Machtzentrum der arabischen Welt, und als Nilfracht in den Mittelmeerhafen von Alexandria, wo Schiffe aus Venedig übernahmen, die ein Monopol auf den Handel zwischen Europa und muslimischer Welt innehatten. Von Venedig aus erreichten sie schließlich andere Städte und Märkte Westeuropas. Dieser Handelsweg ist der Grund, warum viele italienische Städte jener Zeit – neben Venedig auch Genua, Florenz, Pisa, Amalfi – zu den wohlhabendsten der Welt gehörten. Die Gewinne waren monopolistisch, also enorm, und wurden von den italienischen Kaufleuten abgeschöpft. Die Route über das Rote Meer verteuerte den Preis der Waren ungefähr um das Sechsfache.[269] Venedig dürfte zu jener Zeit die reichste Stadt der Welt gewesen sein.[270] Der Wohlstand, den der Handel brachte, war überhaupt erst die Grundlage für die kulturelle Blüte und Renaissance, die, ausgehend von Italien, Europa im 15. Jahrhundert erfasste.

Zwischen Indien und dem Fernen Osten einerseits und Westeuropa andererseits lagen also zwangsläufig zwei Zwischenstationen – der muslimische Einflussbereich und Venedig –, die einen beträchtlichen Teil der Gewinne abschöpften und Handelsgüter aus westeuropäischer Sicht massiv verteuerten. Die Idee, die im 15. Jahrhundert auf der Iberischen Halbinsel reifte: Könnte man die arabische Welt umschiffen und ganz nebenbei auch die italienischen Monopolisten umgehen, würde man geradezu zwangsläufig enorme Reichtümer erwirtschaften – und darüber hinaus, was sich als Legitimation gut machte, ein bisschen Christentum in die Welt tragen. Um dieses Ziel zu erreichen, gab es zwei Strategien, zwei Richtungen. Kolumbus wollte per Schiff gen Westen nach Indien gelangen. Er machte diesen Vorschlag zuerst in Portugal, wo man ihn abblitzen ließ. Die Spanier wiederum, Rivalen Portugals, nahmen ihn dankend unter Vertrag. Kolumbus entdeckte bekanntlich einen (zumindest aus europäischer Sicht) neuen Kontinent, gar eine gänzlich »Neue Welt«, und da er in der Karibik glaubte, in Indien zu sein, nannte er die Menschen, auf die er traf, naiv »Indianer«. Anfang März 1493 landeten er und seine Crew in ziemlich mitgenommenem Zustand wieder in Europa, pikanterweise ausgerechnet in Lissabon, und überbrachten die spektakulären Neuigkeiten, die die Weltläufe ändern sollten. Spanien und Portugal, die beiden Großmächte jener Zeit, schlossen 1494 den Vertrag von Tordesillas, der den westlich gelegenen, großteils unerforschten Weltenteil in gerader Nord-Süd-Linie unter ihnen aufteilte – ein im Rückblick schmerzhafter Fall europäischer Anmaßung, dessen Folgen aber bis heute selbst bei flüchtigem Blick auf die Weltkarte offensichtlich sind.[271] Sie taten es, weil sie es konnten und weil sie es eilig hatten. Insbesondere die spektakulär reichen Venezianer mit ihrem lukrativen Handelsmonopol im Mittelmeerraum sollten so spät als möglich Wind von der Sache bekommen.

Die Portugiesen verfolgten währenddessen einen anderen Plan, um den Seeweg nach Indien zu finden: die Umschiffung Afrikas. Die Herrscher zu Lissabon zu jener Zeit, Dom João (Johann II.) und sein Nachfolger Dom Manuel (Manuel I., »der Glückliche«), waren weitsichtige Persönlichkeiten, die in wenigen Jahren ein Weltreich schaffen sollten – Indiens Malabarküste inklusive. Im späten 15. Jahrhundert erkundeten portugiesische Schiffe Westafrika, arbeiteten sich mit vielen Rückschlägen etappenweise gen Süden vor und hatten schließlich Erfolg. Bartolomeu Dias hatte bereits 1487/88 das heutige Kap der Guten Hoffnung umrundet. Im Mai 1498 dann, ein extrem folgenreicher – und für viele verhängnisvoller – Moment der Geschichte, landete Vasco da Gama in Calicut, Indien. Europa traf auf Asien, auf Fernost, und die Welt wurde über Nacht eine andere.

Die ersten Tage des Direktkontakts zwischen portugiesischen Seefahrern und den Herrschern und Bewohnern von Calicut verliefen aufregend und angenehm – ganz ähnlich jenem freundschaftlichen Empfang und Austausch, den Kolumbus in den ersten Tagen auf der anderen Seite der Erdkugel in »Amerika« erlebt hatte. Jedem Anfang wohnt ein Zauber inne, um Hermann Hesse zu bemühen; das war auch damals so, allerdings, wie so oft, nur für kürzeste Zeit. An der Malabarküste entpuppte sich die Ankunft der Portugiesen schon bald als eine historische Begegnung der peinlichsten Sorte, geprägt von fehlender diplomatischer Raffinesse, Unwissen und Arroganz. Portugal mochte in seinem Selbstverständnis damals ein Boomland sein, eine aufstrebende Fast-Supermacht. Aber das, was da nach einer gefühlten Ewigkeit auf See in Calicut anlandete, war aus indischer Sicht ein Häufchen Elend, ein Witz. Die stolzen Portugiesen waren – ohne dies ansatzweise zu merken – in einer hoch entwickelten, menschenreichen, rege Handel und Kommerz treibenden Großstadt gelandet, die Portugals Zivilisation in vieler Hinsicht überstrahlte. Ein Fauxpas folgte auf den anderen.

Da der Hinduismus da Gama und seiner Mannschaft unbekannt war, hielten sie die Einwohner Calicuts irrtümlich für Christen, schließlich klang »Krishna« fast wie »Cristo«. Die aus indischer Sicht armseligen Gastgeschenke der Portugiesen wurden schlicht ausgelacht. In Calicut hielt man da Gama und seine Begleiter für dubiose, durchgeknallte, unseriöse Gesellen – und für Lügner. Denn wenn sie tatsächlich, wie behauptet, aus dem angeblich so sagenhaft reichen Portugal kämen, warum hatten sie dann nur wertlosen Plunder an Bord? Warum tauchten ausgerechnet abgerissene, offensichtlich unzivilisierte Gestalten aus Fernwest auf, die aussahen wie Piraten? Wo waren, wie es sich ziemte, der König von Kastilien (also Spanien) oder der König der Franken oder die Kaufleute des unvorstellbar reichen Venedigs, von denen man natürlich gehört hatte? Berechtigte Fragen.[272] Einige Monate später flüchtete da Gama mit den Überlebenden seiner Mission. Immerhin: Er hatte sein Ziel, die Entdeckung des Seewegs nach Indien, erreicht und wurde zurück in Lissabon im September 1499 entsprechend gefeiert und geehrt.

Ein politisches und *wirtschafts*politisches Erdbeben folgte. Für Venedig, wo man bald von da Gamas Coup hörte, war die Entdeckung des Seewegs nach Indien eine Katastrophe, »die schlechteste Nachricht aller Zeiten«, wie es ein scharfsichtiger Zeitgenosse in der Serenissima ausdrückte. »Auf dieser neuen Route werden die Spezereien Indiens nun nach Lissabon transportiert werden, wo Ungarn, Deutsche, Flamen und Franzosen als Käufer auftauchen werden und einen besseren Preis aushandeln.« Mit dem Seeweg würde Portugal »viel niedrigere Preise« offerieren können.[273] Kurz: Das jahrhundertelang bewährte Geschäftsmodell Venedigs, das den Handel im östlichen Mittelmeer beherrscht hatte, war von einem Tag auf den anderen hinfällig geworden. Portugals Seeweg nach Indien läutete den Niedergang Venedigs ein. Mehr noch: Betroffen war der gesamte Mittelmeerraum, in dem bislang die Hauptrouten für einen Großteil des Welthandels gelegen hatten und der plötzlich umgangen werden konnte, genauer:

umschifft. Kairo, Damaskus, Beirut, Bagdad, Smyrna, Konstantinopel, die gesamte Levante: Alle befanden sich auf einen Schlag abseits der besten Handelsrouten. Das Mittelmeer war von der Hauptstraße des Welthandels zu einer Nebenstraße geworden, einem Umweg.

Der große Gewinner war Lissabon, das sich prompt als »neues Venedig« sah. In den fiktional-literarischen, aber treffenden Worten von Felix Krull: »Lissabon [...] war einmal die reichste Stadt der Welt, dank jenen Entdeckungsfahrten [...]«; man »scheffelte Gold«.[274] Lissabon entsandte, kaum war die Kunde vom Seeweg nach Indien angekommen und verdaut, fortan im Jahrestakt eine neue, stetig größer werdende Flotte gen Fernost. Die freundliche Atmosphäre der allerersten Kontaktaufnahme in Calicut war da längst verflogen. An der Südwestküste Indiens begann wenig später das Abschlachten zum Beweis der Majestät Portugals und des Ruhms der Christenheit. Die Seefahrer, die auf ihrer Entdeckungsfahrt nach Calicut gekommen waren, mochten abgerissene, ungehobelte Figuren gewesen sein. Aber Portugal war der damaligen Malabarkultur technologisch voraus und militärisch überlegen. Es hatte bessere, größere und manövrierfähigere Schiffe. Vor allem hatte es eine Innovation an Bord der Schiffe: mobile, schlagkräftige Kanonen, die Calicut beschossen. Wenn Zivilisationen aufeinanderprallen, wird der fortschrittlicheren etwas Gutes zustoßen und der rückständigeren Unheil – ein historisches Muster, das sich an der Küste Südindiens bestätigen sollte. Bald war klar, dass den portugiesischen Waffen von niemandem beizukommen war. Der Indische Ozean, bis dahin jahrhundertelang von einer muslimischen Handelskultur geprägt, wurde für mehrere Jahrzehnte zum Portugiesischen Ozean, auf dem die Schiffe christlicher Kaufleute und Nationen dominierten. Dies war im Sinne von Afonso de Albuquerque, des Meisterstrategen des neuen Weltreichs im Indischen Ozean, der mit Portugals Eroberungen in Asien zwei Hauptziele verfolgte. Zum einen wollte er Venedig und den Muslimen den Handel streitig machen und ein eigenes Handelsmonopol errichten. Zum anderen wollte er die Macht der Mamluken-Herrscher in Kairo schwächen und so eines Tages Jerusalem, die »heilige« Stadt, für

Portugal und die ganze Christenheit zurückerobern. Die Portugiesen in Indien hatten ein Motiv, und sie hatten die Mittel.

1510, noch einige Jahre vor Ankunft der Mogulen in Nordindien, fiel Goa in die Hände der Portugiesen, wo Afonso de Albuquerque die muslimische Bevölkerung umbringen ließ. »Wir schätzen die Zahl der toten [...] Männer und Frauen auf 6000«, schrieb er an König Manuel. »Es war, Sir, eine sehr feine Tat.«[275] Heute würden wir von ethnischer »Säuberung« und Völkermord sprechen. Wenig später waren auch Cochin (heute Kochi), Diu, Bombay und andere Siedlungen an der Westküste in portugiesischer Hand und wurden mit mächtigen Forts in Militärstützpunkte umgewandelt. 1560 kam die portugiesische Inquisition nach Indien.

Was verheerend für weite Teile der Bevölkerung in Indien war, war für Portugal mit außerordentlichen Gewinnen auf den neuen Welthandelsrouten verbunden, der Grundlage für ein goldenes Zeitalter, wenngleich dies nur von relativ kurzer Dauer sein sollte. Die Folgen für den indischen Subkontinent waren komplex und dramatisch und sind bis heute spürbar, insbesondere in Goa und Diu. Die Ankunft da Gamas in Indien, des ersten aus Europa kommenden Seefahrers, läutete einen Globalisierungsschub ein. Die Welt wurde zugleich größer, weil weiße Flecken auf der Weltkarte verschwanden, und kleiner, weil ferne Länder leichter erreichbar waren. Diese wichtige Etappe erweiterte aber nicht nur die Perspektive und das Warenangebot der Europäer, sondern auch jene der Inder. Denn die Portugiesen holten nicht nur Gewürze *aus* Indien, sondern brachten auch eine Fülle an Novitäten *nach* Indien, darunter vieles von dem, was heute von Indern selbst als »typisch indisch« wahrgenommen wird: Chilis, Cashews, Papayas, Kartoffeln, Ananas, Erdnüsse, Guaven, Mais, Tomaten, Tabak. Alle diese Pflanzen stammten ursprünglich von jenem Kontinent, der vor gut 500 Jahren nach Amerigo Vespucci *Amerika* getauft wurde. Für Christoph Kolumbus, der sich auf die Suche nach Indien gemacht hatte, sollte es nur für *Kolumbien* reichen – ein Land, keine Welt.

Holländer, Franzosen, Russen

Die Portugiesen fassten Fuß in Indien, aber ihre militärische Überlegenheit währte kaum ein Jahrhundert. Nach dem Tod Manuels ging es nur noch um Bestandssicherung, um ein Aufrechterhalten des Handels, nicht um eine Ausweitung des Einflusses. Die territoriale Expansion, also die Eroberung des Landes, hatte für Portugal ohnehin nie eine Rolle gespielt, da sie völlig unrealistisch war.

Als Nächstes kamen andere europäische Seefahrernationen auf den Gedanken, mit dem Fernen Osten lukrativen Handel zu betreiben, das portugiesische Geschäftsmodell also zu kopieren. Ende des 16. Jahrhunderts, fast ein Jahrhundert nach da Gama, tauchten erstmals Holländer auf, ungefähr zeitgleich mit den ersten Schiffen aus England. 1602 wurde die Vereenigde Oostindische Compagnie gegründet, die holländische Ostindien-Gesellschaft, die im Indischen Ozean Handelswege erkundete und etablierte. Holländer ließen sich auch in Indien nieder, doch die Gewürzinseln des heutigen Indonesiens – sowie auf dem Seeweg dorthin Ceylon – hatten für sie bald Priorität. Indonesien wurde fast 200 Jahre lang von Holland beherrscht.

Frankreich hatte dagegen auf dem Subkontinent Ambitionen, und im 18. Jahrhundert war noch keineswegs absehbar, dass sich ausgerechnet die Briten im sich steigernden und wiederholt eskalierenden Konflikt mit den Franzosen durchsetzen oder auch nur behaupten würden. Sowohl von 1744 bis 1748 als auch von 1754 bis 1763 führten England und Frankreich Krieg, auch in Indien, wo sich die Engländer vorerst durchsetzten. Napoleons Weltmachtpläne schlossen wenige Jahrzehnte später den Subkontinent allerdings explizit wieder ein, ebenso wie Ägypten und Nordamerika. Schon vor der Französischen Revolution hielt der damals noch bedeutungslose Napoleon in einer Notiz fest: »Über Ägypten werden wir in Indien einmarschieren, wir werden den alten [Handels-]Weg über Suez wiederaufleben lassen und dafür sorgen, dass der Weg über das Kap der Guten Hoffnung aufgegeben wird.«[276] Es kam, wie wir wissen, anders.

Selbst das russische Zarenreich, eine zur damaligen Zeit an globalem Einfluss gewinnende Landmacht, entdeckte den Subkontinent auf der Weltkarte und zeigte Interesse, wenngleich mit einem Anflug von Größenwahn. Immerhin schmiedeten Franzosen und Russen Anfang des 19. Jahrhunderts aber den Plan, Indien gemeinsam zu erobern – ein strategisches Joint Venture, bei dem die Franzosen auf dem Seeweg und die Russen über Land kommen würden, also den Weg über das heutige Afghanistan nehmen, wie es einst Alexander und Babur gemacht hatten. Der umtriebige Talleyrand,[277] Stratege und politischer Überlebenskünstler, erarbeitete für Napoleon einen Masterplan, demzufolge Frankreich die britischen Inseln mit einer Seeblockade belegen und Bombay und Kalkutta mit Schiffen angreifen würde, während die russische Armee zu Land über Afghanistan anmarschieren würde.[278] Zar Paul begann Anfang 1801 mit der Aufstellung eines Heeres von 25.000 Mann, das gen Subkontinent ziehen sollte und sich tatsächlich in Bewegung setzte. Der russisch-französische Angriff auf Indien war für September 1801 geplant.[279] Doch aus der Operation Weltreich wurde nichts. Paul, der missratene, psychisch kranke und paranoide »Monstersohn«[280] von Katharina der Großen, wurde kurzfristig abgesetzt und ermordet, »und bei Tagesende [...] gab es in sämtlichen Geschäften von Sankt Petersburg keine einzige Flasche Champagner mehr«.[281] Und das war das. Die Russen waren fertig mit Indien, bevor sie überhaupt ankamen.

Die Franzosen wiederum ahnten bald, dass ihre globalen Ambitionen überehrgeizig gewesen sein könnten. 1803 verkauften sie das Louisiana-Territorium an die Amerikaner. 1810 fiel Mauritius, ein wichtiger strategischer Zwischenstopp auf dem Seeweg nach Indien, an die Briten. Und anstatt gemeinsam mit Russland Indien zu besetzen, startete Frankreich 1812 den verhängnisvollen Angriff *auf* Russland, mit dem sich der Weg nach Waterloo abzeichnete. Ein winziges französisches Rumpf-Weltreich blieb erhalten, das im Laufe des 19. Jahrhunderts erneut massiv expandieren sollte – aber eben nicht in Indien, einmal abgesehen von der winzigen Enklave Pondicherry (inzwischen offiziell Puducherry), wo bis heute ein Hauch französischen

Flairs zu spüren ist. Napoleon, der die Engländer in einem berühmten Bonmot abfällig eine »Nation von Shopkeepern« genannt hatte, war von den Shopkeepern abgefertigt worden, und die errichteten in der Folge das größte Imperium der Menschheitsgeschichte. 1815 war mit der endgültigen militärischen Niederlage Napoleons die Frage, ob Briten oder Franzosen das dominierende Weltreich beherrschen würden, beantwortet.

Die Briten

Die britische Ära war die einzige, in der der gesamte Subkontinent politisch geeint war, noch weit über die Grenzen des ebenfalls gewaltigen Mogulreichs unter Aurangzeb hinaus, und sie prägt Indien bis heute. Der Umstand, dass Englisch heute nach Hindi die zweitwichtigste Sprache im Land ist, sagt alles.

Auf ihren globalen Erkundungsfahrten machten englische Schiffe anfangs einen Bogen um die portugiesischen Forts und Besitzungen an der Malabarküste und konzentrierten sich stattdessen auf die Koromandelküste am Golf von Bengalen. 1639 gründeten die Engländer Madras (Chennai), arbeiteten sich in den folgenden Jahrzehnten nach und nach gen Norden vor und gründeten 1690 schließlich Kalkutta in denkbar ungünstiger Lage, im Dschungel.

Die Ausweitung ihres Einflusses an der Westküste verlief turbulenter. In Surat, der führenden und reichsten Hafenstadt des gesamten Mogulreichs, etablierte die Britische Ostindien-Gesellschaft ihre erste Niederlassung, die mehrere Jahrzehnte lang – unterbrochen von der Eroberung durch Shivaji – als Firmenzentrale diente. 1661 fiel Bombay, damals eine kleine Inselstadt und eher bedeutungslos, an die Briten, das wenig später der Ostindien-Gesellschaft überstellt wurde und bald darauf Surat als wichtigsten Westküsten-Stützpunkt ablöste.

Leitmotive der East India Company waren Handel und Profit. Die Spezereien, die im 16. Jahrhundert Lissabon zu legendärem Reichtum verholfen hatten, verloren allerdings rasch ihren Reiz, weil die Preise infolge des steigenden Angebots einbrachen. Pfeffer etwa, begehrt in Europa und als seltenes Gewürz anfangs sündhaft teuer, verbilligte sich dramatisch, und es dauerte nicht lange, bis Pfeffersäcke als Ballast im Bauch der Schiffe mitgeführt wurden. Stattdessen setzten die Briten in Indien bald vor allem auf Baumwolle und Stoffe und lösten damit eine Textilrevolution aus, die die ganze Welt erfassen sollte und bis heute nachwirkt. Während sie in den späten 1660er-Jahren rund 200.000 Kleidungsstücke jährlich aus Indien importierten, waren es in den 1670er-Jahren bereits 578.000 und in den 1680er-Jahren 707.000 Teile.[282] In Europa wurde Unterwäsche aus Schurwolle, bis dahin kratziger Standard, zum Auslaufmodell. »Indische Baumwollstoffe verwandelten die Kleidung in Europa und in den Kolonien in Übersee«, schreibt David Landes. »Baumwolle – leichter und billiger als Wolle, dekorativer (indem man sie färbte und bedruckte), einfacher zu reinigen [...] – war für eine neue weite Welt wie gemacht. Selbst in kalten Klimazonen war Baumwolle für Unterwäsche ideal«, nämlich viel bequemer und hygienischer als Schurwolle.[283]

Von größter historischer Tragweite war am 23. Juni 1757 die nördlich von Kalkutta ausgetragene Schlacht von Plassey, in deren Verlauf Truppen der Ostindien-Gesellschaft unter Robert Clive den wirren Nawab von Bengalen, Siraj ud-Daulah, besiegten und Bengalen übernahmen, die damals reichste Region im Einflussbereich der Mogulen – und damit eine der reichsten der Welt. Es war eine der großen Zäsuren der indischen Geschichte, der Startschuss der territorialen Übernahme des Subkontinents durch die Briten. Genauer: durch die East India Company, die zu jener Zeit weitgehend in Eigenregie operierte, ohne direkte Einflussnahme der Regierung in London. 1765 verlieh der Mogul Shah Alam[284] der Ostindien-Gesellschaft das Recht, Steuern auf die Ländereien von Bengalen, Bihar und Orissa einzutreiben – ein genialer Plünderungsschachzug der Company und »mit an Sicherheit grenzender Wahrscheinlichkeit der größte unternehmerische Gewaltakt der Weltgeschichte«, wie Dalrymple urteilt. »Innerhalb weniger Monate hatten 250 Angestellte der Gesellschaft [...] die Defacto-Herrschaft über die reichsten Mogulprovinzen übernommen.«[285]

Die Britische Ostindien-Gesellschaft unterhielt 1800 doppelt so viele Truppen wie Großbritannien selbst – eine Armee, die die zügige territoriale Expansion in Südasien überhaupt erst ermöglichte. Die Expansion verlief in Etappen, aber zügig. Militärisch überlegen, schalteten die Briten nach und nach regionale Machtzentren aus – die Marathen im Westen, Hyderabad in Zentralindien, Tipu Sultans Mysore im Süden, 1803 Delhi (und damit den formal noch bestehenden Sitz des Mogulreichs), 1843 Sindh im Westen, 1849 den bevölkerungsreichen, fruchtbaren, wohlhabenden Pandschab im Norden. Sie übernahmen Ceylon von den Holländern, stellten Nepal unter ihre »Protektion« und annektierten Birma. Einige alteingesessene Fürsten und Regionalherrscher konnten sich eine gewisse Autonomie und politische Eigenständigkeit bewahren. Aber die Briten waren bald die oberste Instanz und die alle wesentlichen Entscheidungen treffende Kolonialmacht. Dabei waren die Briten ihrer Zahl nach ein winziges Häuflein und blieben es stets. Im 19. und frühen 20. Jahrhundert verwalteten um die 5000 Beamte des Indian Civil Service (ICS) den Subkontinent,[286] zu denen man ungefähr 100.000 weitere Personen im Gefolge hinzurechnen muss, also Familienangehörige, Personal und Geschäftsleute. Da Indien schon 1800 weit mehr als 100 Millionen Menschen zählte, kamen auf jeden einzelnen Kolonialbriten rechnerisch viele Tausend Inder.

Mit Clives historischem Sieg in Bengalen hatte die Ära der sogenannten Nabobs begonnen, der Neureichen ihrer Zeit, über die das »alte« Geld daheim in England die Nase rümpfte und die es als stillose Emporkömmlinge betrachtete. Im eigentlichen Sinne ist ein Nabob (*nawab*) ein Stellvertreter des Herrschers; ursprünglich handelte es sich um einen Titel, den die Großmogule an die von ihnen ernannten Landes- und Regionalfürsten vergaben. (Ein Nawab gehörte also dem muslimischen Machtzirkel an, Maharadschas – wörtlich »Großfürsten« oder »Große Herrscher« – waren Hindus.) Mit den Briten wandelte sich die Bedeutung des Ausdrucks allerdings. Ein Nabob war nun ein findiger Mann (und *immer* ein Mann), der im fernen Indien in kurzer Zeit ein Vermögen gemacht hatte und nach England zurückgekehrt war, wo er sich einen Landsitz zulegte, einem gepflegten Lebensstil frönte und sich politischen Einfluss erkaufte – etwa einen Sitz im Parlament, was damals in London gang und gäbe war. Der spektakulärste aller Nabobs, quasi die Urgestalt, war Clive selbst, der in Indien plünderte und an sich nahm, was er zusammenraffen konnte, der sensationellen Reichtum anhäufte, der heute einem Milliardenvermögen entsprechen würde. »Kein Engländer, der anfangs nichts hatte, hat jemals – egal auf welchem Gebiet – im jungen Alter von 34 ein solches Vermögen gebildet.«[287] Für viele ein inspirierender, für andere ein irritierender Aufstieg, der die Londoner Gesellschaft spätestens in den 1770er-Jahren mit Samuel Footes Theaterstück *The Nabob* intensiv beschäftigte. Der Osten, der »Orient«, Indien, die neuen Kolonien wurden für junge Briten bald zu einer Karriereoption und einem beruflichen – und mehr noch: finanziellen – Sprungbrett. »In Indien konnte man [...] in ein paar Jahren mehr verdienen als in seinem ganzen Leben in Großbritannien«, schreibt Landes.[288] Oder, so Benjamin Disraeli in seinem Roman *Tancred*: »Der Osten ist eine Karriere.« (Clive fand in Indien allerdings nicht nur sagenhaften Reichtum, sondern auch Opium, das ihn Jahre später, 1774, umbringen sollte.[289])

Die britische Herrschaft hatte dramatische Folgen für die indische Wirtschaft, insbesondere für den damals mit Abstand wichtigsten Zweig, die *Land*wirtschaft. Während Bauern in Indien traditionell das pflanzten, was sie für sich selbst und ihre Familien brauchten, also auf Eigenversorgung setzten, hielten nun im Zuge der sich beschleunigenden Globalisierung des Welthandels Cash-Crops Einzug, die von ihren Produzenten nicht selbst konsumiert wurden, sondern verkauft. Dieser Umbruch erhöhte Effizienz und Ertrag der Landwirtschaft erheblich, brachte für die Landbevölkerung aber zugleich große Risiken mit sich. Fielen die Marktpreise für Cash-Crops wider Erwarten, brachen die Einkommen der Bauern entsprechend ein. Da der allergrößte Teil der Bevölkerung im 19. Jahrhundert im Agrarsektor arbeitete, wurde Indien so anfällig – oder zumindest anfälliger – für Hungersnöte.

Wichtige Waren der britischen Händler waren Jute aus Bengalen und Baumwolle aus Westindien, die nach Europa verschifft und dort weiterverarbeitet wurden. Von besonderer Bedeutung – da sensationell lukrativ – war bald jedoch der Handel mit einem anderen Naturprodukt: Opium. Es wurde in Nordindien in großem Stil angebaut, vor allem in Bengalen, das damals nicht nur den heutigen indischen Bundesstaat Westbengalen und Bangladesch umfasste, sondern auch große Gebiete von Bihar, Odisha und Jharkhand. Das Opium wurde von britischen Handelshäusern nach China verschifft, wo es mit Silber bezahlt wurde, mit dem wiederum chinesischer Tee gekauft wurde, der nach London ging. Zwar verbot China, damals politisch geschwächt, diesen Drogenhandel (genau das war es). Das Verbot wurde von den Briten, die um ihre außerordentlichen Profite fürchteten, aber nicht nur per Schmuggel systematisch unterlaufen, sondern auch von Staats wegen als feindlicher Akt gedeutet, der britische Interessen gefährdete. Was bedeutete: Krieg. Den ersten Opiumkrieg mit China entschieden die Briten Anfang der 1840er-Jahre dank ihrer militärisch-technologischen Überlegenheit rasch für sich. Als Teil ihrer Kriegsbeute ließen sie sich ein weitgehend unbesiedeltes Inselchen, Hongkong, überschreiben. Es war eine strategisch ideal gelegene Basis für das ungesunde, aber höchst lukrative Opiumgeschäft, weil es dem Perlflussdelta und damit der chinesischen Handelsmetropole Kanton (heute Guangzhou) vorgelagert war. Die Dimensionen, die das Opiumgeschäft in den folgenden Jahren annahm, waren nicht nur eine Katastrophe für China, sondern auch der Quell abenteuerlichen Reichtums in Indien und Großbritannien. 1859 entfielen beispielsweise 42 Prozent der Warenexporte in Bombay, dem wichtigsten Hafen der Westküste, auf Opium, weniger als 30 Prozent auf Baumwolle.[290] Ende des 19. Jahrhunderts zählte China etwa 40 Millionen Opiumsüchtige, ungefähr ein Zehntel der Bevölkerung[291] – die direkte Folge eines in großem Stil betriebenen anglo-indischen Drogenhandels, staatlich überwacht und von der Kirche abgesegnet.

Schicksalsjahr 1857

Das Jahr 1857, exakt ein Jahrhundert nach Plassey, markierte eine weitere Zäsur, die die Geschichte des Subkontinents prägen sollte: die Revolte der bengalischen Armee, in der vor allem indische Truppen *sepoys*, dienten und die fast das Ende der britischen Herrschaft herbeigeführt hätte. Aber eben nur fast. Das Aufbegehren gegen die Briten scheiterte. Da Geschichtsbücher stets von Siegern geschrieben werden, sprachen die Briten folglich von einem »Aufstand« in Indien, der niedergeschlagen wurde, von *mutiny* (»Meuterei«). In Indien selbst wird dieser Begriff oft als »trivialisierend« abgelehnt.[292] Stattdessen ist bevorzugt vom »Ersten Unabhängigkeitskrieg«[293] die Rede, der in jenem Jahr zwar scheiterte, aber 90 Jahre später dann doch zur politischen Unabhängigkeit Indiens führte. Historiker und Gelehrte streiten bis heute darüber, »ob 1857 ein Aufstand war, eine Bauernrevolte, eine von der Stadtbevölkerung ausgehende Revolution oder ein Unabhängigkeitskrieg«, wie Dalrymple schreibt. »Die Antwort ist, dass [1857] all dies zugleich war und noch vieles andere mehr; es handelte sich nicht um eine koordinierte Bewegung, sondern um viele – mit höchst unterschiedlichen Ursachen, Motiven und Eigenschaften.«[294] Im 19. Jahrhundert, in dessen Verlauf die Kolonialisierung eines Großteils der Welt durch europäische Nationen ein außenpolitisches Leitmotiv war, stellten die Ereignisse von 1857 nicht weniger dar als »den bedeutsamsten bewaffneten Widerstand gegen den weltweiten Imperialismus«.[295] Das Scheitern des Aufbegehrens gegen die britische Besatzung ließ Indien auf Jahrzehnte hinaus in einem »Gefühl der Hilflosigkeit« erstarren, wie der indische Historiker Russi M. Lala es ausdrückte.[296] Die Folgen waren immens.

Zum einen brachte 1857 das endgültige Aus für das Mogulreich, das bis dahin zumindest formal bestanden hatte und von den Briten als leises Echo eines längst vergangenen goldenen Zeitalters geduldet worden war. Der letzte Mogul jedoch, Bahadur Shah II., zur Zeit der Unruhen titularisch König von Delhi und über 80, hatte sich von den Aufständischen beziehungsweise Unabhängigkeitskämpfern instrumentalisieren und zur Galionsfigur der Bewegung machen lassen. Nach dem Sieg der Briten wurde Bahadur Shah mit seinem winzigen Resthofstaat sang- und klanglos auf einen Ochsenkarren gesetzt und ins Exil nach Rangun geschafft, wo er 1862 starb und sein Leichnam verscharrt wurde. Sic transit gloria mundi.

Zum anderen lösten die Briten 1858 die Ostindien-Gesellschaft auf. Damit herrschte erstmals nicht mehr die British East India Company auf dem Subkontinent, sondern das neu geschaffene India Office der Regierung in London, das Indien-Ministerium. In Kalkutta lag die oberste Regierungsgewalt somit nicht mehr beim Generalgouverneur der Company, sondern beim Vizekönig Ihrer Majestät. Die Majestät selbst, Queen Victoria, wurde 1877 mit einem neuen Titel geschmückt und zur Kaiserin von Indien ausgerufen. Allerdings sollte sie, Ironie der Geschichte, nie indischen Boden betreten. Der einzige amtierende britische Monarch, der es vor dem Zweiten Weltkrieg nach Indien schaffen sollte, war George V. (1911).

Zugleich begann 1858 *The Raj*, wie es auf Englisch heißt: die britische Kolonialherrschaft in Indien auf dem Höhepunkt des viktorianischen Zeitalters. (Das Hindiwort *raj* bedeutet »Herrschaft«, »Reich«.) Diese Ära war geprägt von einem massiven Infrastrukturprogramm und technologischen Neuerungen in Indien, mit denen die Briten signalisierten: »Wir sind hier, und wir haben vor zu bleiben.« Die wichtigste Maßnahme war, ausgehend von der 1853 eröffneten Strecke zwischen Bombay und dessen Vorstadt Thane, der Bau der Eisenbahn in ganz Britisch-Indien. Dieses revolutionäre Fortbewegungsmittel einigte das Land, indem es fast jeden Ort des Subkontinents mit den Metropolen verband. Die Eisenbahn festigte insofern die politische, wirtschaftliche und militärische Dominanz der Briten, als sie dafür sorgte, dass Waren – und Truppen – mit großer Geschwindigkeit transportiert werden konnten. Und sie verband ganz Indien über die Haupthäfen in Bombay und Kalkutta sowie den 1869 eröffneten Suezkanal mit Europa. Es war eine Phase intensiver, rascher Globalisierung, die bis zum Ausbruch des Ersten Weltkriegs im Sommer 1914 anhalten sollte. »Diese Errungenschaft«, schrieb der Kunst- und Architekturhistoriker Christopher London über die Eisenbahn in Hindustan, »ist dank der radikalen Vereinfachung zwischenmenschlicher Kontakte über Kontinente und Kulturen hinweg eine Parallele zum Internet unserer Zeit.«[297] In Bombay, das in diesen Jahren des Auf- und Ausbaus einen eklektischen, *Bombay Gothic* genannten Baustil entwickelte, entstand das symbolträchtigste Gebäude des *Raj*, der Hauptbahnhof Victoria Terminus. So wie der Taj Mahal in Agra einen zivilisatorischen Höhepunkt der Mogulära darstellt, repräsentiert dieser Bahnhof, inzwischen von den Stadtoberen offiziell in Chhatrapati Shivaji Maharaj Terminus umbenannt, den Zenit der britischen Kolonialära. In diesem Bahnhof schlug gewissermaßen das Herz Britisch-Indiens, hier liefen Handel, Mobilität und Industrialisierung zusammen. Im Verbund mit Telegrafie (die die Kommunikation revolutionierte) und mit modernen Dampfschiffen (die den Welthandel verbilligten) wurde Indien zu einem Wirtschaftsfaktor einer globalisierten, von Briten dominierten Welt.

Indiens Unabhängigkeitsbewegung

Gleichzeitig gärte in Teilen der indischen Bevölkerung der Wunsch nach politischer Unabhängigkeit. 1885 wurde der Indian National Congress gegründet, der Indische Nationalkongress, wenngleich nicht von einem Inder, sondern vom ornithologisch bewanderten Briten Allan Octavian Hume, einem ehemaligen Regierungsbeamten in Kalkutta. Der Congress, anfangs und auf Jahre hinaus eine winzige Organisation mit vielen Auf und Abs, wurde zur Keimzelle der Unabhängigkeitsbewegung. Die Muslim-Liga bildete von 1906 an ein zweites Sammelbecken für Dissens.

Der schleichend an Dynamik gewinnende Antagonismus spielte im Ersten Weltkrieg – anders als später dann im Zweiten – kaum eine Rolle. Die Briten, die in Flandern und Nordfrankreich dramatische Verluste erlitten, erfuhren massive militärische Unterstützung aus Indien. Schon im Herbst 1914, kurz nach Kriegsbeginn, stammte ein

Drittel der »britischen« Truppen auf französischem Boden aus Indien. Bis Kriegsende 1918 hatten mehr als eine Million Inder fern ihrer Heimat gedient.[298] Weit mehr als 10.000 indische Soldaten verloren im Ersten Weltkrieg ihr Leben.[299] 1918 forderte die Spanische Grippe dann allein in Indien mehr als zwölf Millionen weitere Opfer.

Die Jahre nach dem Ersten Weltkrieg, aus dem Großbritannien und seine Verbündeten als Sieger hervorgingen, gelten allgemein als Zenit des britischen Weltreichs. Es erschien zu jenem Zeitpunkt völlig undenkbar, dass das größte Empire der Weltgeschichte im Laufe weniger Jahrzehnte nahezu vollständig zerfallen könnte. Und doch kam es so. Das Jahr 1919, als die Macht der Briten in Indien und weltweit noch unanfechtbar schien, sticht mit dem Massaker durch britische Truppen in der nordindischen Stadt Amritsar als dasjenige hervor, das den Niedergang des *Raj* einleiten und forcieren sollte. Auf dem rundherum von Mauern umgebenen Jallianwala Bagh, auf dem sich am 13. April einige Tausend Menschen versammelt hatten, schossen britische Soldaten unter Befehl des Brigadegenerals Reginald »Rex« Dyer wahllos in die Menge. 379 Menschen starben, mehr als 1000 weitere wurden verletzt. Bis heute ist Amritsar, nahe der heutigen Grenze zu Pakistan gelegen, nicht nur für den Goldenen Tempel der Sikhs berühmt, sondern auch für dieses abscheuliche Verbrechen. »Amritsar«, schreibt die Historikerin Alex von Tunzelmann, »war für die Radikalisierung des Kongresses und für die Radikalisierung der Nehrus das bedeutsamste Einzelereignis.«[300] Das Massaker zog den endgültigen, unwiderruflichen Bruch mit der Kolonialherrschaft in weiten Teilen der indischen Bevölkerung nach sich.

Als Vizekönig Lord Linlithgow im September 1939 erklärte, dass sich Indien als Teil des britischen Empire mit Deutschland im Krieg befand, entstand eine geradezu absurde Situation. Indien kämpfte nun in Europa und anderen Erdteilen an der Seite Großbritanniens für Demokratie und Freiheit, hatte selbst aber keinerlei Selbstbestimmung, war politisch nicht unabhängig, weder demokratisch noch frei. Ungefähr 180.000 indische Soldaten, 6500 Seeleute und 4000 Zivilisten starben im Zweiten Weltkrieg.[301] Noch sehr viel mehr Todesopfer –

mehrere Millionen, die Schätzungen schwanken – sollte 1943/44 eine Hungersnot in Bengalen fordern, für die die Briten infolge eklatanter logistischer Fehlentscheidungen hauptverantwortlich waren. Ende 1939 zählte Indiens Kongresspartei mehr als fünf Millionen Mitglieder[302] und war damit zu einem Machtfaktor geworden, der unüberhörbar *Quit India!* rief und auch für die Besatzer nicht mehr zu ignorieren war. So kam es implizit zu einem Deal: Indien würde Großbritannien, das mehrere Jahre hindurch in seiner Unabhängigkeit bedroht war und den Angriffen Nazi-Deutschlands militärisch lange Zeit kaum standzuhalten vermochte, im Krieg unterstützen. Danach würde es seinen eigenen Weg gehen.

Die Grauzone der Schuld

Bis heute gärt die Frage, inwieweit Kolonialismus und Imperialismus – hier lediglich im britisch-indischen Kontext betrachtet – negative und positive Folgen hatten. Mehrheitsfähig erscheint die Meinung, dass beide Phänomene, welt- und realpolitische Leitmotive des gesamten 19. Jahrhunderts und darüber hinaus, als durch und durch schlecht einzuordnen seien, als Ära des Dunkels ohne jedes Hell.

Diese Deutung ist für jeden empathischen Beobachter nachvollziehbar, in mancher Hinsicht aber extrem. Sicher ist, dass viele Kolonialbriten eine rassistische, dumme, arrogante, brutale und zugleich europa- und egozentrische Sicht auf den Subkontinent und seine vielfältigen Kulturen hatten, die zur Hochzeit des *Raj* Standard gewesen sein mochte, aus heutiger Sicht aber verabscheuungswürdig ist. Wobei zu bedenken ist, dass die indische Gesellschaft auch jenseits des unmittelbaren britischen Einflusses zu jener Zeit kein Hort der allgemeinen Toleranz und Philanthropie war, sondern Diskriminierungen (man denke an das Kastenwesen oder die Unterdrückung der Frauen) und Rassismus weitverbreitet waren. Viele Briten – in Indien, aber auch im weit entfernten England – betrachteten den Subkontinent und viele andere abhängige Gebiete als hoffnungslos unterentwickelte

Regionen, die nie auf eigenen politischen Beinen würden stehen können. Die berüchtigtste Position nahm möglicherweise Winston Churchill ein, dessen Ansichten zu Indien nicht zu seinem Ruhm beitrugen. »Ich hasse Inder«, schrieb der britische Premierminister in den frühen 1940er-Jahren. »Sie sind ein scheußliches Volk mit einer scheußlichen Religion.«[303] 1930 hatte er die These vertreten, dass »man [Mohandas] Gandhi und den Indischen Kongress und all das, wofür sie stehen, früher oder später wird zermalmen müssen«.[304] 1932, als die indische Unabhängigkeitsbewegung bereits erheblich Fahrt aufgenommen hatte, beschrieb er Demokratie als »völlig unpassend für Indien«, weil man dort anstelle von Meinungsverschiedenheiten bitteren Glaubenshass austrage.[305]

Aus solchen Äußerungen den Schluss zu ziehen, dass *alles*, was die Briten in Indien unternahmen, ein Fiasko oder gar ein Verbrechen gewesen wäre und komplett dem Ziel der wirtschaftlichen Ausbeutung unterworfen, wäre allerdings ebenfalls überzogen und ein Beispiel unangemessener Schwarz-Weiß-Malerei. Die Sache ist erheblich komplexer. Nicht alles, was die Briten in Indien machten und nach Indien brachten, war schlecht. Vieles aber war alles andere als gut. Die Gesamtbewertung hängt stets vom Blickwinkel ab, den man einnimmt. Zwei beispielhafte Positionen:

1. Der aus Schottland stammende Historiker Niall Ferguson zieht im Hinblick auf das britische Weltreich ein überwiegend positives Resümee. Er argumentiert, dass »das britische Empire den längsten Teil [...] seiner Geschichte hindurch für freie Märkte, Recht und Ordnung, den Schutz von Investoren und relativ unkorrupte Regierungen in ungefähr einem Viertel der Welt eintrat«.[306] Der britische Imperialismus habe auch schlimme Aspekte gehabt; aber andere Imperialisten – Deutschland, Japan, Belgien, Russland, China – seien noch viel schlimmer gewesen.

2. Der indische Ex-Diplomat, Congress-Politiker und Publizist Shashi Tharoor, ein heftiger Kritiker Fergusons und anderer »Apologeten«,[307] kommt zu dem konträren Schluss, dass die Präsenz der Briten in Indien eine einzige Katastrophe war. Zwar räumt er

bereitwillig ein, dass jede Generalisierung in »Gut« oder »Böse« bei einem so komplexen Thema irreführend sei[308] – neigt aber selbst zu Generalisierung und zeichnet ein pechschwarzes Bild. Er spricht vom »Kolonial-Holocaust der Briten« in Indien, »dank einer von den Briten rücksichtslos durchgesetzten Wirtschaftspolitik, die in der Ära des Raj zwischen 30 und 35 Millionen Inder unnötigerweise verhungern ließ«.[309]

Gina Thomas, die langjährige Feuilletonkorrespondentin der *Frankfurter Allgemeinen Zeitung* in Großbritannien, zog in einem Artikel anlässlich des 70. Jahrestags der indischen Unabhängigkeit einen Schluss, der als Orientierungshilfe in dieser komplexen ethischen Frage bis auf Weiteres hilfreich erscheint: »[Es] ergibt sich eine Bilanz von Untaten und Wohltaten, von Eigennutz und Selbstaufopferung, deren Zwischentöne allerdings noch nicht ins allgemeine Bewusstsein vorgedrungen sind.«[310] Historische Wahrheiten sind zumeist weder schwarz oder weiß, sondern liegen im grauen Zwischenbereich. Ob im hell- oder dunkelgrauen, sei hier offengelassen; diese Grauzone der indischen Geschichte ist in ihrem Facettenreichtum bis heute noch nicht annähernd ausgeleuchtet.

Britische Hinterlassenschaften

Sicher ist jedoch, dass die Briten in Indien Spuren und eine Art kulturelles Erbe hinterlassen haben, die den Subkontinent bis heute nolens volens prägen. »Ohne das britische Empire gäbe es kein Kalkutta; kein Bombay; kein Madras«, schreibt Ferguson, faktisch korrekt. »Inder können sie, so oft sie wollen, umbenennen, aber sie bleiben Städte, die die Briten gegründet und gebaut haben.«[311] Auch aus dem modernen Alltag ist der Einfluss der Briten nicht wegzudenken. Auf Tee – den heute allgegenwärtigen *masala chai* – würden die meisten Inder heute ebenso wenig verzichten wollen wie auf den Volkssport Kricket. Die von den Briten geplante, finanzierte und errichtete Eisenbahn ist auch im 21. Jahrhundert das Rückgrat des nationalen Transportsystems. In zahlreichen Hill Stations erholen sich Inder. Englisch ist Lingua franca. Indiens Verwaltung und Rechtssystem wurden von angelsächsischen Ideen maßgeblich geprägt. Ein Großteil der indischen Männer in den Städten trägt westliche Kleidung, also Hemd, Hose, Anzug. »Wie viele Inder würden heute darüber abstimmen wollen, ob sie Demokratie, die englische Sprache, das Eisenbahnnetz, das Rechtssystem, Kricket und Tee abschaffen sollten, weil sie imperialistische Hinterlassenschaften sind?«, lautet eine rhetorische Frage Yuval Noah Hararis.[312]

Ein weiterer konstruktiver Wesenszug des *Raj* zeigte sich am Ende der Kolonialära, als die britische Herrschaft nach dem Zweiten Weltkrieg in kurzer Zeit implodierte und die Besatzer sich weitgehend widerstandslos verabschiedeten. Eine auf ihre Art historische Leistung. Der Aufbau eines Weltreichs ist ein Kinderspiel im Vergleich mit der *Aufgabe* eines Weltreichs.

Unabhängigkeit und Partition: der Subkontinent nach 1947

Am Anfang der indischen Unabhängigkeit stand ein scheußliches Prinzip, das der Trennung, der Teilung des Landes nach religiösen Kriterien: *Partition*, ein tragischer Unfall der Geschichte und Urtrauma der Republik. Dabei ging es allerdings nicht um die vielen auf dem Subkontinent praktizierten Religionen und Glaubensgemeinschaften, sondern lediglich um deren zwei, Hinduismus und Islam. Im indischen Kontext »kleinere« religiöse Gruppen, etwa Sikhs und Christen, die jeweils viele Millionen Menschen umfassten, spielten beim willkürlichen Planen und Erfinden von Grenzverläufen kaum eine Rolle.

Für viele Politiker jener Zeit schien diese Aufteilung des Landes ein realistisches Unterfangen zu sein. Leitmotiv war der Gedanke, dass mehrheitlich von Hindus bewohnte Gebiete auf der einen Seite einer zu bestimmenden Grenze liegen sollten und die mehrheitlich von Muslimen bewohnten auf der anderen. Somit ging es um das Prinzip der räumlichen »Getrenntheit«, um Apartheid. In der Praxis, in der gesellschaftlichen Realität jenseits politischer Denkspiele, war dieser Ansatz eine Katastrophe. Seit Jahrhunderten hatten Hindus und Muslime in den meisten Landesteilen nebeneinander gelebt, nicht reibungslos, aber als Landsleute, Nachbarn, Freunde. Die willkürliche Auflösung dieser Struktur per Regierungsbeschluss sollte mehr als eine Million Menschen das Leben kosten und bedeutete für Millionen weitere den Verlust von Heimat, Familie, Freunden, Hab und Gut.

In vieler Hinsicht waren die 1940er-Jahre für den Subkontinent das wichtigste, folgenreichste Jahrzehnt des 20. Jahrhunderts. In dieser Dekade wurden die Weichen für die innen- und außenpolitische Zukunft der Region gestellt. Zweifellos war 1947, als sowohl Indien als auch Pakistan im Zuge der Partition ihre politische Unabhängigkeit erlangten, ein Jahr der Renaissance im eigentlichen Sinne des Wortes: der Wiedergeburt. Während große Landesteile seit Menschengedenken unter Fremdherrschaft gestanden hatten, war der Subkontinent nun mit den Rechten und Pflichten eines souveränen Staats ausgestattet.[313] So bedeutsam dieses historische Ereignis war, in dessen Verlauf die größte Demokratie der Geschichte entstand, so verheerend verlief die Spaltung des Landes, die mit der Unabhängigkeit einherging. Indien und Pakistan beendeten die Kolonialära und lösten damit viele Konflikte. Zugleich schufen sie eine Fülle neuer Probleme, die bis heute nachwirken und ungelöst sind.

Die Partition war das Ergebnis einer schleichenden Verschiebung der Konfliktachse gegen Ende des Zweiten Weltkriegs. Die Eigenständigkeit Indiens, jahrzehntelang ersehntes Ziel der stetig an Einfluss gewinnenden, enorme persönliche Opfer in Kauf nehmenden Unabhängigkeitsaktivisten, stand plötzlich überhaupt nicht mehr zur Debatte; sie war zur Selbstverständlichkeit geworden. Doch sogleich entstand ein neuer Konflikt, dessen Bruchlinie nicht mehr zwischen Indien und der Kolonialmacht Großbritannien verlief, sondern innerindisch zwischen Kongresspartei und Muslim-Liga. Die Liga hatte 1940 erstmals erklärt, dass es so etwas wie ein »Pakistan« geben könnte, einen muslimisch geprägten, eigenständigen Staat in Südasien. Den Briten, die ihren absehbaren Abzug aus Indien gegen Kriegsende zunehmend als unausweichliches Fait accompli betrachteten, kam dabei noch einmal eine Hauptrolle zu.

Die Idee eines unabhängigen muslimisch-»indischen« Staats Pakistan – anfangs gelegentlich auch »Pakstan« genannt – erstaunt heute niemanden mehr. Ursprünglich aber war der Gedanke dahinter innovativ, ein historisches Novum. Bei »Pakistan« handelt es sich nicht um eine historisch gewachsene Region, die sich mühelos hätte definieren und abtrennen lassen, sondern um einen von muslimischen Akademikern im englischen Cambridge in den 1930er-Jahren erfundenen Kunstnamen.[314] »P« stand für den Pandschab, »A« für die im Nordwesten gelegene Region Afghanien (nicht zu verwechseln mit Afghanistan); hinzu kamen »K« (Kaschmir), »I« (Iran), »S« (für die Provinz Sindh) und schließlich das End-»TAN« (von Belutschistan).[315] Eine alternative Interpretation geht dahin, dass Pakistan das »Land der Reinen« sei, weil sich der Name aus den Bestandteilen *pak* (»rein« auf Urdu und Persisch) und *stan* (»Land«) zusammensetzt.

Dramatis Personae

Die Jahre vor der indischen Unabhängigkeit, vom Zweiten Weltkrieg und seinen globalen Erschütterungen geprägt, waren ein historisches Drama, in dem vier Männer und eine Frau, allesamt Giganten der Geschichte, die Hauptrollen spielten.

Jawaharlal Nehru, aus einer reichen, politisch einflussreichen Familie in Kaschmir stammend, wie ein »kleiner Lord Fauntleroy«[316] in einer prächtigen Villa in Allahabad aufgewachsen und an den englischen Eliteinstitutionen Harrow und Trinity College (Cambridge) kosmopolitisch erzogen, verbrachte zwischen 1922 und 1945 fast zehn Jahre seines Lebens in britischer Haft, weil er für die Unabhängigkeit Indiens eintrat. Er war die Schlüsselfigur und, so ein bekanntes Bonmot, dank seines Werdegangs »der letzte Engländer, der das Land regieren sollte«.[317]

Mohandas Gandhi, in der Welt besser bekannt als Mahatma Gandhi, stammte aus einer finanziell solide aufgestellten Familie der gehobenen Mittelschicht. In Gujarat geboren, studierte er Jura in London und verbrachte von 1893 an gut 20 Jahre im südafrikanischen Natal, wo er insbesondere indische Einwanderer als Anwalt vertrat. 1915 kehrte er in sein Heimatland zurück, wo er zur Leitfigur der Unabhängigkeitsbewegung wurde, etwa mit seiner Kampagne des zivilen Ungehorsams gegen die Briten und dem Salzmarsch von 1930 in Westindien, der sich gegen das damalige Salzmonopol der Kolonialmacht richtete. Auf britischer Seite spielte *Louis Mountbatten*, 1900 als Prinz Louis von Battenberg geboren und ein Urenkel Queen Victorias, als letzter Vizekönig von Indien die Rolle des Verhandlungsführers.[318] Seine Frau *Edwina Mountbatten* wiederum, eine ganz und gar faszinierende Figur in dieser Gemengelage, hatte erheblichen politischen Einfluss – nicht nur als Vizekönigin, »First Lady von Indien« also, sondern auch dank ihrer engsten, intimen, jahrelang aufrechterhaltenen Beziehung zu Nehru. Die Mountbattens und Nehru waren einander in der entscheidenden Phase der indischen Unabhängigkeitsbestrebungen aufs Freundschaftlichste zugetan; sie bildeten ein *love triangle*.[319]

Schließlich *Mohammed Ali Jinnah*, Oberhaupt der Muslim-Liga und später für kurze Zeit des neu gegründeten Pakistan: ein Jurist, der wie Gandhi und Nehru Auslandserfahrung hatte, kosmopolitisch dachte. Jinnah war es, der mit seinen Parteigängern den Vorschlag machte, auf dem Subkontinent ein eigenes Land für die überwiegend von Muslimen bewohnten Regionen zu schaffen, der also den Gedanken der Teilung Indiens erst in die Verhandlungen einbrachte. Jahrzehntelang sei kontrovers debattiert worden, schreibt der indische Historiker Srinath Raghavan, »ob Jinnah Indien tatsächlich aufteilen wollte oder aber die Forderung nach Teilung lediglich als Verhandlungsstrategie einsetzen [...]«.[320] Falls er die Partition tatsächlich nur als Druckmittel einsetzen wollte, ging seine Taktik spektakulär schief. Klar ist, dass keine der Schlüsselfiguren – Nehru, Gandhi, die Mountbattens – von der Idee begeistert war. »Wir sind irgendwo falsch abgebogen«, meinte Gandhi frustriert.[321] »Niemand hatte die Absicht, eine Mauer in Indien zu bauen«, kommt einem als Deutschem in den Sinn. Aber nach Jahren des Hin und Her einigte man sich, wie so oft in der Politik, auf einen Kompromiss, den eigentlich keiner wollte, auf den kleinsten gemeinsamen Nenner. Und der hieß: Teilung nach Glaubenszugehörigkeit der Bevölkerungsmehrheit. »Religion vergiftet alles«,[322] wie Christopher Hitchens einmal meinte.

Ein fataler Fehler, wie wir heute wissen. Aber im Rückblick sind Geschichte und »historische« Entscheidungen einfach: »Hätte man halt dieses tun sollen und jenes lassen.« Diejenigen dagegen, die in einer konkreten Situation weitreichende Entscheidungen zu treffen haben, tun dies ohne zuverlässige Kristallkugel. Das entschuldigt nichts, erklärt aber manches. Sicher ist, dass bei den Fehlentscheidungen im Zuge der politischen Unabhängigkeit des Subkontinents alle Beteiligten Mitverantwortung trugen: die Verhandlungsführer Großbritanniens, Indiens *und* Pakistans.

Ein Stelldichein mit der Geschichte

Die Spaltung Indiens in zwei Teile, Indien und Pakistan, wurde am 3. Juni 1947 offiziell verkündet und am 14. beziehungsweise 15. August 1947, den Daten der Unabhängigkeitserklärungen beider Staaten, durchgeführt. Es war Nehru, der in den Minuten vor der Unabhängigkeitserklärung kurz vor Mitternacht die vielleicht berühmteste Rede der indischen Geschichte hielt, in der er von einem »Stelldichein« des Landes »mit dem Schicksal« sprach: »*a tryst with destiny*«. Gandhi, zutiefst enttäuscht von der Spaltung des Subkontinents, hielt sich währenddessen fern des Trubels in Kalkutta auf und fastete aus Protest.

Vorerst behielt Indien – formal die Union of India – noch den Status eines britischen Dominions im Rahmen des Commonwealth. Erst mit der Verabschiedung der neuen Verfassung am 26. Januar 1950 erstand schließlich die Republik Indien. Darin festgeschrieben waren die Leitmotive der jungen Nation. Die Verfassung verankerte die Gleichheit aller Bürger vor dem Gesetz, die säkulare Ausrichtung des Staats und (einige Jahre später) eine sozialistische Wirtschaftsordnung.

Der territoriale Umbau des Subkontinents bedeutete keineswegs nur eine Spaltung – Indien hier, Pakistan dort –, sondern kam in der größeren Ordnung der Dinge einer Sprengung gleich. 1948 wurde Birma, das einige Jahre zuvor von Britisch-Indien abgetrennt worden war, ebenfalls in die Unabhängigkeit entlassen. Eigene Wege gingen darüber hinaus Bhutan, Ceylon (heute Sri Lanka), die Malediven und Nepal. Pakistan wiederum umfasste zwei geografisch weit voneinander entfernte Landesteile, nämlich das größere West-Pakistan (das heutige Pakistan) und das kleinere, aber bevölkerungsreichere Ost-Pakistan (heute Bangladesch). Die beiden separaten Landeshälften verband vor allem der Glaube an Allah und sonst wenig. Im Osten sprach ein Großteil der Menschen Bengalisch, im Westen dominierte Urdu. Wirtschaftlich war Ost-Pakistan bedeutender, vor allem dank der dort produzierten Jute, eines wichtigen Exportguts und Devisenbringers. Zudem lagen zwischen beiden Landesflügeln mehr als 1500 Kilometer »Feindesland«, nämlich Indien – eine Distanz, die der Entfernung zwischen München und Madrid entspricht. Es war offensichtlich, dass diese Ausgangsbedingungen für die Regierung, Verwaltung und Verteidigung eines Staats – zumal eines frisch begründeten, in sich ungefestigten – nicht optimal waren. Hinzu kam, dass Indien schlicht viel größer war als das zweiteilige Pakistan, sowohl im Hinblick auf Territorium und Bevölkerung als auch auf die Wirtschaftsleistung. Insofern hatte die Partition den Nebeneffekt, dass Indien von Anfang an die regionale Hegemonialmacht war und Pakistan machtpolitisch zweitrangig.

Die Folgen waren schon in der zweiten Hälfte der 1940er-Jahre verheerend. Es kam zu einer Katastrophe, für die die Politeliten der neu gegründeten Staaten die Verantwortung nun nur noch anteilig auf London schieben konnten. Die Briten waren schließlich raus; man war auf sich gestellt, mit allen Rechten und Pflichten. Nicht nur das ehemalige Britisch-Indien war territorial zerstückelt worden, sondern auch Bengalen und der landwirtschaftlich besonders ertragreiche Pandschab, Indiens Kornkammer. Kalkutta, einst »die reichste Stadt zwischen Konstantinopel und Tokio«, verlor über Nacht das Hinterland und befand sich plötzlich in einer Art Zonenrandgebiet wenige Kilometer vor der Grenze zu Bangladesch. Vor allem aber führte die Teilung des Subkontinents entlang religiöser Sollbruchstellen zu einer der größten Völkerwanderungen der Geschichte, begleitet von Mord, Totschlag, Vergewaltigung und Plünderung. Auf allen Seiten kam es zu Massakern und Pogromen. Die Schätzungen der Gesamtzahl der Toten schwanken; insgesamt dürften ein bis zwei Millionen Menschen ihr Leben verloren haben.[323] Hindus flüchteten aus pakistanischem Gebiet, wo sie seit Langem zahlenmäßig in der Minderheit gewesen waren, sich nun aber in der Rolle von Bürgern zweiter Klasse sahen, nach Indien. Muslime wiederum machten sich von Indien auf gen Pakistan. Sikhs zogen aus dem pakistanischen Teil des Pandschabs in den nordindischen Teil und nach Delhi. Zwischen zehn und 15 Millionen Vertriebene und Flüchtlinge – nach einigen Schätzungen sogar 18 Millionen[324] – verloren mit der politischen Unabhängigkeit des Subkontinents ihre Heimat, laut Keay »der größte Exodus in den Annalen der Geschichte«.[325] Allein Bombay, damals eine Stadt mit wenig mehr als zwei Millionen Menschen, zählte bis Juli 1948 eine halbe Million Flüchtlinge, vor allem aus Sindh und dem Pandschab, die sich irgendwie arrangieren mussten. Ungeordnete Siedlungen entstanden: Slums.[326]

Der politische Neuanfang, den die Unabhängigkeitserklärungen von Indien und Pakistan 1947 markierten, war insofern alles andere als ein reines Jubeldatum. Das von Nehru besungene Stelldichein mit der Geschichte gipfelte in einem Blutbad. Man hatte sich zwar endlich der Briten entledigt. Aber die beiden Nachfolgestaaten hatten von diesem Tag an ihren jeweiligen neuen Erzfeind quasi vor der Haustür – eine ziemlich beste Feindschaft, die bis heute nichts von ihrer Intensität verloren hat, die auf beiden Seiten nunmehr fast zum Brauchtum gehört.

Kaschmir

Es blieb nicht bei Ressentiments. Wenn der Aufteilungsplan im Zuge der Partition bildlich gesprochen einen Reißverschluss darstellte, dann war Kaschmir die Stelle, an der dieser Reißverschluss hakte und bis heute hakt.[327] Dieser Konflikt keimte ebenfalls in den politischen und gesellschaftlichen Verwerfungen der verhängnisvollen Partition.

Die Neuordnung des Subkontinents brachte den Maharadscha von Kaschmir, Hari Singh, in eine Zwickmühle. Er selbst war Hindu, die Mehrzahl der Bevölkerung allerdings muslimischen Glaubens, was die Beantwortung der Frage, ob er sich auf Indiens oder Pakistans Seite schlagen sollte, außerordentlich komplex machte. Während der Herrscher einerseits Sympathien für Indien hegte, hätte diese Präferenz im Volk für beträchtlichen Unmut gesorgt. Doch was würde andererseits mit der Hinduminderheit in Kaschmir passieren, wenn er sich Pakistan annähern würde? Ein Dilemma.

Singh zögerte und spielte mit dem Gedanken, seinen eigenen Weg zu gehen und Kaschmir zu einem souveränen Staat zu machen. Weite Kreise der politischen Führung Pakistans waren von dieser Idee alles andere als begeistert und zettelten eine Rebellion in Kaschmir an. Wie in anderen Landesteilen auch kam es zu Gewalt zwischen Hindus, Muslimen und Sikhs mit zahlreichen Opfern. Der Maharadscha bat schließlich Delhi um militärische Unterstützung, um den Einmarsch. Die Bitte wurde erfüllt, allerdings unter der Bedingung, dass Kaschmir Indien beitrete. So eskalierte das Gerangel zwischen Indien und Pakistan. Der Kaschmirkonflikt, noch heute regelmäßig in den Schlagzeilen, war geboren. Wenige Monate nach der Unabhängigkeitserklärung führten Indien und Pakistan erstmals Krieg gegeneinander. Er war von kurzer Dauer und endete mit einer Verfestigung der Frontlinie – später die Line of Control, LoC –, die keine Staatsgrenze im eigentlichen Sinne darstellte (und bis heute nicht darstellt), sondern lediglich den Einfluss- und Kontrollbereich beider Seiten festhielt.[328] Die Anerkennung der mehr als 700 Kilometer langen LoC bedeutete die Teilung Kaschmirs. Die Nichtlösung des Konflikts schuf eine chronisch instabile, wirtschaftlich abgehängte Region. Bis heute.

Kaschmir war allerdings nur einer – wenngleich ein besonders großer – von mehr als 500[329] sogenannten Prinzenstaaten, die zu Zeiten des *Raj* so »britisch« waren wie der Rest des Subkontinents, allerdings einen gewissen Sonderstatus innehatten und mitunter beträchtliche Eigendynamik entfalteten. Für Mountbatten, der sich unter halbwegs geordneten Verhältnissen aus Indien zu verabschieden suchte, lag hier eine der größten Baustellen. Die Gefahr bestand, dass im Zuge der Unabhängigkeit eine neue Kleinstaaterei und ein geografischer Flickenteppich entstehen könnte, eine »Balkanisierung« des gesamten Subkontinents, da die *princely states* mit ihrer Gesamtfläche ungefähr ein Drittel der Landesfläche ausmachten. Viele waren winzig, umfassten wenig mehr als ein paar Siedlungen und Städtchen; andere – Kaschmir, Hyderabad, Mysore, Travancore – waren größer als viele Staaten Europas. Neben Kaschmir zogen weitere Prinzenstaaten die Souveränität denn auch in Erwägung, darunter Bhopal, Travancore und, am wichtigsten, Hyderabad, das damals um 17 Millionen Einwohner zählte, darunter etwa 40 Prozent Muslime.

Die Briten, die ihren Indien-Brexit organisierten, stellten jedoch sicher, dass die politische Einheit Gesamtindiens, von ihnen selbst in den vorangegangenen zwei Jahrhunderten überhaupt erst errungen, im Großen und Ganzen erhalten blieb (abgesehen von Pakistan natürlich). Sie verfolgten die Leitidee eines zentralistischen Staats, nicht des Wiederauferstehens feudalistisch-kleinteiliger Herrschaft. Man kann nicht sagen, dass alle Prinzenstaaten von diesem Versuch des Erhalts der politischen Einheit begeistert gewesen wären. So verfolgte der Nizam von Hyderabad, Osman Ali Khan, die Unabhängigkeit Hyderabads – aus ähnlichen Gründen wie der Maharadscha von Kaschmir. Die Elite in Hyderabad, der Nizam und ein Großteil der Stadtbevölkerung waren zwar muslimisch, die große Mehrheit der Bevölkerung aber, insbesondere in ländlichen Gebieten, Hindus. Hinzu kam die geografische Komplikation, dass Hyderabad eine riesige Enklave innerhalb »indischen« Territoriums bildete und insofern selbst bei Ausrufung der Unabhängigkeit in einem gewissen Abhängigkeitsverhältnis verblieben wäre. Dazu kam es allerdings nicht. Indien schuf im September 1948 Fakten und marschierte kurzerhand in Hyderabad ein. Die Annexion bedeutete das Ende der 224-jährigen Herrschaft der Nizams und zog ein weiteres Blutbad nach sich. Nach einem indischen Regierungsbericht wurden in Hyderabad bei ethnischen »Säuberungen« zwischen 27.000 und 40.000 Muslime abgeschlachtet.[330] Andere Quellen sprechen von bis zu 200.000 Toten.

Jene Provinzfürsten, die die Eingliederung ihrer Territorien in den neuen indischen Staat abnickten, behielten in der Regel immerhin ihre Paläste, ihre Juwelen und viele Privilegien. Sie erhielten im Gegenzug für die Aufgabe politischer Macht sogar staatliche Pensionen und Steuervergünstigungen, die allerdings später vom Staat (von Nehrus Tochter Indira Gandhi) erst gekürzt und schließlich ganz gestrichen wurden, einer der großen Wortbrüche der Geschichte. Aber im Kern war schon mit der Ausrufung der Demokratie klar, dass der alte Adel weg vom Fenster war. Viele waren weiterhin vermögend. Doch der legendäre Reichtum der Maharadschas und anderer Fürsten, der sich jahrhundertelang vor allem aus Großgrundbesitz gespeist hatte, schmolz ab.

Die Republik Indien vereinnahmte im Laufe der Zeit andere territoriale Überbleibsel, nämlich die letzten unter europäischem Einfluss verbliebenen Gebiete. 1954 gab Frankreich Pondicherry und andere Mini-Enklaven auf. 1961 schaffte die indische Armee ein weiteres Mal Fakten und besetzte Goa sowie Daman und Diu am Arabischen Meer, die jahrhundertelang portugiesisch gewesen waren.

Der Staat in Indien

Die indische Republik entstand mit neuen politischen Instanzen und einem parlamentarischen Mischsystem. Das Unterhaus zu Neu-Delhi, Lok Sabha (»Volksversammlung«, »Haus des Volkes«), ist mit dem Deutschen Bundestag oder dem House of Commons in Großbritannien vergleichbar, das Oberhaus, Rajya Sabha (das »Haus der Länder«, also der Bundesstaaten und -territorien[331]), in seiner Funktion ungefähr mit dem Bundesrat. Zugleich weist die Verfassung zentralistische Elemente auf, die große Machtfülle im Amt des Ministerpräsidenten bündelt – ähnlich wie in den präsidialen Systemen Frankreichs und der Vereinigten Staaten.

Das Wahlsystem basiert nicht, wie im Wesentlichen etwa in Deutschland, auf einem Verhältniswahlrecht, bei dem alle Parteien ihrem Stimmanteil entsprechend im Parlament vertreten sind, sondern es folgt den Regeln des *first past the post*, des Mehrheitswahlrechts (wie zum Beispiel in Großbritannien). Diejenige Partei, die den größten Anteil der Wählerstimmen erhält, ist in der Volksvertretung damit überproportional vertreten. Dieser *Winner-takes-all*-Ansatz hat stabilisierende Wirkung, indem er starke Parlamentsmehrheiten ermöglicht, die leichter »durchregieren« können. Relativ lange Amtszeiten von Ministerpräsidenten und ihren Regierungen sind damit relativ einfach möglich – wobei die Betonung jeweils auf »relativ« liegt So war Jawaharlal Nehru von 1947 bis 1964 an der Macht (Tabelle 12. Seite 196), seine Tochter Indira Gandhi von 1966 bis 1977 sowie von 1980 bis 1984, und auch Manmohan Singh hatte das Amt des Premierministers ein Jahrzehnt lang inne, von 2004 bis 2014. Unabhängig von der Kompetenz oder Inkompetenz der Regierung liegt in dieser Beständigkeit ein Vorteil. Man denke vergleichsweise an Italien, das bis Mitte der 1990er-Jahre[332] ein Verhältniswahlrecht hatte, das die Parteienlandschaft zersplitterte und große, tendenziell instabile Koalitionen mit sich brachte. Die römischen Regierungen der Nachkriegsjahrzehnte wechselten aus diesem Grund phasenweise häufiger als die Jahreszeiten. Ein Anpacken notwendiger, komplexer Reformen ist unter solch labilen Bedingungen für kaum eine Regierung realistisch. Für ein Land und eine Volkswirtschaft ist es auf Dauer eine große Belastung – siehe Italien.

Indiens erste demokratische Wahlen, die sich von Oktober 1951 bis Februar 1952 hinzogen, waren aufgrund der schon damals beträchtlichen Bevölkerungszahl ein Projekt der Superlative. Es gab 176 Millionen Wahlberechtigte, darunter etwa 85 Prozent Analphabeten. Die 75 Parteien, die sich aufstellen ließen, platzierten daher neben ihrem Namen und ihren Kandidaten ein einfach zu erkennendes Symbol auf den Stimmzetteln – etwa eine Hand, ein Rad, ein Paar Ochsen, einen Elefanten. Viele Wahlberechtigte nahmen tagelange Fußmärsche auf sich, um ihr Wahllokal zu erreichen. Trotz dieser Komplikationen lagen die Wahlbeteiligung um 60 Prozent und der Anteil der ungültig abgegebenen Stimmen bei weniger als 4 Prozent.[333]

Ministerpräsident	Amtszeit	
Jawaharlal Nehru	1947–1964	Zugleich Außenminister. Congress. Im Amt gestorben.
Gulzarilal Nanda	1964	Kommissarisch.
Lal Bahadur Shastri	1964–1966	Congress. Im Amt gestorben.
Indira Gandhi	1966–1977	Congress. Jawaharlal Nehrus Tochter.
Morarji Desai	1977–1979	Janata Party. Erste Nicht-Congress-Regierung.
Charan Singh	1979–1980	
Indira Gandhi	1980–1984	Im Amt ermordet.
Rajiv Gandhi	1984–1989	Indira Gandhis Sohn, Jawaharlal Nehrus Enkel.
Vishwanath Pratap Singh	1989–1990	
Chandra Shekhar	1990–1991	
P. V. Narasimha Rao	1991–1996	Congress. Erste Welle der Wirtschaftsreformen (mit Finanzminister Manmohan Singh).
Atal Bihari Vajpayee	1996	BJP.
H. D. Deve Gowda	1996–1997	
Inder Kumar Gujral	1997–1998	
Atal Bihari Vajpayee	1998–2004	BJP. Erste volle Amtszeit eines Nicht-Congress-Regierungschefs.
Manmohan Singh	2004–2014	Congress. Politisch abhängig von Congress-Präsidentin Sonia Gandhi.
Narendra Modi	seit 2014	BJP. Zweite Welle der Wirtschaftsreformen.

Tabelle 12: Indien: Regierungschefs seit 1947

Pakistan wiederum, als Staat mit religiös verankertem Idealismus gestartet, war und ist der Verfassung nach eine Demokratie, nahm jedoch insofern eine problematische Entwicklung, als die Staatsgewalt schon bald vom Militär gekapert wurde, dessen zentrale Rolle bis heute anhält. »Viele Staaten halten sich eine Armee, die pakistanische Armee hält sich einen Staat«, wie es die *Süddeutsche Zeitung* formulierte.[334]

Die Armee gibt in Pakistan de facto politische Ziele vor, definiert das nationale Interesse und bestimmt die Außen- und Sicherheitspolitik, während die Regierung sich so gut als möglich zu arrangieren versucht – in erster Linie nicht mit den Wählern, sondern mit den Offizieren. Es wäre unangemessen, angesichts dieses Machtgefüges von einer funktionierenden Demokratie im Sinne des Wortes (»Volksherrschaft«) zu sprechen. In Pakistan macht das Militär der Regierung die Ansagen; in Indien bestand nie ein Zweifel, dass die Regierung, vom Volk gewählt und legitimiert, das Sagen hat.

Indien sieht Pakistan seit Langem als Sponsor islamistischer Terroristen, was die pakistanische Seite regelmäßig mit größter Empörung von sich weist. Sicher ist, dass die Attentäter, die im November 2008 Mumbai drei Tage lang in Angst und Schrecken versetzten (Kapitel 8: »Die Unternehmenslandschaft«), allesamt aus Pakistan stammten und dort »ausgebildet« worden waren. Sicher ist auch, dass Osama bin Laden, Mastermind der Anschläge vom 11. September 2001 in den USA, im Mai 2011 in Abbottabad aufgespürt und erschossen wurde. Abbottabad liegt nicht nur in Pakistan, sondern bin Ladens Wohnhaus befand sich wenige Gehminuten neben einer pakistanischen Militäreinrichtung. Ohne die Mitwisserschaft zumindest eines Teils des Militärs wäre dies mutmaßlich nicht möglich gewesen.

Hinzu kommt, dass jede Armee, die überleben – und *gut* leben – will, einen klar erkennbaren Feind braucht oder wenigstens ein Feind*bild*. Schließlich »eint nichts eine Nation und ein Volk so effektiv wie ein [...] Krieg gegen einen gemeinsamen Feind, sei er real oder erfunden«, wie es der Archäologe Toby Wilkinson ausdrückte.[335] In dieser Rolle befindet sich Indien, seit den späten 1940er-Jahren Pakistans Erbfeind – und umgekehrt. Die Hysterie, die dieser Antagonismus auf beiden Seiten bis heute in weiten Regierungs- und Gesellschaftskreisen schürt, nimmt mitunter groteske Züge an und macht ein Rapprochement knifflig, wenn nicht unmöglich.

»Nehru ist Indien«

Nehru, seinem Wesen nach eher ein pragmatischer denn dogmatischer Politiker, stellte in seiner Amtszeit als erster Regierungschef des unabhängigen Indiens die wirtschaftspolitischen Weichen, die die Entwicklung des Landes für mehrere Jahrzehnte prägen sollten. Aus heutiger Sicht ist klar, dass er diese Weichen falsch stellte und Indiens Wirtschaftspotenzial mit zahlreichen Fehlentscheidungen langfristig ausbremste. Nehru sah in der Sowjetunion, die seit den späten 1920er-Jahren einen beachtlichen, von schneller Industrialisierung geprägten wirtschaftlichen Aufschwung genommen hatte[336] und in den 1950er- und 1960er-Jahren schließlich zur Supermacht aufstieg, ein Vorbild für das postkoloniale Indien, damals ein extrem armes, unterentwickeltes Land. Um Indien möglichst ähnlich rasch zu industrialisieren, setzte er auf Planwirtschaft und Dirigismus sowie auf weitere Ansätze der sozialistischen Denkschule. Der Staat, so der zentrale Gedanke, werde es in seiner Weisheit schon richten. »Ich glaube [...] an den Kommunismus als eine Idealgesellschaft«, so Nehru. »Es ist eine sozialistische Gesellschaft, und nur der Sozialismus kann, wie mir scheint, die Welt vor der Katastrophe retten.«[337] 1946 schrieb der künftige Regierungschef, dass er »keinen Zweifel daran hatte, dass die Sowjetrevolution die menschliche Gesellschaft einen großen Sprung vorwärtsgebracht und eine helle Flamme entzündet hatte, die nicht mehr erstickt werden konnte, und dass sie die Grundlagen für eine neue Zivilisation gelegt hatte, in deren Richtung sich die Welt bewegen konnte«.[338] Unternehmertum und eine liberale Wirtschaftsordnung waren für Nehru fremdartige, geradezu widerwärtige Konzepte. »Never talk to me about the word profit«, ließ er Jehangir Ratanji Dadabhoy (»JRD«) Tata wissen, in den 1950er-Jahren einer der führenden Unternehmer Indiens, »it is a dirty word.«[339] Eine Haltung, die übrigens vor ihm auch mancher Brite vertreten hatte, so Lord Lawrence, Vizekönig von Indien in den 1860er-Jahren: »Ich weiß, was privates Unternehmertum bedeutet! Es bedeutet Diebstahl an der Regierung!«[340]

Im Rückblick und mit dem Wissen um den nachfolgenden Geschichtsverlauf in der zweiten Hälfte des 20. Jahrhunderts mag dieser Ansatz schlicht und peinlich wirken. Im Kontext der 1950er-Jahre jedoch war Nehrus Politik für viele – auch für einen Großteil der Inder, die ihn schließlich wählten und wiederwählten – nicht nur nachvollziehbar, sondern weise, visionär, staatsmännisch. Möglicherweise war das von Nehru angerichtete Wirtschaftsdebakel sogar das kleinere Übel, weil alles noch viel schlimmer hätte kommen können. Die führenden Vertreter der indischen Unabhängigkeitsbewegung, Nehru und der mönchische Mohandas Gandhi, hingen beide sozialistischen Idealen an, die sich aber im Grad ihrer fundamentalistischen Ausrichtung unterschieden.

Gandhi, eine der großen Persönlichkeiten der indischen wie der Weltgeschichte und als Vertreter des gewaltlosen Widerstands und Triebkraft der Unabhängigkeitsbewegung eine herausragende Figur, hatte zugleich Schrullen, und nicht zu knapp. Er war voller guter Intentionen, zugleich aber ohne ökonomischen Sachverstand und in Fragen der Wirtschaft hoffnungslos naiv. Medizinische Erkenntnisse und technologische Neuerungen lehnte er ab.[341] »Die Eisenbahn, Rechtsanwälte und [westliche] Ärzte haben Indien [...] in die Armut getrieben [...]. Krankenhäuser sind Institutionen, die die Sünde verbreiten. [...] Es sind [...] Maschinen, die Indien in die Verarmung getrieben haben. [...] Maschinen [...] sind ethisch schlecht. [...] Parlamente sind in Wahrheit Symbole der Sklaverei.«[342] Und so weiter. All dies spricht in seiner Murksigkeit für sich.

Noch in anderer Hinsicht war er trotz aller historischer Leistungen recht spinnert. Gandhi war »besessen von Essenstabus«[343] und von Sexualität, die er mit Mitte 30 – verheiratet, mehrfacher Vater – mit einem einseitig ausgerufenen Zölibat auszuschalten versuchte. Vielleicht hätte er das vorher mal mit seiner »schwer leidgeprüften« Ehefrau Kasturba besprechen sollen?[344] Tat er aber nicht. Und am 23. Juli 1939 schrieb er in einer unglücklichen Kombination aus guter Absicht und grenzenloser Naivität an den »lieben Freund [...] Herrn Hitler« und bat ihn, auf sein Gewissen zu hören und einen Krieg unter allen Umständen zu vermeiden.»Ihr aufrichtiger Freund, M. K. Gandhi«.[345]

Gandhis ökonomische Leitmotive waren die Autarkie des Einzelnen und des Landes (*swadeshi*) sowie eine pastoral-utopische und zugleich in tiefster Vergangenheit verankerte Agrargesellschaft, in der jeder sein Stückchen Land beackerte und so etwas wie Industrialisierung nicht stattfand – eine Idealisierung von Demut, Armut und romantisch verklärtem Landleben, die er als edel und gut empfand. Gandhis Vision des wirtschaftlichen Fortschritts sah vor, dass jeder in seiner Stube ein Spinnrad hat und sich sein eigenes Hemd bastelt. Es ging ihm um die innere Transformation des Menschen, nicht um die des Landes. »Um die Sache kurz und bündig zu formulieren: Er wollte, dass Indien wieder zu einer dörflichen und primitiven ›spirituellen‹ Gesellschaft wird«, wie Hitchens schreibt. »Genau in dem Moment, in dem Indien vor allem eine moderne, säkulare, nationalistische Leitfigur brauchte, bekam es stattdessen einen Fakir und Guru.«[346] Gandhi und seinen ökonomischen Ansatz mag man sympathisch finden oder nicht. Für die wirtschaftliche Entwicklung eines bitterarmen Landes, in dem zu jener Zeit ein Großteil der Bevölkerung unterernährt war, wäre diese rückwärtsgewandte, fortschrittsfeindliche Vision noch katastrophaler gewesen als Nehrus weniger extremes sozialistisches Ideal. Während Gandhi dem Wohlstand entsagen und das vermeintliche Idyll der Selbstversorgung realisieren wollte, hatte Nehru immerhin zum Ziel, die Armen aus ihrer Armut zu holen, bessere Lebensverhältnisse zu ermöglichen, Indien zu modernisieren. »Ein Abgrund trennt diejenigen, deren Psychologie zukunftsgerichtet ist, von jenen, die sich der Vergangenheit zuwenden«, wie Nehru es einmal selbst formulierte.[347] Die Zukunft, schien für ihn ausgemacht, hatte mangels besserer Alternativen sozialistisch zu sein.

Gandhi wurde am 30. Januar 1948 von einem Fanatiker ermordet. Die Nacht nach dem Attentat stand im Zeichen ominöser Unklarheit. Nach den zahllosen Gewalttaten zwischen Angehörigen verschiedener Religionen im Zuge der Partition ging die Angst um, dass Gandhis Mörder ein Muslim gewesen sein könnte, was zumindest wahrscheinlich erschien. Doch das war nicht der Fall. Gandhi war von Nathuram Godse erschossen worden, einem fundamentalistisch verwirrter Brahmanen aus Pune, der ideologisch in der 1925 gegründeten Hindu-organisation Rashtriya Swayamsevak Sangh (RSS, »Nationale Frei-willigenorganisation«) verwurzelt war. Gandhi, der sich stets für ein friedliches Miteinander aller Religionen eingesetzt hatte, war ihm zu liberal gewesen, zu tolerant. Nehru erklärte den RSS, der nach seinem Urteil »striktesten Nazi-Prinzipien«[348] folgte, nach Gandhis Tod für illegal, ein Verbot, das ein Jahr später allerdings wieder aufgehoben wurde. Godse wurde im November 1949 hingerichtet. Mit Gandhis Tod verschwand eine der Leitfiguren von der politischen Bühne – wobei eine Ironie der Geschichte darin liegt, dass ausgerechnet der Prediger der Frugalität bis heute in Indien omnipräsent ist: auf den Banknoten. Im Dezember 1950 starb zudem Vallabhbhai Patel, eine weitere Leitfigur der Unabhängigkeitsbewegung, der wirtschafts-politisch liberalere Positionen vertreten hatte. Nehru wurde damit bis 1964 zum uneingeschränkten Machtpol, zur Personifizierung Indiens im In- und Ausland. »Nehru war Indien.«[349]

Ausgestattet mit enormer Machtfülle, setzte er seine wirtschafts-politischen – also sozialistischen, planwirtschaftlichen – Ideen in die Tat um. Inspiriert von der Sowjetunion führte Neu-Delhi 1950 eine ständige Planungskommission ein. Der erste Fünf-Jahres-Plan deckte den Zeitraum von 1951 bis 1956 ab. 1953 verstaatlichte Nehru die indischen Fluggesellschaften, 1956 Lebensversicherungen. Auf *British Raj* folgte *Licence Raj*, die »Herrschaft der Bürokratie«. Beamte – die *babus*, Technokraten, Strippenzieher – waren fortan für die Wirtschaft zuständig. Der Dirigismus bremste das wirtschaftliche Potenzial und die Entwicklung des Landes jahrzehntelang aus. »Zu jener Zeit brauchte man für fast alles außer das Atmen eine Erlaub-nis oder Lizenz«, schreibt Raman Jokhakar. »Diese Art der Kontrolle ließ einige Industrieimperien Machtzentren errichten und erzeugte ein monopolistisches Umfeld.«[350] Unternehmen konzentrierten sich nicht auf die Bereitstellung hochwertiger Waren und Dienstleistungen für den heimischen oder gar den Weltmarkt, sondern auf die Pflege möglichst geschmeidiger Beziehungen zu den Entscheidungsträgern in Politik und Verwaltung, womit Korruption zu wuchern begann. Die Folge war die berüchtigte »Hindu-Wachstumsrate«.[351] Die Pro-Kopf-Einkommen stiegen kaum oder stagnierten.

Die Tragik dieses Wirtschaftssystems, das etwa vier Jahrzehnte Bestand haben sollte, liegt in seinen gigantischen Opportunitätskosten, im Was-stattdessen-hätte-sein-können. In den Jahren von der Unabhängigkeitserklärung Indiens bis 1991 hätte Neu-Delhi viele sinnvolle Maßnahmen ergreifen können, um Indiens wirtschaftliche Entwicklung voranzutreiben. Dies taten andere Entwicklungsländer in jener Epoche durchaus und mit Erfolg. Man denke beispielhaft an Singapur, Südkorea und (seit den späten 1970er-Jahren) die Volksrepublik China, die zu Nehrus Zeit allesamt ähnlich unentwickelt waren wie Indien. Singapur liegt heute, gemessen am Pro-Kopf-Einkommen und an den Vermögensverhältnissen, deutlich vor Deutschland; Südkoreaner sind im Schnitt reicher als Spanier; und Chinesen sind ungefähr vier- bis fünfmal so reich wie Inder – all dies infolge kluger wirtschaftspolitischer Entscheidungen. Indien dagegen, staatlichem Kontrollwahn erlegen, trat viel zu lange auf der Stelle. Dass es so nicht weitergehen konnte, wurde den Entscheidungsträgern erst Anfang der 1990er-Jahre klar, als Indien so gut wie zahlungsunfähig war (Kapitel 6: »1991: die wirtschaftspolitische Wende«).

Dritter Weg, Dritte Welt

Außenpolitisch suchte Nehru in der Ära des Kalten Kriegs und ihrer bipolaren Weltordnung weder die Annäherung an die Vereinigten Staaten noch an die Sowjetunion, sondern verfolgte einen eigenen, unabhängigen, »dritten« Weg. Mit diesem Ansatz des *non-alignment* stand Indien nicht allein, sondern es fand Gleichgesinnte wie Jugoslawiens Diktator Josip Broz Tito oder den ägyptischen Staatspräsidenten Gamal Abdel Nasser. Das blockfreie Indien war in vieler Hinsicht jedoch das Land, das den Begriff des »Dritten Wegs« – und jenen der »Dritten« Welt – prägen sollte. Als Dritte Welt galt bald die Gruppe unterentwickelter, relativ armer Staaten, die weder in den direkten Einflussbereich des Warschauer Pakts noch jenen des westlichen Bündnisses fiel. »Zu seinen Lebzeiten war [Nehru] global der bedeutendste Fürsprecher der Dritten Welt«, so Braudel.[352]

Eine außenpolitische Schlüsselrolle kam aus indischer Perspektive zwangsläufig Pakistan zu, in den 1950er- und 1960er-Jahren noch in Ost- und Westhälfte unterteilt. Nehrus »Dritter« Weg hatte zur Folge, dass die USA Indien in der Nachkriegszeit misstrauten. Unter Federführung von Außenminister John Foster Dulles vereinbarten die USA 1954 einen Verteidigungspakt mit Pakistan, der die beiden Länder zu Verbündeten machte. Amerika lieferte auch Waffen an den neuen Partner in Südasien und machte sich damit geradezu zwangsläufig Indien zum Gegner. »Als Indien und Pakistan ihren Konflikt hatten, schickten wir [die USA] Waffen nach Pakistan [...]«, schrieb Eleanor Roosevelt, Witwe des US-Präsidenten Franklin D. Roosevelt und in der Nachkriegszeit selbst in hohen diplomatischen Ämtern. »Die bitteren Reaktionen, die das in Indien auslöste, hätten wahrscheinlich vermieden werden können, wenn wir unsere Hilfe auf den Wirtschaftsbereich beschränkt hätten.«[353]

In Indiens nördlichem Grenznachbarn China wiederum sah Nehru zu Beginn der 1950er-Jahre einen potenziellen Verbündeten: ein Riesenvolk in Asien, zu jener Zeit arm wie Indien – und in den Irrungen und Wirrungen des Kalten Krieges mit einer gewissen Grundsympathie für sozialistische Ideen und die Sowjetunion ausgestattet, aber dennoch auf der Suche nach einem eigenen Weg. *Hindi-Chini bhai bhai* lautete das Motto: »Inder und Chinesen sind Brüder«. Es hätte vielleicht etwas werden können mit dieser Indien-China-Achse, und sicher wäre die Geschichte des 20. Jahrhunderts dann anders verlaufen. Doch ein politisches Erdbeben machte jede Freundschaft unmöglich: die Besetzung Tibets durch China im Herbst 1950. Am 31. März 1959 floh der Dalai Lama, geistiges und politisches Oberhaupt der Tibeter, in einer Nacht-und-Nebel-Aktion über die im Hochgebirge liegende Grenze nach Indien, wo er Asyl erhielt. Er lebte und regierte fortan in einem großen Kreis von Exil-Tibetern in Dharamsala, einer Kleinstadt im Bundesstaat Himachal Pradesh. Die *Hindi-Chini*-Brüder waren fortan verkracht. Die Präsenz des Dalai Lama auf indischem Territorium sorgt bis heute für Konfliktstoff.

Die Ressentiments eskalierten 1962 in einem Grenzkrieg zwischen Indien und China. Peking ließ seine Armee in die nordostindische Hochgebirgsprovinz Arunachal Pradesh einmarschieren, die beide Länder für sich beanspruchten, und eröffnete auch im westlichen Teil des Himalajas eine Front. Die Gefechte endeten, als China einen Waffenstillstand erklärte und sich aus der entlegenen, extrem dünn besiedelten Region wieder zurückzog. Für Indien war der Konflikt ein militärisches Desaster, bei dem mehrere Tausend Soldaten ihr Leben verloren und zahlreiche weitere verletzt wurden.[354] Die Schlussfolgerung musste lauten, dass die Republik Indien Pakistan militärisch überlegen sein mochte, nicht aber China. Nehru hatte sich im In- und Ausland blamiert. Seine Reputation als Leitfigur der Dritten Welt und der *Non-alignment*-Bewegung war diskreditiert. China und Pakistan, nun beide mit Indien verkracht, entdeckten ihre Gemeinsamkeiten und näherten sich politisch an.

Der Konflikt mit China um territoriale Hoheit im Himalaja schwelt bis heute. Die Volksrepublik bezeichnet Arunachal Pradesh weiterhin als »Südtibet« und beansprucht den Landstrich von der Größe Österreichs für sich. Zwischen beiden Staaten umstritten ist darüber hinaus die Region Aksai Chin, zwischen Tibet und Nordindien gelegen und etwa so groß wie die Schweiz. Das Territorium wird zurzeit von China kontrolliert, aber von Indien beansprucht.

»Indira ist Indien«

Die folgenreichste Entwicklung in den ersten Jahren nach der indischen Unabhängigkeitserklärung war die Etablierung einer neuen quasi-monarchischen Herrscherfamilie, des Nehru-Gandhi-Clans. Er spielt bis heute, mehr als 70 Jahre später, die zentrale Rolle in der

Kongresspartei und hat politische Schlüsselfunktionen inne. Von Nehru selbst war dies nicht beabsichtigt; es passierte einfach, Zug um Zug, im Laufe der Zeit. Indira Gandhi, Nehrus Tochter, dominierte die indische Politik fast zwei Jahrzehnte lang. Sie hatte 1942 im Alter von 24 Jahren den Parsen Feroze Gandhi geheiratet und dessen Namen angenommen. (Zu Mohandas Gandhi hatten Nehru und Indira ein enges Verhältnis, allerdings bestand keine verwandtschaftliche Beziehung.) Feroze Gandhi, ebenfalls politisch aktiv, starb 1960, also vor der Übernahme der Regierungsgeschäfte durch seine Witwe.

Indira Gandhi wurde 1966 nach dem plötzlichen Tod des amtierenden Ministerpräsidenten Lal Bahadur Shastri Regierungschefin. Ihr Name ist bis heute in Indien präsent, da zahllose öffentliche Einrichtungen – so der internationale Flughafen von Delhi, Krankenhäuser und Bildungseinrichtungen – ihn tragen. Schon zu Lebzeiten wurde sie von vielen ikonenhaft als Landesmutter Indiens verehrt. Andere wiederum, allen voran US-Präsident Richard Nixon, waren der »Schlampe« und »alten Hexe« in tiefster Abneigung zugetan – genauso wie den »Bastarden« in ihrem Heimatland.[355]

Die Wirtschaftskompetenz Indira Gandhis, die selbst einer vermögenden Familie entstammte, war von verwirrt-naiver Art und von jeder Sachkunde unvorbelastet. Wäre das absichtliche Abwürgen der indischen Wirtschaft ihr erklärtes Ziel gewesen – was natürlich nicht der Fall war, alles geschah mit guten Absichten –, hätte sie kaum zielstrebiger vorgehen können. Die sozialistischen Ansätze ihres Vaters korrigierte sie nicht, sondern weitete sie aus – was den Aphorismus bestätigt, wonach Kinder aus reichem Hause, selbst aller Geldsorgen ledig, die eifrigsten Sozialisten, Kommunisten und Marxisten abgeben. Sie verstaatlichte den Kohlebergbau, Indiens Banken und weitere Versicherungen. Der Spitzensatz der Einkommensteuer lag in Indien in den 1970er-Jahren phasenweise bei 97,75 Prozent, was einen gewissen Fehlanreiz institutionalisierte – ausgehend von der weltweit von Vertretern der politischen Linken immer wieder einmal postulierten These, dass man die Armen reicher mache, indem man die Reichen gezielt verarme.

Außenhandel, für Nationen seit Menschengedenken eine Quelle des Wohlstands, war der Ministerpräsidentin suspekt. Sie strebte vielmehr eine möglichst weitgehende Abschottung gegen Wettbewerber aus dem Ausland und damit die wirtschaftliche Isolation Indiens an. Das Land setzte auf Autarkie und produzierte fortan vieles selbst, darunter vieles in mangelhafter Qualität, und Indiens Gesellschaft gewöhnte sich in einem schleichenden Prozess an die Minderwertigkeit heimischer Produkte. Ein Beispiel ist der aus heutiger Sicht knuffig-nostalgische Kleinwagen *Ambassador* aus den 1950er-Jahren, ursprünglich ein britischer *Morris Oxford*, der noch heute auf den Straßen Kolkatas und anderenorts zu sehen ist. Der technologische Dinosaurier ist das indische Pendant der ostdeutschen Automarken *Trabant* und *Wartburg*.

Das Geschäftsleben wurde während der Indira-Gandhi-Ära beherrscht von Behördengängelung und eskalierender, erstickender Bürokratie. Alles und jedes brauchte auf dem Höhepunkt des *Licence Raj* eine Genehmigung vom Staat und seinen Instanzen. Wer etwa eine Fabrik zu bauen beabsichtigte, war in den Anfangsjahren des Projekts nicht mit der Entwicklung innovativer, marktfähiger Produkte oder gar deren Fertigung beschäftigt, sondern mit Hunderten Anträgen und Lizenzen. Bis 1985 stieg der Export von Fertigwaren um 0,1 Prozent im Jahr, also so gut wie überhaupt nicht, während Indiens prozentualer Anteil am Welthandel, der in den Nachkriegsjahrzehnten boomte, um 80 Prozent einbrach.[356] Es entstand ein durch und durch sklerotisches Wirtschaftssystem. Was den ökonomischen Sachverstand anging, war die Frau hoffnungslos.

Emergency

Indira Gandhis Amtszeiten waren innenpolitisch äußerst turbulent, auch und gerade innerhalb des Congress, der die Parteienlandschaft und das Geschehen in Neu-Delhi dominierte. So führten Machtkämpfe gleich zweimal, 1969 und 1978, zu Spaltungen der Partei. Die

Fragmentierung schwächte Indira Gandhi allerdings nur vorübergehend, und ihr gelang es stets, die ihr wohlgesonnenen Parteiflügel wieder hinter sich zu vereinen und neue Mehrheitsverhältnisse zu schaffen.

Zugleich war Nehrus Tochter für den Tiefpunkt der indischen Demokratie verantwortlich: einen 21 Monate währenden Ausnahmezustand, in dem Gandhi als Autokratin herrschte. Der *Emergency*, so der in Indien geläufige Terminus (wörtlich der »Notstand«), wurde im Juni 1975 ausgerufen und endete im März 1977. Anlass waren innere Unruhen im Lande, die sich vor allem gegen Gandhi und den Congress richteten, und (milde) Kritik der Judikative an der Person Gandhis. Mit Verhängung des Ausnahmezustands wandelte sich Indiens Demokratie, zu jenem Zeitpunkt noch keine drei Jahrzehnte alt, über Nacht in eine auf die Ministerpräsidentin zugeschnittene Diktatur, wenngleich die gewählte Methode der Machtergreifung im Prinzip in der indischen Verfassung vorgesehen war, man also gewissermaßen von einer konstitutionellen Diktatur sprechen konnte. Das Kapitel wirft bis heute dunkelste Schatten auf Indira Gandhi. Die Grundrechte wurden aufgehoben. Die Opposition wurde kurzerhand verboten, die Presse kontrolliert und zensiert. Es kam zu zahlreichen politisch motivierten Festnahmen von Regierungskritikern, darunter viele Politiker und Journalisten, Gewerkschaftsvertreter, Professoren und Studenten. Die Zahl der Gefängnisinsassen stieg binnen 19 Monaten um 100.000.[357] Zehntausende saßen ohne Aussicht auf ein Verfahren hinter Gittern. Tausende starben. »Es gibt keinen Grund für Panik«, log Gandhi.[358]

Eine Schlüsselrolle kam während des Emergency Indiras jüngerem Sohn Sanjay Gandhi zu, Bruder des späteren Ministerpräsidenten Rajiv Gandhi. Indira hatte ihren Lieblingssohn Sanjay für eine politische Karriere auserkoren, förderte ihn nach Kräften und ließ ihn mitregieren, ohne dass er in ein derart machtvolles politisches Amt gewählt gewesen wäre. Eine gewisse mütterliche Vernarrtheit in ihren Sohn mag nachvollziehbar gewesen sein, änderte aber nichts daran, dass Sanjay phasenweise seine Mutter kontrollierte und gewissermaßen in die Rolle des Diktators der Diktatorin schlüpfte. Sanjay

Gandhi war brutal und empathielos. Unter seiner Anleitung kam es von Staats wegen zu zahlreichen Zwangssterilisationen in armen Bevölkerungsschichten. Er ließ Slumsiedlungen – also das Zuhause von Tausenden Familien – ohne Vorankündigung räumen und von Bulldozern zerstören. Vorgeblich sollten diese Maßnahmen prekäre Lebensverhältnisse eindämmen, das hohe Bevölkerungswachstum abbremsen (»Familienplanung«) und das Stadtbild verschönern. Es war ein Gräuel.

Der Ausnahmezustand trat Anfang 1977 in seine Endphase ein, als Neuwahlen ausgerufen wurden, bei denen Indira Gandhi, Sohn Sanjay und der Congress sich empfindlich blamierten. Morarji Desai von der Janata Party führte das nächste Kabinett. Damit wurde Indien 30 Jahre nach der Unabhängigkeitserklärung erstmals nicht von der Kongresspartei regiert. Insofern ging von der autokratischen Zwischenphase des Emergency indirekt durchaus ein Signal demokratischer Stärke und Stabilität aus. Das Diktaturregime hatte mangels ausreichender Unterstützung in der Gesellschaft stetig an Legitimität verloren und war bald unhaltbar geworden. Anders als im benachbarten Pakistan übernahm die Armee in Indien die Kontrolle *nicht*.

Sanjay Gandhi starb 1980 im Alter von 33 Jahren beim Absturz eines Kleinflugzeugs. Nach ihm sind »ehrenhalber« öffentliche Einrichtungen in Indien benannt, so der Sanjay-Gandhi-Nationalpark im Stadtgebiet Mumbais.

1971: Bangladesch

Dass Indira Gandhi in weiten Teilen der indischen Gesellschaft noch im 21. Jahrhundert ikonenhaft verehrt wird, ist vor allem eine Folge ihrer selbstbewusst-souveränen Außenpolitik, insbesondere im Jahr 1971, als Indien und Pakistan zum dritten Mal Krieg gegeneinander führten. Nach dem Kaschmirkonflikt in der Frühzeit des unabhängigen Indien waren beide Staaten Mitte der 1960er-Jahre ein weiteres Mal in dieser Frage aneinandergeraten. Dieser zweite Kaschmirkrieg war

INDIEN

Von Indien beanspruchte Gebiete. Pakistan beansprucht wiederum Territorien in Nordindien (in Jammu & Kaschmir und Ladakh). Die Volksrepublik China erhebt Anspruch auf Gebiete in Nordindien (etwa im östlichen Grenzgebiet Ladakhs) sowie in Nordostindien (Arunachal Pradesh).

AFGHANISTAN

PAKISTAN

Indus

Line of Control

JAMMU & KASCHMIR
Srinagar
Jammu

LADAKH
Leh

HIMACHAL PRADESH
Amritsar
Ludhiana
Shimla (Simla)
CHANDIGARH

PANDSCHAB
Patiala

UTTARAKHAND
Dehradun
Haridwar

HARYANA
DELHI
Neu-Delhi
Gurugram (Gurgaon)
Ghaziabad
Faridabad

Bikaner
Alwar
Mathura

RAJASTHAN
Jaisalmer
Jaipur
Agra
Jodhpur
Ajmer
Gwalior
Kanpur
Lucknow

UTTAR PRADESH
Jhansi
Varanasi (Benares)
Prayagraj (Allahabad)

Udaipur
Kota

CHINA (TIBET)

Brahmaputra

NEPAL
Gorakhpur

SIKKIM
Siliguri
Gangtok

BHUTAN

ARUNACHAL PRADESH
Dibrugarh

Guwahati
Shillong

ASSAM
NAGALAND

MEGHALAYA
MANIPUR

BANGLADESCH

Patna
BIHAR

JHARKHAND
Ranchi
Jamshedpur

WEST-BENGALEN
Kharagpur
Kolkata (Kalkutta)

Hugli
Ganges

TRIPURA
MIZORAM

MYANMAR (BIRMA)

GUJARAT
Rajkot
Ahmedabad
Indore

MADHYA PRADESH
Ujjain
Bhopal
Jabalpur

Vadodara (Baroda)
Bhavnagar
Junagadh
Surat
Daman

DADRA & NAGAR HAVELI UND DAMAN & DIU

Nagpur
Raipur

CHHATTISGARH

ODISHA
Bhubaneswar

Golf von Bengalen

MAHARASHTRA
Nashik (Nasik)
Jalna
Ahmednagar
Mumbai (Bombay)
Pune (Puna)
Karimnagar

Visakhapatnam

Arabisches Meer

TELANGANA
Hyderabad
Kolhapur

Panaji (Panjim)
GOA

ANDHRA PRADESH

KARNATAKA
Mangaluru (Mangalore)
Bengaluru (Bangalore)
Vellore
Chennai (Madras)
Mysuru (Mysore)
Puducherry (Pondicherry)
Kozhikode (Calicut)

TAMIL NADU
Kochi (Cochin)
Madurai

KERALA
Thiruvananthapuram (Trivandrum)

LAKSHADWEEP

SRI LANKA

ANDAMANEN & NIKOBAREN
Port Blair

MALEDIVEN

INDISCHER OZEAN

0   100   200   300   400   500 km

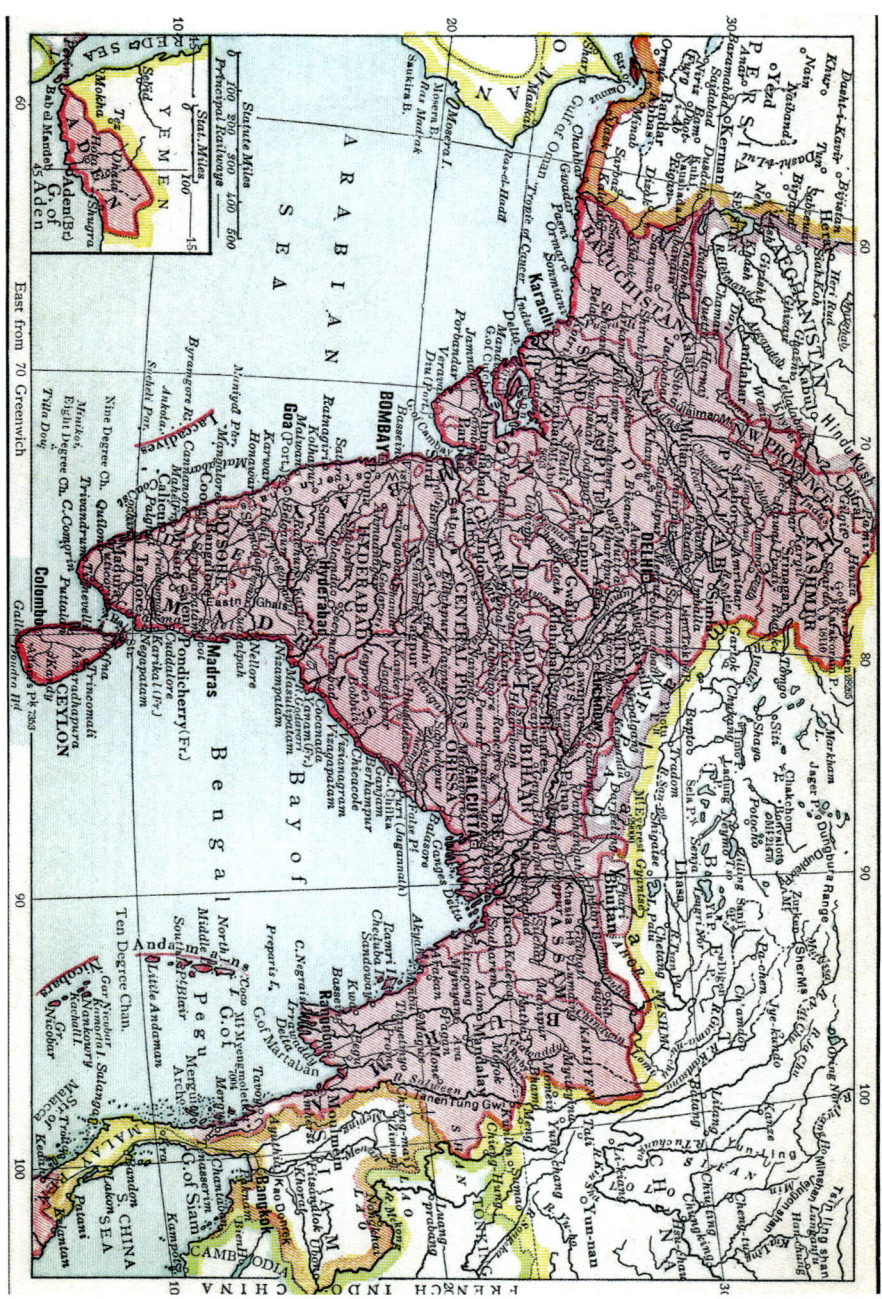

Jewel in the Crown: Auf dem Höhepunkt des *Raj* umfasste Britisch-Indien (hier um 1930) die heute unabhängigen Staaten Indien, Bangladesch, Pakistan und Myanmar (vormals Birma). Sri Lanka (Ceylon) und Aden, ein wichtiger Zwischenstopp für Schiffe auf halber Seestrecke zwischen Suezkanal und Bombay, gehörten ebenfalls zum Britischen Empire.

Qutb Minar im Süden Delhis, eines der Wahrzeichen der Metropole. Der bis zu 800 Jahre alte Qutb-Komplex war erste Haupstadt des Sultanats in Indien.

Das Rote Fort in Delhi, erbaut im 17. Jahrhundert unter Mogulherrscher Schah Dschahan. Hier verkündete Indiens erster Ministerpräsident Jawaharlal Nehru am 15. August 1947 die Unabhängigkeit des Landes.

Hofstaat zu Delhi am Geburtstag des Großmoguls Aurangzeb: eine der spektakulärsten Goldschmiede-
arbeiten der Weltgeschichte, Anfang des 18. Jahrhunderts vom sächsischen Hofjuwelier Johann
Melchior Dinglinger angefertigt (Neues Grünes Gewölbe, Dresden). Aurangzeb (1618–1707) war der
sechste und letzte der »großen« Mogule: blutrünstig, frömmlerisch, intolerant, fabelhaft reich.

»Nichts als Paläste«: Kalkutta in den1850er-Jahren, die nach London bedeutendste Stadt des Britischen
Weltreichs. Im 20. Jahrhundert sollte die Metropole am Hugli einen dramatischen Niedergang erleben.

»Der Osten als Karriere«: Robert Clive (1725–1774), Eroberer Bengalens, einer der reichsten Männer seiner Zeit und Prototyp des Nabob.

Jamsetji-Tata-Statue in Mumbai. Der aus Gujarat stammende Parse (1839–1904) begründete in den 1860er-Jahren den heutigen Tata-Konzern und gilt als Spiritus Rector der Industrialisierung in Indien.

Im Bundesstaat Maharashtra ikonenhaft verehrt: Marathenfürst Chhatrapati Shivaji Maharaj, im 17. Jahrhundert Rivale des Mogulreichs.

Queen Victoria (1819-1901): Herrscherin über das Britische Empire und Kaiserin von Indien. Sie betrat nie indischen Boden.

MAHATMA GHANDHI

Mohandas »Mahatma« Gandhi (1869–1948): Anwalt der Entrechteten, Leitfigur der indischen
Unabhängigkeitsbewegung – und Verfechter
kruder ökonomischer Ideen.

Keine ziemlich besten Freunde: Indiens
Ministerpräsidentin Indira Gandhi mit US-
Präsident Richard Nixon, Weißes Haus,
11. November 1971.

Indiens Ministerpräsident Rajiv Gandhi und Sonia Gandhi (links), Moskau, 2. Juli 1987.

Ein in Delhi registrierter *Ambassador* am Straßenrand im Bundesstaat Rajasthan. Der robuste Klein-wagen, ein Modell aus den 1950er-Jahren und lange ein Statussymbol, ist inzwischen nur noch selten auf Indiens Straßen zu sehen.

Ebenso teuer wie umstritten: *Antilia*, das 2010 fertiggestellte, gut 170 Meter hohe Einfamilienhaus von Mukesh und Nita Ambani in Süd-Mumbai. Mukesh Ambani ist Hauptaktionär und Chef von Reliance Industries, des nach Marktkapitalisierung größten Börsenunternehmens in Indien.

Wahrzeichen von Mumbai: das 1924 vollendete Gateway of India im Stadtteil Colaba. Rechts (nicht im Bild) befindet sich das Taj Mahal Palace, ein 1903 eröffnetes Luxushotel der Tata-Gruppe, das im November 2008 von Terroristen besetzt und in Teilen zerstört wurde.

Führende Kraft der Kongresspartei und Repräsentant der mächtigsten Polit-Dynastie Indiens: Rahul Gandhi (Jahrgang 1970), Sohn von Rajiv und Sonia Gandhi, Enkel von Indira Gandhi, Urenkel von Jawaharlal Nehru, Ururenkel von Motilal Nehru.

Narendra Modi (Jahrgang 1950), Ministerpräsident der Republik Indien seit 2014. Obgleich innenpolitisch umstritten, wurde er 2019 mit überwältigender Mehrheit im Amt bestätigt.

Amit Shah: Hindutva-Hardliner, einer der engsten Vertrauten Narendra Modis, bis Anfang 2020 Chef der Regierungspartei BJP und seit 2019 Indiens Innenminister.

Ratan Tata (Jahrgang 1937): langjähriger Chairman der indischen Tata-Gruppe, des größten Konglomerats des Landes mit Sitz in Mumbai.

nach Intervention der Vereinten Nationen und der Sowjetunion auf der Konferenz von Taschkent beendet worden, in deren Verlauf der damalige indische Ministerpräsident Lal Bahadur Shastri, Nachfolger Nehrus und Amtsvorgänger Indira Gandhis, einen Herzinfarkt erlitt und starb.[359]

Der Krieg von 1971 hatte größere Dimensionen und weitreichendere Effekte. Der Konflikt war nicht die direkte Folge der ungelösten Kaschmirproblematik, sondern nahm seinen Anfang in Studentenprotesten im östlichen, bengalischen Teil Pakistans. In den Jahren nach der Unabhängigkeitserklärung hatte sich in den Bevölkerungen Ost- und Westpakistans keineswegs ein »gesamtpakistanisches« Nationalgefühl entwickelt. Im Gegenteil, gegenseitige Ressentiments und Vorwürfe hatten stetig an Intensität gewonnen. Große Teile der ostpakistanischen Gesellschaft fühlten sich angesichts der politischen Dominanz Westpakistans als Staatsbürger zweiter Klasse. Dabei spielten zum einen sprachlich-kulturelle Aspekte eine Rolle, da im östlichen Teilstaat Pakistans Bengali gesprochen wurde, im westlichen dagegen Urdu. Zum anderen war Ostpakistans Juteindustrie damals ein florierender Wirtschaftszweig, die Cash-Cow des zweiteiligen Staatsgebildes, und viele Bengalen hatten nicht das Gefühl, dass dies gewürdigt wurde. Hinzu kam eine der größten Naturkatastrophen der Menschheitsgeschichte, der verheerende Bhola-Zyklon von 1970, in dessen Verlauf mehrere Hunderttausend Menschen ihr Leben verloren und Millionen weitere ihr Hab und Gut. Das verwüstete Ostbengalen sah die Reaktionen in Westpakistan und die eingeleiteten Hilfsmaßnahmen als völlig unzureichend an. Kurz: Die Osthälfte Pakistans hatte die Landsleute im fernen Westen satt.

Bei den gesamtpakistanischen Wahlen Anfang 1971 setzte sich die Bangladeschfraktion durch, angeführt von der Awami-Liga (»Volksbund«) – ein Ergebnis, das in Westpakistan Schockwellen und Panik auslöste. Eigentlich hätte nun verfassungsgemäß die Nationalversammlung einberufen werden müssen, was auf Betreiben Westpakistans aber vertagt wurde. Die Proteste, die daraufhin im Osten ausbrachen, schlug die pakistanische Armee vom 25. März 1971 an mit größter Brutalität nieder. Das Militär verband die horrende Gewaltaktion mit gegen die Hindubevölkerung gerichteten ethnischen »Säuberungen«, die die Bezeichnung »Völkermord« rechtfertigen.[360] Die Folgen waren entsetzlich. Eine neue Flüchtlingswelle setzte sich in Bewegung und schwappte in die umliegenden Regionen. Die Schätzungen, wie viele Menschen Ostbengalen inmitten der eskalierenden Gewalt verließen, schwanken. Bis Ende 1971 könnten es insgesamt bis zu zehn Millionen gewesen sein. Im Mai 1971 erreichten täglich gut 100.000 Flüchtlinge indische Gebiete, also ungefähr 70 in der Minute, und dies waren nur die Geflüchteten, die offiziell erfasst wurden.[361] Ende Mai wurde die Zahl der Flüchtlinge allein im kleinen nordöstlichen Bundesstaat Tripura (mit einer ansässigen Bevölkerung von damals ungefähr 1,5 Millionen) auf 900.000 geschätzt.[362] Zahllose weitere landeten in der nächstgelegenen Großstadt im Westen, Kalkutta, und schlugen sich durch; Slums entstanden. Per Ende Oktober 1971 waren nach indischen Regierungsangaben 82 Prozent aller Geflüchteten Hindus.[363] Eine Choleraepidemie forderte Tausende Tote. Indien, das mit einer Flüchtlingswelle konfrontiert war, die in ihren Dimensionen um ein Vielfaches über das hinausging, was beispielsweise das reiche Deutschland 2015 erlebte, intervenierte, um Schlimmeres zu verhindern.

Der Krieg selbst, in der ersten Dezemberhälfte 1971 ausgefochten, dauerte nur 13 Tage. Indien war Pakistan militärisch weit überlegen, vor allem, weil es sowohl den Luftraum als auch die Seewege kontrollierte – ein entscheidender Aspekt angesichts der territorialen Zweiteilung Pakistans, die gigantische logistische Anstrengungen erfordert hätte. Die Zahl der Kriegsopfer ist umstritten. In Bangladesch spricht man mitunter von drei Millionen Toten, in Pakistan von 26.000.[364]

Die Folgen dieses kurzen Kriegs waren weitreichend. Der Konflikt zog eine geopolitische Neuordnung Südasiens nach sich, die den Historiker Srinath Raghavan urteilen ließ, dass »der Krieg von 1971 das wichtigste geopolitische Ereignis auf dem Subkontinent seit der Partition 1947 war«.[365] Bangladesch, extrem bevölkerungsreich, wurde ein souveräner Staat. West-Pakistan, nun nur noch in den Grenzen des heutigen »Pakistan«, war politisch und militärisch erheblich geschwächt und fortan auch noch mit Bangladesch, dem einstigen Weggefährten, verfeindet. Damit verschob sich auch das politische Kräfteverhältnis auf dem Subkontinent erheblich, zuungunsten Pakistans, zugunsten Indiens. Die Republik Indien wurde zur unangefochtenen Hegemonialmacht der Region.

Dessen ungeachtet werden die Ereignisse von 1971 bis heute unterschiedlich interpretiert. Aus pakistanischer Sicht hatte Ostbengalen einen Sezessionskrieg angezettelt und somit den Leitgedanken Pakistans als »muslimisches *homeland* in Südasien verraten«, wobei Indien bei dieser Interpretation die Rolle eines Brandstifters zukommt.[366] In Bangladesch spricht man dagegen von einem Unabhängigkeitskrieg. getragen von gefestigtem Nationalismus und Selbstbewusstsein in Ostbengalen. Indien wiederum ordnet den Konflikt tendenziell als »dritten indisch-pakistanischen Krieg« ein, eine weitere Episode der Feindschaft zwischen beiden Ländern in den Nachkriegsjahrzehnten.

Sowohl Indien als auch Pakistan setzten in den folgenden Jahren auf Aufrüstung und Nukleartechnologie. Indien führte am 18. Mai 1974 in der Nähe von Pokhran, einem Städtchen in Rajasthan, seinen ersten Atomtest durch, dem bald weitere folgten. Pakistan legte 1972 sein eigenes Nuklearprogramm auf. Fortan bestand ein regionales »Gleichgewicht des Schreckens«, das – in kleineren Dimensionen – jenem zwischen der Sowjetunion und den USA glich. Indien hatte 2019 die dritthöchsten Verteidigungsausgaben weltweit (nach den USA und China) und war in den vergangenen Jahren der zweitgrößte Waffenimporteur.[367]

Indira Gandhi wiederum, die 1971 »staatsmännisch« und entschieden handelte – auch gegenüber den USA, die in Pakistan einen engen Verbündeten sahen und eine Flotte in die Bucht von Bengalen entsandten –, war für viele Inder fortan eine Ikone jenseits aller Kritik, trotz der sich in den Folgejahren häufenden politischen Fiaskos, etwa während des Ausnahmezustands. »Von diesem Zenit der Macht, des

Ruhms und der Popularität konnte es für Indira nur noch abwärts-
gehen«, wie ihre Biografin Katherine Frank meint.[368]

Amritsar

Das im Pandschab gelegene Amritsar spielte in der indischen
Geschichte des 20. Jahrhunderts zweimal eine Schlüsselrolle, 1919
und 1984. Die Stadt mit heute etwa 1,5 Millionen Einwohnern ist welt-
berühmt für den Goldenen Tempel, das größte Heiligtum der Sikhs.
Das Massaker britischer Soldaten auf dem Platz Jallianwala Bagh im
April 1919 hatte die indische Unabhängigkeitsbewegung die Reihen
schließen lassen und sie massiv gestärkt. Die Ereignisse von 1984
kosteten ebenfalls zahlreiche Menschenleben – darunter, wenngleich
indirekt, das Leben Indira Gandhis.

Der relativ wohlhabende und dicht besiedelte Pandschab, in dem
Sikhs traditionell einen großen Bevölkerungsanteil stellten, war im
Zuge der Partition zwischen Pakistan und Indien geteilt worden.
Insbesondere die Hauptstadt Lahore, heute eine der größten Städte
Pakistans, hatte einen Exodus erlebt. »Von rund 100.000 Sikhs und
500.000 Hindus, die vor der Teilung in Lahore gelebt hatten, blieben
nur 1000 übrig«, schreibt Britta Petersen.[369] Viele Sikhs flohen in die
östliche Hälfte des Pandschabs, nach Indien, wo die Unzufrieden-
heit gärte und sich schließlich, Jahrzehnte später, politisch Bahn
brach. Radikale Sikh-Separatisten unter Führung von Jarnail Singh
Bhindranwale forderten einen unabhängigen Pandschab, »Khalistan«.
Sie besetzten 1984 den Goldenen Tempel. In der Region kam es zu Gewalt gegenüber Hindus.

Aus Sicht der Zentralregierung waren diese Separatisten
Terroristen, die die Autorität des Staats untergruben. Am 3. Juni 1984
ließ Indira Gandhi den Goldenen Tempel in der Operation »Blue Star«
von der Armee stürmen. Fünf Tage später waren 700 Soldaten und
2000 Sikhs tot, darunter Bhindranwale.[370] Der Tempel war weitgehend
zerstört. Um die Bedeutung dieser Aktion für Sikhs ansatzweise zu

erahnen, stelle man sich vor, dass die Armee eines nicht christlichen Staates den von Fundamentalisten besetzten Petersdom in Rom mit Panzern erstürmen, das Gebäude in Schutt und Asche legen und dabei Tausende Menschen umbringen würde.

Die Republik hatte den Konflikt mit Waffengewalt ausgetragen und gewonnen. Viele Sikhs waren hingegen entsetzt und fühlten sich und ihre Religion herabgesetzt. Am 31. Oktober 1984 wurde Indira Gandhi im Garten ihres Bungalows in Neu-Delhi aus Rache von ihren Sikh-Leibwächtern Beant Singh und Satwant Singh erschossen. Beant Singh wurde kurz nach dem Anschlag selbst erschossen, Satwant Singh später gehängt. Einige Monate nach dem Anschlag auf Gandhi, am 23. Juni 1985, brachten militante Sikhs der Khalistan-Fraktion eine Boeing 747 der Fluggesellschaft Air India auf der Route von Montreal über London nach Delhi mit 329 Menschen an Bord zum Absturz.

Dynastische Politik

Mit der sofortigen Übernahme der Regierungsgeschäfte durch Rajiv Gandhi nach der Ermordung seiner Mutter schrieb der Congress das dynastische Prinzip innerhalb der Partei fest – und insofern, als der Congress seit 1947 die dominante politische Kraft gewesen war, auch in Indien. Eine einmalige innerfamiliäre Stabsübergabe – von Nehru an seine Tochter Indira – hätte man noch als Kuriosum abtun können, als »Zufall« der Zeitläufte. Passiert dies zweimal in Folge, sind ein Muster und ein Verfahren der Machtübergabe als Standard etabliert. Ein De-facto-Erbanspruch entsteht, ein Referenzprinzip ist verankert, quasi ein »Familienrecht«. Es war ein Schlüsselmoment der indischen Nachkriegsgeschichte: die Begründung einer dynastischen Demokratie. (Selbstverständlich ist Indien indes weder das einzige Land noch die einzige Demokratie mit Politdynastien. In den USA wirken oder wirken die einflussreichen Familien Roosevelt, Kennedy, Bush, Clinton. Jede Monarchie – auch die in Europa bis heute praktizierte konstitutionelle Monarchie – weist in der Regel eine dynastische Erbfolge auf. Und in Bangladesch, Japan, Pakistan, Singapur, Sri Lanka sowie vielen anderen Staaten findet man politisch dominierende Familienclans.)

Die Nehru-Gandhis waren im 20. und 21. Jahrhundert stets Hauptdarsteller auf der politischen Bühne Indiens. Schon Jawaharlal Nehrus reicher Vater, Motilal Nehru, war zu Zeiten der britischen Kolonialregierung ein führender Politiker gewesen, für einige Zeit Präsident des Congress und ein einflussreicher Verleger; Jawaharlal Nehru war Ministerpräsident, seine Tochter Indira Ministerpräsidentin; deren Sohn Sanjay Gandhi in den 1970er-Jahren der »Kronprinz«; ihr zweiter Sohn Rajiv Gandhi Ministerpräsident; dessen Frau und Witwe später Parteichefin. Rahul Gandhi, Rajiv und Sonia Gandhis Sohn, führte bis 2019 die Kongresspartei. Und seine Schwester Priyanka Gandhi Vadra, verheiratet mit dem umstritten-schurkischen Unternehmer Robert Vadra, ist politisch aktiv und könnte eines Tages höhere politische Weihen erhalten, vielleicht als Spitzenkandidatin des Congress für das Amt des Chief Minister in Uttar Pradesh.[371] Bei einer Gandhi wäre alles andere geradezu eine Überraschung.

Problematisch daran ist, dass Dynastien vergleichsweise einfach zu etablieren sind, aber schwierig wieder loszuwerden. Insofern hat Indiens Demokratie spätestens seit dem Durchreichen der Regierungsgewalt von Indira Gandhi an ihren Sohn Rajiv einen Makel. Es war fortan eine Demokratie mit dynastischen Prinzipien, Automatismen und Aspirationen. Wer findet, dass in einer Demokratie alle Macht vom Volk ausgehen soll, nicht von einer einzelnen Familie, muss dies irritierend finden, ja: gefährlich. Es kommt hinzu, wie David Landes schreibt, dass »es in der Natur der Erbfolge liegt, neben Staatsmännern auch Dummköpfe hervorzubringen«.[372] Der Congress war und ist ein Familienbetrieb, und Familienunternehmen neigen dazu, sich im Laufe der Zeit mehr mit der Familie als mit dem Unternehmen zu beschäftigen. Der 2019 verstorbene Arun Jaitley, von 2014 an Finanzminister der BJP-geführten Modi-Regierung und ein erbitterter Gegner der Gandhis, hatte recht, wenn er monierte, dass »Jahrzehnte der Kongress-Regierung, in denen Wohnsiedlungen, Ortschaften, Städte,

Brücken, Flughäfen, Bahnhöfe, Schulen, Colleges, Universitäten, Stadien nach einer einzigen Familie benannt wurden, die ›Gandhis‹ zu Indiens Royalty machen sollten. Sie wurden von offizieller Seite als blaublütige Familie Indiens glorifiziert. Die anderen waren egal «[373]

Wobei man fairerweise anfügen muss, dass sich ein Großteil der indischen Gesellschaft, auch und gerade in den ärmeren Schichten und Landesteilen, mit diesem »Neu-Adel« zu Neu-Delhi nicht im Geringsten schwertut. Hierbei spielt möglicherweise eine im Kastenwesen verankerte Denkweise eine Rolle, die Politiker wie die Gandhis gewissermaßen als Angehörige ihrer eigenen Kaste ansieht, in die sie mit ihrer Geburt nun einmal hineingeraten sind. Wer in die mächtigste Familie des Landes geboren wird, der könne nach dieser Deutung gar nicht anders, als seine schicksalhafte Bestimmung zu erfüllen und Politiker zu werden.

Rajiv Gandhi

Indira Gandhis »Erbe« Rajiv legte noch am Abend nach der Ermordung seiner Mutter den Amtseid ab. Er war 40. Seine Ehefrau Sonia Gandhi, die ihre tödlich getroffene Schwiegermutter nach dem Anschlag ins Krankenhaus gefahren hatte und mutmaßlich unter Schock stand, protestierte – vergebens.

Rajiv Gandhi stammte zwar aus Indiens *First family*, hatte bis Anfang der 1980er-Jahre aber, anders als sein Bruder Sanjay, keine politischen Ambitionen gezeigt. Er hatte in den 1960er-Jahren im englischen Cambridge studiert und dort eine junge Italienerin kennengelernt, die eine Sprachschule besuchte und nebenbei in einem Lokal arbeitete: Edvige Antonia Albina Maino, die »Sonia« später zu ihrem Vornamen machte. Sie verliebten sich, heirateten 1968 und zogen gemeinsam nach Delhi, wo Rajiv – gut aussehend, weltläufig, charismatisch, charmant, ein »indischer Kennedy« – als Pilot bei Indian Airlines arbeitete. Sonia Gandhi, die aus einer katholischen Familie im Veneto stammte, sollte zu einer der mächtigsten Frauen der Weltgeschichte werden.

Rajiv Gandhis Auftakt als Ministerpräsident war zwangsläufig von der Ermordung seiner Mutter und deren Folgen geprägt. Ein weiteres Mal erlebte Indien Pogrome und Massaker, die sich diesmal gegen Sikhs richteten, vor allem in der Hauptstadt Delhi und im Pandschab. In vier Tagen wurden nach offiziellen Angaben 2733 Menschen vom Mob gelyncht – nach anderen Angaben mehr als 3000 –, viele weitere verletzt und traumatisiert, Wohnhäuser und Geschäfte angezündet. In den Worten des Historikers Ramachandra Guha: »Überall waren Sikhs – und *nur* Sikhs – das Ziel«, vor allem Männer unter 50. »In vielen Fällen wurde [der Mob] von Congress-Politikern geführt und gelenkt. [...] Die Congress-Anführer versprachen jenen, die den Job erledigen wollten, Geld und Alkohol; dies zuzüglich zu allem, was sie plündern konnten. Die Polizei sah zu oder half aktiv beim Plündern und Morden. [...] Die Gleichgültigkeit der Polizei war schockierend, die Rolle der Congress-Politiker zutiefst unmoralisch.« Die Armee hätte eingreifen und Massaker verhindern können. Der Congress ließ sie in den Kasernen.[374]

Rajiv Gandhi selbst war für diese Racheaktionen nicht verantwortlich, aber er verurteilte sie auch nicht mit der gebotenen Schärfe. »Wann immer ein mächtiger Baum fällt, ist es nur natürlich, dass der Boden ringsum ein bisschen bebt [...]«,[375] kommentierte er damals – ein Satz, den man zynisch finden darf und der viel über das Selbstverständnis der Nehru-Gandhi-Dynastie sagt. Die Lynchopfer, so die unterschwellige Haltung, seien eine Art Kollateralschaden gewesen.

Dessen ungeachtet errang Rajiv Gandhi wenig später einen überwältigenden Wahlsieg mit fast 50 Prozent der Stimmen und fast 80 Prozent der Parlamentssitze – mehr als seine Mutter oder sein Großvater jemals gewonnen hatten. Weder Rajivs Persönlichkeit noch seine (nicht vorhandenen) politischen Leistungen waren für diesen Erfolg verantwortlich, sondern die Sympathiewelle, die Indiens führende Politdynastie nach dem Attentat auf Indira Gandhi erfasste. Indira Gandhi erzielte ihren größten politischen Triumph nach ihrem Tod.

Vor allem ein zentraler Religionskonflikt der indischen Nachkriegsgeschichte dominierte die Amtszeit Rajiv Gandhis in der zweiten

Hälfte der 1980er-Jahre: der Streit um die Babri-Moschee in Ayochya (Uttar Pradesh). Dieses Gotteshaus war in der ersten Hälfte des 16. Jahrhunderts von einem Höfling erbaut und nach Babur, dem Begründer der Mogulherrschaft benannt worden – genau an jenem Ort, an dem einst Rama, eine der wichtigsten Gottheiten im hinduistischen Pantheon, geboren worden sein soll. Wieder einmal standen sich – und stehen sich bis heute – Hindus und Muslime unversöhnlich gegenüber. 1986 wurde Hindus der Zugang zu dem Heiligtum erlaubt, was die erwartbaren Proteste von muslimischer Seite auslöste. Um sie zu deeskalieren und ein Zeichen zu setzen, verbot Rajiv Gandhi 1988 Salman Rushdies Roman *Die satanischen Verse*. Die säkulare Republik Indien, eine Demokratie, war das erste Land weltweit, das so vorging. Politisch mag das Verbot opportun gewesen sein; vielleicht hat es Gewalt verhindert; moralisch war es eine Schande. »Die Kongresspartei spielte mit Religion Politik, anstatt ihr säkulares Credo zu verteidigen«, wie Vinay Sitapati, ein Biograf des späteren Ministerpräsidenten Narasimha Rao, es formulierte.[376]

In seiner Wirtschaftspolitik zeigte Rajiv Gandhi sich durchaus offen für Reformen und eine Liberalisierung des durch und durch verkrusteten Systems, doch »nicht in Sprüngen, sondern in Minischritten«, so Sitapati.[377] Immerhin: Die *Hindu rate of growth* der vorangegangenen Jahrzehnte wich in den 1980er-Jahren einem deutlich dynamischeren Wirtschaftswachstum von jährlich etwa 5 bis 6 Prozent.[378] Diese Ansätze verliefen sich allerdings bald im Sand, und 1989 wurde Gandhi abgewählt. Wenig später rächte sich die jahrzehntelang fehlgeleitete Wirtschaftspolitik der Kongresspartei und der Nehru-Gandhis: Die Republik Indien war nach mehr als 40 Jahren Misswirtschaft so gut wie pleite.

1991: die wirtschaftspolitische Wende – Indiens Neustart

In wirtschaftspolitischer Hinsicht war 1991 das Schlüsseljahr des unabhängigen Indien. Die indische Version des Sozialismus war gescheitert. 44 Jahre nach Staatsgründung galten noch immer 36 Prozent aller Inder als »arm« (nach indischer Definition), 47 Prozent konnten nicht lesen und schreiben, 26 Prozent litten an Unterernährung.[379] Damit ging eine Epoche wirtschaftspolitischer Inkompetenz zu Ende, die vor allem Jawaharlal Nehru und seine Tochter Indira Gandhi zu verantworten hatten – beide von historischem Format und zentrale Figuren der indischen Geschichte im 20. Jahrhundert, in ökonomischen Fragen jedoch dilettantisch und irrlichternd. Erhebliche Mitverantwortung trägt die Kongresspartei, die zahllose wirtschaftspolitische Irrtümer abnickte und mittrug. Der Congress hatte sich einst um die politische Unabhängigkeit des Landes verdient gemacht, versagte aber bei dem Versuch, es wirtschaftlich voranzubringen.

Seit 1991, nach mehreren »verlorenen« Jahrzehnten, befindet sich Indien nunmehr in einer Phase der wirtschaftlichen Erneuerung und des Aufschwungs. In jenem Jahr begann das große Aufräumen. So wie kurz zuvor in Europa die Berliner Mauer und der Eiserne Vorhang gefallen waren, so fiel im übertragenen Sinne auch in Indien eine Mauer, die die Wirtschaft des Landes in der Ära der abstrusen Lizenzherrschaft isoliert und abgeschottet hatte. Indiens Politik der Autarkie und des Machen-wir-selbst wurde aufgegeben; an ihre Stelle traten Liberalisierung und Globalisierung.

Annus horribilis

1991 war für Indien ein katastrophales Jahr. Am 21. Mai wurden Congress-Chef Rajiv Gandhi und 14 weitere Menschen von einer tamilischen Selbstmordattentäterin, die den separatistischen Liberation Tigers of Tamil Eelam (LTTE) in Sri Lanka angehörte, umgebracht. Sonia Gandhi hatte damit nicht nur ihre Schwiegermutter durch ein politisch motiviertes Attentat verloren, sondern auch ihren Ehemann. Es war nachvollziehbar, dass sie sich um ihre Kinder sorgte und ein politisches Amt für sich selbst kategorisch ausschloss. Dennoch wurde ihr mit dem Tod ihres Ehemanns sogleich – als einer »Gandhi«, wenngleich aus dem Ausland stammend und angeheiratet – das machtvollste Regierungsamt Indiens angetragen. Sie lehnte ab.

Selbstverständlich ist Mord als politisches Mittel durch nichts zu rechtfertigen. Die Attentate auf Indira Gandhi und Rajiv Gandhi, traumatische Verluste sowohl für die Republik Indien als auch für die Gandhi-Familie, hatten zugleich aber einen politischen Nebeneffekt. Sie schwächten die Familie keineswegs, sondern stärkten sie indirekt, indem sie die Grundlage für Legendenbildung und die Ikonisierung der Nehru-Gandhi-Dynastie legten, die bis heute währt. »Kann denn jemand, der im Amt ermordet wurde«, so die naheliegende Frage, »der quasi ein ›Märtyrer‹ für die eigene Nation ist, ein schlechter Regent gewesen sein?« Insbesondere Indira Gandhi hinterließ Schneisen der Verwüstung. Aber die Emotionen der Masse der Wähler sind, wie sie sind. Wer im Amt ermordet wird, wird im Nachhinein verklärt und glorifiziert – was in einer dynastisch strukturierten Partei wiederum die Position der Hinterbliebenen stärkt.

Hinzu kam Anfang der 1990er-Jahre die Schwächung Indiens durch den anfangs schleichenden und bald rapiden Zusammenbruch der Sowjetunion. In der Ära des Kalten Krieges stand Indien dank seiner sozialistischen Ansätze Moskau stets näher als Washington. Doch der langjährige Freund und Partner im Norden kollabierte.

Vor allem aber rächte sich im Jahr 1991, einem *Annus horribilis*, die wirtschaftspolitische Inkompetenz der Vorjahrzehnte: Indien stand vor der Staatspleite. Zwar war dies nicht die erste Wirtschaftskrise seit der Unabhängigkeitserklärung; schon Mitte der 1960er-Jahre, von 1973 bis 1975 und von 1979 bis 1981 war das Land ökonomisch angeschlagen gewesen.[380] Doch die Lage war ernster als je zuvor. Indien hatte jahrelang über seine Verhältnisse gelebt und verzeichnete beängstigend hohe Leistungs- und Handelsbilanzdefizite. Darüber hinaus führte der Golfkrieg von 1990/91 zu einer Verdreifachung der Ölpreise, die Indien – das Land war und ist bis heute ein großer Erdölimporteur – in finanzieller Hinsicht überforderte. Die Devisenreserven waren weitgehend aufgebraucht und standen Mitte Januar 1991 bei gerade einmal noch 896 Millionen US-Dollar.[381] Das reichte nur noch, um etwa zwei Wochen lang die Importe des Landes zu bezahlen. (Drei Monate werden allgemein als Reserveminimum angenommen; es darf deutlich mehr sein.) Insbesondere unter den finanziell Bessergestellten und Besserinformierten, in Indien selbst sowie unter Auslandsindern, ging die Angst vor einer Staatspleite um. Im Herbst 1990 begannen sie, Geld aus Indien abzuziehen und in Sicherheit zu bringen: ein schleichender *bank run*.

Narasimha Rao und Manmohan Singh

Die erste Welle der Wirtschaftsreformen unter Ministerpräsident P. V. Narasimha Rao[382] ist vor diesem Hintergrund zu sehen. Indien hatte keine Wahl.

Am 21. Juni 1991 war Narasimha Rao, ein Provinzpolitiker, der von 1971 bis 1973 das Amt des Chief Minister von Andhra Pradesh innegehabt hatte, als Regierungschef vereidigt worden. Er war Polit-Insider, bestens vernetzt und dabei alles andere als ein Wirtschaftsexperte. Allerdings verfügte er über gesunden Menschenverstand und Pragmatismus – Eigenschaften, die in der damaligen Situation entscheidend waren. Zu seinem Finanzminister machte er den unaufgeregten Ökonomen Manmohan Singh, der zuvor die indische Notenbank Reserve Bank of India (RBI) geführt hatte. Dieses Duo machte dem Sozialismusfiasko den Garaus. Unmittelbar nach seiner Amtsübernahme als Regierungschef wurde Narasimha Rao über die wahre Wirtschafts- und Finanzlage der Republik informiert. Sein Stab zeichnete ein denkbar düsteres Bild. »Ist die Wirtschaftslage wirklich so schlecht?«, fragte Narasimha Rao in einer ersten Reaktion. Ein enger Mitarbeiter antwortete: »Nein, Sir, in Wirklichkeit ist sie noch viel schlimmer.«[383] Schnelle und drastische Maßnahmen waren erforderlich, um das Schlimmste, nämlich die Staatspleite und eine eskalierende Finanz- und Wirtschaftskrise, zu verhindern oder jedenfalls einzudämmen.

Zur Linderung des Liquiditätsengpasses wandte sich die Regierung an den Internationalen Währungsfonds (IWF), der nach Ende des Zweiten Weltkriegs für derartige Notlagen gegründet worden war. Im Gegenzug für eine Finanzspritze forderte der IWF von Indien – auch dies *business as usual*, wenngleich für einen souveränen Staat ein pikantes, unerfreuliches Manöver – Sicherheiten und umfangreiche Wirtschaftsreformen. Als Sicherheit diente das sprichwörtliche Familiensilber, nämlich die staatliche Goldreserve Indiens. Sie wurde per Flugzeug zur Bank of England in London verfrachtet, unter größter Geheimhaltung, weil die Verpfändung erhebliche Symbolkraft besaß und den Nationalstolz verletzt hätte. Auch die mehrstufige Abwertung der Rupie um 18 Prozent im Laufe zweier turbulenter Tage im Juli 1991 wurde in Indien von vielen als demütigend (miss)verstanden.

Wichtiger und folgenreicher als diese kurzfristigen Notmaßnahmen waren jedoch die Wirtschaftsreformen, die das Gespann Rao-Singh in die Wege leitete und die einem Big Bang gleichkamen. Staatliche Monopole und die Beschränkungen für Privatunternehmen wurden aufgehoben. Die tief in der indischen Volkswirtschaft verankerte Lizenzdiktatur, die zahllose staatliche Genehmigungen für alles und jedes vorsah und der Korruption Tür und Tor geöffnet hatte, wurde zum Auslaufmodell. 1992 folgten Kapitalmarktreformen und die Öffnung des Landes für ausländische Investoren. Während Indira Gandhi alle Banken verstaatlicht und damit den gesamten Finanzsektor in Zwangsstarre versetzt hatte, durften nun private Banken ins operative Geschäft einsteigen. Heute führende Finanzinstitute wie Axis Bank, HDFC Bank und ICICI gingen damals an den Start und sollten im Laufe der folgenden 30 Jahre fulminante Erfolgsgeschichten schreiben und die maroden Staatsbanken weit hinter sich lassen.

Ungefähr zur gleichen Zeit ging eine kleine Softwarefirma aus Bangalore an die Börse, die fortan einen spektakulären Aufschwung hinlegen sollte: Infosys,[384] heute ein Gigant der Informationstechnologiebranche mit 230.000 Beschäftigten. Die indische Softwareindustrie – neben Infosys Firmen wie TCS oder Wipro[385] – vervierzigfachte ihre Erlöse und versechzigfachte ihr Exportvolumen im Laufe der 1990er-Jahre.[386] Bangalore wurde zum Welthauptquartier des Outsourcings. Ein privater Sender namens Zee TV nahm den Betrieb auf, dem viele weitere folgen sollten; heute gibt es in Indien mehr als 800 Fernsehprogramme. 1993 ging die erste private Fluggesellschaft nach der Verstaatlichung der Branche 40 Jahre zuvor an den Start: Jet Airways. Die Brüche waren »tektonisch«, wie Jokhakar schreibt. »Die Liberalisierung [unter Rao/Singh] war die größte wirtschaftliche Wende nach der Unabhängigkeit. [...] Privatisierung und Globalisierung waren wirklich das Mantra der Liberalisierung. Dieser Wandel ließ Indien aus seinem Kokon schlüpfen und so viele Firmen unglaubliche Höhen erreichen.«[387] Nicht nur die Unternehmenswelt profitierte, sondern indirekt die gesamte indische Gesellschaft. Seit 1993 ging der Bevölkerungsanteil, der in extremer Armut lebt, um fast zwei Drittel zurück, von annähernd 50 Prozent auf heute unter 20 Prozent[388] – und dies trotz einer Zunahme der Einwohnerzahl in diesem Zeitraum um etwa 400 Millionen Menschen. Die Reformwelle der frühen 1990er-Jahre unter Narasimha Rao und Manmohan Singh ließ Hunderte Millionen Menschen am wirtschaftlichen Aufschwung teilhaben. Während das indische Pro-Kopf-Einkommen in den 1970er-Jahren um wenig mehr als 1 Prozent im Jahr gestiegen war, lag dieser Wert in den 1990er-Jahren bei fast 4 Prozent.[389] Erstmals bildete sich in Indien eine gesellschaftliche Mittelschicht heraus, die seitdem stetig an Stärke und Relevanz gewonnen hat. Die traditionelle Wohlstandspyramide – wenige Reiche oben, viele Arme unten – verwandelte sich in eine bauchige Flasche, deren Mittelteil sich kontinuierlich ausdehnte und weiter ausdehnt. Ein Zahlenbeispiel, das diesen Trend aufzeigt: Während ein Fernseher Anfang der 1990er-Jahre ein Luxusgut der Wohlhabenden war, verfügten 2018 zwei Drittel aller indischen Haushalte über ein Gerät. Im relativ wohlhabenden Südindien waren es 95 Prozent – fast alle.[390]

Wie genau man den Begriff »Mittelschicht« optimal interpretiert, ist umstritten. Es gibt keine exakte, global gebräuchliche Definition, weder in Europa noch in Indien. Hilfreich ist die Faustregel, dass jemand der Mittelschicht angehört, wenn er sich ihr subjektiv zugehörig *fühlt*. Er ist in seiner Selbsteinschätzung also alles andere als reich, aber auch weit von Armut, Existenzangst und Von-der-Hand-in-den-Mund-Leben entfernt. Genau diesen Ansatz der *gefühlten* Zugehörigkeit zur indischen Mittelschicht verfolgte eine Untersuchung der Politikwissenschaftler Devesh Kapur, Neelanjan Sircar und Milan Vaishnav,[391] deren Daten von 2014 stammen; sie sind also nicht mehr ganz frisch, aber dennoch interessant. Fast die Hälfte der Studienteilnehmer (49 Prozent) sah sich demnach in der gesellschaftlichen Mitte, wobei in einzelnen Bundesstaaten und -territorien deutlich höhere Werte gemessen wurden. So fühlten sich in Karnataka 68 Prozent der Mittelschicht zugehörig, in Delhi 64 Prozent, in Gujarat 58 Prozent, in Tamil Nadu 54 Prozent und selbst in Uttar Pradesh, dem mit Abstand bevölkerungsreichsten Bundesstaat, 53 Prozent, während es im benachbarten Madhya Pradesh lediglich 29 Prozent waren. Generell lagen die Umfragewerte in Städten etwa 10 Prozentpunkte höher als auf dem Land. Die Autoren der Studie schätzen den Bevölkerungsanteil, der sich in allen demografischen Gruppierungen in Indien mit der Mittelschicht identifiziert, auf 40 bis 60 Prozent – grob die Hälfte also. Die Beratungsgesellschaft Bain & Company ging auf dem World Economic Forum in Davos Anfang 2019 davon aus, dass im Jahr 2030 »fast 80 Prozent« aller Haushalte in Indien der Mittelschicht angehören werden, ungefähr 30 Prozentpunkte mehr als zum Zeitpunkt der Studie.[392]

Im Rückblick ist klar, dass Ministerpräsident Narasimha Rao und sein Finanzminister Manmohan Singh bildlich gesprochen die angezogene Handbremse lösten, die die indische Volkswirtschaft jahrzehntelang blockiert hatte. Narasimha Rao selbst sah sich bei diesem Unterfangen weniger in der wirtschaftspolitischen Tradition der bis Ende 1990 amtierenden britischen Premierministerin Margaret Thatcher als vielmehr in den Fußstapfen des deutschen Bundeskanzlers Willy Brandt. Rao und Singh standen für die Abkehr von fundamentalistisch-sozialistischen Ideen und die Hinwendung zu einer Wirtschaftsordnung, die man durchaus sozialdemokratisch nennen kann (auch wenn dieser Begriff in Indien nicht geläufig ist).

Eine zweite Reformwelle, die diesen Ausdruck verdient und sich nicht auf Reförmchen beschränkte, würde 2014 mit der Wahl Narendra Modis zum Ministerpräsidenten einsetzen (Kapitel 7: »Modifizierung und Modernisierung«). Aber es war Narasimha Rao, in weiten Teilen der westlichen Gesellschaften nicht einmal namentlich bekannt, der die Initiative ergriff, der den Paradigmenwechsel und Indiens Aufstieg einleitete. Die Tageszeitung *New York Times* war treffsicher, als sie seinerzeit die Entwicklungen in Indien und China gegenüberstellte: »[D]er 72-jährige Rao ist zum Deng Xiaoping von Indien geworden – ein alternder Parteichef, der im hohen Alter viele (wenn nicht alle) der ökonomischen Grundsätze früherer Regierungen ablegte. So stellte er nicht nur die alten Orthodoxien infrage, sondern auch ein fest verankertes Netzwerk von Interessensgruppen, das sich unter dem alten System gebildet hatte.«[393] Es ist kein Zufall, dass Jaitley, ein enger Vertrauter Modis, Narasimha Rao als »den besten Congress-Ministerpräsidenten Indiens«[394] bezeichnete.

Die mächtigste Frau aller Zeiten

Nach einer Amtszeit von fünf Jahren trat Narasimha Rao ab. Gegen Ende der 1990er-Jahre stellte erstmals die nationalistische Bharatiya

Janata Party (BJP) die Regierung in Delhi – ein Signal, dass es politisch durchaus eine Alternative zum Congress gab.

Mit Raos Ausscheiden aus der Regierung im Sommer 1996 begann die Ära Sonia Gandhis, die sich nach der Ermordung ihrer Schwiegermutter und ihres Ehemanns in einer historisch einzigartigen Situation wiederfand. Als eigentlich unpolitische Witwe, die keinerlei Regierungs- oder Parteiamt innehatte und nie gewählt worden war, deren Legitimität also höchst angreifbar war, verfügte sie in Indien über nahezu grenzenlose politische Macht – insbesondere bei der ebenso sensiblen wie folgenreichen Frage, welcher Congress-Regierungschef zu ernennen oder zu entlassen sei. Ein Kuriosum für jeden, der Demokratie ernst nimmt und dafür eintritt, dass politische Macht ausschließlich vom Volk auszugehen habe – und eine zumindest problematische Entwicklung, die die Meinungsführer innerhalb der Kongresspartei, die ihren Einfluss in Indien gefährdet sahen, allerdings ignorierten. Ihr Bauchgefühl signalisierte vielmehr, dass nur ein Vertreter der Nehru-Gandhi-Dynastie die Partei wiederbeleben könne, was sich bald im Slogan *Sonia lao, Congress bachao* (etwa: »Rein mit Sonia, um den Congress zu retten«) niederschlug. Später wurde daraus: *Sonia lao, desh bachao*: »Rein mit Sonia, um das Land zu retten.« 1998 übernahm Sonia Gandhi schließlich das Amt der Parteichefin. 2004 wurde der Congress prompt wieder zur stärksten Kraft.

Es lag für die Partei auf der Hand, dass Sonia Gandhi im nächsten Schritt Ministerpräsidentin werden müsste, die nächste Regierungschefin namens Gandhi, in den politischen Fußstapfen ihrer Schwiegermutter, ihres Mannes. Doch diese Verantwortung wollte sie nicht übernehmen und ließ stattdessen Manmohan Singh, Narasimha Raos reformfreudigen Finanzminister, innerparteilich zum Premierminister küren, ein Amt, das er ein Jahrzehnt lang innehaben sollte. In Wirklichkeit war und blieb Singh – intelligent, rhetorisch spröde, konfliktscheu – aber ein Erfüllungsgehilfe und eine Marionette, deren Fäden Sonia Gandhi in der Hand hielt. Die gebürtige Italienerin, die selbst jahrzehntelang keine politischen Ambitionen gezeigt hatte, war die Graue Eminenz Indiens, bei der ungeheure Machtbefugnisse lagen und die weitreichende politische Entscheidungen traf. Misst man Macht an der Zahl der Menschen, deren Leben ein Einzelner beeinflusst und prägt, war Sonia Gandhi die mächtigste Frau der Welt, die mächtigste Frau aller Zeiten.

Modifizierung und Modernisierung: Indien heute

Indiens Parteienlandschaft im 21. Jahrhundert sieht zwangsläufig anders aus als jene der Gründungs- und Frühphase der Republik. Aber fangen wir mit einem Aspekt an, der sich in mehr als 70 Jahren politischer Unabhängigkeit *nicht* verändert hat: Die Kongresspartei spielt weiterhin eine Hauptrolle, und die Gandhis sind weiterhin deren Hauptakteure – nunmehr in fünfter Generation (wenn wir Motilal Nehru, Jawaharlal Nehrus Vater, mitzählen). Die Dynastie der Nehru-Gandhis sitzt bis heute an den Schalthebeln der Macht, und nichts deutet darauf hin, dass sie sich in absehbarer Zeit von der Bühne der Politik verabschieden würde.

Der Congress war in den Jahren, in denen Sonia Gandhi die Partei führte und insofern mit Manmohan Singh mitregierte, mit dem Aufbau des nächsten Familienpolitikers beschäftigt, nämlich dem ihres Sohns Rahul. Als Zögling des Nehru-Gandhi-Clans wuchs Rahul Gandhi, Jahrgang 1970, elitär auf. Er besuchte die Doon School in Nordindien, studierte unter anderem in Harvard (Cambridge, USA) und am Trinity College (Cambridge, England), schien aber lange Zeit wenig Interesse an indischer Politik zu haben. Dieses Desinteresse ist nachvollziehbar, wenn man bedenkt, dass sowohl sein Vater als auch seine Großmutter ermordet wurden. Im Laufe der Jahre übernahm Rahul Gandhi indes politische Mandate und zog ins Unterhaus ein. 2014 war er Spitzenkandidat des Congress bei den gesamtindischen Wahlen, die für ihn allerdings im Fiasko endeten – mit einem überwältigenden Wahlsieg des Congress-Rivalen BJP unter Führung

Narendra Modis. Erst Ende 2017 reichte Sonia Gandhi den Parteivorsitz an ihren Sohn weiter, der den Congress bei den Wahlen 2019 ein weiteres Mal anführte. Er scheiterte erneut, noch deutlicher als 2014.

Congress und BJP sind zurzeit die einzigen großen, national auftretenden Parteien in Indien und rechtfertigen insofern den Begriff »Volksparteien«. Die BJP – hindunational, wertkonservativ und dabei wirtschaftsfreundlich – deckt das rechte politische Spektrum ab und wird von manchen als extremistisch angesehen. Der Congress wiederum – dynastisch, säkular und inhaltlich heute in vieler Hinsicht das, was wir in Europa »sozialdemokratisch« nennen würden – kann ungefähr in der Mitte-links-Region verortet werden.

Darüber hinaus sind zahlreiche weitere Parteien aktiv, insgesamt mehr als 2000.[395] Die kleineren und regionalen Parteien in Indien gruppieren sich häufig – oft in flexibel-opportunistischer Manier – um BJP und Congress herum, sodass sich Koalitionscluster bilden, die ab und an neue Mitglieder aufnehmen oder alte Verbündete verabschieden. Auf regionaler Ebene sind sie mitunter von entscheidender Bedeutung, insbesondere im Osten und Süden des Landes. Drei Beispiele:

1. Der *All India Trinamool Congress* (AITC) unter Führung von Mamata Banerjee, ein erbitterter Gegner der BJP, dominiert in Westbengalen – ungefähr so, wie die CSU in Bayern eine zentrale politische Rolle innehat, während sie auf nationaler Ebene nur *mit*regiert.

2. Am rechten Rand des politischen Spektrums ist *Shiv Sena* zu verorten, eine fremdenfeindliche Partei der Marathen, der größten Volksgruppe im westindischen Bundesstaat Maharashtra mit den Millionenstädten Mumbai, Pune, Nagpur, Nashik und Aurangabad. Der Parteiname, wörtlich »Shivas Armee«, bezieht sich auf Shivaji, den oben erwähnten Marathenfürsten im 17. Jahrhundert, der heute von vielen Marathen zum Volkshelden stilisiert und ikonisiert wird, weil er sich seinerzeit gegen die Mogulherrschaft behauptete. Gegründet wurde Shiv Sena in den 1960er-Jahren vom Karikaturisten Bal Thackeray, als Hunderttausende Migranten nach Bombay zogen, vor allem aus Südindien. Die Westküstenstadt war seit ihrer Gründung stets ein Karneval

der Kulturen gewesen; Shiv Sena diagnostizierte hingegen eine gesellschaftliche »Überfremdung« und brachte als Antwort auf die Zuwanderung die Losung aus, dass »Maharashtra den Marathen« zustehe – eine Parole, die bei vielen Alteingesessenen durchaus Gefallen fand. 1995 übernahm die Partei, die in Maharashtra mit der BJP koalierte, Regierungsverantwortung in Bombay – und taufte Indiens *urbs prima* kurz darauf in Mumbai um, einen aus ihrer Sicht besseren Namen jenseits des kolonialen Geschichtserbes. Diese Hinwendung zu einer »völkischen« Identität in Maharashtra ist problematisch für zahllose Inder – so wie der Aufstieg rechtslastiger Parteien und Gruppierungen in Europa, in Deutschland etwa der Alternative für Deutschland (AfD), die Gesellschaft gespalten und polarisiert hat. Geführt wird Shiv Sena heute von Bal Thackerays Sohn Uddhav Thackeray, der Ende 2019 das Amt des Chief Minister von Maharashtra übernahm. Auch diese Partei agiert also, wie der Gandhi-Congress, dynastisch.

3. Die *Aam Aadmi Party* (AAP), die »Partei des einfachen Mannes«, wurde erst am 26. November 2012 von Arvind Kejriwal in Delhi gegründet, verbuchte von Anfang an aber große Wahlerfolge. Dies lag vor allem daran, dass Kejriwal sich dem Kampf gegen die Korruption verschrieb, die viele als Geißel des alltäglichen Lebens betrachteten. (So wählte er sinnigerweise einen Auskehrbesen als Parteisymbol.) Bereits bei den Regionalwahlen in Delhi Ende 2013 konnte sich Aam Aadmi als zweitstärkste politische Kraft im Hauptstadtterritorium etablieren und eine Minderheitsregierung bilden, die allerdings nur wenige Wochen überstand. 2015 eroberte Kejriwal, der sich bescheiden und volksnah gibt und stilistisch mitunter an Mohandas Gandhi anknüpft, bei den Wahlen zum Regionalparlament in Delhi mit seiner Partei 67 von 70 Sitzen – ein Durchmarsch. Offen ist, ob Aam Aadmi sich eines Tages auch auf nationaler Ebene etablieren kann.

Die zurzeit einflussreichste Partei in Indien ist die BJP, die erst in den 1980er-Jahren politisch bedeutsam wurde. Sie ist führende Kraft einer Regierungskoalition, der National Democratic Alliance (NDA). Dabei handelt es sich weniger um eine »Koalition« im Sinne des deutschen Sprachgebrauchs als vielmehr um einen relativ volatilen Parteienclub, dessen Mitglieder zu pragmatischen und opportunistischen Ansätzen neigen. Wer der NDA gerade die Treue hält oder sie aufkündigt (oder zumindest wirkungsvoll damit droht), ist im politischen Indien ein kurzweiliges Dauerthema. So ist die Marathenpartei Shiv Sena in Maharashtra im Prinzip ein relativ enger und getreuer Verbündeter der BJP, was jedoch nichts daran ändert, dass man sich mitunter mit größter Anteilnahme aller Beteiligten zankt und niedermacht. Dessen ungeachtet ist die BJP heute der entscheidende politische Gegenpol zur Kongresspartei. De facto hat Indien auf Bundesebene heute in vieler Hinsicht ein Zwei-Parteien-System.

Narendra Modi

Um die BJP zu verstehen, muss man Narendra Modi verstehen, den seit 2014 amtierenden Ministerpräsidenten Indiens. Er war Katalysator einer zunehmenden Polarisierung in Indiens Politik und Gesellschaft, die ähnliche Polarisierungstendenzen in den USA (pro und kontra Trump, *Make America Great Again*), in Großbritannien (Brexit), Italien (Lega, Movimento 5 Stelle) oder auch Deutschland (AfD, Linksruck der ehemaligen Volksparteien) spiegelt.

Modi ist ein Kuriosum: zugleich verheiratet und dann auch wieder nicht. Oder nicht so richtig, sondern nur ein bisschen – was ungefähr so viel Sinn macht wie der abgefeierte Gag, wonach eine Frau »ein bisschen schwanger« sei. Bis heute identifizieren sich die meisten Inder in erster Linie *nicht* über ihre Kastenzugehörigkeit, *nicht* über ihre Zugehörigkeit zu einer bestimmten Volksgruppe, *nicht* über ihre Muttersprache, *nicht* über ihren finanziellen Status quo. Alle diese Aspekte sind von großer Bedeutung; die entscheidende Instanz ist jedoch die Familie. Nach wie vor. Dass mehrere Generationen unter einem Dach leben und einen Großhaushalt bilden – also nicht nur mit Eltern und Kindern, sondern auch mit Großeltern und anderen Verwandten und Angehörigen –, ist noch heute der Normalfall. Neben Geburt und Tod, deren Zeitpunkt sich keiner aussuchen kann, ist die Hochzeit, also die Begründung einer Familie, das mit Abstand wichtigste Ereignis im Leben der meisten Inder, das entsprechend gefeiert wird. Dass es andere Lebensentwürfe geben kann – man denke an Homosexuelle in Indien oder an die vielen beruflich erfolgreichen, unabhängigen Frauen –, rückt nach und nach ins Bewusstsein vieler Menschen, ist aber noch nicht in der Mitte der Gesellschaft angekommen, auch nicht in den kosmopolitisch geprägten Großstädten. Umso mehr erstaunt, dass eine Reihe derjenigen Inder, die führende Rollen in Politik und Wirtschaft innehatten oder -haben, diesem Muster nicht entspricht. Dies gilt für Modi ebenso wie für seinen langjährigen Gegenspieler Rahul Gandhi und für Ratan Tata, der mehr als zwei Jahrzehnte lang als Chairman von Tata Sons die größte Unternehmensgruppe Indiens führte.

Narendra Modi stammt aus Vadnagar, einer Kleinstadt in Gujarat, wo sein Vater einen Laden mit Teestand in der Nähe des Bahnhofs und sechs Kinder hatte. Die Familie gehörte zur Ghanchi-Kaste, einer der sogenannten *Other Backward Classes* (OBCs). Modi war ein Land-ei und wuchs alles andere als elitär auf. Wie damals üblich, wurde er in jungen – jüngsten – Jahren im Rahmen einer arrangierten Ehe seiner »Frau« Jashodaben versprochen, die aus einem Nachbardorf stammte. Die Familien führten die üblichen Zeremonien durch, und das war das. Narendra Modi hatte danach nicht das geringste Interesse an seiner Gattin. Das gesamte Arrangement war gegen seinen Willen erfolgt und ihm zuwider. Er ließ das Mädchen sitzen und machte sich zum Zwecke der Selbstfindung auf in die Berge. Jashodaben Modi lebt noch heute, Jahrzehnte später, in einfachen Verhältnissen in Gujarat und betrachtet sich als Ehefrau Narendra Modis, des Regierungschefs. Da die in Jugendjahren absolvierte Zeremonie nie formal aufgehoben wurde, das Paar also nie »geschieden« wurde, hat sie durchaus Argumente auf ihrer Seite. Immerhin steht ihr inzwischen ein Leibwächter zur Seite.[396]

Indiens amtierender Ministerpräsident ist somit in der eigentümlichen Position, sowohl irgendwie verheiratet als auch irgendwie ledig zu sein. Er selbst sieht sich einer höheren Sache geweiht, dem Wohle

Indiens – einer Mammutaufgabe, bei der eine Familie nur aufhalten würde. Indiens Medien, die prinzipiell zwar frei und unabhängig sind, zugleich aber oft zahm und vorsichtig, wenn es um führende Politiker geht, gaben auch in diesem heiklen Punkt des Modi-Werdegangs ein erstaunliches Bild ab. Jashodaben Modi tauchte pikanterweise erst während des nationalen Wahlkampfs Anfang 2014 großformatig in den Medien auf, zu einem Zeitpunkt, zu dem Modi bereits viele Jahre lang Chief Minister Gujarats gewesen war. Man könnte vermuten, dass die unorthodoxen Familienbande des BJP-Spitzenkandidaten in einem Land, in dem für die meisten die Familie den Lebensmittelpunkt bildet, zumindest von Nachteil sein und Anlass zu lautstarker Kritik geben könnten.

Nun ist es richtig, dass Modis Ehe- und Liebesverhältnisse seine Privatangelegenheit sind. Man stelle sich allerdings vor, was in Deutschland, Großbritannien oder den USA – allesamt weniger familienorientierte, »modernere« Gesellschaften als Indien – in einer vergleichbaren Situation los wäre. Eine Frau oder ein Mann kandidiert für das machtvollste Regierungsamt, und in der intensivsten Phase des Wahlkampfs taucht ein nie erwähnter, seit Jahrzehnten verleugneter Ehepartner auf, der irgendwo in der tiefsten Provinz in Armut lebt. Eine sitzen gelassene (Halb-)Ehefrau wäre zumindest von öffentlichem Interesse und würde möglicherweise die Redlichkeit und Anständigkeit eines Kandidaten in Zweifel ziehen. Ausgerechnet im konservativen Indien blieb dieser Effekt jedoch aus. Die Sache mit der Frau hat Modi so gut wie nicht geschadet, er gewann kurz darauf die Wahl mit überwältigender Mehrheit. Zu seiner Amtseinführung als Premierminister 2014 in Neu-Delhi kamen Tausende, aber keine Familienmitglieder.

Der RSS

Modis Ersatzfamilie bildete eine Organisation namens Rashtriya Swayamsevak Sangh (RSS), die »Nationale Freiwilligenorganisation«.

Der RSS ist eng mit Modis Partei BJP verbunden als deren Jugendver-
band, ein straff geführtes Ausbildungszentrum. Um das heutige Indien
zu verstehen, muss man Modi verstehen – und dabei ist wiederum der
RSS entscheidend.

Inhaltlich geht der RSS auf die Weltanschauung von Vinayak
Damodar Savarkar und anderen zurück, der – nicht anders als
Mohandas Gandhi – eine der Leitfiguren des indischen Nationalismus war, allerdings mit anderem Vorzeichen. Während Gandhi einen
pazifistischen, ausgleichenden, integrierenden Ansatz verfolgte – insbesondere mit Blick auf die Hauptreligionen Hinduismus und Islam
–, argumentierte Savarkar hindunational. Muslime, so seine These,
seien überhaupt keine »richtigen« Inder. Formal wurde der RSS 1925
von Keshav Baliram Hedgewar gegründet. Das Leitprinzip der Hindu-
organisation – Indien als Nation von Hindus (*Hindutva*) – richtete sich
gleichermaßen gegen die britische Kolonialregierung wie gegen die
Muslime und andere Glaubensgemeinschaften im Land. *Hindus first!*
könnte man in Anlehnung an einen umstrittenen Wahlkampfslogan
Donald Trumps (»*America first!*«) formulieren.

Stilistisch greift der RSS das Pfadfindertum auf (man tue Gutes in
der Community). Dabei ist er straff und diszipliniert organisiert und
weist paramilitärische Züge auf, mit eigenen Uniformen und einer
täglichen Versammlung der Mitglieder, *shakha* genannt. Insbesondere
für Jugendliche aus ärmeren, relativ bildungsfernen Gesellschaftsschichten kann der RSS durchaus eine ordnende und bildende Instanz
sein, die dem Leben Struktur verleiht, ein Wertesystem propagiert und
Loyalität inspiriert. Auch Modi ging durch diese Schule und ist dem
RSS bis heute eng verbunden.

Der RSS weist zugleich Züge auf, die man protofaschistisch deuten
könnte: das Individuum, das in einer Gruppe Gleichgesinnter aufgeht,
geeint durch ein nationales Ideal, eine von oberster Stelle geformte
und genormte Identität sowie einen exklusiven – andere Gruppen
»ausschließenden« – Anspruch. Diese Ausrichtung ist insofern
nicht überraschend, als die RSS-Gründer sich vor allem von Italiens
Faschisten unter Mussolini inspirieren ließen, die in den frühen

1920er-Jahren an Einfluss gewannen und sich ihrerseits auf das Gedankengut des Schriftstellers Gabriele D'Annunzio und anderer beriefen. Heute zählt der RSS ungefähr fünf Millionen Mitglieder. Die bemerkenswerte Tatsache, dass sich in Indien allein die englischsprachige Ausgabe von Hitlers *Mein Kampf* von 2003 bis 2010 mehr als 100.000-mal verkaufte,[397] deutet darauf hin, dass der RSS einen Nährboden für derartiges Gedankengut ausbilden könnte. Die Organisation wurde wiederholt vorübergehend verboten, so nach der Ermordung Mohandas Gandhis durch Nathuram Godse.

Modi in Gujarat

Von 2001 bis 2014 hatte Narendra Modi das Amt des Chief Minister im westindischen Bundesstaat Gujarat inne. Kurz nach Modis Amtsantritt kam es zu einer Katastrophe, die Tausende Inder das Leben kostete und die Integrität des neu gewählten Landesvaters massiv in Zweifel zog. Bis heute.

Ausgangspunkt der Katastrophe war der Streit um die Babri-Moschee in Ayodhya. Sie war, wie viele Hindus glauben, einst auf den Grundmauern eines uralten Hindutempels errichtet worden, was sie als Sakrileg deuten. Am 6. Dezember 1992, ein folgenreiches Datum der jüngeren indischen Geschichte, zerstörten fundamentalistische Hindus die Moschee. Es kam zu Unruhen mit mehr als 2000 Toten, davon allein in Bombay mehr als 800.

2002 kehrten mehrere Hundert Hindus aus Ayodhya mit der Eisenbahn nach Gujarat zurück. Am 27. Februar wurde ihr Zug in der Kleinstadt Godhra von einem muslimischen Mob, der zuvor von den Pilgern beleidigt worden war, angegriffen. Feuer brach aus, mindestens 59 Menschen starben. Als Reaktion auf das Morden kam es zu Racheaktionen und Pogromen, die sich nun vor allem gegen die muslimische Bevölkerung richteten. Bei diesem Massaker kamen weit mehr als 1000 Menschen ums Leben, nach anderen Angaben sogar mehr als 2000, viele davon in Ahmedabad, dem wirtschaftlichen

Zentrum Gujarats. Tausende weitere – nach einigen Schätzungen mehr als 100.000 – verloren ihr Zuhause, ihr Geschäft, ihr Auto, ihren Besitz. Zehntausende, meist Muslime, wurden vertrieben.

Es gibt keinen Zweifel, dass Regierung und Polizei damals viel zu wenig taten, um die Morde und Gewalttaten zu verhindern oder zu ahnden. Zahllose Berichte legen nahe, dass die Polizei, anstatt mit staatlicher Autorität einzuschreiten, abwiegelte und den Blutrausch desinteressiert duldete oder sogar unterstützte. Auch Modi selbst hat, obgleich als Chief Minister mit großer Machtfülle ausgestattet, viel zu wenig unternommen, um die Pogrome zu verhindern. In den Folgejahren untersuchten indische Gerichte sein Verhalten während der Krisentage und seine Verantwortung für die Eskalation, eine Schuld wurde ihm jedoch nie formal nachgewiesen. Wobei dieses Urteil nicht allzu viel heißen muss – genauso wenig wie ein Schuldspruch so eindeutig gewesen wäre, wie es aus westlicher Perspektive klingen mag. Wenn ein indischer Chief Minister von der Justiz beurteilt wird, spielen zahlreiche politische Faktoren eine Rolle, die die Unabhängigkeit der Richter infrage stellen können. Zugleich gilt, dass man vor Gericht unschuldig sein kann, selbst wenn man erhebliche moralische Schuld auf sich geladen hat. Es steht außer Frage, dass Modi infolge der Massaker von Gujarat im Jahr 2002 bis heute umstritten und vorbelastet ist. Die Vereinigten Staaten erklärten ihn 2005 zur Persona non grata und belegten ihn mit einem Einreiseverbot, das erst aufgehoben wurde, als er in der größten demokratischen Wahl der Geschichte von Hunderten Millionen zum Premierminister gewählt wurde.

So tragisch und inakzeptabel das Morden in Gujarat war: Pogrome sind in der langen indischen Geschichte leider ein sich wiederholendes, abscheuliches Phänomen, auch nach der Unabhängigkeitserklärung des Landes.[398] So lagen die Massaker an der Sikh-Community nach dem Attentat auf Indira Gandhi, bei denen insbesondere in der Hauptstadt Delhi Tausende starben, damals nur 18 Jahre zurück. Die Parallelen zwischen 1984 und 2002 sind offensichtlich: ein Zusammenbruch der öffentlichen Ordnung gepaart mit Gleichgültigkeit von Politik und Polizei – mit zahlreichen unschuldigen Toten und Verletzten, die der

Staat im Stich ließ. Beide politischen Großlager, die in ihrem Selbst-verständnis säkulare Kongresspartei ebenso wie Pro-Hindu-Parteien, tragen eine moralische Mitschuld an diesen Massenmorden. Man kann durchaus den Standpunkt vertreten, dass Modi nach der Katastrophe in Gujarat unwählbar sei: eine legitime, nachvollziehbare Position, die viele Inder teilen. Wer so argumentiert, müsste sich aber auch vom Congress distanzieren, was im Ergebnis beide Volksparteien in Indien diskreditieren würde. Viele Wahlberechtigte würden sich fragen, wem sie dann überhaupt noch ihre Stimme geben könnten.

Hindutva

Die Republik Indien ging mit der Unabhängigkeitserklärung 1947 und der Verfassung von 1950 als säkularer, inkludierender Staat an den Start.[399] *Hindutva*, das Ideal des Hindutums als gesellschaftliche Leit-kultur, steht diesem Prinzip fundamental entgegen. Hindutva stützt die These, wonach »jeder Inder Hindu« und »jeder Hindu Inder« sei – was selbstverständlich absurd, chauvinistisch und mit der implizierten Exklusivität eine Unverschämtheit ist. Angehörige anderer Religionen, Agnostiker und Atheisten werden in dieser Weltanschauung besten-falls toleriert. Wer kein Hindu ist, so die Unterstellung, könne kein »richtiger« Inder sein. »Indien den Hindus« lautet das intolerante Motto, das in klarem Widerspruch zur toleranten Haltung der Gründerväter der indischen Republik – Ambedkar, Mohandas Gandhi, Nehru – steht.

Wer diesen Ansatz allerdings sogleich als fanatisch und völlig irre abtut, der möge – insbesondere als Angehöriger einer westlichen Ge-sellschaft – kurz innehalten, um nicht mit zweierlei Maß zu messen. Wir sollten nicht so tun, als sei die religiöse Verankerung einer Partei *per se* ein ungewöhnlicher, furchtbar intoleranter Ansatz. In der Bundes-republik Deutschland beispielsweise, 1949 begründet, also nach der Unabhängigkeitserklärung Indiens, gehören seit mehr als 70 Jahren Parteien zum politischen Alltag, die explizit das Adjektiv »christlich«

im Namen führen. Auch dies ist nicht Kennzeichen einer säkularen, inkludierenden Organisation – was aber die wenigsten Deutschen zu irritieren scheint, weil sie sich eben daran gewöhnt haben. In Italien war nach dem Zweiten Weltkrieg fast ein halbes Jahrhundert hindurch die Democrazia Cristiana (»Christliche Demokratie«, DC) die einflussreichste Partei, die bis in die 1990er-Jahre zahlreiche Regierungen in Rom stellte. Und es ist kein Geheimnis, dass Amerikas Republikaner traditionell großen Zuspruch unter evangelikalen Christen finden und sich entsprechend positionieren, zulasten anderer Glaubensgemeinschaften.

In der historischen Perspektive ist das Hindutva-Leitmotiv insofern ansatzweise nachvollziehbar, als es gewissermaßen eine Haltung des Jetzt-sind-wir-mal-dran reflektiert. Immerhin blickt Indien auf Jahrhunderte der Mogulherrschaft mit einer muslimischen, Persisch sprechenden Oberschicht zurück. Es folgten zwei Jahrhunderte unter britischer Kolonialherrschaft mit einer christlichen, Englisch sprechenden und oftmals rassistischen Elite, die kein Problem mit dem Fleisch »heiliger« Kühe auf dem Teller hatte – und zu allem Überfluss auch noch Schweinebraten servierte, was wiederum viele Muslime problematisch fanden. Dass sich orthodoxe Hindus nach dem Ende der jahrhundertelangen Fremdherrschaft nun auf die eigenen Wurzeln besinnen und Hindutva propagieren, mag unsympathisch sein. Es sollte zumindest aber nicht überraschen.

Der erstarkende Nationalismus manifestiert sich inzwischen in vielen Facetten:

• Seit Jahrzehnten werden Städte, Orte und Landesteile mit der Absicht *umbenannt*, koloniales Erbe abzulegen und die »Indianisierung« Indiens auch nominal voranzutreiben. Derartige Namensänderungen sind allerdings kein neues Phänomen. So wurde beispielsweise schon 1948 aus Cawnpore Kanpur, 1956 aus Travancore-Cochin Kerala, aus dem Bundesstaat Mysore 1973 Karnataka (sowie aus der gleichnamigen Hauptstadt Mysore 2014 dann Mysuru), aus Baroda im Jahr 1974 Vadodara (»wa-DO-dra« ausgesprochen) und aus Trivandrum einer Großstadt im Südzipfel des Landes, Thiruvananthapuram.

In den 1990er-Jahren wurde der Bundesstaat Maharashtra in großem Stil aktiv, wo Shiv Sena Bombay in Mumbai umtaufte. Aus dem Hauptbahnhof Victoria Terminus (VT), am Nordrand von Fort gelegen, wurde Chhatrapati Shivaji Terminus (CST) und einige Jahre später dann Chhatrapati Shivaji Maharaj Terminus (CSMT). Das Prince-of-Wales-Museum am Südrand von Fort, eine der führenden Sammlungen Südasiens, stand in den Reiseführern bald als Chhatrapati Shivaji Maharaj Vastu Sangrahalaya. Mumbais Großflughafen heißt nun – Kreativität ist nicht jeder Stadtverwaltung gegeben – Chhatrapati Shivaji Maharaj International (trägt aber weiter das IATA-Kürzel »BOM«). In anderen Landesteilen Indiens wurde aus Madras Chennai (1996); aus Kalkutta Kolkata (2001); aus Bangalore Bengaluru (2007); aus Gurgaon, einer Vorstadt Delhis von der Größe Hamburgs, Gurugram (2016). Aktuell geht es beim Bestreben, Ortsnamen einzuindischen, nicht mehr nur um die symbolische Bereinigung von Altlasten kolonialer Nomenklatur. Religiöse Motive haben sich in den öffentlichen Diskurs eingeschlichen. So wird seit einigen Jahren diskutiert, Ahmedabad, die größte Stadt Gujarats, in etwas »Indischeres« – und vor allem nicht muslimisch Klingendes – umzubenennen. »Karnavati« ist als neuer Name im Gespräch.

• Vor allem in Uttar Pradesh, traditionell Hindu-Kernland, bringt die Regierung Hindutva-Ideen in Umlauf. Triebkraft ist dort Chief Minister Yogi Adityanath von der BJP, ein Priester aus Gorakhpur, einer kleineren Millionenstadt nahe der nepalesischen Grenze. Adityanath ist nicht von profunder wirtschaftlicher Sachkenntnis, dafür aber umso intensiver um die »richtige« Gesinnung in U. P. bemüht. Kurz nach seinem Amtsantritt 2017 machten selbst ernannte Sittenwächter die Runde, sogenannte *Romeo squads*. Sie sollten und wollten insbesondere Hindumädchen und junge Frauen vor sexuellen Belästigungen schützen – und ganz nebenbei ein Auge darauf haben, dass nicht, Gott bewahre, irgendwo der *love jihad* praktiziert würde. Dieser »Liebes-Dschihad«, so die groteske Idee, würde von triebgesteuerten Muslimen praktiziert, die Hindus die Frauen wegschnappten, sie konvertierten und ihnen, Abgrund der Schlechtigkeit, muslimische Kinder machten. Aus Allahabad (»Allahs Stadt«, »Stadt Gottes«), einer Millionenstadt in U. P., wurde 2018 offiziell Prayagraj. Selbst Indiens weltberühmtes Wahrzeichen, der Taj Mahal in Agra, ist unter Hindutva-Hardlinern der Regionalregierung inzwischen in Ungnade gefallen. Da es sich um das Grabmal einer Muslimin (und ihres Mannes Schah Dschahan) handele, sei das Bauwerk, so jedenfalls Adityanath, nicht »authentisch« indisch. Man möge stattdessen lieber Hindutempel in U. P. besuchen, so die Empfehlung der Regierung. Die seien auch schön.

• 2016 machte Neu-Delhi Kinobetreibern zur Auflage, patriotische Gefühle zu intensivieren. Vor Beginn jeder Filmvorführung musste die indische *Nationalhymne Jana Gana Mana* abgespielt werden, und Theaterbesucher hatten aus Gründen des Respekts dafür aufzustehen – was einen faden Beigeschmack freudloser Pflichtübung hat. Könnten und sollten Staatsbürger nicht selbst entscheiden, wann und was sie singen und wann und warum sie dazu aufstehen? Braucht es dafür ein Gesetz? Und ist jemand, der während des Vortrags der Hymne im Sitzen ausharrt, deswegen ein »schlechter« Patriot?

• Ein *Rindfleischverbot* gilt inzwischen in mehr als 20 Bundesstaaten und -territorien. Für dieses Thema ist nicht das politische Zentrum in Delhi zuständig, sondern es wird auf bundesstaatlicher Ebene in Eigenregie gesetzlich geregelt. In christlich geprägten Regionen – beispielsweise Kerala und der Nordosten – mischen sich die Regierungen in den Speiseplan der Bürger nicht allzu sehr ein. Sie sind der Meinung, dass jeder ganz gut alleine entscheiden kann, was er denn so kochen mag. In Meghalaya beispielsweise, einem der kleinen Bundesstaaten in Nordostindien, weit überwiegend christlich, erklären mehr als 80 Prozent der Bevölkerung, ab und an Rindfleisch zu sich zu nehmen.[400] Umfragen legen nahe, dass insgesamt ungefähr 80 Millionen Inder gelegentlich Rind essen, in der Mehrzahl Muslime, wobei hier zu berücksichtigen ist, dass das Wort *beef* (in England »Rindfleisch«) in Indien unpräzise gebraucht wird, weil es sowohl Rindfleisch (problematisch) als auch Büffelfleisch (in der Regel unproblematisch und weniger delikat) bedeuten kann. Jedenfalls war das Land, der Heiligkeit der Kuh zum Trotz, noch vor Kurzem größter Exporteur von *beef* weltweit, vor Argentinien, Australien, Brasilien und den Vereinigten Staaten. Absatzmärkte sind vor allem Südostasien und der Mittlere Osten. Der *Economist* vermeldete 2017 eine Vervierzehnfachung der indischen Fleischexporte im vorangegangenen Jahrzehnt.[401]

Diese Zahlen ändern nichts daran, dass Kühe seit dem Amtsantritt Modis 2014 noch etwas heiliger sind, als sie es vorher schon waren, und in Teilen der indischen Gesellschaft eine gewisse Obsession um sich greift. Der Bundesstaat Rajasthan profilierte sich beispielsweise, indem er den ersten Kuhminister berief. In Haryana regten BJP-Vertreter an, man möge Rindfleischesser so bestrafen wie Mörder, während ein anderer argumentierte, dass, wer Kühe essen wolle, doch bitte nach Pakistan übersiedeln solle.[402] Maharashtra setzte 2015 ein generelles Rindfleischverbot durch, das Schlachten und Verzehr (oder auch nur das Lagern im Kühlschrank) kriminalisiert. Seitdem drohen Gefängnisstrafen und drakonische Bußgelder. Noch ernster wird die Sache dadurch, dass sich in Teilen Indiens immer wieder selbst ernannte »Kuhwächter«, *gau rakshaks*, zusammenrotten. Jenseits jeder Rechtsstaatlichkeit bedroht, verprügelt oder lyncht dieser »Kuh-Klux-Klan«[403] all jene, denen er Vergehen gegen die offizielle Rindviehpolitik vorwirft. So wurde im September 2015 ein Mann in Dadri (Uttar Pradesh) vom Pöbel ermordet, weil er Gerüchten zufolge Rindfleisch verzehrt haben sollte – was nicht der Fall war, aber selbst dann nichts an der Tatsache geändert hätte, dass er Opfer grenzenloser Verblendung geworden war. Tragischerweise war dies kein Einzelfall. Es kommt hinzu, dass traditionell einige Millionen Inder, vor allem aus gesellschaftlich stark benachteiligten Schichten, ihren Lebensunterhalt in Schlachthäusern und in der Lederbranche verdienen. Was Wiederkäuer schützt, entzieht vielen von ihnen die Existenzgrundlage. Wenn Kühe von Staats wegen für »heilig« erklärt werden, hat dies zur Folge, dass irgendwann verwirrt-fanatische Gläubige das Leben einer Kuh höher achten als das Leben eines Menschen. Strikte Gewaltlosigkeit gegenüber Rindern ist in Indien weitverbreitet. Man würde sich wünschen, dass strikte Gewaltlosigkeit gegenüber Minderheiten und Schwächeren in der Gesellschaft – Frauen, Kindern, jenen mit der »falschen« Kaste oder Religion – ähnlich viel Zuspruch unter bigotten, selbstgerechten Extremisten fände.

- Bücher und Filme, die nicht auf das Wohlwollen von Hindu-organisationen treffen, werden *zensiert* oder aus dem Verkehr gezogen. Ein Beispiel war in der jüngeren Vergangenheit das Werk *The Hindus* der Amerikanerin Wendy Doniger, einer angesehenen Akademikerin. Penguin India, ein führendes Verlagshaus, zog dessen Veröffentlichung nach Protesten der intoleranten Hindufraktion zurück. Für noch größeren Furor sorgte der 2018 angelaufene Film *Padmaavat*, der eine Episode der indischen Geschichte aufgreift und in ihren Details fiktiv ausschmückt. Die Legende rankt sich um die Eroberung der Festung Chittorgarh in Rajasthan vor ungefähr 700 Jahren, in der sich die Rani von Chittor, eine Hindufürstin, verschanzt hatte. Angeblich hatte es der (muslimische) Angreifer dabei weniger auf die Feste als vielmehr auf die Königin abgesehen – historisch anfechtbar, aber im Rahmen der künstlerischen Freiheit natürlich erlaubt. Jedenfalls bringt sich die Königin ehrenhalber um; Chittorgarh wird eingenommen.

Das eigentliche Drama spielte sich jedoch jenseits der Leinwand ab. Rajputen fühlten sich in ihrer »Ehre« verletzt und deuteten das Opus als Instrument des *love jihad*. Lächerlich, sollte man meinen, viel Lärm um nichts. Wäre da nicht der BJP-Politiker aus Haryana gewesen, der allen Ernstes ein Kopfgeld von 100 Millionen Rupien (ungefähr 1,3 Millionen Euro) auf Deepika Padukone aussetzte. Padukone ist eine der bekanntesten Schauspielerinnen Indiens und damit der Welt, und es ging buchstäblich um ihren *Kopf*. (Der Politiker verlor anschließend nicht seinen Kopf, aber seinen Job.)

- Ein neues *Staatsbürgerschaftsgesetz*, der Ende 2019 vom Parlament verabschiedete *Citizenship (Amendment) Act* (CAA), diskriminiert Muslime. Das Gesetz bahnt Geflüchteten, die vor Ende 2014 aus Afghanistan, Pakistan oder Bangladesch nach Indien gekommen waren, den Weg hin zu einem legalen Aufenthaltstitel und zur indischen Staatsbürgerschaft. Eigentlich ein nachvollziehbarer, positiv anmutender Schritt, sollte man meinen. Nur spielt dabei, die säkulare Leitmotivik der indischen Verfassung konterkarierend, die Religion eine Schlüsselrolle. Hindus, Sikhs, Jains, Christen, Buddhisten und Parsen (also Zoroastrier) sind laut CAA in Indien willkommen; Muslime sind es nicht.

Hindutva dient der BJP zur Sicherung der politischen Mehrheit und damit der Stabilität, der Regierungsfähigkeit. Patriotismus und Nationalismus sind nicht per se schlecht; sie können in einer Gesellschaft positiv und konstruktiv wirken. Brandgefährlich wird es aber, wenn sie übersteigert werden und in religiösen Fundamentalismus umschlagen, der die Gesellschaft in Bürger erster und zweiter Klasse spaltet. Latent droht stets die von Alexis de Tocqueville und John Stuart Mill Mitte des 19. Jahrhunderts beschriebene »Tyrannei der Mehrheit«[404] – im Fall Indiens der Tyrannei einer Glaubensgemeinschaft zulasten der anderen.

Die Pogrome in Gujarat und die Hinwendung zum Hindu-nationalen haben Modi in Indien nicht geschadet, jedenfalls nicht in der Breite der Gesellschaft. Auf einen spektakulären Wahlsieg 2014 folgte ein noch spektakulärerer fünf Jahre später – eine überwältigende Bestätigung im Amt und eine denkbar starke Legitimation in einer funktionierenden Demokratie. In zahlreichen nicht indischen Medien hingegen wurde und wird Modi in eine Reihe mit Staatschefs wie Donald Trump in den USA, Rodrigo Duterte von den Philippinen, Recep Tayyip Erdogan in der Türkei oder Wladimir Putin in Russland gestellt. Er wird dort regelmäßig ins Umfeld von Politikern gerückt, die sich durch despotisches, autokratisches Verhalten, die diplomatische Feinfühligkeit eines Schlagbohrhammers oder beachtliche Schlichtheit in der oberen Abteilung auszeichnen. So hatte sich die in London erscheinende Wochenzeitschrift *The Economist*, weltweit meinungsbildend in der intellektuellen und wirtschaftlichen Elite, in einer Titelgeschichte im

Vorfeld der Indien-Wahlen von 2014 auf die Seite der Kongresspartei geschlagen und indische Wähler aufgefordert, *nicht* Modi zu unterstützen. Auch in den folgenden Jahren waren die Korrespondentenberichte des *Economist* aus Indien durchweg negativ geprägt und trugen mitunter Züge, die man, höflich formuliert, originell finden konnte.[405] Ende 2017 schrieb der *Economist* in einem Leitartikel: »Staatschefs wie Recep Tayyip Erdogan in der Türkei [...], der verstorbene Hugo Chávez in Venezuela und selbst Narendra Modi, Indiens Premierminister, haben sich benommen, als ob sie eine spezielle Legitimation hätten, die sich direkt vom Volkswillen ableiten würde.«[406] Eine problematische Aussage, weil Modi als Regierungsoberhaupt einer etablierten Demokratie legitimiert *ist*. Er wurde 2014 und 2019 in freien, fairen, im In- und Ausland anerkannten Wahlen mit überwältigender Mehrheit in sein Amt gewählt beziehungsweise als Regierungschef bestätigt, und zwar von mehr Menschen als jeder andere Politiker der Weltgeschichte zuvor. Die Türkei und Venezuela treten dagegen rechtsstaatliche Prinzipien mit Füßen, während Duterte auf den Philippinen das willkürliche Ermorden von Bürgern zur Staatsräson erklärt hat.

Aber auch Millionen Inder sehen Modi nach den Ereignissen in Gujarat 2002 und wegen seiner Pro-Hindu-Politik mit größter Skepsis. Sie deuten ihn, bildlich gesprochen, als Wolf im Schafspelz. Beispielhaft ist der Bestsellerautor Pankaj Mishra, der in Uttar Pradesh geboren wurde und nach Angaben seines Verlags in London lebt. Mishra hat eine negative, polemische Sichtweise auf Modi und diejenigen, die ihn gewählt haben (also einen Großteil der Inder). Er bezeichnet ihn als »*Hindu supremacist*«,[407] als »Demagogen«, der in einer Liga mit Erdogan, Marine Le Pen und Trump spiele,[408] und seine Anhänger und Wähler als »*religious-racial supremacists*«.[409] »Autoritäre Führer, antidemokratische Gegenbewegungen und Rechtsextremismus definieren die Politik in [...] Indien«, so Mishra.[410] »*Holy Cow-plus-Smart Cities*«.[411] Et cetera.

Das ist ebenso plakativ wie überspitzt und sagt mehr über Mishra als über Modi. Man mag Modi mögen oder nicht. Aber undemokratisch oder diktatorisch ist er nicht, jedenfalls bis heute. Er ist erst recht kein Psychopath. Selbstverständlich ist es legitim, Modi und die BJP so zu deuten, wie Mishra und andere es tun. Was sie unterschlagen, ist die beachtliche Reformleistung, die Modi initiiert hat und die Indiens Wirtschaft modernisiert und in ein neues Zeitalter führt. Insbesondere führende Unternehmer in Indien, beispielsweise Mukesh Ambani und Ratan Tata, unterstützen Modis Reformansätze – und werden von Mishra prompt der Anbiederung und einer Urteilsfähigkeit schlichtester Sorte bezichtigt.[412] Mitunter stellt sich die Frage, wer eigentlich »populistischer« und arroganter agiert: die hindunationalen Modi-Anhänger und -Wähler oder das Lager der linksintellektuell Empörten? Auf diesen Autor wirkt übersteigerter Nationalismus jedenfalls ähnlich schlicht wie kategorisches Leugnen wirtschaftspolitischer Erfolge. Mit einer klischeehaften Einordnung Modis ins globale politische Monstrositätenkabinett *du jour* machen es sich Journalisten und Publizisten jedenfalls zu einfach.

Volker Pabst, der einige Jahre als Korrespondent der *Neuen Zürcher Zeitung* aus Indien berichtete, kommt dagegen beispielsweise zu einem eher abwägenden Urteil, das divergierende Facetten Modis aufgreift. »Die indische Regierungspartei [die BJP] ist nicht nur die Kraft der Wirtschaftsreformen und des generellen Fortschritts im Land, als die sie sich darstellt«, schrieb er. »Sondern sie schart auch chauvinistische, minderheitenfeindliche Kreise um sich, mit deren Befindlichkeiten sie Politik zu machen bereit ist.«[413] Ananya Vajpeyi wiederum, Politikwissenschaftlerin in Delhi, diagnostizierte etwa zur gleichen Zeit eine Bewusstseinsänderung in der indischen Gesellschaft: »Was sich mit der Regierung Modi verändert hat, ist, dass jetzt in der Öffentlichkeit viel davon gesprochen wird, wie aus Indien ein reiner Hindu-Staat werden kann. Inder zu sein, verschmilzt mehr und mehr damit, Hindu zu sein. So wird das Indisch-Sein aller Nicht-Hindus in Frage gestellt und sie werden zu Bürgern zweiter Klasse degradiert.« Wobei Vajpeyi einräumte, dass »es zunächst nur politische Propaganda« sei.[414]

Sicher ist, dass die Schwarzmalerei, die im Wahlkampf 2014 und in Modis erster Amtszeit mitunter hysterische Züge annahm, bei allen Problemen bislang nicht gerechtfertigt war. Darüber hinaus stellt sich die Frage, wie attraktiv die Alternativen sind, wie also insbesondere die führende Oppositionspartei Congress einzuordnen ist. Der bisherige Tiefpunkt der indischen Demokratie wurde schließlich nicht unter Modi erreicht, sondern unter Indira Gandhi. Selbst der *Economist*, der 2014 auf der Titelseite vor Modi gewarnt hatte, räumte Anfang 2019 während des Wahlkampfs in Indien kleinlaut ein, dass er »nicht so schlecht war, wie seine Kritiker, darunter auch diese Publikation, dachten«. Was nichts daran änderte, dass die Zeitschrift ihren Lesern ein weiteres Mal den Rat gab, für die Kongresspartei zu stimmen, weil sie unter Rahul Gandhi »ihr Profil in den sozialen Medien ein bisschen gestärkt« [*sic*] habe, während Modi eine »Kampagne mit dem Flammenwerfer« fahre.[415]

Trotz der Wahlempfehlung aus London wurde Modi 2019 mit sensationellen Ergebnissen im Amt bestätigt. Unterstützt wurde er keineswegs nur von mehr oder weniger fanatischen Hindus, sondern auch von zahllosen Jains, Muslimen, Parsen und Sikhs – und insbesondere von all jenen, die unternehmerisch tätig waren oder dachten.

Wirtschaft: die zweite Reformwelle

Sicher ist, dass Modi 2014 erstmals ins Amt des indischen Ministerpräsidenten gewählt worden war, weil er seinen Heimatstaat insgesamt erfolgreich regiert und modernisiert hatte. In den mehr als zehn Jahren, in denen er als Chief Minister wirkte, verdreifachte sich die Wirtschaftsleistung Gujarats nahezu. Die jährlichen Wachstumsraten lagen im Durchschnitt bei etwa 10 Prozent und damit deutlich über jenen in anderen Regionen. Er hatte die Erneuerung der Infrastruktur auf den Weg gebracht, in Straßen und Häfen investiert und wirtschaftliche Rahmenbedingungen geschaffen, die Westindien zu einem bevorzugten Produktionsstandort für Unternehmen gemacht hatten. Während in Gujarat nur rund 5 Prozent aller Inder leben, verbucht der Bundesstaat etwa ein Viertel aller Exporte. Wenn das in Gujarat möglich war, so die Hoffnung vieler damals, könnte es mit Modi als Regierungschef in Neu-Delhi in ganz Indien gelingen.

Das *First-past-the-post*-Wahlsystem war für Modi und die von der BJP angeführte Koalition hilfreich. So gewann die BJP im Mai 2014 rund 31 Prozent der Stimmen, aber 52 Prozent der Sitze im Unterhaus Lok Sabha. Der Congress, die wichtigste Oppositionspartei, stellte mit 19 Prozent der Stimmen dagegen nur 8 Prozent der Abgeordneten. (In den Nachkriegsjahrzehnten hatte wiederum der Congress erheblich von diesem Wahlmodus profitiert. So errang Nehrus Partei 1952 mit 45 Prozent der Stimmen 74 Prozent der Unterhaussitze. 1967 reichten 41 Prozent der Stimmen für eine Parlamentsmehrheit von 55 Prozent.[416]) Modi und seine engsten politischen Vertrauten – etwa Hindutva-Hardliner Amit Shah, BJP-Parteichef bis Anfang 2020 und Innenminister seit 2019, und der langjährige Finanzminister Arun Jaitley[417] – konnten über eine Machtbasis verfügen, die jahrzehntelang keine andere Regierung für sich in Anspruch nehmen konnte. Sie ermöglichte die zweite große Welle der Wirtschaftsreformen nach dem Big Bang unter Narasimha Rao Anfang der 1990er-Jahre.

Absurd wäre allerdings die These, wonach Indien erst unter Modi hohes Wirtschaftswachstum gesehen hätte. Schon in den zehn Jahren vor seinem Amtsantritt, also im Zeitraum von 2004 bis 2014, war das Bruttoinlandsprodukt im Schnitt um 8 Prozent jährlich gewachsen, hatte sich also höchst dynamisch entwickelt, geradezu in »chinesischem« Tempo (Tabelle 13). Sonia Gandhi, Modis Nemesis, hatte durchaus recht, wenn sie 2018 in einem Interview rhetorisch fragte: »War Indien vor dem 26. Mai 2014 [dem Amtsantritt Modis] wirklich ein gigantisches schwarzes Loch? Fing Indiens Marsch hin zu Fortschritt, Wohlstand und Größe erst vor vier Jahren an?« Wer das behaupte, so Gandhi, würde »die Intelligenz unseres Volks beleidigen«.[418]

Jahr	Wachstum (real)	Wirtschaftsleistung (Index, 2000 = 100)
2000	4,0 %	100
2001	4,9 %	105
2002	3,9 %	109
2003	7,9 %	118
2004	7,8 %	127
2005	9,3 %	139
2006	9,3 %	151
2007	9,8 %	166
2008	3,9 %	173
2009	8,5 %	187
2010	10,3 %	207
2011	6,6 %	220
2012	5,5 %	233
2013	6,4 %	247
2014	7,4 %	266
2015	8,0 %	287
2016	8,2 %	311
2017	7,2 %	333
2018	6,8 %	356
2019	6,1 %	377

Quelle: IWF (World Economic Outlook), Braun Alexander; Stand: Oktober 2019

Tabelle 13: Indien: Wirtschaftswachstum seit 2000

Stimmt. Die Wirtschaftsreformen gewannen unter Modi allerdings deutlich an Fahrt. Im Vergleich zu Ministerpräsident Manmohan Singh und Strippenzieherin Sonia Gandhi, die wirtschaftspolitische Entscheidungen gleichsam im Schneckentempo fällten, entpuppten sich Modi und einige seiner Minister – etwa Jaitley und Verkehrsminister Nitin Gadkari – geradezu als Düsenjets. Es gab einen Masterplan, einen »Modi Operandi«, der an die Agenda erinnerte, die US-Präsident Ronald Reagan und die britische Premierministerin

Margaret Thatcher in den 1980er-Jahren auf den Weg gebracht hatten: *supply-side economics*, angebotsorientierte Politik, die darauf abzielte, die wirtschaftlichen Rahmenbedingungen für Unternehmen und Haushalte zu verbessern. Die Kräfte des Marktes würden den Rest übernehmen.

Von gleichermaßen symbolischer wie praktischer Bedeutung war eine von Modis ersten Entscheidungen als Regierungschef: Er schickte die 1950 von Nehru eingesetzte Planungskommission mit ihren rigiden Fünf-Jahres-Plänen und dem Muff sozialistischen Kontrollwahns in die Wüste.[419] Manchmal sei es besser, so Modi im August 2014, ein neues Haus zu bauen, wenn die Renovierung des alten wenig bringe. Damit besiegelte er das Ende der Planwirtschaft in Indien und signalisierte, dass der Staat fortan nicht mehr im Mittelpunkt der Wirtschaft stehen, sondern lediglich die Rahmenbedingungen bestimmen würde: *»Government has no business to be in business.«* Während der Congress nach der indischen Unabhängigkeitserklärung dem Staat jahrzehntelang die zentrale Verantwortung für die wirtschaftliche Entwicklung zugewiesen hatte – mit den oben beschriebenen verheerenden Folgen –, läutete Modi den schrittweisen Rückzug des Staats ein, also einen Paradigmenwechsel hin zu Privatisierungen von Unternehmen und ganzen Branchen. Auf der Liste jener Firmen, die nach Jahrzehnten der Planwirtschaft und staatlich-bürokratischer Inkompetenz marode und international nicht mehr wettbewerbsfähig waren, standen beispielsweise die Rohstoffkonzerne Coal India und ONGC sowie der Versorger NHPC. Anteile an Staatsbanken, allen voran an der größten, State Bank of India, kamen auf die Verkaufsliste. Und bei Air India, chronisch rote Zahlen[420] einfliegend und hoch verschuldet, strebte Modi zügig einen Befreiungsschlag an: den Verkauf. Ein Selbstläufer, hätte man meinen können, schließlich boomte die Luftfahrt in Indien, verzeichnete zweistellige prozentuale Zuwächse im Jahr,[421] und Air India verfügte als Ex-Monopolist (bis 1994) über wertvolle Start- und Landerechte sowie eine starke Marke. 2018 geriet dieses Projekt indes vorerst ins Stocken. Es gab zu jenem Zeitpunkt schlicht keinen Interessenten, der die durch und durch abgewirtschaftete Fluggesellschaft hätte haben wollen, die nicht nur mit gigantischen Schulden feilgeboten wurde, sondern mit strikten staatlichen Auflagen und hochgradig unkooperativen Gewerkschaften (»lieber pleite als privat«). Ausgang offen.

Ein weiterer zentraler Baustein in Modis Wirtschaftsprogramm ist *Make in India*. Dabei geht es in erster Linie nicht, wie man vermuten könnte, um eine Neuauflage der von Nehru und Indira Gandhi verfolgten Autarkiepolitik, des Alles-selbst-Produzierens. Vielmehr zielt *Make in India* auf die Verbesserung der internationalen Wettbewerbsfähigkeit Indiens. Der sogenannte *Ease-of-Doing-Business*-Index der Weltbank berücksichtigt eine Fülle von Parametern, die die Gründung und Führung eines Unternehmens betreffen, beispielsweise die Aspekte Firmenregistrierung, Steuern, Arbeitsrecht, Rechtssicherheit und Bürokratieaufwand. Laut Weltbank lag das Land 2014 auf Rang 142, weit hinten also. 2016 hatte Indien sich auf Rang 130 vorgearbeitet, 2017 dann auf Rang 100, 2018 auf Rang 77, 2019 auf Rang 63, was schon oberes Mittelfeld war.[422] Eine andere Bewertung der Wettbewerbsfähigkeit – das abweichende Ranking ist der zugrunde liegenden Methodik geschuldet – legte das World Competitiveness Center (WCC) der in Lausanne ansässigen Wirtschaftshochschule IMD im Mai 2019 vor. Dort kam Indien auf Rang 43 und überholte damit Italien (Rang 44). Frankreich belegte bei dieser Untersuchung Rang 31, Deutschland Rang 17, während vier der Top-10-Wirtschaftsräume in Asien lagen.[423]

Dabei profitierten Modi und Indien vom globalen Wirtschaftsumfeld. Insbesondere der Einbruch der Ölpreise ab Mitte 2014 war für das Land, einen der größten Ölimporteure der Welt, glücklich. Der Preisverfall entlastete die Staatsfinanzen erheblich, ließ die Inflationsrate sinken und erlaubte den Subventionsabbau, so für Gas, das in ganz Indien zum Kochen benutzt wird. Insgesamt war Indiens finanzielle Situation trotz Haushalts- und Handelsdefiziten während Modis Amtszeit solide. Im April 2020 verfügte das Land über Devisenreserven von 481 Milliarden US-Dollar: mehr als je zuvor.

Das Tagesgeschäft

Viele Maßnahmen, die Modi auf den Weg brachte, waren nicht visionär, sondern bodenständig. Basisreformen wirken mitunter kleinkariert und unappetitlich (»Das soll große Politik sein!?«). Sie haben die indische Gesellschaft und das tägliche Leben von Hunderten Millionen Menschen aber erheblich verändert. Zum Besseren.

An erster Stelle ist hier das Tagesgeschäft zu nennen. Die Fakten: Noch vor wenigen Jahren erledigte etwa die Hälfte der gesamten indischen Bevölkerung die Angelegenheit Tag für Tag unter freiem Himmel. Also auf dem Feld, im Dschungel, auf dem Bürgersteig, am Wegesrand, sonst wo, jedenfalls *nicht* auf einer Toilette, egal welcher Bau- oder Machart. In Indiens rund 600.000 Dörfern lag der Anteil deutlich höher, in den Städten niedriger. Bei einem angenommenen »Stuhlgang« von einmal täglich – das Wort traf es mangels Sitzgelegenheit eigentlich nicht – landeten also, grob geschätzt, im Laufe eines Kalenderjahrs 220 Milliarden menschliche Haufen in der Landschaft. (Hinzu kamen die Hinterlassenschaften zahlloser Hunde, Katzen, Kühe, Büffel, Kamele, Elefanten, Pferde, Hühner, Tauben, Ratten und so weiter.)

Die Erleichterung unter freiem Himmel ist dabei nicht nur Armut und fehlenden Räumlichkeiten geschuldet, sondern für viele die gewohnt-bevorzugte Methode. Auf dem Land gilt sie oft als »männlich« (»Nur Alte und Sieche brauchen eine Toilette«), als natürlich sowie als geselliges Geschäft und mitunter gar gruppendynamisches Mini-Ereignis – so wenn Frauen in kleinen Verbänden hinausziehen ins Dunkel und sich endlich einmal in Ruhe unterhalten können, ohne störende Männer und Kinder. Hinzu kommt, dass ein Klo im Freien weniger unappetitlich wirken kann als ein installiertes – alleine schon, weil es zuvor nicht von Tausenden anderen benutzt wurde und nicht gereinigt werden muss.

Die Folgen waren verheerend: für Gesundheit und Trinkwasserversorgung, für das Bildungsniveau, für die Arbeitswelt – und last but not least im Hinblick auf die Kriminalitätsrate. Noch vor wenigen Jahren starben in Indien ungefähr 600.000 Menschen jährlich an Durchfall, ein Großteil davon Kinder im Alter unter fünf.[424] (Durchfall wird vor allem durch Fäkalien und Bakterien in verunreinigtem Wasser verursacht.) Zahllose Mädchen gingen mit Erreichen der Pubertät von der Schule ab, weil es dort keine separaten Toiletten für sie gab. Millionen Frauen, vor allem auf dem Land, unterdrückten ihr Bedürfnis bis Einbruch der Dunkelheit oder bis tief in die Nacht, weil sie nur dann im Freien für sich allein sein und Privatsphäre finden konnten. Eine ideale Ausgangslage für potenzielle Vergewaltiger und andere Kriminelle. Ein weiteres Problem, das jährlich mehr als 200 Milliarden Entleerungen in freier Natur mit sich brachten: Bisse durch Schlangen, Skorpione, Insekten und Begegnungen mit gefährlichen Wildtieren, etwa mit Leoparden und Tigern, die nachts unterwegs sind. Die Weltbank kam vor einigen Jahren zu dem Ergebnis, dass die unzureichende Sanitärsituation die indische Wirtschaftsleistung um mehr als 6 Prozent schmälerte.

Modi ließ also öffentliche Toiletten bauen. Millionen Klos und Latrinen. (Die genaue Zahl liegt im Dunkeln, sehr viele jedenfalls. Der *Economist* geht von 92 Millionen aus.[425]) »Erst Toiletten, dann Tempel«, lautete seine pragmatische, mutige Devise, immerhin ist Modi Regierungschef einer hindunationalen Volkspartei mit starker religiöser Verankerung. Denn was bringe es, so die Denke, wenn Indien zwar Satelliten ins Weltall schießen, Hochgeschwindigkeitsstrassen und Highspeed-Internet bauen könne, zugleich aber Hunderte Millionen ihr Geschäft Tag für Tag hinterm Busch erledigten? Notdurft ist im Zweifel wichtiger als Mondfahrt.

Die Klo-Politik wurde von vielen belächelt und diskreditiert. »Inderinnen wollen keine Toiletten, sondern ein Handy«, lautete ein Kritikpunkt – was in der Sache stimmen mochte, aber nichts an dem Umstand änderte, dass neben dem Wollen auch das Müssen wichtig war. Außerdem wurde moniert, dass es nicht ausreiche, überall Toiletten zu *haben*, man müsse sie auch *benutzen* – was voraussetzen würde, dass sie regelmäßig gereinigt und instand gehalten werden. Fakt ist: Es gab und gibt öffentliche Toiletten ohne Dach (nicht so gut während des Monsuns), ohne Türen, ohne fließend Wasser, in unbenutzbarem Zustand. Alles richtig. Aber auch Rom wurde bekanntlich nicht an einem Tag erbaut. Modis Hygieneprogramm war zweifellos ein Schritt in die richtige Richtung. Bislang deutet einiges darauf hin, dass die Klo-Initiative ein Erfolg war. Anfang 2018 hatten 75 Prozent aller Haushalte in ländlichen Gebieten Zugang zu Toiletten, 29 Prozentpunkte mehr als zwei Jahre zuvor. 93 Prozent derjenigen, denen Sanitäranlagen zur Verfügung standen, nutzten diese.[426]

Die Basisversorgung

Umweltverschmutzung ist heute das drängendste Problem in Indien. Sie ist allgegenwärtig und hat groteske Ausmaße angenommen (siehe Kapitel 2: »Who's perfect?«). Die Lösung dieses Problems wird mehr als eine Generation in Anspruch nehmen. Zugutehalten muss man Modi, dass er die Dimensionen der Umweltkatastrophe auf dem Subkontinent zumindest erkannt und zur Chefsache gemacht hat – nach Jahrzehnten, in denen das inopportune Thema in Delhi schlicht ignoriert worden war. Sein Regierungsprogramm Swachh Bharat (etwa: »Aufgeräumtes, sauberes Indien«) wurde oft als symbolischer Akt abgetan. Es sei wohl kaum ausreichend, so Kritiker, wenn der Ministerpräsident in elegantem Outfit eine vermüllte Straße in Delhi oder Varanasi (seinem Wahlkreis) fege und sich dabei von der Presse fotografieren lasse. Dennoch ist jede medienwirksame Aktion, die auf die Umweltproblematik in Indien verweist, wichtig und sinnvoll, beschleunigt sie doch einen Bewusstseinswandel in der Gesellschaft.

Auch auf regionaler Ebene gibt es durchaus positive Signale. So verbot der Bundesstaat Maharashtra jüngst kurzerhand Plastiktüten, noch vor dem hoch entwickelten, reichen Deutschland. Bürgerinitiativen bilden sich, um aufzuräumen, Müll zu entfernen, die Sensibilität für die Natur zu stärken. Und was wir sonst eher in europäischen Städten wie München, Zürich oder Kopenhagen erwarten würden, ist inzwischen auch in einzelnen indischen Metropolen All-

tag: Hundebesitzer müssen die Hinterlassenschaft ihrer Lieben ein-
sammeln, sonst droht ein Strafzettel.[427]

Zugleich setzt die Modi-Regierung massiv auf die erneuer-
baren Energieträger Wind-, Solar- und Wasserkraft. Trotz des hohen
Wirtschafts- und Bevölkerungswachstums will Indien im Jahr 2030
etwa 40 Prozent seines Energiebedarfs mit Wind- und Solarkraft
decken. Die Klimaschutzanstrengungen des Landes wurden Ende
2019 ähnlich »gut« bewertet wie die der skandinavischen Länder und
der Schweiz (während Deutschland »mäßiger« Erfolg bescheinigt
wurde).[428] Allerdings werden fossile Energieträger, insbesondere Kohle
und Erdöl, auf absehbare Zeit weiterhin dominieren und Indiens
Umweltbilanz erheblich trüben.

Das ist unbefriedigend. Allerdings darf man dabei nicht übersehen, dass die Versorgung aller Haushalte in Indien mit Strom die
Lebensstandards massiv verbessert. Noch vor zehn Jahren hatten
mehrere Hundert Millionen Inder keinen Strom im Haus oder Dorf.
Heute ist das Land annähernd durchelektrifiziert. Das sagt keineswegs nur die Regierung, deren Objektivität man anzweifeln könnte,
sondern die Weltbank, der zufolge Indien von 2010 bis 2016 jährlich
30 Millionen Menschen ans Netz anschloss. Das waren rechnerisch
mehr als 80.000 täglich, Wochenenden und Feiertage mitgezählt.
Eine kolossale logistische Leistung – erst recht, wenn man die geografischen Gegebenheiten in entlegenen Landesteilen berücksichtigt.
So mussten Material und Ausrüstung in mehr als 100 Dörfer in den
nordostindischen Bergregionen Arunachal Pradesh und Manipur zu
Fuß transportiert werden, was bis zu zehn Tage dauerte.[429]

Zahlreiche weitere Basisreformen wurden von Modi auf den Weg
gebracht oder fortgeführt:

• Der Ausbau des *Aadhaar*-Systems – biometrische Personalaus-
weise für die gesamte Bevölkerung – erhöht die Effizienz von Behörden und Verwaltung. Es ging bereits vor zehn Jahren an den Start,
war also kein Element der »Modifizierung«, und es ist, wie jedes IT-
basierte Verwaltungssystem, umstritten, weil der Staat die Daten,
die er auf diesem Weg erhebt, eines Tages missbrauchen könnte.

Ein richtiger, wichtiger Einwand. (Wobei man entgegenhalten muss, dass Hunderte Millionen Inder auf Facebook und anderen sozialen Medien genauso wenig ein Problem damit haben, persönliche Daten und Lebensumstände preiszugeben, wie ein Großteil der Europäer oder Amerikaner. Insofern ist die Kritik an Aadhaar nicht immer schlüssig.) Die Einführung der Aadhaar-basierten Verwaltung stellt eine hochkomplexe organisatorische Leistung dar. Man denke vergleichsweise daran, wie schwer sich Deutschland mit seinen wenig mehr als 80 Millionen Menschen seit 15 Jahren damit tut, eine durchdigitalisierte Gesundheitsakte einzuführen – bislang ohne Vollzug. Heute hat praktisch jeder Inder eine Aadhaar-ID, funktional ungefähr mit dem deutschen Personalausweis oder der amerikanischen Social Security Number vergleichbar. Zu den biometrischen Daten, die erfasst werden, gehören Fingerabdrücke und Iris-Scans, was bei manchen Orwell'sche Big-Brother-Befürchtungen weckt. Der praktische Nutzen wird deutlich, wenn man bedenkt, dass es bei 1,4 Milliarden Staatsbürgern Namensdoppler in schier unübersehbarer Menge gibt; dass weiterhin Millionen Inder nicht lesen und schreiben können; dass viele keinen (oder keinen eindeutigen) Nachnamen im Ausweis haben; und dass das Sozialsystem in Indien – insbesondere die staatlichen Zuwendungen aller Art für Arme und Ärmste – in der Vergangenheit in gigantischem Umfang missbraucht und korrumpiert wurde.

Die soziale Dimension ist bei Aadhaar entscheidend. Die Karte ist jeweils (sofern verfügbar) mit einer Mobiltelefonnummer, einem Bankkonto, einer Wahlkarte und der Steuernummer PAN (*permanent account number*) verbunden. Damit ist insbesondere bei denjenigen, die vom Staat finanziell oder mit Sachleistungen (zum Beispiel Lebensmitteln wie Reis oder Ghee) unterstützt werden, eine direkte Identifizierung und Zuordnung möglich. Zuvor hatten hingegen oft Mittelsmänner – Politiker, Dorfälteste, Verwaltungsangestellte – bei jeder Etappe ihren Schnitt gemacht, sodass bei den Bedürftigen deutlich weniger als beabsichtigt angekommen war. Das Fälschen von Führerscheinen ist in Indien weitverbreitet – was mit Aadhaar deutlich schwieriger wird. Schulen hatten, um an Zuschüsse zu kommen,

Hunderttausende Schüler gemeldet, die es überhaupt nicht gab, Karteileichen also. Bei Wahlen tauchten Hunderttausende fiktive Namen in den Wahlregistern auf. Betrug und Korruption werden dank des Aadhaar-Systems zumindest erheblich schwieriger, und der Sozialstaat und die Effizienz der Verwaltung werden gestärkt.

• Im August 2014 brachte Modi ein weiteres bürgernahes Programm auf den Weg: *Bankkonten für alle.* (Mit offiziellem Namen Pradhan Mantri Jan Dhan Yojana oder kurz Jan Dhan, etwa: »Volksgeld«.) Es hat zum Ziel, Basiskonten für die gesamte Bevölkerung bereitzustellen, also auch für diejenigen, die bis dahin keinen Zugang zu Bankdienstleistungen – bargeldloser Überweisung, Versicherungen, Kleinkrediten, Sparprodukten – hatten.

Auch Jan Dhan wurde, wie jedes Regierungsprogramm, heftig kritisiert – insbesondere, weil anfangs viele (staatlich kontrollierte) Banken zwecks Plansollerfüllung eine hohe Anzahl solcher Basiskonten einrichteten, indem sie eine einzige Rupie (wenig mehr als 1 Eurocent) einzahlten. Oft wussten Neukunden nicht, wofür ein Konto überhaupt gut war oder wie es funktionierte. Millionen Inder sind noch heute Analphabeten und können nicht rechnen, und viele misstrauen Banken und deren Angestellten erst recht. Traditionell werden Ersparnisse in Indien zu Hause aufbewahrt, in bar oder in Form von Gold beziehungsweise »Sparschmuck«, was insbesondere unter der Landbevölkerung als sicherer gilt, als sie auf einer Bank Fremden anzuvertrauen, die wer weiß was damit anstellen könnten.

Binnen weniger Wochen nach Auflegung des Programms verfügten Millionen Haushalte in Indien über neue Konten. Allein in der am 23. August 2014 beginnenden Kalenderwoche wurden 18.096.130 neue Konten eingerichtet, vermeldete das *Guinness-Buch der Rekorde.* Bis 2018 waren es mehr als 200 Millionen,[430] also im Schnitt mehr als 100.000 an jedem Tag der Amtszeit Modis. Zugleich nahm die Akzeptanz in der Bevölkerung zu.

Die Vorteile dieser *financial inclusion* liegen auf der Hand. Sie bietet Menschen aus ärmeren Bevölkerungsschichten und benachteiligten Kasten – insbesondere Frauen, die zuvor oft unter der Finanzfuchtel ihrer Ehemänner standen – neue finanzielle Möglichkeiten, die es zuvor schlicht nicht gab. Sie erleichtert den Zugang zu Klein- und Mikrokrediten, mit positiven Folgen, die leicht unterschätzt werden. Oft macht der Kauf einer Kuh, eines Büffels oder auch nur einer Ziege einen großen Unterschied für den Lebensunterhalt einer Familie. Darüber hinaus ermöglicht das Aufspannen eines modernen Finanzdienstleistungsnetzes über die gesamte Gesellschaft hinweg vielen den Zugang zu sinnvollen Basisversicherungen, die sie vorher allenfalls theoretisch hätten abschließen können. So kann die Verfügbarkeit von (niedrigpreisigen) Risiko-Lebensversicherungen erstmals auch wirtschaftlich benachteiligte Familien für den Fall absichern oder jedenfalls zwischenfinanzieren, dass der Ernährer ausfällt. Zudem sind Modis Basiskonten im Zusammenspiel mit dem Aadhaar-System zu sehen. Staatliche Transferleistungen an Bedürftige können nun direkt aufs Konto des beabsichtigten Empfängers fließen, ohne Mittelsmänner, ohne Fehlbuchungen.

• Weitgehend ignoriert wurde in westlichen Medien der Auf- und Ausbau einer *Krankenversicherung* für alle (oder jedenfalls sehr viele), also auch für Arme und Ärmste. Die Eliten in Großstädten wie Bangalore, Delhi oder Mumbai werden medizinisch längst auf westlichem Niveau versorgt, mitunter sogar besser.[431] Für den allergrößten Teil der indischen Bevölkerung ist die Gesundheitsversorgung jedoch weiterhin hochproblematisch. Ein Beispiel von vielen: 2014 ergab eine Studie, dass 95 Prozent aller Herzinfarktpatienten in Indien mit dem öffentlichen Personennahverkehr – also mit Bus, Zug, Autorikscha, Taxi – ins nächste Krankenhaus fuhren (beziehungsweise es versuchten; nicht alle kamen lebend an). Die Mehrheit benötigte dafür fünf Stunden und mehr. 10 Prozent benötigten mehr als zwölf Stunden – mit akutem Herzinfarkt.[432]

Die finanziellen Folgen einer Krankheit oder Verletzung können katastrophal sein, weil die Behandlungskosten bei Fehlen einer Krankenversicherung aus eigener Tasche zu bezahlen sind. Eine ernste Erkrankung oder ein Unfall sind schlimm genug. Die dadurch verursachte finanzielle Schneise der Verwüstung trieb darüber hinaus aber Millionen betroffene Familien in Verschuldung oder Ruin, was wiederum zu chronischen finanziellen Notlagen und Abhängigkeiten führte, die mehrere Generationen lähmten (weil zum Beispiel das Schulgeld für die Kinder oder Enkel fehlte). Was in Deutschland, wo das Konzept einer gesetzlichen Krankenversicherung 1883 unter Otto von Bismarck eingeführt wurde, seinerzeit nicht anders war: Eine breit aufgestellte Krankenversicherung ist eine zivilisatorische Höchstleistung.

Das in Indien 2018 eingeführte Sozialsystem, weithin als »Modicare«[433] bekannt, ist insofern ein großer Schritt in die richtige Richtung. Es holt eine halbe Milliarde Menschen – vor allem aus ärmeren Schichten – unter den Schutzschirm einer Basis-Gesundheitsversorgung, was annähernd 40 Prozent der Gesamtbevölkerung entspricht, Schätzungen zufolge 107,4 Millionen Haushalten. Die Regierung sprach seinerzeit vom »größten Gesundheitsprogramm seiner Art weltweit«, wahrscheinlich zu Recht.[434] Es deckt die Kosten für medizinische Behandlungen bis zu einem Höchstbetrag von 5 Lakh Rupien (gut 6000 Euro) pro Familie, wobei weder die Größe der Familie noch das Alter ihrer Mitglieder eine Rolle spielen. Selbstverständlich wird das Programm nicht alle Probleme der Gesundheitsversorgung in Indien lösen, nicht einmal ansatzweise. Aber es weitet das soziale Netz auf große Bevölkerungsgruppen aus, die zuvor bei gesundheitlichen Problemen auf sich allein gestellt waren, und ist insofern ein richtiger, die Gesellschaft stabilisierender Schritt.

Ausbau der Infrastruktur

In Schwellen- oder Entwicklungsländern kommt Investitionen in die Infrastruktur besondere Bedeutung zu, weil sie die wirtschaftlichen Rahmenbedingungen und den Aktionsradius von Haushalten und Unternehmen dauerhaft verbessern. Seit 2014 haben Modi und seine Minister eine Fülle von Infrastrukturmaßnahmen geplant und umgesetzt: ein Paradigmenwechsel.

- Der *Straßenbau* wird massiv vorangetrieben, insbesondere von Verkehrsminister Nitin Gadkari, der als einer der fähigsten Minister der BJP-geführten Regierung gilt.[435] Jahr für Jahr werden Tausende Schnellstraßenkilometer neu gebaut. Im indischen Fiskaljahr 2017/18 waren es 9829 Kilometer, also rechnerisch 27 Kilometer am Tag. 2016/17 waren es 8231 Kilometer gewesen; im Jahr zuvor mehr als 6000 Kilometer. Es wurde also nicht nur *viel* gebaut, sondern von Jahr zu Jahr *mehr*. Zum Vergleich: Das deutsche Autobahnnetz, das viertlängste der Welt, kam 2019 auf eine Gesamtlänge von 13.141 Kilometern.[436] Es liegt ein Körnchen Wahrheit darin, wenn Gadkari, dessen Ministerium für 40 Prozent des indischen Zementverbrauchs verantwortlich zeichnet, erklärt: »Wir haben in vier Jahren geschafft, was der Congress in 50 Jahren nicht geschafft hat.«[437] Wobei Skeptiker an dieser Stelle einwenden könnten, dass die Straßenbaustandards in Deutschland und Indien nicht vergleichbar seien. Korrekt. Indien verfügt allerdings schon heute über einzelne qualitativ hervorragende, in der Regel mautpflichtige Schnellstraßen, zum Beispiel auf der Strecke Mumbai–Pune oder zwischen Delhi und Agra auf dem sechsspurigen, 165 Kilometer langen Yamuna-Expressway.[438]

In Indien beginnt das Zeitalter der *Hochgeschwindigkeitszüge*. Mit japanischer Shinkansen-Technologie und finanzieller Unterstützung wird gerade die erste Strecke gebaut, und zwar zwischen Mumbai (Maharashtra) und dem 508 Kilometer nördlich gelegenen Ahmedabad (Gujarat). Die Höchstgeschwindigkeit der Züge, deren Trassen großteils auf Stelzen geführt werden, wird bei 320 Stundenkilometern liegen. Die Fertigstellung ist ungefähr für Ende 2023 avisiert,[439] ein optimistischer Zeitplan. Die Errichtung eines landesweiten Netzes ist in Planung.[440]

Der britische Unternehmer Richard Branson, Gründer der Virgin Group, bereitete unterdessen den Bau eines Hyperloops zwischen Mumbai und Pune vor, »einer der meistbefahrenen Strecken der Welt«, der bis Mitte der 2020er-Jahre realisiert werden sollte. Mit dieser Technologie wäre eine Spitzengeschwindigkeit von bis zu 1000 Stundenkilometern möglich, sodass sich die Fahrtzeit zwischen beiden Städten, mit dem Auto heute etwa drei Stunden, auf 14 bis 25 Minuten verkürzt hätte. »Man könnte in Pune leben und in Mumbai arbeiten – oder umgekehrt«, so Branson.[441] Die Regierung von Maharashtra, die das Projekt anfangs unterstützt hatte, legte es Anfang 2020 allerdings auf Eis. Branson schlug daraufhin die deutlich längere Strecke Mumbai–Delhi vor. Ob diese nicht ganz billige unternehmerische Vision nach der Covid-19-Pandemie noch realistisch ist, wird sich zeigen.

• Der Ausbau des *öffentlichen Personennahverkehrs (ÖPNV)* schreitet in den Städten zügig voran. Triebkraft sind dabei mehrere Langfristtrends. Erstens durchläuft Indien eine Phase der raschen Urbanisierung, deren Ende nicht absehbar ist. Zweitens verfügt ein Großteil der Haushalte nicht über eigene motorisierte Transportmittel und ist auf den – in der Regel kostengünstigen – ÖPNV angewiesen. Drittens ist die Verkehrsdichte in praktisch allen indischen Städten extrem hoch, was zu Staus führt, die Umwelt belastet und zahlreiche Unfälle mit sich bringt.

Delhi hat seit 2002 ein U- und Schnellbahnnetz, das kontinuierlich weiter ausgebaut wird. Aufgrund der Anschlagsgefahr muss sich jeder Fahrgast beim Betreten eines U- oder S-Bahnhofs im Großraum Delhi einer Leibesvisitation unterziehen und seine mitgeführten Taschen kontrollieren lassen. Das System funktioniert trotz der hohen Nutzerzahlen bemerkenswert reibungslos, selbst an Knotenpunkten wie Rajiv Chowk im Geschäftsviertel Connaught Place von Neu-Delhi, wo sich mehrere Linien kreuzen.

Auch Mumbai verfügt seit Langem über ein effizientes oberirdisches Schnellbahnsystem, das die Vorstädte mit dem Stadtzentrum im Süden verbindet. Dort liegen die beiden Bahnhöfe Chhatrapati Shivaji Maharaj Terminus (der Hauptbahnhof) und Churchgate. Im gesamten Stadtgebiet wird zurzeit, nach jahrzehntelangem Vorlauf, ein U-Bahnnetz gebaut. Zahlreiche weitere Millionenstädte haben ober- und/oder unterirdische Bahnnetze.

• Seit dem Bau eines der weltweit längsten Gleisnetze im 19. Jahrhundert spielt die Eisenbahn in Indien wirtschaftlich und gesellschaftlich eine zentrale Rolle im Personenverkehr. Fracht wird noch heute vor allem auf Überlandstraßen mit Lkws bewegt, wie jeder Besucher des

Landes sogleich an den allgegenwärtigen Trucks erkennt, Millionen an der Zahl. Auf die *Wasserwege* im Binnenland, insgesamt schätzungsweise 14.500 Kilometer, entfällt hingegen nur ein winziger Bruchteil des Gesamttransportaufkommens. Diesen Transportweg will die Regierung deutlich ausbauen, ein Netzwerk aus Wasserstraßen soll entstehen. Insbesondere der Ganges, der mit seinen zahlreichen Nebenflüssen Nordindien von West nach Ost durchzieht, soll für den Verkehr erschlossen (und nebenbei grundgereinigt) werden. Ob diese Pläne fruchten, ist offen.

• Von großer Bedeutung für den internationalen Handel sind *Seewege* und damit die Seehäfen. Dies liegt an den territorialen Gegebenheiten Indiens. Ein Warentausch mit dem Erzfeind Pakistan (im Westen) findet allenfalls in homöopathischen Dosen statt. Der Handel mit Bangladesch wiederum (im Osten) wird dadurch behindert, dass das Nachbarland im unwirtlichen Mündungsgebiet der Ströme Brahmaputra und Ganges liegt, in dem in weiten Teilen moderne Brücken und Straßen fehlen. Im Norden liegt das arme, mit Indien durchaus enge Beziehungen und Warenaustausch pflegende Nepal. Vor allem liegt dort aber der fast alle Handelsstraßen kappende Himalaja. Infolge dieser geografischen Beschränkungen ist der Seehandel für Indiens Einbindung in den Welthandel entscheidend. Der Jawaharlal Nehru Port (bekannt als JNPT) in Navi Mumbai (»Neu-Mumbai«), im Nordosten Mumbais gelegen, ist der größte, stetig expandierende Containerterminal des Landes.

• Seit Anfang der 1990er-Jahre versuchte das als reich, kompetent und sensationell zuverlässig geltende Deutschland, einen Hauptstadtflughafen (Berlin Brandenburg) zu vollenden, der nun voraussichtlich im Herbst 2020 eröffnen wird. Einen einzigen Flughafen. Das von vielen Deutschen als überbürokratisch, arm und generell chaotisch-inkompetent belächelte und oft gönnerhaft bemitleidete Indien hat in diesem Zeitraum nicht nur seine zuvor sozialistisch orientierte Wirtschaft einem Komplettumbau unterzogen (wie Ostdeutschland), sondern auch Dutzende *Flughäfen* gebaut, erneuert oder erweitert, darunter mehrere Großflughäfen. Die Airports in vielen Metropolen

– Beispiele sind Delhi (Indira Gandhi International), Mumbai (Chhatrapati Shivaji Maharaj International) und Hyderabad (Rajiv Gandhi International) – spielen längst auf Weltniveau und nach Ansicht dieses Autors in einer anderen Liga als deutsche Flughäfen wie Frankfurt oder Berlin-Tegel, nämlich in einer höheren, erheblich benutzerfreundlicheren, effizienteren. Ende 2019 erklärte die Regierung in Neu-Delhi, bis 2024, also innerhalb von fünf Jahren, 100 weitere Flughäfen zu eröffnen.[442] Schöne Grüße nach Berlin: 100. (Selbst wenn sich davon die Hälfte verzögern sollte, wären es noch 50.)

Das Passagieraufkommen im Flugverkehr wächst in Indien besonders schnell. Indira Gandhi International (IGI) in Delhi, der größte Airport im Land, zählte im Geschäftsjahr 2018/19 gut 69 Millionen Fluggäste (nach 65,7 Millionen im Vorjahr). Damit war IGI nach Passagieren der zwölftgrößte Flughafen der Welt, vor Frankfurt Rhein-Main, dem bedeutendsten Flughafen in Deutschland, und vor dem John F. Kennedy Airport in New York.[443] Zudem wird weit vor den Toren der Stadt im Südosten der neue Jewar Airport gebaut, der ungefähr 2023 eröffnen soll und neben Delhi auch die Anbindung der Großstädte Agra und Mathura verbessern wird. Mumbai wiederum, das den zweitgrößten indischen Flughafen mit zuletzt etwa 50 Millionen Fluggästen im Jahr betreibt, errichtet ebenfalls einen zweiten Großflughafen in Navi Mumbai, der langfristig um die 90 Millionen Passagiere jährlich abfertigen soll.

Die Insolvenz von Jet Airways in der ersten Jahreshälfte 2019 war ein Dämpfer, der einiges an Kapazität vom Markt nahm, dürfte in der längerfristigen Betrachtung aber bedeutungslos sein. Im Herbst 2019 war nach dem Jet-Aus IndiGo die größte Airline in Indien mit einem Marktanteil von 47 Prozent, gefolgt von SpiceJet, Air India, GoAir, AirAsia India und Vistara.[444]

Flugtickets sind für die meisten Inder heute noch eine beträchtliche Ausgabe und liegen jenseits vieler Haushaltsbudgets. Im internationalen Vergleich sind sie indes außerordentlich niedrigpreisig. So kostete die Verbindung von Delhi nach Mumbai, Flugzeit gut zwei

Stunden, 2019 typischerweise um 4000 bis 6000 Rupien one-way, also ungefähr 50 bis 75 Euro.

Ein Rückblick ist aufschlussreich. 1991, als Narasimha Rao und Manmohan Singh ihre Wirtschaftsreformen einleiteten, reisten in Indien gerade einmal zehn Millionen Passagiere jährlich mit dem Flugzeug.[445] 2016 waren es 85 Millionen (während China in jenem Jahr 394 Millionen Fluggäste zählte, die USA 708 Millionen).[446] 2017 dann schon 117 Millionen Passagiere – fast genau doppelt so viele wie sechs Jahre zuvor.[447] Der Luftfahrtverband International Air Transport Association (IATA) geht davon aus, dass Indien 2025 der drittgrößte Flugmarkt der Welt hinter den USA und China sein wird.[448] 2036 dürften, so die IATA, 478 Millionen Inder Flugreisen antreten, mehr als in Deutschland und Japan zusammen.

Und weg war das Geld

Während der Ausbau der Infrastruktur ein nationales, langfristig ausgerichtetes Großprojekt ist, brachte Modi im Laufe seiner ersten Amtszeit auch mehrere konkrete, auf einzelne Segmente der indischen Wirtschaft zielende Reformen auf den Weg. Drei davon verdienen eine ausführlichere Betrachtung: die sogenannte *demonetization*, die Umsatzsteuerreform und die Neuordnung des Insolvenzrechts.

Am Abend des 8. November 2016 erklärte Modi per Live-Schalte, dass um Mitternacht, wenig mehr als vier Stunden später, die beiden wichtigsten Geldscheine in Indien (zu 500 und 1000 Rupien, damals etwa 7 beziehungsweise 14 Euro) ungültig werden würden. Von den Fünfhundertern waren zu jenem Zeitpunkt ungefähr 16 Milliarden Stück in Gebrauch, von den Tausendern mehr als sechs Milliarden, was zusammen einer Kaufkraft von umgerechnet mehr als 200 Milliarden Euro und gut 86 Prozent aller umlaufenden Bar-Rupien entsprach. Ziel der Aktion war nach Regierungsangaben die Bekämpfung von Schattenwirtschaft, Steuerhinterziehung, Schwarzgeld[449] (sowie Falschgeld) und von Terrorgruppen.

Mit dieser *demonetization* (Demonetisierung, *notebandi*) hatten 1,5 Milliarden Menschen plötzlich kein Bargeld mehr: Bis auf Kleingeld war von einem auf den anderen Tag alles Bare nutzlos – eigentlich sogar von einer Minute auf die nächste, denn mit der Ankündigung Modis wurden die Scheine praktisch sofort obsolet, weil niemand mehr sie haben wollte. Die Zahl der Betroffenen lag deutlich über jener der damaligen Bevölkerung Indiens (etwas über 1,3 Milliarden), weil *notebandi* sich über Indiens Grenzen hinaus auswirkte. Auch der nördliche Nachbarstaat Nepal mit fast 30 Millionen Einwohnern, das (kleine) Königreich Bhutan sowie angrenzende Regionen in Bangladesch waren in Mitleidenschaft gezogen, weil sie enge wirtschaftliche Verbindungen zu Indien unterhielten und neben der eigenen Währung auch die Rupie nutzten.

Um die Tragweite der Maßnahme nachzuvollziehen, stelle man sich ungefähr dieses Szenario vor: Die Bundeskanzlerin tritt am Abend fünf Minuten vor der *Tagesschau* live und ohne Vorankündigung im deutschen Fernsehen auf und erklärt, dass in ganz Deutschland in vier Stunden, um Mitternacht, sämtliche Geldscheine zu 10 oder mehr Euro kein gesetzliches Zahlungsmittel mehr sein würden. Jeder Bundesbürger dürfe in den folgenden Tagen bis zu 300 Euro in bar auf sein Konto einzahlen; mehr nicht. Und all dies, ohne den folgenreichen Schritt zuvor ausführlichst mit der Zentralbank, sämtlichen Finanzinstituten und dem Einzelhandel koordiniert zu haben, sondern vielmehr zur großen Überraschung aller. Die Maßnahme diene der Bekämpfung von Schwarzgeld und Terrorismus und so weiter, man habe also gute Absichten. Schönen Abend dann noch und gute Nacht.

Natürlich hinkt dieser Vergleich. Deutschland zählte 2016 um 82 Millionen Einwohner, die gesamte Eurozone 340 Millionen, Indien etwa 1,3 Milliarden. Behörden, Finanzinstitute und Infrastruktur waren in Europa technologisch auf der Höhe, in Indien vergleichsweise rudimentär. Eine Minderheit der Inder nutzte damals Konten; nur ungefähr 3 bis 4 Prozent hatten Kreditkarten. Rund 98 Prozent aller Einkäufe und Finanzgeschäfte erfolgten per Barzahlung – und bar war auf einmal, politisch gewollt, unmöglich.

Die *demonetization* war das größte Spektakel der ersten Amtszeit Modis und das größte Fiasko. Sie löste *par ordre du mufti* eine landesweite Liquiditätskrise aus, einen Cash-Crunch. Zwar konnten weiterhin Banknoten zu 100 Rupien (damals etwa 1,40 Euro) und 50 Rupien verwendet werden. Doch sie wurden allseits gehortet, für Dringlichstes aufgehoben, und es gab vorübergehend praktisch kein Wechselgeld. Vom nächsten Morgen an bildeten sich Menschenschlangen vor jeder Bankfiliale, vor jedem Geldautomaten, die in kürzester Zeit ihren Dienst einstellten beziehungsweise leer waren. Ganz Indien versuchte gleichzeitig, Geld abzuheben, um Bares für die nötigsten Einkäufe und Erledigungen zu haben, und 4500 Rupien (die Obergrenze) an altem Geld umzutauschen. Die Regeln änderten sich zudem von Tag zu Tag auf Anordnung der Regierung, was zu noch größerer Verunsicherung führte. Der Höchstbetrag, den Kontoinhaber am Tag abheben durften (sofern sie, praktisch unmöglich, einen funktionierenden Geldautomaten fanden oder nach stundenlangem Anstehen an einen Schalter kamen), lag bei 2000 Rupien (um 25 Euro). In Connaught Place, dem Geschäftszentrum von Delhi, wo Dutzende indische Banken wichtige Niederlassungen haben, lichteten sich die Warteschlangen erst nach etwa sechs Wochen. Ende 2016, also mehr als sieben Wochen nach Verkündung der Demonetisierung, waren 60 Prozent aller Geldautomaten in ganz Indien noch immer ohne Bargeld. Auf dem Land lag der Anteil deutlich höher.[450]

Die Folgen für die indische Wirtschaft waren verheerend. Die Logistikbranche kam binnen weniger Tage zum Stillstand, buchstäblich: Mehr als 70 Prozent aller Lkws im Land fuhren nicht mehr, weil die Fahrer kein Geld für Treibstoff, Mautgebühren oder ihren Lebensunterhalt (oder auch für Schmiergeld an Kontrollposten) hatten oder weil plötzlich Aufträge ausblieben.[451] Frische Lebensmittel in nicht abschätzbarer Menge – Gemüse, Obst, Fisch, Fleisch, Milchprodukte – verdarben, weil sie weder Großhändler noch Einzelhändler noch Endverbraucher bezahlen konnten und sie ohnehin nicht auf den Markt kommen konnten, weil der Transport zusammengebrochen war. Der Agrarsektor stand von heute auf morgen weitgehend still. In

Hyderabad stellte der größte Zwiebelmarkt den Betrieb ein,[452] wobei man wissen muss, dass Zwiebeln in Indien ein Grundnahrungsmittel sind, das wichtigste aller Gemüse, Zutat jeder Mahlzeit. Die »Marktpreise« für Obst und Gemüse fielen in Ermangelung eines Markts ins Bodenlose. In Bihar verkauften Bauern ihren geernteten Blumenkohl, ebenfalls Grundnahrungsmittel, für 1 Rupie das Kilo (ungefähr 1 Eurocent), während der normale Großhandelspreis zuvor das Zwölffache betragen hatte.[453] In Zentralindien, einem Blumenanbaugebiet, verbilligten sich Chrysanthemen um mehr als 80 Prozent.[454] In Westbengalen, wo intensiv Aquakultur betrieben wird, kam die Fischerei in weiten Teilen zum Erliegen,[455] und die rund 450 Teeplantagen konnten ihre zusammen 400.000 Beschäftigten kaum noch bezahlen.[456] Der Umsatzrückgang bei Konsumgütern lag im höheren zweistelligen Prozentbereich.[457] Der in ganz Indien präsente Herrenausstatter Raymond verzeichnete einen Einbruch um fast 30 Prozent.[458] Der Absatz von Zigaretten, die treue Abnehmer haben und in Indien oft einzeln verkauft werden, ging um 40 Prozent zurück.[459] Hunderttausende Bauarbeiter – ein Großteil davon Tagelöhner, die am Ende einer Schicht bar entlohnt werden – verließen Baustellen und machten sich auf den Weg in ihre Heimatdörfer oder -städte.[460] Gold-, Silber- und Edelsteinhändler schlossen ihre Geschäfte, teils aus Mangel an Kundschaft, teils aus Sicherheitsgründen, aus Furcht vor Unruhen und Plünderungen.[461] Die Immobilienmärkte verfielen in Schockstarre. Im vierten Quartal 2016 lagen die Umsätze 44 Prozent unter denen des Vorjahreszeitraums.[462] In Ahmedabad beispielsweise, einem der acht wichtigsten Immobilienmärkte in Indien, sank die Zahl der verkauften Objekte um 43 Prozent, die der Neuprojekte um 69 Prozent.[463] Der Automarkt verzeichnete im Dezember 2016 einen Absatzeinbruch um 19 Prozent – die schärfste Korrektur seit der Jahrtausendwende. Noch höher lagen die Prozentwerte bei Motorrädern und Autorikschas.[464] In der relativ wohlhabenden Region Gujarat-Pandschab-Delhi ging der Neuwagenverkauf um 30 bis 50 Prozent zurück. Der Gebrauchtwagenmarkt brach landesweit um rund zwei Drittel ein. Ähnlich hart traf es das Segment der Luxusautos. Bei Mercedes-Benz Indien, dessen

Geschäftsführung Ende 2016 eigentlich zweistellige prozentuale Zuwächse erwartet hatte, ging die Kundenfrequenz in den Autohäusern »sofort um 50 oder gar 60 Prozent« zurück.[465] Die Besucherzahlen des Taj Mahal, Indiens größter Touristenattraktion, halbierten sich.

Wer sich nun fragt, wie die Menschen dieses Fiasko überstanden und überlebten: mit Pragmatik, Gleichmut und einer Duldsamkeit, die in Europa im 21. Jahrhundert nahezu undenkbar wäre. Schon zu Zeiten des *Raj* beschrieb Mohandas Gandhi die besondere Stärke der indischen Zivilisation als »ihre Fähigkeit, Schocks zu überleben«.[466] In den meisten Geschäften, insbesondere den zahllosen kleinen Krämerläden, wurde einfach angeschrieben. Das funktionierte gut, weil die meisten Lebensmittelhändler ihre Kunden seit Langem kannten und darüber hinaus froh waren, verderbliche Lebensmittel überhaupt loszuwerden, bevor sie unverkäuflich wurden. Tauschhandel erlebte ein Comeback. Millionen – wie viele der eben bereits erwähnten Tagelöhner – traten quasi die Flucht aufs Land an, *back to the village*. Und es überlebten tragischerweise keineswegs alle. Es gab eine Selbstmordwelle unter denjenigen, die kein Essen für sich oder die Familie kaufen konnten, die ihre gesamten Ersparnisse oder ihre Lebensgrundlage verloren hatten.

Zahllose Hochzeiten und die damit einhergehenden Feierlichkeiten, aufgrund der kühleren Temperaturen meist in den Wintermonaten geplant, mussten abgesagt werden. Häusliche Gewalt gegen Frauen nahm deutlich zu, weil viele Männer erst in den Wirren des Notenbanns bemerkten, dass ihre Ehefrauen diskret Rücklagen gebildet hatten, also heimlich gespart – und diese Ersparnisse, in bar natürlich, waren plötzlich großteils wertlos. Bei einer Hotline in Bhopal für Frauen, die Opfer häuslicher Gewalt wurden, gingen beispielsweise doppelt so viele Anrufe ein wie zuvor.[467]

Indiens Notenbank und Finanzinstitute fanden sich mit geradezu unvorstellbaren logistischen Herausforderungen konfrontiert. Rund 23 Milliarden Banknoten waren für ungültig erklärt worden und mussten aus dem Verkehr gezogen und anschließend vernichtet werden. Gleichzeitig mussten neue Banknoten gedruckt und in Umlauf gebracht werden, was bei umsichtiger Planung selbstverständlich einen Vorlauf von vielen Monaten oder Jahren erfordert hätte. Derartige Vorbereitungen hatte es nicht gegeben. Zwar tauchten bald hier und da neue Banknoten mit einem Nennwert von 500 beziehungsweise 2000 Rupien auf, doch nur punktuell und auch nicht ansatzweise flächendeckend, zügig und in ausreichender Menge. Es gab viel zu wenige neue Scheine, die zudem aufgrund der begrenzten Möglichkeiten des Bargeldtransports – gepanzerte Fahrzeuge, Security-Personal und so weiter – nur schleppend die damals rund 200.000 Geldautomaten im ganzen Land erreichten. Die neuen Banknoten hatten darüber hinaus eine andere Größe als ihre Vorgänger, sodass sämtliche Automaten aufwendig per Hand umgestellt werden mussten. Selbst jene *automated teller machines* (ATMs), die mit frischem Geld gefüllt wurden, waren infolge des Kundenandrangs in kürzester Zeit wieder leer. Es kam hinzu, dass die neuen, pinkfarbenen 2000-Rupien-Scheine für die allermeisten nicht nur unerreichbar waren, sondern, sofern erreichbar, auch unpraktisch. Fast kein Händler konnte (oder wollte) bei einem Einkauf Wechselgeld herausgeben, weil Kleingeld extrem knapp war. Die Autorin Subhadra Sen Gupta brachte die Reaktion der Öffentlichkeit auf dieses Fiasko auf den Punkt: »In allen Warteschlangen beschwerte man sich über die außerordentliche Dummheit der Regierung. Das Meinungsbild war: ›Okay, ihr wollt demonetisieren, nur zu. Aber hättet ihr nicht vorher die neuen Banknoten drucken sollen, um die alten zu ersetzen? Und warum habt ihr die hässlichen und nutzlosen 2000-Rupien-Scheine zuerst gedruckt?‹«[468]

Hämische Reaktionen und beißende Kritik ließen auch in der Politik nicht lange auf sich warten, insbesondere von Rivalen der BJP. Rahul Gandhi beklagte auf Twitter »kolossales Versagen, das unschuldiges Leben kostete und die Wirtschaft ruinierte«.[469] Manmohan Singh sprach von einer »systematischen, legalisierten Plünderung« Indiens.[470] Tharoor stellte eine »erstaunlich inkompetente Art und Weise« bei der Durchführung der Geldreform fest.[471] In etwas trockenerer Tonlage schlug Arvind Kejriwal von der AAP vor, dass man doch bitte nicht die Banknoten austauschen möge, sondern den

Herrn Ministerpräsidenten. Selbst Shiv Sena, Partner der BJP, sparte im Parteiblatt *Saamna* nicht mit Kritik:»Der Ministerpräsident warf eine Demonetisierungs-Atombombe auf unsere Wirtschaft und verwandelte sie in Hiroshima und Nagasaki.«[472]

Die Regierung wiederum verbreitete Durchhalteparolen, oft in einer Tonlage, die man zynisch nennen musste und aus der erheblicher Realitätsverlust sprach.»Die Armen schlafen friedlich, und die Reichen laufen über den Basar, um Schlaftabletten zu kaufen«, lautete ein bekannter Satz Modis auf dem Höhepunkt der Krise, als keine Rede davon sein konnte, dass»die Armen friedlich schlafen« konnten. Radha Mohan Singh, damals Landwirtschaftsminister, stellte die These auf, wonach»80 Prozent« der Bevölkerung auf dem Land vom Notenbann überhaupt nicht betroffen wären, weil sie ohnehin nur Kleingeld benutzen würden.»Von 100 Leuten haben 75 kein Problem.« Das war unverschämt schlicht.

Die Folgen des Banknotenaustauschs mögen dramatisch gewesen sein. Am wichtigsten war indessen das, was *nicht* geschah. Die Demonetisierung schwächte Modi und die BJP vorübergehend, bedeutete allerdings keineswegs ihr politisches Aus. Ein Großteil der Bevölkerung stand selbst in den turbulentesten Wochen hinter der Regierung, insbesondere Angehörige der Mittelschicht. Zu den größten Verlierern der Reform gehörten Angehörige der (zahlenmäßig kleinen) Oberschicht, die in der Vergangenheit mitunter beträchtliches Vermögen illegal oder»schwarz« erworben hatten. Diese Gruppe traf trotz ihrer materiellen Verluste nirgends auf Sympathie oder Mitgefühl. Vielmehr schien die Haltung in der Breite der Gesellschaft zu sein:»Gut so, endlich wird bei denen mal abgeschöpft.«

Es folgte eine mehrmonatige Phase der Läuterung, einer deutlichen Verlangsamung des Wirtschaftswachstums. In den ersten drei Quartalen 2017 lag das Wachstum bei etwa 6 Prozent – was aus europäischer Sicht immer noch sensationell anmutet, aber einen deutlichen Rückgang um mehr als 2 Prozentpunkte bedeutete. Wenn das Leitmotiv der *demonetization,* wie von der Regierung behauptet, die Bekämpfung der Schattenwirtschaft war, war der Preis hoch und

die Aktion ein Misserfolg. Praktisch alles Geld – und damit mutmaßlich auch alles Schwarzgeld – fand nach Angaben der Reserve Bank of
India mit der Zeit seinen Weg zurück in den Geldkreislauf.[473]
Der größte Verlierer des Banknotenfiaskos war die RBI selbst. Noch
im Sommer 2016, wenige Wochen vor *notebandi*, hatte Indiens Notenbank, damals geleitet von ihrem international angesehenen Gouverneur
Raghuram Rajan, als eine der führenden weltweit gegolten. Rajan war
2013 vom damaligen Ministerpräsidenten Manmohan Singh berufen
worden, wobei die reguläre Amtszeit eines RBI-Gouverneurs, im internationalen Vergleich ungewöhnlich, nur drei Jahre beträgt. Rajan war
seinerzeit mit der Idee des Notenbanns befasst, wenngleich seinen Angaben zufolge en passant, und er lehnte sie ab. »Die Cleveren finden
Schlupflöcher«, hatte er im August 2014 erklärt (also gut zwei Jahre
zuvor). »Es ist nicht so einfach, das Schwarzgeld loszuwerden.« Später
schrieb er: »Ich wurde von der Regierung im Februar 2016 nach meinen
Ansichten zur Demonetisierung gefragt, die ich mündlich vortrug.
Obwohl es möglicherweise langfristig positive Effekte geben könnte,
würden die wahrscheinlichen kurzfristigen Kosten für die Wirtschaft
diese nach meinem Gefühl übersteigen, und es gab meiner Meinung
nach bessere [...] Alternativen, um die Hauptziele zu erreichen. Ich
machte diese Ansicht unmissverständlich klar.«[474] Rajan wurde auf Betreiben des rechten Flügels der BJP 2016 (*vor* dem Banknotenverbot)
nicht als RBI-Gouverneur bestätigt und aus dem Amt gejagt. Alles
deutet bis heute darauf hin, dass die RBI allenfalls marginal in die
Planungen des Notenbanns einbezogen war. Treibende Kraft war eine
kleine Gruppe einflussreicher Politiker in Delhi – Modi, Jaitley, einige
weitere –, nicht die Zentralbank in Mumbai. Auch die Vorstände der
indischen Banken wurden von Modis Ankündigung am Abend des
8. November völlig überrumpelt.

Rajans Nachfolger Urjit Patel zeichnete sich vor allem dadurch aus,
dass er während der Geldreform wochenlang abtauchte. Erst mehrere
Wochen später äußerte er sich öffentlich. Viele Verlautbarungen der
RBI in jenen turbulenten Wochen – »Es sind genug Scheine im Umlauf«, »Alles ist unter Kontrolle« – waren absurd, eine Beleidigung des

gesunden Menschenverstands. »Die Reserve Bank darf nicht einfach nur da sein«, so Rajan. »Ihre Fähigkeit, ›Nein!‹ zu sagen, muss unter Schutz stehen.«[475] Dieser Schutz entfiel im November 2016, als Indiens Notenbank zu einem Spielball der Politik wurde und an Unabhängigkeit und Glaubwürdigkeit einbüßte.[476] Das Signal: Die Regierung ist unberechenbar und macht, was sie will, auch in der Geldpolitik. Anfang Mai 2014, wenige Tage vor seiner Wahl zum Ministerpräsidenten (als sein Wahlsieg bereits absehbar war), hatte Modi erklärt: »[E]s wird unsere Pflicht sein, die Institutionen zu reformieren und sie zu stärken, damit sie effizient und professionell arbeiten können – so wie in der Verfassung oder den Statuten vorgesehen.«[477] Was die zuvor hoch angesehene Institution der Notenbank anging, konnte und kann von einer Stärkung unter Modi keine Rede sein.

Allerdings hatte die Geldreform auch einen positiven Effekt: Sie forcierte die Digitalisierung der indischen Wirtschaft und die Modernisierung des Finanzsystems. Für jeden Inder war in den Wochen des Notenbanns offensichtlich, dass Bargeld weitgehend verschwunden war, während Bank- und Kreditkarten sehr wohl funktionierten (sofern Geschäfte sie akzeptierten, also über die technischen Voraussetzungen verfügten). Digitale Bezahlsysteme wie Paytm (*pay through mobile*, wörtlich »per Handy bezahlen«), 2010 an den Start gegangen, erlebten in den Wochen der Demonetisierung einen fulminanten Aufschwung. Im März 2016, gut ein halbes Jahr vor dem Banknotenfiasko, führte Paytm etwa 120 Millionen Kundenkonten, ein Vielfaches der zu jenem Zeitpunkt genutzten Kreditkarten.[478] Ende des Jahres, auf dem Höhepunkt der Bargeldkrise, war die Zahl binnen zwei Monaten auf 160 Millionen gestiegen, jeden Tag um durchschnittlich mehr als eine halbe Million. Im Mai 2018 hatte Paytm mehr als 300 Millionen Kunden,[479] ein Jahr später nach Unternehmensangaben gut 370 Millionen.[480] Diejenigen, die zuvor weder Bankkonto noch Kreditkarten gehabt (oder genutzt) hatten, erkannten plötzlich die praktischen Vorteile. Selbst wenn man kein Bargeld besaß, konnte man mit Konto, Karte und Smartphone einkaufen und bezahlen – nicht nur in den besseren Läden, sondern auch bei Onlinehändlern, die Ende 2016 in einer Auftragsflut ertranken.[481] Uday Kotak, Gründer und Chef der Kotak Mahindra Bank, bezeichnete die *demonetization* als »riesigen Segen« und den Zuwachs bei den Kundeneinlagen als schlicht »unglaublich«.[482] Die Digitalisierung im Finanzsektor infolge des Notenbanns hat den Trend von informellen hin zu geregelten Arbeitsverhältnissen mit tendenziell höheren Gehältern, besserer sozialer Absicherung und weniger Korruption beschleunigt. Die Steuerbasis – gemessen an der Zahl derjenigen, die Einkommenssteuererklärungen abgeben – erhöhte sich in kurzer Zeit um etwa 50 Prozent.[483] Staats- und Regierungsfinanzen standen damit auf soliderem Fundament.

Insofern war Indiens *notebandi* kurzfristig zwar ein *notebadli* mit verheerenden Auswirkungen. Alles deutet darauf hin, dass die Regierung – also die wenigen mit der Sache befassten Kabinettsmitglieder – beängstigend naiv war und weitreichende Entscheidungen mit grotesken Konsequenzen traf. Hieraus aber den Schluss zu ziehen, dass es ein Fall von »viel Lärm um nichts« gewesen sei, wäre verfehlt. Langfristig war *notebandi* in vieler Hinsicht positiv, weil die Geldreform eine Modernisierung des gesamten Finanzsystems forcierte, von der das Land auf Jahrzehnte hinaus profitieren wird. »Sie hatten so etwa die Haltung: ›Lasst uns loslegen, und die Probleme lösen wir unterwegs‹«, wie Mark Mobius, Vermögensverwalter und Schwellenlandexperte, es formulierte. »Ich ziehe diesen Ansatz ebenfalls vor [...]. Ich glaube, *demonetisation* war einfach ein Weg, um den Leuten zu signalisieren, dass wir uns in die digitale Welt bewegen und dass sich alle daran gewöhnen sollten.«[484]

Die Umsatzsteuerreform

Die *Goods and Services Tax* (GST), 2017 in Kraft getreten, war die wichtigste und folgenreichste Steuerreform in der Geschichte der Republik Indien. Vorausgegangen waren ihr zwei Jahrzehnte politischen Hickhacks, in denen das Projekt nicht vorankam, was auch am Widerstand der (meist oppositionellen) BJP gelegen hatte. Dessen ungeachtet war es Modi, der die Reform schließlich durchsetzte und damit die wirtschaftliche Integration anschob.

Vor Einführung der neuen GST war Indien bei der Umsatzsteuer der sprichwörtliche Flickenteppich, und die Gesetzeslage war überkomplex. Unternehmen hatten Regelwerke auf Bundes-, Landes- und Kommunalebene zu berücksichtigen, was dem Dauerkampf mit einem Bürokratiemonster gleichkam. Indien umfasste damals 37 Bundesstaaten und -territorien, zwischen denen der Austausch von Waren und Dienstleistungen durch das alte, höchst ineffiziente Umsatzsteuersystem erheblich erschwert wurde. So kam es beispielsweise an den Grenzen zwischen Bundesstaaten zu langen Wartezeiten für Lkws, deren Fahrer erst ihre Papiere ordnen mussten (und oftmals Schmiergeld zahlen), und zu Doppelbesteuerung. Die neue GST machte Handel und Logistik transparenter und effizienter, indem sie quasi einen einheitlichen Binnenmarkt schuf.

Bei der Umsetzung gab es, wie bei einem Projekt dieser Dimension nicht anders zu erwarten, Probleme, sodass die GST anfangs auf große Skepsis stieß. Sie vereinfachte zwar die Umsatzsteuer, war aber immer noch kompliziert – *zu* kompliziert, wie Kritiker meinten. Die meisten Staaten haben eine einfache, überschaubare Anzahl an Umsatzsteuersätzen. In Deutschland sind es zum Beispiel drei: 19 Prozent als Standardsatz, 7 Prozent ermäßigt, 0 Prozent bei Steuerbefreiung. Mit der GST hatte Indien immer noch sechs Sätze zwischen 0 und 28 Prozent – eine Feinjustierung, die in der unternehmerischen Praxis beträchtliche Herausforderungen mit sich brachte, zumal sich die Details durch Unlogik und Beliebigkeit auszeichneten und im Zuge der Reform auch noch mehrmals angepasst wurden.

Das an und für sich sinnvolle Leitprinzip der GST: je »luxuriöser« ein Gut oder eine Dienstleistung, umso höher der effektive Steuersatz. So wurden Grundnahrungsmittel wie Eier, Frischmilch und Getreide steuerfrei gestellt. Weitverbreitete »Genussmittel« – Tee, Kaffee, Zucker – landeten bei relativ niedrigen 5 Prozent, viele Körperpflegeartikel bei 18 Prozent. Flugscheine in der Economy Class wurden niedriger besteuert als jene in der Business Class. Für hochpreisige Autos und andere Luxusgüter galt der 28-Prozent-Satz – oft allerdings zuzüglich eines weiteren (zusätzlich verwirrenden) »Luxusaufschlags«. Gold wiederum, in Indien eine klassische Sparform, wurde als Sonderfall eingestuft und mit einer 3-Prozent-Steuer belegt, unbearbeitete Edelsteine mit einem Viertelprozent und so weiter. Auch die neue, vereinfachte GST war im Detail so einfach nicht. Solch Wirrwarr ist allerdings kein indisches Alleinstellungsmerkmal, sondern charakterisiert das Steuersystem in vielen anderen Ländern. So hält Reiner Holznagel, Präsident des Bundes der Steuerzahler und Berufskritiker des deutschen Steuerwesens, die Umsatzsteuer in Deutschland für »in ihrer Absurdität unübertroffen«.[485]

Darüber hinaus kam es zu erheblichen Problemen bei der praktischen Umsetzung der GST-Reform. Die Mehrzahl der Unternehmen in Indien stand vor technischen Problemen, weil die neue Umsatzsteuer nunmehr elektronisch abzuwickeln war, also eine Minimalausstattung an Hardware und Software sowie einen Internetzugang voraussetzte. Viele Klein- und Kleinstfirmen hatten zum Zeitpunkt des Systemwechsels aber überhaupt keinen Computer oder Laptop im Inventar. Oft fehlte es an Know-how, an mathematischen Kenntnissen, an Souveränität beim Lesen, Schreiben, Tippen.

Dennoch war die GST-Reform insgesamt ein Befreiungsschlag, ein weiterer Big Bang, der kurzfristig für Durcheinander sorgte, auf Jahre und Jahrzehnte hinaus aber positive Wirkung entfalten wird. »Im Vergleich zu dem, was vorher war, ist es wie Tag und Nacht«, wie Michael Wekezer, damals Büroleiter der deutschstämmigen Beratungsgesellschaft Rödl & Partner in Delhi, es formulierte. »Die Umsetzung war extrem verbesserungsfähig, der Ansatz aber überfällig. Mittelfristig kann nichts anderes als Gutes dabei rauskommen.«[486] Der innerindische Warenverkehr wurde unterm Strich von bürokratischen Auflagen und staatlicher Gängelung befreit, die damit verbundene Korruption verringert. Die zuvor abenteuerlich hohen Logistikkosten sanken. Im Nebeneffekt beschleunigte die Reform – wie zuvor die missglückte Bargeldreform – die Digitalisierung der indischen Wirtschaft und stärkte Steuerbasis und -aufkommen.

Schöner pleite

Das 2016 verabschiedete neue Insolvenzrecht stellte einen weiteren Befreiungsschlag für die indische Wirtschaft dar, insbesondere für den Finanzsektor.

Selbstverständlich gab und gibt es auch in Indien Firmenpleiten. Die entscheidende Frage lautet in solchen Fällen, wie es mit einem maroden Unternehmen weitergehen soll oder wie es möglichst schmerzfrei – also mit möglichst überschaubarem Kollateralschaden – abgewickelt werden kann. Genau das funktionierte in Indien jahrzehntelang nicht. Hatte ein Unternehmen kein Geld mehr, ging es deswegen noch lange nicht in die Abwicklung, sondern wurschtelte sich nach allen Regeln der Kunst durch. Dabei halfen die sprichwörtlichen Vitamine der B-Gruppe; mit Politikern und Banken – allen voran den staatlich kontrollierten – vereinbarte man so lautlos als möglich Zahlungsaufschübe und andere »hilfreiche« Deals. Oftmals sorgten diskrete Zahlungen für ein geschmeidiges Prozedere. Und die indische Justiz, im Prinzip für die Aufrechterhaltung von Recht und Ordnung auch in *Corporate India* zuständig, agierte mit der Schnelligkeit eines Himalajagletschers und war ebenfalls empfänglich für Bestechung.

Die Folge waren Zombiefirmen, die nicht zu existieren aufhörten, obwohl sämtliche Register der Kapitalbeschaffung und Restrukturierung gezogen waren und es längst keine Zukunftsperspektive mehr gab. Die Bücher der Banken, in denen die faulen Kredite solcher Unternehmen standen, wurden jahrelang nicht bereinigt. Kontrollierende Groß- und Ankeraktionäre dysfunktionaler Firmen, in Indien *promoters* genannt, behielten, egal wie pleite und unzurechnungsfähig, die Kontrolle über ihre gescheiterten Konzerne. Indiens Wirtschaft war entsprechend durchsetzt von einer hohen Anzahl unternehmerischer Bremsklötze. Die vom Ökonomen Joseph Schumpeter beschworene »schöpferische Zerstörung« fand nicht statt. Es wurde nur zerstört, aber nicht abgeräumt und kein Platz geschaffen für neue Ideen, Kreativität und wettbewerbsfähigere Neugründungen. Der Insolvency and Bankruptcy Code (IBC) holte dies nach, indem er neue Regeln aufstellte, wie mit Zombiefirmen umzugehen sei – nämlich forsch, kompromisslos und ohne korruptes Gemauschel. Fortan mussten insolvente Unternehmen restrukturiert, verkauft oder abgewickelt werden. Renitente *promoters* konnten in die sprichwörtliche Wüste geschickt werden. Sachverständige Gerichte wurden in den Prozess einbezogen. Es gab Fristen. Wurden die Probleme nicht rechtzeitig gelöst, kam es zum Kehraus, und die verbliebenen Vermögenswerte von Pleitefirmen wurden meistbietend losgeschlagen.

Im Nebeneffekt konnten die staatlichen Finanzinstitute und die betroffenen Privatbanken ihre Kreditbücher nach und nach bereinigen, was langfristig nicht nur gut für ihre Bilanzen war, sondern auch für das gesamte Finanzsystem – und damit die indische Staatskasse. So wurde beispielsweise das lange angezählte Stahlunternehmen Bhushan Steel 2018 von Tata Steel für umgerechnet 5,2 Milliarden US-Dollar übernommen und dümpelte damit nicht länger perspektivlos vor sich hin, sondern konnte neu aufgestellt werden. Für die in Mitleidenschaft gezogenen Banken, insbesondere die State Bank of India und die ebenfalls staatlich kontrollierte Punjab National Bank, die zu den größten Gläubigern gehörten, bedeutete dies eine beträchtliche Entlastung.[487]

Die Telekom- und IT-Revolution

Die Reformen und politischen Maßnahmen in der ersten Amtszeit Modis bilden trotz des Banknotendesasters ein beeindruckendes Gesamtpaket, das die Wirtschaft stimulieren konnte. Von Antriebsarmut, Tatenlosigkeit, abwartend-zögerlicher Stagnation konnte in Neu-Delhi keine Rede sein. Zugleich profitierten Land und Regierung von einem weiteren Phänomen, das das Land erfasste und in seinen

Bann schlug: die Revolution der Telekommunikation. Die hatte im Ansatz lange vor Modis Amtsantritt in Neu-Delhi begonnen, gewann in den vergangenen Jahren aber erheblich an Dynamik. Im Kern erlebte Indien, nicht anders als weite Teile Afrikas und Schwellenländer in anderen Regionen, einen Technologiesprung. 2016 gab es im ganzen Land lediglich etwa 25 Millionen Festnetzanschlüsse, aber mehr als eine Milliarde Handys und Smartphones. Indien übersprang das Festnetzzeitalter einfach.

Katalysator dieser Telekomrevolution war der Markteintritt von Reliance Jio, einer neu gegründeten Tochter des Industriekonglomerats Reliance Industries (RIL) mit Hauptsitz in Mumbai. RIL ist ein Gigant im Rohstoffsektor und erzielt im Öl-, Gas- und Chemiegeschäft hohe Cashflows, so mit einer Raffinerie in Jamnagar an der Küste Gujarats, die als eine der größten der Welt gilt.[488] Die Überschüsse steckte Mukesh Ambani, Chef und Großaktionär, unter anderem in sein Telekom-Start-up Jio, das ein flächendeckendes 4G-Netz für mehr als 50 Milliarden US-Dollar einrichtete. Es war, um einen Vergleich zu ziehen, ungefähr so, als würde der Ludwigshafener Chemiekonzern BASF den Einstieg in die Telekombranche beschließen und dafür einen hohen zweistelligen Milliardenbetrag in die Hand nehmen. Viele würden BASF für verrückt erklären; viele erklärten Ambani für verrückt.

Reliance Jio nahm im September 2016 das Geschäft auf und war dank cleveren Marketings sensationell erfolgreich. Anfangs lockte Jio Neukunden mit Gratisaktionen, wenig später mit Billigtarifen, die die Tarife der Konkurrenz weit unterboten. Datenübertragung war in Indien dank Jio plötzlich billig, sogar spottbillig – und damit für die breite Masse der Gesellschaft auf einmal erschwinglich. Branchenbeobachter sprachen schon Anfang 2017 davon, dass Jio mehr Daten übertrage als China Mobile oder AT&T (USA), damals die beiden wertvollsten Telekomunternehmen der Welt.[489] Im Januar 2018 hatte Jio 168 Millionen Kunden, was einem Marktanteil von fast 15 Prozent entsprach. Nur wenige Wochen später, im März, waren es nach Firmenangaben 187 Millionen,[490] Mitte 2019 dann mehr als 300 Millionen.

Damit spielte Jio nicht nur in einer Liga mit den bisherigen Platzhirschen Airtel, Idea und Vodafone, sondern war zum Marktführer geworden. Kotak Institutional Equities, eine Tochtergesellschaft der Kotak Mahindra Bank in Mumbai, schätzte im Frühjahr 2018, dass Reliance Jio auf einen Anteil an der gesamten Datenkapazität der vier größten Mobilfunkgesellschaften Indiens von 62 Prozent kam. »Mit anderen Worten: [Jios] Kapazitäten sind ungefähr 1,6-mal so groß wie die Kapazitäten von Bharti Airtel [...], Vodafone India [...] und Idea [...] zusammengenommen.«[491]

Die Folge war eine rapide Marktbereinigung, die insofern eine klare Zäsur bildete, als sie die Vor-Jio-Ära (mit etwa einem Dutzend Anbietern) von der Jio-Ära (mit einem aus nur noch drei Unternehmen bestehenden Oligopol) abgrenzte. Bildlich gesprochen blieb im indischen Telekommunikationssektor kein Stein auf dem anderen. Bereits Anfang 2018 rutschte Aircel, ein traditionsreicher Anbieter, in die Pleite. Tata Teleservices, eine Gesellschaft des Tata-Konglomerats, diente sich in Ermangelung besserer Alternativen Airtel an. Der norwegische Telenor-Konzern, der zu jener Zeit immerhin 44 Millionen Kunden in Indien zählte (also das Achtfache der Bevölkerung Norwegens), diagnostizierte die Hoffnungslosigkeit der Lage, verkaufte das Indiengeschäft billigst an Bharti Airtel und verabschiedete sich. Selbst die von Mukesh Ambanis Bruder Anil Ambani kontrollierte Reliance Group, ebenfalls im Telekommunikationsgeschäft aktiv, geriet in Existenznot. Zwei der größten Anbieter, Idea Cellular und Vodafone India, fusionierten, um nach dem Jio-Schock ihre Kräfte zu bündeln. Während Reliance Jio nach Firmenangaben bald profitabel war, schrieben Airtel, Idea und Vodafone infolge des Tarifwettbewerbs plötzlich rote Zahlen. Der RIL-Börsenwert vervielfachte sich; die Aktienkurse der Wettbewerber in Indien kollabierten. Der annualisierte Umsatz der gesamten Mobilfunkbranche in Indien brach infolge des Preisdrucks von 2016 bis 2018 um knapp ein Drittel von 1,79 auf 1,25 Billionen Rupien ein.[492] Bei Bharti Airtel betrug das Umsatzminus binnen zwei Jahren rund 34 Prozent, bei Vodafone India 32 Prozent, bei Idea Cellular sogar 38 Prozent.[493] Die von Reliance Jio angestoßene Marktbereinigung hatte zur Folge, dass der indische Telekommunikationssektor auf absehbare Zeit von drei Unternehmen dominiert wird, nämlich Airtel, Jio und Vodafone-Idea. Ein viertes Unternehmen, BSNL, ist als Nischenanbieter weiterhin unter staatlicher Kontrolle.

2018 war praktisch ganz Indien mit Mobiltelefonen ausgestattet; es gab 1,146 Milliarden Geräte beziehungsweise Verträge.[494] Während die meisten Inder nie in den Genuss eines Festnetzanschlusses in ihrer Wohnung gekommen waren, haben heute praktisch alle ein Handy. Der Anteil von Smartphones, noch vor wenigen Jahren ein kostspieliges Luxusprodukt, steigt dabei kontinuierlich. 2020 dürften ungefähr 400 Millionen Inder ein Smartphone nutzen. Die potenzielle Kundenzahl mag weitgehend ausgeschöpft sein, nicht aber das Wachstum des Datenvolumens, das im Zuge der Umstellung auf Smartphones weiter rasch zunehmen wird. Dies ist auch dem Umstand geschuldet, dass die Datenübertragung dank Reliance Jio in Indien heute billiger ist als irgendwo sonst. Per Ende 2018 schätzte der *Economist* die Durchschnittskosten der mobilen Übertragung einer Datenmenge von einem Gigabyte in Indien auf 0,26 US-Dollar, der globale Tiefstwert. In Simbabwe, einer der wirtschaftlichen Katastrophenzonen der Welt, waren es dagegen gut 75 Dollar, in Griechenland knapp 33 Dollar, in den USA gut 12 Dollar.[495]

Die Veränderungen, die die von Jio angestoßene Telekomrevolution mit sich brachte, sind allgegenwärtig. Zahllose Inder schauen dank kostengünstiger Flatrates Filme auf ihren Smartphones, zum Beispiel die Millionen Security-Leute und Fahrer im Lande, die einen Großteil ihrer Arbeitszeit mit Warten verbringen. Der Streamingdienst Netflix boomt nicht nur in Deutschland (und vielen anderen Ländern), sondern auch in Indien, wobei Reed Hastings, Mitgründer und Chef, einräumte, dass das Unternehmen schlicht etwas Glück beim Timing hatte: »Genau zu dem Zeitpunkt, als wir in Indien an den Start gingen, ging auch Reliance Jio an den Start, und deren Wettbewerber senkten die Datentarife. Deshalb sind die Kosten für Datenübertragung in Indien gefallen wie nirgendwo sonst in der Welt.«[496]

Der zum Facebook-Konzern gehörende Messengerdienst Whatsapp ist in Indien so allgegenwärtig wie in den USA oder Deutschland (ebenso wie Facebook selbst). Anfang 2018 hatte Whatsapp 200 Millionen Nutzer in Indien, 2019 dann 400 Millionen, mehr als in jedem anderen Land, sodass das *Wall Street Journal* sich zu der Schlagzeile veranlasst sah, dass »das Internet voll wird, weil Inder Millionen Guten-Morgen-Nachrichten verschicken«.[497] Zu Recht: Viele Inder haben eine Vorliebe für Rundmails, die zu Tagesbeginn an Familienangehörige, Kollegen, Nachbarn, Freunde, Schulkameraden verschickt werden, ergänzt um ein hübsches Bild zum Beispiel eine Blume, ein Sonnenaufgang oder ein spirituelles Motiv. (Oft wird eine Antwort erwartet. Wer also 100 Whatsapp-Kontakte hat und höflichste Höflichkeit walten lassen will, ist eine gewisse Zeit mit den Antworten beschäftigt.) Laut *Wall Street Journal* wurden in Indien Anfang 2018 mehr als 20 Milliarden Neujahrsgrüße per Whatsapp verschickt. Pro Kopf der Bevölkerung nutzen Inder inzwischen mehr Daten als Europäer.[498] »[D]er indische Mobilfunkanbieter Jio [hat] das mobile Internet für Millionen einkommensschwache Menschen erschwinglich gemacht«, meint die in den Niederlanden tätige Medienexpertin Payal Arora. »Dank Jio gibt es sogar in den größten Slums 4G – und ich surfe hier [in Europa] manchmal immer noch mit 3G.«[499]

Modi: ein Zwischenfazit

Narendra Modi hatte der indischen Bevölkerung bei seinem Amtsantritt als Regierungschef in Neu-Delhi *achhe din* versprochen, »gute Zeiten«. Nun sind Versprechen von Politikern – insbesondere in Zeiten des Wahlkampfes – nur selten für bare Münze zu nehmen, und eine skeptische Grundhaltung ist angeraten. Das Zwischenfazit nach einer Amtszeit als Ministerpräsident und einer spektakulär erfolgreichen Wiederwahl muss jedoch lauten, dass Modi in wirtschaftspolitischer Hinsicht dieses Ziel erfüllt hat. Einiges ging schief, insbesondere die Geldreform. Insgesamt haben sich die wirtschaftlichen Rahmenbedingungen in Indien seit 2014 aber deutlich verbessert. Das Land hat sich unter Modi als dynamischer erwiesen, als viele es für möglich gehalten hätten, und als reformfreudiger als die meisten Länder der westlichen Welt. So weit, so gut.

In seiner zweiten Amtszeit hat Modi bereits positive Akzente gesetzt, während sich die Wirtschaftsdynamik im Laufe des Jahres 2019 – und beschleunigt ab März 2020 – eintrübte, belastet anfangs vom Handelskonflikt zwischen den USA und China, Brexit-Risiken, der weiter schwelenden Bankenkrise in Indien und später zunehmend von der auch für Indien dramatischen Covid-19-Pandemie. So kündigte er eine Konsolidierung im Staatsbankensektor an und senkte im September 2019 überraschend den Basissatz der Unternehmenssteuern von 30 auf 22 Prozent[500] – ein Schritt mit Signalwirkung, der Firmen massiv entlasten wird.

KAPITEL 8

Die Unternehmenslandschaft: Masse, Klasse, Schurken, Superstars

Im 21. Jahrhundert gibt es weiterhin Armut in Indien, auch extremste Armut. Gleichzeitig ist der Reichtum des Landes unübersehbar geworden, der – nicht anders als in den USA oder Deutschland – vor allem Unternehmern zu verdanken ist. Indische Firmen haben ungefähr seit Mitte des 19. Jahrhunderts, als Indiens Industrialisierung einsetzte, gigantische Vermögenswerte geschaffen.

Als Schlüsselfigur der Industrialisierung in Indien gilt Jamsetji Tata[501] (1839 bis 1904), der in den 1860er-Jahren den heutigen Tata-Konzern begründete. Wobei die Festlegung auf einen konkreten »Startschuss« dieses komplexen Phänomens unsinnig ist, wie schon JRD Tata, im 20. Jahrhundert jahrzehntelang Tata-Chef, einräumte: »Die indische Industrie fing nicht mit Jamsetji Tata an. Es ist in Wahrheit unmöglich, ein Datum oder einen Zeitraum für so einen Anfang festzulegen. Jahrtausendelang war Indien ein hoch industrialisiertes Land in dem Sinne, dass es mit großer Könnerschaft und in großer Menge Güter und Produkte herstellte, die nicht nur den Eigenbedarf deckten, sondern auch in die halbe Welt exportiert wurden, so nach Europa und China. [...] Jamsetjis Genie – und sein entscheidender Beitrag zum späteren Wachstum der indischen Industrie – war, dass er als Einziger zu jener Zeit die volle Bedeutung der Industriellen Revolution im Westen und ihr Potenzial für sein eigenes Land erkannte. [...] Die drei von ihm identifizierten Voraussetzungen für Fortschritt waren Stahl, Strom sowie technologisches Know-how und Forschung.«[502]

Trotz des Fortschritts seit den 1860er-Jahren – und insbesondere seit der 1991 eingeleiteten ersten Liberalisierungswelle – spielt Landwirtschaft in Indien noch heute eine große Rolle. Etwa 15 bis 20 Prozent der gesamten Wirtschaftsleistung entfallen auf den Agrarsektor, also auf Ackerbau, Viehhaltung, Fischerei, Teeplantagen, Waldbewirtschaftung und so weiter, bei langsam rückläufigem Trend. In den meisten ländlichen Regionen verdient auch im 21. Jahrhundert die Mehrzahl der Haushalte den Lebensunterhalt in diesem Sektor. Obgleich Landwirtschaft prozentual nach und nach an Bedeutung verliert, ist Indiens Ökonomie damit weiterhin erheblich vom Wetter abhängig, vor allem vom Monsun. Die Regenzeit beginnt (mit erheblichen regionalen Schwankungen) etwa Anfang Juni, ausgehend vom Südwesten Indiens, und endet normalerweise im September oder Oktober. Gut die Hälfte des Ackerlands wird nicht künstlich bewässert, sodass der Ertrag mit der Niederschlagsmenge korreliert. Fällt der Monsun dürftig aus – oder bleibt er gar aus –, sind die Folgen schwerwiegend und in manchen Jahren katastrophal. Bei Ernteausfällen steigen tendenziell die Preise für Grundnahrungsmittel wie Gemüse, Obst, Getreide und Milch, und Tausende Bauern, finanziell in größter Bedrängnis, bringen sich in ihrer Verzweiflung um, oft indem sie Benzin oder Chemikalien schlucken. Anfang 2018 wurde die offizielle Zahl der Selbstmorde unter Landwirten in Indien im Jahr 2016 mit 11.370 angegeben.[503] Allein im Bundesstaat Maharashtra nahmen sich in den Kalenderjahren 2015 bis 2018 nach einer amtlichen Erhebung 12.021 Bauern das Leben.[504] Im statistischen Mittel bringen sich an jedem Tag ungefähr 30 Landwirte um. Noch heute.

Der Staat und die Wirtschaft

Der indische Staat und seine Institutionen prägen die Volkswirtschaft weiterhin. Diese enge Verzahnung war nach der Unabhängigkeitserklärung 1947 in der Verfassung verankert und politisch gewollt. Noch im 21. Jahrhundert sind mehrere Hundert Unternehmen in der Hand des Staats, darunter einige der größten, die sogenannten Public Sector Undertakings (»Unternehmungen der öffentlichen Hand«), kurz PSUs. Diese staatliche Kontrolle war selbstverständlich keine »indische« Erfindung. In Westeuropa – auch in der Bundesrepublik Deutschland – war das Wirtschaftsmodell in den 1950er- und 1960er-Jahren so anders nicht. Das, was Regierungen damals für »Schlüsselindustrien« oder »strategisch wichtig« hielten, gaben sie nicht aus der Hand. Beispiele sind die Montanindustrie und die Branchen Energie, Logistik (Post) und Telekommunikation. Diese Variante der staatlichen Gängelung und Einmischung in die Wirtschaft wurde in vielen westeuropäischen Ländern nach einigen Jahrzehnten schließlich zum Auslaufmodell. Zu offensichtlich waren die Inkompetenz und Ineffizienz staatlicher Manager und Bürokraten sowie die damit verbundene Ausbremsung innovativer Ideen und marktwirtschaftlicher Dynamik. Auch in Neu-Delhi setzte sich diese Erkenntnis zeitversetzt durch. Das Land ist beim Abarbeiten des dirigistischen Staatstümelei-Erbes schlicht einige Jahrzehnte später dran.

Ein Gigant des öffentlichen Sektors ist *Indian Railways*, die Bahn, die ungefähr 1,5 Millionen Beschäftigte hat. Wie viele davon regelmäßig zur Arbeit erscheinen, ist eine andere Frage. So erklärte das Unternehmen Anfang 2018, dass es mehr als 13.000 Mitarbeiter gezählt hätte, die seit Langem unentschuldigt dem Dienst fernblieben, und nun disziplinarische Maßnahmen ergreifen würde.[505] Vielleicht keine ganz schlechte Idee, ja. Das Streckennetz umfasst ungefähr 68.000 Gleiskilometer und mehr als 7000 Bahnhöfe, womit es das viertgrößte der Welt ist, wenngleich es seit dem Abzug der Briten jahrzehntelang kaum erweitert wurde und nicht auf dem neuesten Stand der Technik ist. Indian Railways ist für die indische Wirtschaft ein Schlüsselunternehmen, das täglich Millionen Menschen befördert, und zugleich eine gefährliche Veranstaltung. Die Zahl der Eisenbahnunglücke in Indien ist schockierend. In den 1960er-Jahren, als Fliegen noch den reichsten Gesellschaftsschichten vorbehalten war, ereigneten sich 13.929 Eisenbahnunglücke in Indien: 834 Kollisionen, 10.664 Entgleisungen, 1394 Unfälle an Bahnübergängen; 1037-mal stand ein Zug in Flammen.[506] Die Situation hat sich seitdem verbessert. Im ersten Jahrzehnt des 21. Jahrhunderts kam es »nur« noch zu 2290 Unfällen. Im April 2018 verkündete das Eisenbahnministerium mit gewissem Stolz, dass »Indian Railways das Geschäftsjahr [per 31. März 2018] mit der besten Sicherheitsperformance seit Jahrzehnten beendet hat: Zum ersten Mal seit 35 Jahren lag die Zahl der Unfälle im zweistelligen Bereich«,[507] bei 73 (nach 104 im Vorjahr). Der Trend ist, versteht sich, erfreulich. Allerdings finden mutmaßlich nur hartgesottene Naturen die Zahl von jährlich mehr als 70 Eisenbahnunglücken beifallfähig. Dessen ungeachtet ist Indiens Staatsbahn ein denkbar beliebter Arbeitgeber, der den Beschäftigten quasi Beamtenstatus und ein lebenslanges Auskommen verheißt. Im November 2018 schrieb das Unternehmen 63.000 offene Stellen aus, für die es 19 Millionen Bewerbungen gab[508] – auch dies auf seine Art eine logistische Herausforderung.

Insgesamt umfasst das Firmenimperium der indischen Regierung heute mehr als 250 PSUs, von denen eine Reihe börsennotiert ist. Drei Beispiele:

1. *Coal India (CIL)* ist einer der größten Kohlekonzerne der Welt, nach Ansicht einiger Branchenkenner sogar der größte von allen. CIL zeichnete 2017 für mehr als 80 Prozent der indischen Kohleproduktion verantwortlich. Abgebaut wird Kohle, die vor allem in Kraftwerken zur Stromerzeugung genutzt wird, überwiegend im Nordosten des Landes in den Bundesstaaten Chhattisgarh, Jharkhand und Odisha. In den 1970er-Jahren wurde der Kohlebergbau zum Staatsmonopol. Entsprechend effizient wurde das Unternehmen seitdem geführt, das seine rund 370.000 Mitarbeiter überdurchschnittlich bezahlt.[509] 2010 ging das in Kolkata ansässige Unternehmen an die Börse, ohne dass der Staat allerdings seine Stimmenmehrheit aufgegeben hätte. Kohle ist der billigste und wichtigste Energieträger in Indien. Doch obwohl das Land über gewaltige Reserven verfügt, deckt die ineffiziente heimische Produktion nicht einmal den Eigenbedarf, sodass zusätzlich importiert wird. Modi öffnete den Sektor für Privatunternehmen und zielt weiterhin darauf ab, das heutige Fast-Monopol von CIL aufzubrechen.

2. Die *Oil & Natural Gas Corporation (ONGC)*, mehrheitlich ebenfalls in Staatsbesitz, wurde in den 1950er-Jahren gegründet und verschrieb sich dem Aufbau einer heimischen Erdöl- und Gasindustrie. Das gelang. Auf der Rangliste der Ölproduzenten weltweit belegte Indien 2018 Rang 25 und lag damit vor den alles andere als unbedeutenden Ölländern Ecuador (einem OPEC-Mitglied) und Malaysia.

3. Die zivile Luftfahrt, die in Indien Anfang der 1930er-Jahre begonnen hatte, war in den 1950er-Jahren von Nehru verstaatlicht worden. Die übernommenen Fluggesellschaften führte die Regierung unter dem Dach von *Air India* zusammen und leitete so einen seit fast 70 Jahren anhaltenden Sinkflug ein. Während der Luftverkehr in Indien im 21. Jahrhundert von Jahr zu Jahr hohe Zuwächse bei den Passagierzahlen verzeichnet – getragen von zahlreichen neu gegründeten Privatgesellschaften, steigenden Einkommen und relativ niedrigen Ticketpreisen –, kann die durch und durch marode, chronisch rote Zahlen schreibende Air India weiterhin als Beispiel für staatliches Managementtalent gelten.

Die Börsen

In Indien gibt es mehr börsennotierte Unternehmen als in jedem anderen Land der Welt. Nach Angaben der World Federation of Exchanges, dem globalen Branchenverband, sind an der Bombay Stock Exchange (BSE) ungefähr 5000 Unternehmen gelistet, mehr als an jeder anderen Börse. Die New York Stock Exchange (NYSE), der wichtigste Finanzmarkt der Welt, kommt lediglich auf rund 2300 Unternehmen, Amerikas Nasdaq auf gut 3000 – wobei es selbstverständlich eine Rolle spielt, dass US-Konzerne aufgrund ihres wirtschaftlichen Erfolgs um ein Vielfaches größer und profitabler sind als indische.[510] Die Deutsche Börse (um 500 Notierungen) ist kleiner als BSE *oder* NSE, nicht nur im Hinblick auf die Zahl der gehandelten Unternehmen, sondern auch auf die Marktkapitalisierung.

Der indische Finanzmarkt im heutigen Sinne nahm seinen Anfang im 19. Jahrhundert in Kalkutta und verlagerte sich später schwerpunktmäßig nach Bombay. Den ersten Börsenboom (und später das Platzen einer Spekulationsblase) erlebte Bombay in den 1860er-Jahren. Infolge des amerikanischen Bürgerkriegs von 1861 bis 1865 konnte Baumwolle nicht mehr aus den amerikanischen Südstaaten zur Verarbeitung nach England verschifft werden, »die erste wirklich globale Rohstoffkrise«[511] der Geschichte. In diese Marktlücke stießen indische Unternehmen, die anfangs Englands Textilfabriken mit mehr Rohware versorgten und später selbst zahlreiche Spinnereien bauten. 1875 erfolgte die Gründung der Bombay Stock Exchange im Stadtteil Fort.

Zahlreiche indische Gesellschaften, darunter einige der größten, sind Familienunternehmen. Dies bedeutet – nicht anders als etwa bei den deutschen Börsengesellschaften Beiersdorf, BMW oder Henkel –, dass Familien als einflussreiche Ankeraktionäre agieren, oft sogar über die Stimmenmehrheit verfügen. Sie sind damit im indischen Börsenjargon *promoters*.

Unternehmen	Branche	Börsenwert in Mrd. €
Reliance Industries (RIL)	Mischkonzern	122
Tata Consultancy Services (TCS)	IT	88
HDFC Bank	Finanzen	63
Hindustan Unilever (HUL)	Konsumgüter	61
Housing Development Finance Corp.	Finanzen	36
Bharti Airtel	Telekom	36
Infosys	IT	35
Kotak Mahindra Bank	Finanzen	29
ICICI Bank	Finanzen	27
ITC	Mischkonzern	24

Quelle: BSE; Stand: 8. Mai 2020, 1 € = 81 INR

Tabelle 14: Indische Börsenunternehmen: Top 10 nach Marktkapitalisierung

Tabelle 14 zeigt die nach Marktkapitalisierung größten Börsenunternehmen in Indien. Die führenden Unternehmen in Deutschland – allen voran SAP, Linde, Siemens – übertrafen die indischen beim Börsenwert im Frühjahr 2020 nur wenig.

Indien für Anleger

Die Unternehmenslandschaft in Indien ist im 21. Jahrhundert insgesamt beachtlich, sowohl quantitativ als auch qualitativ. Kein diversifizierter Anleger kann im 21. Jahrhundert auf eine Indienkomponente im Portfolio verzichten. »Es würde mich nicht wundern, wenn Indien zusammen mit China in 30 Jahren mehr als 50 Prozent des weltweiten Bruttoinlandsprodukts erwirtschaftet«, meinte der aus der Schweiz stammende, heute in Thailand ansässige Konträr-Investor Marc Faber Mitte 2017, ansonsten eher für pessimistische Prognosen und seinen Spitznamen »Dr. Doom« bekannt. »Ich habe bereits letztes Jahr [2016] gesagt: Wenn man als Investor Geld über einen Zeitraum von fünf bis zehn Jahren anlegen möchte, sollte man Indien in Erwägung ziehen.«[512]

Bei allen Problemen im Land ist die beständige Wirtschaftsdynamik die entscheidende Triebkraft dieser Entwicklung. Mit jedem Jahr werden Indien und seine führenden Unternehmen für Investoren noch relevanter werden, als sie es heute schon sind. Und die Konzerne dürften in Zukunft Zukäufe in aller Welt tätigen und globalisieren. Ein Novum wäre das nicht. Die Tata-Gruppe, die bei der internationalen Expansion eine Trendsetterrolle übernahm, hat im 21. Jahrhundert mit der Übernahme von Tetley und JLR in Großbritannien sowie dem zumindest angedachten Joint Venture zwischen ThyssenKrupp und Tata Steel gezeigt, dass indische Unternehmen ernst zu nehmen sind und vor milliardenschweren Deals nicht zurückschrecken. Der Telekomkonzern Bharti Airtel übernahm das Afrikageschäft von Zain. Derartige Deals wird es häufiger und in noch größerer Dimension geben. Wer diese These steil findet, möge sich daran erinnern, dass es noch vor 20 Jahren aus europäischer Sicht undenkbar erschien, dass chinesische Unternehmen – darunter intransparente Staatsfirmen, kontrolliert von der Kommunistischen Partei – eines Tages deutsche Technologieführer schlucken könnten. Heute passiert das geradezu regelmäßig.

Für Anleger ist es allerdings nicht immer einfach, mit den Gepflogenheiten der indischen Finanzbranche, mit Geschäftsberichten, Zahlenwerk und Jargon klarzukommen. Ein Beispiel: Der erste (!) Satz einer Titelgeschichte (!) im einschlägigen *Dalal Street Investment Journal*, einer Art *Wall Street Journal* in Indien, lautete:

> *The AUMs of MFs swelled by R1.06 lakh crore in January 2018 and the equity-oriented MF schemes attracted almost R23,055 crore, while the highest amount of money (in a single month) that was invested in equity-oriented MFs is R28,145 crore in August 2017.*[513]

Das ist stilistisch so schlecht, das ist schon wieder gut. Jedenfalls sorgt derart wirre Ungeschmeidigkeit der Sprache dafür, dass Anleger in Europa, die sich für Investments in Indien interessieren, mitunter vor Herausforderungen stehen. Noch komplizierter wird die Sache dadurch, dass indische Unternehmen in ihren Geschäftsberichten nicht das Kalenderjahr (zum 31. Dezember) zugrunde legen, sondern den Stichtag 31. März. (Das indische Geschäftsjahr beginnt entsprechend am 1. April.)

Die Jahresberichte sind in der Regel transparent und hilfreich. Oft weisen sie, nützlich für Anleger, eine Langfristperformance aus, indem sie beispielsweise einen Zehnjahresrückblick mit den wichtigsten Unternehmenskennziffern integrieren. Bei vielen börsennotierten Unternehmen in Indien fällt diese langfristige Perspektive imposant aus – auch dies eine Folge des steilen Wachstumspfads, auf dem sich die Volkswirtschaft seit Langem befindet. Bei vielen der wichtigsten Eckwerte – Eigenkapital und Buchwert,

Cashflow, Verschuldung, Eigenkapitalrendite – hat sich eine Fülle von Firmen seit der Jahrtausendwende außerordentlich beeindruckend geschlagen.

Wer als Privatanleger Geld direkt in indische Börsenunternehmen stecken will, muss beachten, dass nur wenige Firmen in Deutschland investierbar sind, ihre Anteile also an hiesigen Börsen oder auf Handelsplattformen käuflich. Beispiele sind HDFC Bank, ICICI, Infosys, Reliance Industries und State Bank of India, deren American Depository Receipts (ADRs) oder Global Depository Receipts (GDRs) gehandelt werden.[514] Alternativ können Anleger spezialisierte Indien-Fonds oder -Indexfonds nutzen.

Die Parsen

Viele heute führende Gesellschaften in Indien wurden im 19. Jahrhundert von Parsen gegründet. Die Geschichte dieser Volksgruppe ist von großem historischem Interesse und war für *Corporate India* folgenreich.

Noch um 1900 gab es in Indien, wie Russi M. Lala schreibt, »nur vier nennenswerte Industriezweige. Parsen und Gujaratis hatten die Textilindustrie in Bombay begründet. Die Juteindustrie in Bengalen dominierten die Briten. Die Briten betrieben auch Kohlebergbau [...]. [Und] die Teeplantagen im Osten und Süden waren buchstäblich ein Monopol der Briten.«[515] In drei von vier Branchen waren die Kolonialherren also die entscheidenden Akteure – und die haben Indien bekanntlich längst mit wenigen Ausnahmen den Rücken gekehrt.

Über die Parsen ist in Europa wenig bekannt. Am berühmtesten sind vermutlich zwei Musiker: der aus Bombay stammende Dirigent Zubin Mehta und der in Sansibar geborene Farrokh Bulsara, den die Welt unter seinem Künstlernamen Freddie Mercury kennt. Der Begriff »Parse« – in Indien »Parsi« – leitet sich von der Region Pars ab, im heutigen Iran gelegen. Er bedeutet also »aus Pars stammend« – oder einfach »Perser«.

Die Geschichte der Parsen ist dramatisch und faszinierend. Jahrhundertelang war der mehr als zweieinhalb Jahrtausende alte Zoroastrismus, der deutlich tiefere historische Wurzeln hat als Christentum und Islam, die dominierende Religion in Persien. Diese Glaubensgemeinschaft beruft sich in ihrem Namen auf Zoroaster (oder auch, wie bei Nietzsche, Zarathustra), ihren Begründer. Die rasche und gewaltsame territoriale Expansion des Islams ab dem 7. Jahrhundert christlicher Zeitrechnung brachte die Zoroastrier in Persien in größte Not. Um der Zwangsislamisierung zu entgehen, ergriffen viele von ihnen die Flucht. Einige brachen nach Zentralasien auf. Andere fuhren vor mehr als 1000 Jahren – das genaue Datum liegt im Dunkel der Geschichte – übers Meer Richtung Südosten, wie das Parsen-Epos *Qissa-i-Sanjan* (»Geschichte von Sanjan«) berichtet. Nach vielen Irrungen und Wirrungen landeten sie an der Küste des heutigen Bundesstaats Gujarat in der Nähe der Kleinstadt Sanjan und baten beim dortigen Herrscher Jadi Rana um Aufnahme – um das also, was wir heute Asyl nennen würden. Dies wurde gewährt; die Parsen ließen sich nieder. Im Laufe der Jahrhunderte wurden die Westküstenstädte Surat und Bombay zu ihren Zentren.

Ihr wirtschaftlicher Aufstieg gewann unter der britischen Herrschaft an Dynamik. Die Briten schätzten Parsen als verlässliche Geschäftspartner, weil sie in der Mehrzahl hochgebildet, mehrsprachig, tolerant und anpassungsfähig waren, unternehmerisch dachten und als zuverlässig und wahrhaftig galten – etwa dem Leitbild des »ehrbaren Kaufmanns« im norddeutschen, hanseatisch geprägten Raum entsprechend. »Die Parsen zeichnen sich dadurch aus, dass sie das fortschrittlichste Volk in Indien sind«, hielt ein Beobachter Anfang des 20. Jahrhunderts fest, »sowohl im Hinblick auf ihren Reichtum und ihre Philanthropie als auch auf die Rolle der Frauen und ihre Bildung und Kultiviertheit im Allgemeinen.«[516] Nehru fand es 1946 »bemerkenswert, wie die Parsen [...] sich ruhig und diskret in Indien eingefügt und es zu ihrer Heimat gemacht haben – und sich dabei doch stets ihre kleine eigene Gemeinschaft bewahrten, indem sie hartnäckig an ihren alten Gebräuchen festhielten. [...] Sie sind im Geschäftsleben wohlhabend geworden, und viele von ihnen sind in Indien Industrie-kapitäne.«[517] Diese Sätze, obgleich Jahrzehnte alt, treffen heute noch zu.

Den Parsen half, dass der Welthandel für die Briten größte Bedeutung hatte: das Leitmotiv, das sie überhaupt erst nach Südasien gelockt hatte. Für viele Hindus war eine Seefahrt – die Reise über den Ozean, *kala pani*, das »schwarze Wasser« – ein unvorstellbares Unterfangen, weil sie damit, so die orthodoxe Lehre, ihre Kastenzugehörigkeit verlieren würden. Für Parsen, die keine Kasten kennen, galt dies nicht, eine Marktlücke gewissermaßen. So baute die Parsenfamilie Wadia aus Surat zahlreiche Schiffe für britische Auftraggeber. (Heute zählen zur Wadia-Gruppe viele weitere Großunternehmen, etwa Bombay Dyeing, Spezialist für Haushaltstextilien, und Britannia Industries, bekannt für Kekse und andere Konsumgüter.) In Bombay, das in den 1860er-Jahren den Baumwollboom erlebte, gehörte den Parsen im Jahr 1855 »ungefähr die halbe« Stadt.[518]

Ihr wirtschaftlicher Einfluss in Indien ist, wie das folgende Beispiel der Tatas zeigt, auch in der Gegenwart kaum zu überschätzen. In absoluten Zahlen befindet sich die Volksgruppe der Parsen allerdings im Niedergang, vor allem infolge ihrer extrem niedrigen Geburtenraten.[519] Insgesamt gibt es heute noch ungefähr 60.000 Parsen, von denen die meisten in Mumbai und Gujarat leben.

Tata

Das bekannteste und größte von Parsen begründete Unternehmen ist die *Tata*-Gruppe mit Hauptsitz in Bombay House in Fort. Peter Casey, ein irischer Unternehmer, Politiker und Fernsehprominenter, schrieb 2014, dass »es einfach kein mit der Tata-Gruppe vergleichbares Großunternehmen auf Erden gibt«. Das Buch, aus dem das Zitat stammt, trägt den Titel: *The Greatest Company in the World?*[520] Die Annäherung an den Superlativ – das *großartigste* Unternehmen weltweit? – wirkt sensationell. Das Fragezeichen am Ende bewahrt den Autor gerade noch vor exzessiver Euphorie. Für Casey gibt es in der Weltgeschichte drei herausragende Figuren, drei historische »Helden«: Leonardo da Vinci, Michelangelo und Jamsetji Tata, den Begründer des Tata-Konzerns.[521] Das ist in dieser Subjektivität eine abwegige, gleichzeitig aber sympathische Glorifizierung. Jedem Leser werden sogleich (ähnlich subjektive) Alternativkandidaten für ein solches Spitzentrio einfallen. Sicher ist, dass Jamsetji Tata die dynamische Phase der Industrialisierung auf dem Subkontinent einleitete, indem er, aus einer Priesterdynastie stammend, altbewährte Berufungen über den Haufen warf und einen weniger spirituellen Beruf ergriff: den des Unternehmers.[522] 1868 übernahm er mit Ende 20 eine alte Ölmühle in Bombay und baute sie zu einer Baumwollspinnerei um, der Keimzelle seines Imperiums. Später kam eine weitere Spinnerei im zentralindischen Nagpur hinzu. Vor allem aber hatte Jamsetji Tata, anders als die meisten Textilunternehmer zur Zeit des *cotton boom*, eine Vision von dem, was Indien eines Tages wirtschaftlich leisten könnte. Er plante die ersten Wasserkraftwerke in Indien, die bis heute Mumbai mit Strom versorgen, und suchte viele Jahre lang, belächelt von den Briten, nach einem geeigneten Standort für ein Stahlwerk.

Jamsetji Tata starb zu früh, 1904, im hessischen Kurort Bad Nauheim, woraufhin sein ältester Sohn und Erbe Dorabji Tata[523] seine Projekte erfolgreich fortführte. 1907 gründete er in einer abgelegenen Ortschaft im heutigen Jharkhand, in deren Nähe Geologen gewaltige Eisenerz- und Kohlelager entdeckt hatten, die Tata Iron and Steel Company (Tisco). Dieses Dorf, Sakchi, wurde später zu Ehren des Tata-Gründers in Jamshedpur (»Jamshedstadt«) umbenannt. Jamshedpur hat heute im Großraum etwa zwei Millionen Einwohner und ist Indiens Stahlzentrum – »Indiens Ruhr«, wenn man so will. Nebenbei war Jamsetji Tata Bauherr eines der berühmtesten Gebäude Indiens, des Luxushotels Taj Mahal Palace in Mumbai, das 1903 die ersten Gäste empfing und damals als bestes Gasthaus Indiens galt.

Aus diesen Anfängen erwuchsen das größte Privatunternehmen und die einflussreichste Unternehmerdynastie des Landes. Die Muttergesellschaft Tata Sons koordiniert heute mehr als 130 Tochterfirmen, von denen gut 30 eine eigene Börsennotierung haben. Der Jahresumsatz liegt bei gut 100 Milliarden Euro,[524] die Anzahl der Beschäftigten bei mehr als 700.000. Das wichtigste – und mit Abstand profitabelste – Tochterunternehmen ist der IT-Spezialist *Tata Consultancy Services (TCS)*, seit 2004 börsennotiert und mit einer Marktkapitalisierung von rund 90 Milliarden Euro im Frühjahr 2020 das zweitgrößte Börsenunternehmen des Landes. Allein TCS beschäftigt mehr als 400.000 Mitarbeiter in aller Welt und hat auch in Deutschland Niederlassungen.

Das Spektrum an Geschäftsbereichen, das die Tata-Gruppe inzwischen abdeckt, ist denkbar breit. *Tata Steel* (ehemals Tisco) ist seit der Übernahme des britisch-niederländischen Wettbewerbers Corus 2007 einer der größten Stahlkonzerne der Welt. In Deutschland unternahm Tata Steel 2018 den Versuch, ein Joint Venture mit ThyssenKrupp zu gründen, scheiterte aber an kartellrechtlichen Hürden.

Tata Motors kam nach dem Zweiten Weltkrieg in enger Zusammenarbeit mit Daimler-Benz auf Touren und baut seitdem Lastwagen, die bis heute in Indien und anderen Ländern allgegenwärtig sind – nach Auslaufen der 15-jährigen Kooperation allerdings nicht mehr unter dem anfänglichen Markennamen »TMB« (»Tata Mercedes-Benz«), sondern mit eigenem Tata-Logo. Aktuell ist Tata Motors einer der Top-5-Lkw-Bauer der Welt. In den 1990er-Jahren expandierte das Unternehmen in andere Segmente – so mit dem *Indica*, dem ersten komplett in Indien entwickelten und gefertigten Pkw, und 2009 mit dem Kleinstwagen *Nano*, dem *one-lakh car*, das floppte – teils weil es technisch anfällig war und recht oft spontan in Flammen aufging, teils weil es für viele Inder eine Art Anti-Statussymbol darstellte, gerade *weil* es so billig und somit peinlich war.[525] Anfangs kostete der *Nano* 100.000 Rupien, also ein Lakh, weniger als 1500 Euro. Die Preise wurden später erhöht, wobei die Absatzzahlen alles andere als berauschend waren und später bedeutungslos wurden. (In den ersten neun Monaten 2019 verkaufte Tata einen einzigen Nano.[526]) 2008 übernahm Tata von Ford den britischen Autobauer Jaguar Land Rover (JLR) und wurde damit zum größten Industrieunternehmen in Großbritannien – im Rückblick auf Indiens koloniale Vergangenheit eine launige Ironie der Geschichte.

Das Automobilgeschäft der Tata-Gruppe wird von zwei Deutschen geleitet, nämlich Günter Butschek (Tata Motors) und Ralf Speth (JLR). Schon einige Jahre zuvor, im Jahr 2000, hatte *Tata Global Beverages (TGB)* einen symbolträchtigen Großkauf in Großbritannien getätigt und den traditionsreichen Tetley-Konzern übernommen.[527] TGB mit Sitz in Kolkata ist heute nach Unilever (»Lipton«) das zweitgrößte Teeunternehmen der Welt. Mit dem US-Unternehmen Starbucks gründete TGB vor einigen Jahren das Joint Venture Tata Starbucks für den indischen Markt. Im Laufe des Jahres 2020 wird TGB voraussichtlich weitere Lebens- und Nahrungsmittel – etwa *Tata Salt* (Salz) – von *Tata Chemicals* übernehmen und sich in *Tata Consumer Products* umbenennen. Der Getränkekonzern wird also zu einem breit aufgestellten Anbieter von *fast-moving consumer goods* (FMCG).

So gut wie unbekannt ist in Deutschland die 1984 gegründete Tata-Tochter *Titan Industries,* anfangs ein Joint Venture zwischen Tata Industries und der Regierung des südindischen Bundesstaats Tamil Nadu. Titan verkauft mehr als 13 Millionen Uhren im Jahr und darüber hinaus inzwischen Brillen und Schmuck. *Trent* (**T**ata **Re**tail **Ent**erprises) ist ein großer Einzelhändler in Indien, unter anderem mit den Westside-Kaufhäusern und Supermärkten. *Tata Power,* einst von Jamsetji Tata initiiert, ist ein großer Stromversorger. *Indian Hotels* (IHCL) ist mit mehr als 160 Häusern und gut 20.000 Zimmern einer der führenden Gastgeber des Landes. Bekannte Marken der Hospitality-Gruppe sind *Taj* (wörtlich »Krone«) und *Vivanta.*

Auch in der Luftfahrt spielte die Tata-Gruppe die Schlüsselrolle auf dem Subkontinent. JRD Tata, ein schillernder Haudegen und eine der weltweit beeindruckendsten Unternehmerpersönlichkeiten des 20. Jahrhunderts, erhielt 1929 als erster Inder eine kommerzielle Pilotenlizenz und gründete 1932 *Tata Airlines.* Am 15. Oktober 1932 beförderte der Luftfahrtpionier höchstselbst auf dem ersten regulären Flugdienst Post von Karatschi nach Bombay. Kurz nach Ende des Zweiten Weltkriegs ging Tata Airlines an die Börse und wurde in *Air-India* umbenannt. 1948 folgte die Gründung von *Air-India International* für internationale Routen. Die Tata-Fluggesellschaften hatten damals einen hervorragenden Ruf und waren für Pünktlichkeit, Zuverlässigkeit und erstklassigen Service berühmt. 1953 verstaatlichte Nehru dann die damals bestehenden Fluggesellschaften im Land: die Geburtsstunde der staatlichen *Air India*, die in den folgenden Jahrzehnten in Grund und Boden gewirtschaftet wurde, noch heute rote Zahlen schreibt und nicht als geschmeidigste Airline unserer Zeit gilt. Für die Tata-Gruppe und JRD Tata persönlich, einen langjährigen Freund Nehrus, war dies eine bittere Enttäuschung. Bis in die 1970er-Jahre blieb JRD Tata jedoch – quasi im Nebenjob, neben seiner Hauptaufgabe als Chairman der Tata-Gruppe – Chef von Air India, und zwar ohne ein Gehalt zu beziehen, aus Leidenschaft für die Fliegerei.

Im 21. Jahrhundert, als die erste wirtschaftliche Liberalisierungswelle Indien auf einen dynamischen Wachstumspfad gelenkt hatte, erwachte das Interesse der Tata-Gruppe an diesem Geschäft aufs Neue. 2001 gab Tata gemeinsam mit Singapore Airlines (SIA) ein Gebot für Air India ab, das aber erfolg- und folgenlos blieb, weil eine Privatisierung damals politisch noch nicht opportun war. (Seit 2018 versucht die Modi-Regierung nun, Air India zu verkaufen oder sonst wie loszuwerden.) 2013 gründeten Tata und SIA eine neue Airline für den indischen Markt, *Vistara*. Später folgte, diesmal in Kooperation mit *AirAsia*, der Indien-Ableger *AirAsia India*.

So wie in den Nachkriegsjahren der Satz »Nehru ist Indien« galt, so hat heute das auf den ersten Blick euphemistisch wirkende Pendant »Tata ist Indien« durchaus seine Berechtigung. Kein Unternehmen hat einen derart guten Ruf im Land; keinem wird mehr vertraut; »Tata« ist die wertvollste Marke in Indien und eine der 100 wertvollsten der Welt.[528]

Die Anschläge, die vom 26. bis zum 29. November 2008 Mumbai und ganz Indien erschütterten – »Indiens 11. September« –, sind vor diesem Hintergrund zu sehen. Die 1990 gegründete pakistanische Terrorgruppe Lashkar-e-Taiba (»Armee der Reinen«) schleuste damals eine aus zehn jungen Männern bestehende Mordgang übers Meer nach Süd-Mumbai, wo sie im Touristenlokal Leopold, im Oberoi-Trident-Hotelkomplex, im Hauptbahnhof Chhatrapati Shivaji Terminus

(CST), im Taj Mahal Palace und in einem jüdischen Zentrum folterten und töteten. Insgesamt starben mehr als 170 Menschen bei den Anschlägen, die keineswegs die ersten dieser Art in Indien waren;[529] es gab Hunderte Verletzte, Tausende Traumatisierte. Nicht das wahllose Morden im Hauptbahnhof, wo die meisten Opfer zu beklagen waren, hatte dabei die größte Symbolkraft, sondern der Angriff auf das einst von Jamsetji Tata erbaute Taj Mahal Palace, wenige Schritte vom Gateway of India entfernt, Mumbais Wahrzeichen. Die Terroristen besetzten das Luxushotel, nahmen Geiseln, warfen Bomben und zündeten das Gebäude an. 31 Gäste und Mitarbeiter starben im Taj, darunter der Münchner Medienunternehmer Ralph Burkei. Karambir Kang, der Generaldirektor des Hauses, verlor seine Frau und seine beiden kleinen Söhne (er selbst überlebte). Mit dem drei Tage andauernden Anschlag auf »das Taj« ging implizit die Botschaft einher, dass Terroristen das Land treffen können, indem sie auf Tata zielen. (Neun der zehn Attentäter starben bei den Anschlägen. Der einzige Überlebende wurde festgenommen, zum Tode verurteilt und hingerichtet.)

Die Kontrolle über den Tata-Konzern liegt heute allerdings nur noch indirekt bei der Gründerfamilie und ihren Erben. Zwei Drittel der Anteile gehören verschiedenen Tata-Stiftungen, die im Laufe der Unternehmensgeschichte eingerichtet wurden, während die heute lebenden Familienmitglieder insgesamt lediglich 1 bis 2 Prozent halten. Die indisch-irische Familie Mistry, ebenfalls Parsen, ist mit gut 18 Prozent beteiligt. Weitere größere Aktienpakete liegen bei einzelnen Tochtergesellschaften des Konglomerats.

Auch bei Caseys »großartigstem Unternehmen der Welt« gab es jedoch eine Fülle von Fehlschlägen. Ein Beispiel ist der Zusammenbruch von Tata Finance 2002, ein Finanzskandal mitsamt Insiderhandel, gefälschten Geschäftszahlen und ebenso hässlichen wie hämischen Schlagzeilen.[530] Ratan Tata, der damalige Chairman von Tata Sons, hätte die Krise diskret managen und gewissermaßen unter den Teppich kehren können – dies umso mehr, als die Tochtergesellschaft Tata Finance ihrer Rechtsform nach eine *Limited-liability-*

Gesellschaft war, also nur beschränkt haftete. Er tat dies nicht, weil es sämtlichen Prinzipien – seinen persönlichen und denen des Unternehmens – widersprochen hätte. Er erklärte öffentlich, dass in den Unternehmensbilanzen ein Loch klaffe. »Wir kennen die Größe des Lochs noch nicht, aber wir wissen, dass es da ist. Und Tata wird es füllen. Für die Verluste sind wir moralisch verantwortlich, und wir werden sie begleichen.«[531] Eine Ansage, die in ihrer Anständigkeit den oben erwähnten »ehrbaren Kaufmann« in Erinnerung ruft. Der Finanzskandal kostete die Tata-Gruppe am Ende schätzungsweise zwischen 5 und 7 Milliarden Rupien, zu jener Zeit ein neunstelliger Eurobetrag. »Doch wenn die Menschen in Indien heute an Tata Finance denken«, schreibt der Managementexperte Morgen Witzel, »ist das nicht das, was die meisten als Erstes erinnern: nicht den Betrug, sondern die anständige Art und Weise, in der die Tata-Gruppe ihn bewältigte und Verantwortung übernahm.«[532] Das Beispiel Tata Finance verdeutlicht die Besonderheit der Parsenethik, in der Wahrhaftigkeit, Fairness und Anstand Leitmotive sind. Caseys »greatest company in the world« ist nicht »großartig«, weil alles immer toll laufen würde. Es gab im Laufe der Firmengeschichte viele Rückschläge und Krisen.[533] Vielmehr hat die Überwindung dieser Krisen die Reputation der Gruppe gefestigt.

Hinzu kommt eine ausgeprägte philanthropische Neigung, die sich in den Tata-Stiftungen sowie in vielen weiteren von Parsen finanzierten und realisierten Einrichtungen zeigt. So haben Parsen in Indien Kliniken, Bildungsstätten, Kultureinrichtungen und Hilfsprogramme aller Art etabliert. Jamsetji Tata war die treibende Kraft hinter der Gründung des Indian Institute of Science in Bangalore vor mehr als 100 Jahren, während sein Sohn Ratan Tata[534] Mohandas Gandhi in seinem Einsatz für die Rechte der indischen Community in Südafrika finanziell unterstützte.

Tata hat sich darüber hinaus der Eindämmung von Korruption, Klüngelei und Diskriminierung jeglicher Art verschrieben. 1998 definierte Chairman Ratan Tata[535] einen für alle Tata-Beschäftigten verbindlichen Verhaltenskodex. »Jedes Tata-Unternehmen bietet allen seinen Beschäftigten und allen qualifizierten Bewerbern die gleichen

Möglichkeiten«, heißt es in der aktuellen Fassung, »unabhängig von Rasse, Kaste, Religion, Hautfarbe, familiärer Herkunft, Ehestand, Geschlecht, sexueller Orientierung, Alter, Nationalität, ethnischer Herkunft oder Behinderung.«[536] Das mag für manche im Westen nach einer Selbstverständlichkeit klingen. Im indischen Kontext war und ist dieser Satz ein außerordentlich visionäres Signal, eine Sensation.

Jenseits der Tata-Gruppe sind zahlreiche weitere von Parsen gegründete und geführte Unternehmen in Indien aktiv. Neben den bereits erwähnten Firmenclustern der Familien Mistry und Wadia sind dies beispielsweise die *Godrej*-Gruppe in Mumbai, die Ende des 19. Jahrhunderts mit Türschlössern an den Start ging, und der *Poonawalla*-Konzern in Pune, einer der führenden Impfstoffproduzenten der Welt.

Reliance

Die zahlreichen indischen Unternehmen, die Reliance (»Vertrauen, Zuverlässigkeit«) in ihrem Namen führen, bilden das Konzern-imperium der Ambani-Familie aus Mumbai. Dhirubhai Ambani, ein Gujarati, arbeitete unter anderem als Tankwart bei Shell in Aden, bevor er vor gut 60 Jahren in Bombay eine Firma gründete, die in der Ära des *Licence Raj* mit großem Erfolg Textilien herstellte, vor allem aus Polyester. 1977 brachte Ambani sein Unternehmen an die Börse. Er starb 2002, keine 70 Jahre alt, an den Folgen eines Schlaganfalls, ohne Testament. Damit begann ein erbitterter, sich über Jahre hinziehender Erbstreit zwischen seinen Söhnen Anil und Mukesh. Schließlich kam es zu einem Ausgleich zwischen den beiden, arrangiert von ihrer um den Familienfrieden besorgten Mutter Kokilaben Ambani. Die Reliance-Chaosjahre endeten mit der Teilung des Konzerns. Mukesh Ambani bekam *Reliance Industries (RIL)* zugesprochen, deren wichtigster Geschäftsbereich das Öl-, Gas- und Chemiegeschäft war. Anil Ambani wurde Haupteigner und Chef der *Reliance Group*, zu der damals unter anderem die Aktivitäten in den Branchen Telekommunikation, Energie und Bau gehörten. Damit war Dhirubhai Ambanis Erbe hälftig geteilt worden, und die Brüder Ambani, ungefähr gleich reich, zählten zu den wohlhabendsten Menschen der Welt.

Seitdem haben sich die beiden Reliance-Gruppen denkbar unterschiedlich entwickelt. Mukesh Ambanis Unternehmen florierte im rohstofflastigen Stammgeschäft und expandierte in andere Geschäftsbereiche. So ist RIL heute der größte, dynamisch wachsende Einzelhändler in Indien und mit Reliance Jio der führende Telekomanbieter. Im Mai 2020 kam RIL auf eine Marktkapitalisierung von mehr als 120 Milliarden Euro. Anil Ambani wiederum stand phasenweise wegen hoher unbeglichener Zahlungsverpflichtungen seiner Firmengruppe vor einem unternehmerischen Scherbenhaufen und entging der Verhaftung nur, weil sein Bruder die peinliche Angelegenheit schließlich finanziell regelte.

IT, Internet, E-Commerce

Der Aufstieg der indischen IT-Branche begann vor gut drei Jahrzehnten in einer Marktnische. Findige Unternehmer erkannten, dass sie mit ihren Beschäftigten – für indische Verhältnissen blendend bezahlt, aber deutlich schlechter als ihre Kollegen in den USA und Europa – Routineaufgaben erledigen konnten, beispielsweise in Callcentern, in denen englischsprachige Servicemitarbeiter den Kundendienst für amerikanische Unternehmen übernahmen. 2006 arbeiteten mehr als zwei Millionen Inder als Dienstleister am Telefon.[537]

Doch Callcenter, so innovativ diese Idee damals war, sind im Vergleich mit anderen Segmenten des IT-Sektors – etwa Software, Systementwicklung und -wartung – eine langweilige, wenig profitable Nische. Deutlich lukrativer sind Indiens Hightechanbieter, darunter inzwischen viele weltweit erfolgreiche Firmen, von denen allein die sieben größten Ende 2017 zusammen etwa 1,4 Millionen Beschäftigte hatten, während in ganz Indien ungefähr vier Millionen in dieser Branche tätig waren.[538] TCS hatte Anfang 2019 einen Mitarbeiterstab von mehr als 400.000, während *Infosys*, vor 30 Jahren von mehreren

Ingenieuren gegründet und seit 1993 an der Börse, auf gut 200.000 kam. *Wipro* wiederum war bereits 1945 als Pflanzenöl- und Gemüse-höker an den Start gegangen, wandte sich im Zuge einer großartigen Neuerfindung in den 1980er-Jahren aber der Informationstechno-logie zu und hat heute mehr als 160.000 Beschäftigte. Hinzu kommen *HCL Technologies* mit Sitz im Großraum Delhi (120.000 Mitarbeiter), *Tech Mahindra* (mehr als 100.000), *Cognizant* (zum Jahreswechsel 2018/19 mehr als 280.000, davon fast 200.000 in Indien), *DXC Techno-logy* (155.000) und viele weitere. *IBM* hatte im Herbst 2017 in Indien ungefähr 130.000 Mitarbeiter, mehr als in jedem anderen Land der Welt einschließlich der USA[539] – auch insofern eine bemerkenswerte Zahl, als IBM Ende der 1970er-Jahre von der Regierung aus Indien verbannt worden war (gemeinsam mit dem Getränkekonzern Coca-Cola). In der Summe verfügt Indien über Millionen IT-Experten. Um die Dimensionen der namentlich genannten Unternehmen zu ver-stehen, sollte man sich in Erinnerung rufen, dass beispielsweise der deutsche SAP-Konzern, zurzeit das wertvollste Börsenunternehmen in Deutschland, weltweit nur etwa 96.500 Fachkräfte beschäftigt, davon eine niedrige fünfstellige Zahl in Indien.[540]

Der Internetboom erreichte Indien relativ spät, wobei für diese Ver-zögerung die noch vor wenigen Jahren rudimentären Kommunikations-netze, fehlende Hardware und hohe Datenübertragungsgebühren verantwortlich waren. Seit 2016, als Reliance Jio zum Katalysator der Telekomrevolution wurde, sind diese Defizite beseitigt. Internet-fähige Smartphones sind nunmehr allgegenwärtig und die Datentarife billiger als irgendwo sonst. Seitdem erlebt E-Commerce, in weiten Teilen der Welt längst eine Selbstverständlichkeit, in Indien einen Boom. Der Gesamtumsatz in diesem Segment lag Schätzungen zu-folge 2018 bei etwa 30 Milliarden US-Dollar und dürfte sich bis 2028 auf rund 200 Milliarden mehr als versechsfachen.[541] Hier gilt jedoch, wie zuvor jahrelang in anderen Ländern, dass hohe Wachstums-raten erfreulich sein mögen, aber insbesondere in der Anlaufphase eines Start-ups selten mit schwarzen Zahlen einhergehen. Das trifft auch auf *Amazon India* zu, dessen Geschäft rasant expandiert – bei massiven Verlusten. Der Wettbewerber *Flipkart* wurde 2007 von Binny Bansal und Sachin Bansal, zwei ehemaligen Amazon-Mitarbeitern, gegründet.[542] Der amerikanische Einzelhandelsriese *Walmart* übernahm 2018 die Mehrheit (77 Przent) der Firmenanteile für 16 Milliarden US-Dollar. *Snapdeal* wiederum ist seit 2010 am Markt und hat eine illustre Investorengruppe hinter sich, darunter Alibaba, Softbank und Temasek sowie Ratan Tata (als Privatmann). Auch Reliance, Indiens größter Einzelhändler, hat Pläne, im Onlinehandel weit vorn mitzuspielen.

Bis auf Weiteres wird der größte Teil des Einzelhandelsumsatzes in Indien aber in den etwa zwölf Millionen kleinen Lebensmittelläden um die Ecke erzielt, *kirana* genannt und bei uns als Tante-Emma-Läden bekannt. Inzwischen gibt es in den Städten so etwas wie Supermärkte, etwa *DMart* und *Star Bazaar* (ein Joint Venture von Tata und Tesco). Frankreichs Carrefour versuchte es in Indien, gab 2014 aber frustriert auf. Schwedens Ikea wiederum ging im August 2018 nach insgesamt zwölfjähriger Vorbereitung in Hyderabad an den Start, beschäftigt dort 950 Mitarbeiter – darunter acht Frauen, die zu Gabelstaplerfahrerinnen ausgebildet wurden – und will zügig expandieren.[543]

Internetgeschäft aller Art boomt. Airbnb-Unterkünfte sind längst in ganz Indien verfügbar. Die beiden Transportdienstleister *Ola* und *Uber*, direkte Wettbewerber, zählten in Indien im Frühjahr 2018 zusammen annähernd eine Million Fahrer,[544] wenngleich beide unprofitabel waren. Webbasierte Food-Delivery-Services waren noch 2016 weitgehend unbekannt; heute sind Lieferboten von Anbietern wie *Swiggy* (anschubfinanziert unter anderem von Naspers), *Zomato* (Alibaba) oder *FoodPanda* (Ola) in den Metropolen allgegenwärtig.

Indiens Banken

Der indische Finanzsektor besteht aus verschiedenen Segmenten: staatlich kontrollierten Banken, von denen viele seit mehreren Jahren große Probleme zu bewältigen haben; Privatbanken, von denen viele (wenngleich nicht alle) erstklassige Unternehmen sind; und Non-Banking Financial Companies (NBFCs), also bankenunabhängigen Finanzdienstleistern,»Schattenbanken«.

Nach der Verstaatlichung der Banken durch Indira Gandhi wurde das indische Finanzwesen von Bürokraten gemanagt, mit absehbaren Folgen: einem schleichenden, jahrzehntelang von der Politik ignorierten Niedergang. Allerdings hatte die Abschottung des Finanzsektors von der Weltwirtschaft in der Finanzkrise ab 2007/08 einen positiven Nebeneffekt. Der Subkontinent, weitgehend isoliert von den dramatischen Turbulenzen in den USA und Europa, überstand sie relativ unbeschadet. Noch 2009 schienen Indiens Finanzinstitute kaum faule Kredite in ihren Büchern zu haben, auch und gerade im Vergleich mit vielen Banken in Europa.

Probleme tauchten erst 2014 auf, als die indische Bankenaufsicht im Zusammenspiel mit Finanzministerium und Notenbank die Zügel anzog. Sie zwangen Staatsbanken, ihre *non-performing assets* nicht mehr zu verschleiern, sondern offenzulegen, ein ebenso schmerzhafter wie kathartischer Paradigmenwechsel. Kurz- und mittelfristig war dieser Prozess der Bilanzsäuberung für viele Staatsbanken (von denen wiederum viele börsennotiert sind) schmerzhaft. Längerfristig jedoch glich er dem sprichwörtlichen reinigenden Gewitter. Es war ein mutiger, auf Langfristigkeit und Nachhaltigkeit angelegter Befreiungsschlag.

Die *State Bank of India (SBI)*[545] zählt trotz dieser Probleme – 2018 musste sie den ersten Verlust in diesem Jahrtausend vermelden – inzwischen nach Bilanzsumme zu den Top-60-Banken der Welt.[546] Sie hatte 1806 ihr Geschäft als Bank of Calcutta aufgenommen und hat heute ihren Hauptsitz in Mumbai. Mit mehr als 80.000 Geschäftsstellen und Geldautomaten sowie rund 260.000 Mitarbeitern ist die SBI die mit Abstand wichtigste Bank in Indien und *too big to fail*. Sie hat mehr als 430 Millionen Kunden. Zum Vergleich: Die deutschen Sparkassen, mit großem Abstand Marktführer bei uns, haben nach eigenen Angaben insgesamt etwa 50 Millionen Kunden.

Als die Regierung von Ministerpräsident Narasimha Rao 1991 die erste wirtschaftliche Liberalisierungswelle anstieß, schuf sie ein Umfeld, das innovativen privaten Finanzinstituten Chancen im Wettbewerb mit den betulichen Staatsbetrieben bot. So ging 1994 die *HDFC Bank*, nach Marktkapitalisierung aktuell die größte Bank in Indien, an den Start.[547] Sie hat seitdem bei wichtigen Finanzkennzahlen, etwa Buchwert und Gewinn je Aktie, eine fulminante Entwicklung genommen. Die Eigenkapitalrendite liegt üblicherweise in der Spanne zwischen 16 und 21 Prozent – ein Wert, von dem deutsche Institute wie Commerzbank und Deutsche Bank weit, weit entfernt sind. Die *Kotak Mahindra Bank* wiederum wurde bereits 1985 von Uday Kotak begründet und ist seitdem ähnlich erfolgreich. Weitere börsennotierte Privatbanken sind unter anderem die *Axis Bank* und *ICICI*.

Konsumgüter

Daneben hat der Konsumgütersektor (FMCG) wesentlich zum langfristigen Börsenaufschwung beigetragen. Zahlreiche internationale Konzerne haben eigene Tochtergesellschaften mit separater Börsennotierung in Indien, so *Colgate-Palmolive, Hindustan Unilever, Nestlé* und *Procter & Gamble*, die regelmäßig beeindruckende Geschäftszahlen vorlegen.

Nicht weniger erfolgreich sind Konsumgüterfirmen, die nicht Ableger ausländischer Großkonzerne sind, sondern in Indien selbst gegründet wurden und dort den Großteil ihrer Umsätze generieren. Eine der nach Marktwert und Umsatz größten ist *ITC*, ursprünglich ein Tabakkonzern. Die Imperial Tobacco Company wurde 1910 auf dem Höhepunkt des *Raj* in Kalkutta etabliert, wagte später den Börsengang und firmierte, als das Empire nicht mehr existierte, als India Tobacco Company. *Gold Flake* (»goldenes Blatt«, »Goldflocke«) ist eine der führenden Zigarettenmarken. Mittlerweile hat sich ITC in einen Mischkonzern verwandelt, der neben Tabakprodukten auch Instantnudeln, Fertiggerichte, Snacks und Süßigkeiten sowie Schreibwaren,

Kosmetika und Verpackungen herstellt. Darüber hinaus betreibt ITC mehr als 100 Hotels und ist ein großer Anbieter von IT-Dienstleistungen und Agrarerzeugnissen.

Indische Wettbewerber im FMCG-Segment sind beispielsweise *Britannia* (unter anderem Kekse), *Dabur* (Honig, Insektenschutz) und *Godrej Consumer Products*. Bei *United Spirits* ist mittlerweile der britische Diageo-Konzern, der Spirituosen-Weltmarktführer, größter Einzelaktionär. Der möglicherweise interessanteste Anbieter von allen ist das noch junge Unternehmen *Patanjali Ayurved*,[548] dessen treibende Kraft ein knuffig-telegener Yogi mit Rauschebart und sanftem Blick ist, nämlich Baba Ramdev.[549] Für Millionen Inder ist Ramdev ein Heilsbringer, für Millionen andere ein Scharlatan – und die Stimme der Weisheit fügt an, dass er durchaus beides in einer Person sein könnte. Sicher ist, dass Baba Ramdev und sein geschäftstüchtiger Kompagnon Balkrishna[550] binnen kürzester Zeit ein milliardenschweres, an Ayurveda-Prinzipien ausgerichtetes Konsumgüterimperium aufgebaut haben, das die Branche erschüttert hat. Sie vertreiben inzwischen eine breite Produktpalette von Zahnpaste und Haarwasser über Wasch- und Lebensmittel hin zu Kleidung, die sie allesamt als »natürlich« und gesundheitsfördernd vermarkten. Die Expansion in andere Branchen und ins Ausland ist geplant.

Anfangs wurden die Patanjali-Macher von den Platzhirschen im Konsumgütersegment belächelt: schräge Typen, eine kurzfristige Modeerscheinung, so ungefähr die Reaktionen. Schließlich war das Unternehmen erst 2006 in Haridwar, einer kleinen Pilgerstadt in den südlichen Ausläufern des Himalajas, gegründet worden, in tiefer Provinz. Das Schweizer Unternehmen Nestlé dagegen, der größte Lebensmittelkonzern der Welt, war schon seit 1912 in Indien tätig und ist mit Marken wie Maggi oder Nescafé heute an praktisch jedem Straßenstand präsent. Indes: Patanjali verzeichnet auf Dollarbasis inzwischen einen Milliardenumsatz – ein phänomenaler Aufstieg binnen weniger Jahre, der das Potenzial des indischen Binnenmarkts aufzeigt, der von raschem Bevölkerungswachstum, steigenden Einkommen und einer immer kaufkräftigeren Mittelschicht getragen wird. Patanjali ist nicht börsennotiert, die große Mehrheit der Anteile liegt bei Balkrishna. Das US-Medienhaus *Forbes*, spezialisiert auf Reichtumslisten aller Art, bezifferte sein Vermögen im April 2019 auf rund 4,9 Milliarden Dollar, was ihn damals zu einem der 25 reichsten Inder und einem der 400 reichsten Menschen der Welt machte.[551] Und Patanjali hat noch lange nicht fertig.

Die Pharmazeuten

In der zweiten Hälfte des 20. Jahrhunderts hatten deutsche Pharmaunternehmen – angeführt vom damaligen Dreigestirn BASF, Bayer und Hoechst – den Ruf, die »Apotheke der Welt« zu sein. Bekanntlich ist das längst nicht mehr der Fall. Hoechst ging auf Umwegen im französischen Sanofi-Konzern auf. BASF konzentrierte sich auf das Chemiegeschäft. Und Bayer, obgleich noch immer präsent, spielt in der Pharmabranche heute in der zweiten Liga und hat sich mit der Übernahme des amerikanischen Saatgutunternehmens Monsanto bis auf Weiteres mehr Probleme als Ertragskraft eingekauft. Wissenschaftliche Innovationen und medizinische Durchbrüche werden vor allem aus den USA und der Schweiz vermeldet. Man denke an die sensationellen Erfolge in den vergangenen Jahren bei der Behandlung von Hepatitis C und HIV (Gilead) oder an neue, revolutionäre Krebstherapien (Bristol-Myers Squibb, Merck, Novartis, Roche). Indiens Pharmaunternehmen wiederum sind nicht für ihre Innovationskraft berühmt. Sie haben allerdings das Kunststück fertiggebracht, im Generikasegment – niedrigpreisige Nachahmerpräparate von Wirkstoffen, deren Patentschutz abgelaufen ist – zum Weltmarktführer zu werden. Damit übernahmen sie in vieler Hinsicht jenes Attribut, für das einst Deutschland berühmt war: die »Apotheke der Welt« zu sein.

Fairerweise muss man an dieser Stelle sogleich einräumen, dass dabei nicht alles mit rechten Dingen zuging – oder dass zumindest das, was indische Behörden als »rechtens« ansahen, in anderen Jurisdiktionen anders interpretiert wurde, nämlich als Schurkerei,

Diebstahl geistigen Eigentums oder Schlimmeres. So nutzten indische Unternehmen jahrzehntelang juristische Schlupflöcher, um den Patentschutz ausländischer und damit in der Regel hochpreisiger Medikamente zu unterlaufen, ohne dass dies die Behörden im Lande groß gestört hätte. Westliche Unternehmen, die sich um den Ertrag ihrer Forschung gebracht sahen, waren wenig begeistert. So wurde beispielsweise Bayer in Indien kurzerhand der Patentschutz für das Krebsmittel Nexavar entzogen, weil dessen Preis – mehrere Tausend Euro je Behandlungsmonat – aus indischer Sicht schlicht absurd war. Einige Nichtregierungsorganisationen zollten diesem Vorgehen sogar Beifall, erlaubte es indischen Generikaproduzenten doch, wirkungsvolle Medikamente herzustellen und weltweit zu einem Bruchteil des Listenpreises zu vertreiben, insbesondere in Entwicklungsländern.

Allerdings sind Indiens Pharmazeuten aus der Rolle der »Apotheke der Armen« herausgewachsen. Heute geht ein Großteil der in Indien produzierten Generika in die Vereinigten Staaten. Ungefähr eine Milliarde der in einem Jahr in den USA ausgestellten Rezepte entfällt auf Medikamente aus indischer Produktion.[552] Marktführer in Indien ist das 1983 von Dilip Shanghvi, einem Gujarati, gegründete Unternehmen *Sun Pharmaceutical Industries*. Sun ist seit 1994 börsennotiert und hat inzwischen den Rivalen *Ranbaxy Laboratories* übernommen. Andere große Anbieter sind unter anderem *Aurobindo Pharma*, *Cipla*, *Dr. Reddy's*, *Glenmark*, *Lupin* und *Wockhardt*.

In den vergangenen Jahren erlebte die indische Pharmabranche jedoch ein Fiasko nach dem anderen. Da ein Großteil der indischen Produktion nach Amerika geht, hat die US-Gesundheitsbehörde Food and Drug Administration (FDA) ein berechtigtes Interesse daran, die vielen Hundert Produktionsstätten in Indien regelmäßig zu überprüfen, und ist seit Jahren im Land selbst präsent. Immer wieder kam es dabei zur Aufdeckung von Mängeln, insbesondere im Hinblick auf die hygienischen Zustände in der Fertigung und die Belastbarkeit vorgelegter Daten, die oft manipuliert worden waren. Die FDA stoppte wiederholt den Export in die USA und verhängte drakonische Strafen. So wurde Ranbaxy aufgrund systematischer Falschangaben 2013 eine

Strafzahlung von einer halben Milliarde US-Dollar auferlegt. Dies war der Grund, warum der damalige Mehrheitseigentümer bei Ranbaxy, das japanische Pharmaunternehmen Daiichi Sankyo, die Reißleine zog und sein Indienabenteuer mit einem spektakulären Verlust beendete, indem er an Sun verkaufte.

Die Autobauer

Das berühmteste Auto der indischen Geschichte ist vermutlich der *Ambassador*, eine blecherne Knutschkugel von Hindustan Motors, deren kultige Wirkungskraft ungefähr mit der des VW-Käfers oder des Trabants (»Trabbi«) in Deutschland vergleichbar ist. Der *Ambassador* ist eine Bauvariante des ursprünglich Mitte der 1950er-Jahre in England gefertigten Morris Oxford, der wenig später auch in Westbengalen produziert wurde. Während die Fertigung in England bald eingestellt wurde, lief das Modell in Indien ohne große technische Veränderungen mehr als ein halbes Jahrhundert lang vom Band, bis 2014. Der *Amby*, das erste in Masse produzierte Auto in Indien, war ein Dauerbrenner und -renner. Er galt jahrelang als Statussymbol, später dann als reizvolles Nostalgiegefährt – was irgendwann aber nicht mehr über den Umstand hinwegtäuschen konnte, dass es sich technisch um einen Dinosaurier auf vier Rädern handelte. Man sieht das Modell noch heute im Straßenverkehr, insbesondere in Kolkata und anderen Teilen Westbengalens, aber die Tage des »Botschafters« sind gezählt.

Verdrängt wurde der Ambassador von neuen Modellen indischer und ausländischer Anbieter. Neben *Tata Motors* zählt *Mahindra* zu den größten Produzenten. Das 1945 gegründete Unternehmen fertigte nach dem Zweiten Weltkrieg den legendären Willys-Jeep, einen ziemlich unkaputtbaren und damit für die damaligen Straßenverhältnisse auf dem Subkontinent idealen Geländewagen. Später baute die Mahindra-Gruppe mit Sitz in Mumbai, die heute von Anand Mahindra, Enkel eines der Firmengründer, geführt wird,[553] auch Nutzfahrzeuge, Traktoren, SUVs, selbst Boote und Kleinflugzeuge. Ähnlich wie die oben bereits erwähnten Firmengruppen der Ambanis (Reliance), Godrejs, Tatas oder Wadias reifte der Konzern im Laufe der Zeit zum Konglomerat, das heute in einer Fülle von Branchen aktiv und an den Börsen mit mehreren Tochtergesellschaften vertreten ist.

Daneben ist – schon aufgrund des deutsch klingenden Namens – *Eicher Motors* erwähnenswert. Die Eicher Group geht auf die 1948 gegründete Goodearth Corporation zurück, die sich anfangs auf den Import und Vertrieb von Traktoren spezialisierte. Ende der 1950er-Jahre begann eine technische Kooperation mit dem oberbayerischen Maschinenbauer Gebr. Eicher. Diesen deutschen Partner gibt es heute nicht mehr, wohl aber seinen Namen, den in Indien jedes Kind kennt (und der mal »I-dscha«, mal »ÄI-dscha« ausgesprochen wird). Berühmt ist Eicher vor allem für Landkarten und für Motorräder der renommierten, als abenteuerlich-cool geltenden Lifestyle-Marke Royal Enfield, gewissermaßen Indiens Harley-Davidson – wenngleich mit völlig anderer, nämlich deutlich jüngerer Klientel.

Darüber hinaus gibt es große Autoproduzenten wie *Maruti Suzuki* und *Hero MotoCorp*. Auch die deutsche Autoindustrie fertigt seit Langem in Indien, etwa im Großraum Pune. Seit 1922 ist *Bosch* im Land und inzwischen zu einer Unternehmensgruppe mit mehr als 31.000 Mitarbeitern herangewachsen.[554] Anders als in Deutschland ist Bosch in Indien börsennotiert und zählte Ende 2019 mit einem Marktwert von mehr als 5 Milliarden Euro zu den 70 größten Börsengesellschaften des Landes.

Der Tourismusboom

Die Reise- und Hospitality-Branche verbucht südlich des Himalajas seit Jahren hohe Wachstumsraten und erwirtschaftete schon 2015 ungefähr 7 Prozent des Bruttoinlandsprodukts Indiens.[555] Dies liegt zum einen an der touristischen Vielfalt des Subkontinents, der praktisch das gesamte Landschaftsspektrum abdeckt, von Dschungel über Tropenstrände und Wüsten hin zu zahlreichen idyllisch gelegenen Hill Stations und dem höchsten Gebirge der Welt. Einige Metropolen des Landes, allen voran Delhi und Mumbai, sind attraktive kosmopolitische Weltstädte. Mit 30 UNESCO-Weltkulturerbestätten (und vielen weiteren auf der Anwärterliste) spielt Indien in einer Liga mit Reiseländern wie China, Italien oder Mexiko. Hinzu kommen zahllose Ayurveda-, Yoga- und Wellnesszentren.

Die treibende Kraft des Tourismusbooms sind allerdings nicht ausländische Gäste, nicht einmal ansatzweise. Der Branchenverband World Travel & Tourism Council schätzte die Zahl der ausländischen Besucher in Indien im Jahr 2015 auf 7,8 Millionen, Indiens Ministry of Tourism nannte für 2017 einen Wert von zehn Millionen. Nach Angaben der Deutschen Botschaft in Neu-Delhi reisten 2018 rund 300.000 deutsche Touristen nach Indien, während umgekehrt 850.000 indische Touristen nach Deutschland aufbrachen.[556] Angesichts der Größe des Landes und der weltweit dynamisch expandierenden Reisebranche sind dies verschwindend niedrige Werte. So zählte allein der überschaubare Stadtstaat Singapur, in dem ungefähr ein Viertel der Bevölkerung Delhis lebt, 2018 mit annähernd 19 Millionen fast doppelt so viele ausländische Gäste wie Indien. Thailand, nach Einwohnern etwa einem Drittel des indischen Bundesstaats Uttar Pradesh entsprechend, hatte mehr als 30 Millionen Besucher. Frankreich vermeldete 84 Millionen, New York City (also eine einzige Stadt) 2019 um die 67 Millionen.

Einer der Hauptgründe für die relative Zurückhaltung ausländischer Touristen dürfte das unattraktive Image des Landes sein (Kapitel 2: »Who's perfect?«), das potenzielle Besucher abschreckt und auf Alternativziele ausweichen lässt. Selbst diejenigen, die sich nach Indien aufmachen, erleben oft einen Kulturschock und ein beängstigendes Gefühl des Kontrollverlusts angesichts allgegenwärtiger Umweltverschmutzung, der ungewohnten Menschenmassen und Reizüberflutung. Oft lautet das Fazit »einmal und nie wieder« – was wiederum andere gar nicht erst die Reise nach Indien in Erwägung ziehen lässt. Hinzu kommt, dass viele der touristischen Highlights des Landes in der westlichen Welt weitgehend unbekannt sind. Die Ruinenstadt

Angkor Wat in Kambodscha kennt fast jeder; von Hampi, Khajuraho, Orchha oder Bhubaneswar, allesamt nicht weniger sehenswert, hat fast niemand je gehört. So kamen 2015 auf 2,3 Millionen Besucher in Angkor Wat nur 47.000, die nach Hampi im südindischen Bundesstaat Karnataka aufbrachen.[557] Die Modi-Regierung erklärte den Tourismus 2014 zur Wachstumsbranche, die es konsequent zu entwickeln gelte, und erleichterte die zuvor grotesk komplizierten, beschwerlichen und teuren Einreiseformalitäten und Visumsanforderungen. 2028, so der Plan, sollen mehr als 30 Millionen ausländische Touristen nach Indien kommen,[558] wobei derartige Prognosen natürlich leichter zu formulieren als zu realisieren sind. Warten wir's ab.

Ausländische Gäste, die tendenziell mehr Geld für ihre Reisen ausgeben als einheimische, sind als Devisenbringer willkommen. Getragen wird der Tourismusboom jedoch von den Indern selbst. Insbesondere die Mittelschicht – heute irgendwo zwischen 300 und 600 Millionen Menschen stark – hat das Reisefieber gepackt. (Die wohlhabenden Eliten des Landes sind schon immer gereist.) Von 2000 bis 2017 hat sich die Zahl der Reisen, die Inder in einem Kalenderjahr unternommen haben, nach Regierungsangaben auf 1,65 Milliarden fast verachtfacht.[559] Auf jeden ausländischen Touristen, der es nach Indien schaffte, kamen also weit mehr als 100 einheimische Reisende. Die meisten Trips, rund drei Viertel, haben dabei einen familiären Anlass, etwa wenn ein zugewanderter Städter die Verwandtschaft und Freunde im Heimatdorf, im *village*, besucht, zum Beispiel aus Anlass einer Hochzeit oder Trauerfeier.[560] Darüber hinaus entdecken die Inder das Reisen als Freizeitvergnügen und Statussymbol. Dieser Trend weist Ähnlichkeit mit dem Reiseboom auf, den Deutschland in den 1950er-Jahren, der Ära des Wirtschaftswunders, erlebte. Als nach dem Zweiten Weltkrieg die ersten größeren Anschaffungen getätigt waren, als es wieder ordentlich zu essen und trinken gab und die Garderobe gefüllt war, entdeckten viele Bundesbürger (also Westdeutsche) die Freuden des Welterkundens. Viele fuhren bekanntlich in die Alpen oder nach Italien, damals eines der Sehnsuchtsländer der deutschen

Seele, was mit dem Zug oder dem eigenen kleinen Wagen durchaus machbar und bequem war – und für immer mehr Deutsche bezahlbar. Ähnlich lassen sich die Trends im heutigen Wirtschaftswunderland Indien deuten, in dem Millionen ihre ersten touristischen Ausflüge und Reisen unternehmen, dies typischerweise für einige Tage, nicht Wochen.[561] Wer im Großraum Delhi wohnt, erkundet vielleicht die nördlich gelegene, einige Auto- oder Zugstunden entfernte Südseite des Himalajas – Dalhousie, Manali, Shimla, Dehradun – oder Amritsar im Pandschab. Von Mumbai aus sind die relativ kühlen Hill Stations Matheran und Lonavala, die Sommerfrische Alibag und Goa in kurzer Zeit zu erreichen. Unweit von Bangalore und Mysore liegen die »blauen Berge« (Nilgiri) mit weiteren Hill Stations, zum Beispiel Ooty (Utacamandalam) und Coonoor. Das Muster: Während Nordeuropäer und -amerikaner oft eine Vorliebe für Reisen in wärmere Gefilde haben, etwa ans Mittelmeer, brechen viele Inder vorzugsweise in kühlere Gegenden auf, also in höhere Lagen, um insbesondere in den Sommermonaten der Hitze in weiten Teilen des Landes zu entkommen. Die klimatischen Gegebenheiten erklären auch, warum ausgerechnet das politisch so komplexe Kaschmir eine geradezu magische Anziehungskraft auf Millionen Inder ausübt. Die Kombination aus hohen Bergen, ungewöhnlich »exotischer« Vegetation (Fichten!), niedrigen Temperaturen, mitunter gar – eine Sensation für viele, insbesondere Kinder – Schnee und Eis: ein Knüller. Daneben gibt es viele weitere Sehnsuchtsziele, so das tropisch-entspannte Goa, Kerala an der Südwestküste, die Hauptstadt Delhi oder das glamouröse Mumbai.

Im Zuge des Reise- und Tourismusbooms floriert die indische Hotellerie. Zur Jahrtausendwende gab es zwischen Kaschmir im Norden und Kerala im Süden lediglich rund 25.000 Hotelzimmer.[562] 2014 waren es nach Schätzung des Marktforschers HVS gut 90.000 – und damit weniger als allein in Shanghai, also einer einzigen chinesischen Metropole. Zum Jahreswechsel 2018/19 dürften etwa 130.000 Gästezimmer bereitgestanden haben, bei weiterhin hohen Zuwachsraten. Delhi und Mumbai, die mit Abstand größten Metropolregionen des Landes, weisen die größte Anzahl an Hotels und Zimmern auf. Anbieter mit großer Marktpräsenz sind unter anderem die Tata-Tochter Indian Hotels (*Taj*, *Vivanta*, *Ginger*), die *Oberoi*-Gruppe (an der wiederum Reliance Industries beteiligt ist), ITC, Marriott, Accor, Hyatt und Radisson. Die Kombination aus steigender Reiseaktivität und der im internationalen Vergleich noch immer extrem niedrigen Zimmerkapazität macht sich inzwischen auch bei den Übernachtungstarifen bemerkbar. So wurden zur Hochsaison im Winter 2019/20 in den führenden Häusern (Oberoi, Taj Palaces) für ein Doppelzimmer mehr als 800 Euro pro Nacht (inklusive Steuern, Gebühren, Frühstück) gefordert. Die aufgerufenen Preise der Spitzenhotels unterscheiden sich damit kaum noch von jenen in höchstpreisigen Häusern in Westeuropa, Nordamerika oder Japan.

Ähnlich dynamisch hat sich, wie oben bereits erwähnt, in den vergangenen Jahrzehnten der Luftverkehr entwickelt. Die Strecke Mumbai–Delhi mit 7,4 Millionen Passagieren im Jahr (2018) ist die am stärksten frequentierte innerindische Route und dürfte dies auf Jahrzehnte hinaus bleiben.[563] Von vergleichbarer Bedeutung sind die Verbindungen von Indien gen Westen, insbesondere in die Golfregion, also in die Vereinigten Arabischen Emirate (VAE), nach Saudi-Arabien, Katar und Oman. Dies liegt nicht nur daran, dass die Großflughäfen in Abu Dhabi, Doha und Dubai als Hubs für die Weiterreise nach Europa und Nordamerika dienen, sondern auch an den zahlreichen indischen und südasiatischen Beschäftigten in den Golfstaaten, um die es im folgenden Abschnitt geht. So verbuchte allein die Route Delhi–Dubai 2017 mehr als zwei Millionen Reisende.[564] Schätzungen zufolge geht jeder dritte Auslandsflug, der in Indien abhebt, in die Emirate, nämlich nach Abu Dhabi, Dubai und Schardscha.[565]

Diese Zahlen mögen beeindrucken, sind aber nur der Auftakt eines Langfristtrends. Die Weltorganisation für Tourismus (UNWTO) rechnet damit, dass 2020 ungefähr 50 Millionen Inder international verreisen werden, während es 1997 lediglich 3,7 Millionen waren.[566] Alles deutet darauf hin, dass der Reiseboom, der China im Zuge der wirtschaftlichen Öffnung in den vergangenen Jahrzehnten erfasst hat, sich in ähnlichen Dimensionen in Indien zeigen wird.

Die indische Diaspora

In den vergangenen zwei Jahrhunderten wanderten Millionen Inder auf der Suche nach einem besseren Leben aus. Beginnend in den 1830er-Jahren verließen zwischen 1,3 und 1,4 Millionen ihr Heimatland, vor allem um in aller Welt auf Zuckerplantagen oder in anderen Segmenten der Landwirtschaft als »coolies«[567] zu arbeiten. Oft fand dies im Rahmen von Knebelverträgen statt, die sie jahrelang zu einer Art Frondienst unter kargen Bedingungen verpflichteten. Die British and Foreign Anti-Slavery Society, die sich dem Kampf gegen Sklaverei und Ausbeutung verschrieb, bezeichnete indentured labour 1839 als »Sklaverei unter anderem Namen«[568] – wobei die Ansichten, inwieweit diese Form der »Gastarbeit« freiwillig oder unfreiwillig war, auseinandergehen.[569]

Sicher ist, dass der Exodus enorme Dimensionen hatte. Etwa 455.000 Inder zogen nach Mauritius, seit 1810 britisch, wo die klimatischen Bedingungen besonders günstig für den Zuckerrohranbau waren. 239.000 wanderten nach Britisch-Guayana aus, 153.000 nach Südafrika (vor allem in die östlich gelegene Region Natal), 150.000 nach Trinidad, 75.000 nach Réunion, 61.000 nach Fidschi, 39.000 nach Ostafrika, viele weitere auf andere Karibikinseln.[570] In ihrem Gefolge zogen Familien, Dienstleister (zum Beispiel 1893 Mohandas Gandhi, der in Südafrika als Anwalt arbeitete) und Kaufleute (etwa zahlreiche Gujaratis, die sich als Händler in Uganda niederließen) nach. Es gibt im 21. Jahrhundert keinen Kontinent, auf dem nicht zahlreiche Inder oder Menschen indischer Abstammung leben – die Folge eines historischen Migrationsmusters der »Zerstreuung in alle Welt«, das in ähnlicher Dimension auch Armenier, Chinesen, Griechen, Juden, Libanesen und Syrer gesehen haben. (Europäische Nationen erlebten selbstverständlich vergleichbare Auswanderungswellen. So emigrierten seit Mitte des 19. Jahrhunderts mehrere Millionen Deutsche nach Nordamerika, insbesondere in die Vereinigten Staaten. Allein 1882 waren es etwa 250.000.) 2017 lebten 16,6 Millionen Inder (oder Personen mit familiären Wurzeln in Indien) im Ausland, nach anderen Schätzungen sogar 20 bis 30 Millionen. Sie bilden damit die weltweit größte Diaspora vor Mexikanern (13 Millionen), Russen (10,6 Millionen) und Chinesen (zehn Millionen).[571] In den Emiraten leben heute mehr als drei Millionen Inder (Tabelle 15) und damit dreimal so viele wie Staatsbürger der VAE. Auf jeden Katarer kommen zwei Inder. Insofern ist die These, wonach einige Staaten der »arabischen« Welt heute eigentlich eher »indisch« sind, haltbar. In Dubai dürften aktuell ungefähr 40 Prozent aller Einwohner Inder sein. Hinzu kommen zahllose weitere Gastarbeiter aus Bangladesch, Pakistan, Sri Lanka, von den Philippinen und aus anderen Ländern.

	1990	*2017*	*Anstieg p. a.*
	in Mio.	**in Mio.**	**1990 bis 2017**
VAE	0,5	3,3	7,6 %
USA	0,5	2,3	6,2 %
Saudi-Arabien	0,9	2,3	3,5 %
Pakistan	2,9	1,9	-1,6 %
Oman	0,2	1,2	7,9 %
Kuwait	0,4	1,2	4,3 %
Vereinigtes Königreich	0,4	0,8	2,8 %
Katar	0,0	0,7	22,5 %
Kanada	0,2	0,6	4,9 %
Nepal	0,4	0,4	0,7 %

Quelle: Times of India

Tabelle 15: Indiens Diaspora: im Ausland lebende Inder

In den USA, die sich traditionell gern als Land der Freiheit und Chancengleichheit sehen, leben heute mehr als drei Millionen Menschen, die ihre familiären Wurzeln in Indien haben.[572] Dies ist insofern eine interessante Entwicklung, als noch 1910 – damals hielten sich insgesamt 5000 Inder in den Vereinigten Staaten auf – eine amerikanische Regierungskommission zu dem Schluss kam, dass Inder »die unerwünschtesten aller Asiaten« im Land seien.[573] Seitdem hat sich einiges an dieser rassistischen Haltung geändert. Während Anfang des 20. Jahrhunderts ungefähr 300 Inder im Jahr in die Vereinigten Staaten kamen, waren es Anfang des 21. Jahrhunderts 300 am *Tag*. Drei Viertel der heutigen indischstämmigen US-Bevölkerung unternahmen diesen Schritt von Mitte der 1990er-Jahre an, ein Großteil von ihnen mit einem amerikanischen H-1B-Visum, das die Zuwanderung Hochqualifizierter gezielt fördert.[574] Inder sind heute die gebildetste, gemessen am Familieneinkommen wirtschaftlich erfolgreichste ethnische Gruppe in den USA. Ihr durchschnittliches Haushaltseinkommen liegt etwa doppelt so hoch wie das Durchschnittseinkommen in den USA, welches wiederum eines der höchsten weltweit ist und über dem deutschen oder österreichischen liegt.[575] Anders formuliert: Die indische Community in Amerika spielt wirtschaftlich und finanziell in einer anderen Liga als der deutsche Otto Normalverbraucher. Sie ist *viel* reicher.

Silicon Valley und die globale, von US-Unternehmen dominierte IT-Branche sähen ohne den indischen Beitrag heute völlig anders aus. Katalysator dieser Entwicklung war das in der zweiten Hälfte der 1990er-Jahre akute Jahr-2000-Problem (»Y2K«). Es ging darauf zurück, dass in der Frühzeit des Computerzeitalters Jahresangaben nur zwei statt vier Stellen hatten. Der Wert »00« war somit nicht eindeutig, was Datensysteme, so die Befürchtung, ins Chaos stürzen könnte, weil sie die Kalenderjahre 1900 und 2000 verwechseln könnten. Das Y2K-Problem wurde vor allem von indischen IT-Experten gelöst, die in den USA und in Indien selbst arbeiteten.[576] Mit Erfolg; ein weltweites Y2K-Fiasko blieb aus. Das damit verbundene Signal an Technologieunternehmen in aller Welt: Indiens Hochschulen bilden nicht nur Hunderttausende IT-Spezialisten aus, sondern diese sind auch international wettbewerbsfähig und oftmals besser als alle anderen. Inzwischen stellt die indische Community in vielen technologielastigen Branchen in den USA mehr als 10 Prozent der Beschäftigten.[577]

In Großbritannien wiederum, der einstigen Kolonialmacht, liegt der prozentuale Bevölkerungsanteil noch höher als in Amerika. Zur Jahrtausendwende gaben 5 Prozent aller in England und Wales Ansässigen an, dass ihre familiären Wurzeln auf dem Subkontinent lagen (was neben Indien auch die Nachbarländer einschloss, insbesondere die beiden bevölkerungsreichsten, Pakistan und Bangladesch).[578] Ungefähr 850.000 Bewohner der britischen Inseln waren in Indien auf die Welt gekommen.[579]

In Deutschland, dessen historische Verbindungen zu Indien eher marginal waren, leben heute mehr als 50.000 Inder oder aus Indien Stammende, bei rasch steigendem Trend. Sie bilden eine vergleichsweise unauffällige Minderheit, die den meisten Deutschen allenfalls beim Besuch eines »indischen« Restaurants auffallen dürfte. Insbesondere in den jüngeren Jahrgängen scheint sich dies allerdings zu wandeln und das Interesse an Deutschland zuzunehmen. So vermeldete die Deutsche Botschaft in Neu-Delhi im Herbst 2018, dass »Deutschland [im Wintersemester] 2017/18 eine Rekordanzahl an indischen Studenten begrüßte«, nämlich 17.570.[580] »Die Tatsache, dass mehr und mehr Inder sich für ein Studium in Deutschland entscheiden, ist ein Vertrauensbeweis für unsere Universitäten«, so Martin Ney, der damalige deutsche Botschafter in Indien. Vielleicht, ja. Vielleicht sind viele Studierende, die aus Indien in die Bundesrepublik kommen, aber einfach pragmatisch und kostenbewusst. Selbstverständlich weiß jeder junge, sich um eine möglichst gute Ausbildung bemühende Inder, dass renommierte Hochschulen in den USA, Australien, Großbritannien oder Kanada in der Regel aufgrund extrem hoher Studiengebühren – oft mehrere 10.000 Euro je Studienjahr – ein beträchtliches finanzielles Wagnis darstellen und ein Lehrgang dort schlicht nicht bezahlbar ist. Er weiß auch, dass der Hochschulbesuch in Deutschland aufgrund der hier extrem niedrigen Studiengebühren billiger ist, während englischsprachige Kurse inzwischen von vielen Universitäten angeboten werden und zahlreiche deutsche Unternehmen Indien längst als Markt der Zukunft erkannt haben und geeignete Beschäftigte suchen. Nach Angaben der deutschen Botschaft in Neu-

Delhi schrieben sich 70 Prozent der indischen Studenten – drei Viertel von ihnen Männer – für Ingenieurwissenschaften ein, 12 Prozent für Mathematik und Naturwissenschaften. Einen funktionierenden Anreiz scheint dabei die sogenannte Blaue Karte für Hochqualifizierte zu bieten, ein EU-Instrument der gelenkten Einwanderung. So berichtete die *Frankfurter Allgemeine Zeitung* Mitte 2019 unter Verweis auf das Bundesamt für Migration und Flüchtlinge (BAMF), dass der größte Anteil der zugewanderten Fachkräfte, »rund ein Drittel«, aus Indien stammte, gefolgt von Chinesen (25,9 Prozent) und Russen (8,5 Prozent).[581]

Im Ausland lebende Inder überweisen jährlich Milliardenbeträge zur Unterstützung ihrer Angehörigen in der Heimat. Die Weltbank schätzte die Gesamtsumme solcher Transferzahlungen für das Jahr 2018 auf 80 Milliarden Dollar, mehr als für jedes andere Land. Platz zwei der Erhebung belegte das ähnlich bevölkerungsreiche China (67 Milliarden Dollar), gefolgt von Mexiko und den Philippinen (jeweils 34 Milliarden) und Ägypten (26 Milliarden).[582] Ein nennenswerter Anteil des indischen Nationaleinkommens stammt somit aus der indischen Community im Ausland, die Verwandte alimentiert. In Kerala betrugen die Transfers – insbesondere von indischen Gastarbeitern in den Golfstaaten – 2018 schätzungsweise 36 Prozent des Bruttoinlandsprodukts.[583] Allein die in den Emiraten arbeitenden Inder schickten 2017 rund 12 Milliarden Dollar nach Indien, ein Wert, der seitdem um einige Milliarden gestiegen sein dürfte.[584]

Nicht nur die Masse der Auslandsinder spielt heute eine wichtige Rolle in der Weltwirtschaft, sondern auch die Klasse der Höchstqualifizierten, der Firmengründer und Führungskräfte. Zwischen 10 und 20 Prozent aller Start-ups im kalifornischen Silicon Valley, der Weltzentrale der IT-Industrie und zahlreicher weiterer technologie- und forschungslastiger Branchen, wurden von Indern oder aus Indien eingewanderten US-Amerikanern gegründet.[585] Zu den bekanntesten Topmanagern zählen der aus Tamil Nadu stammende Alphabet-Chef Sundar Pichai; Microsofts Satya Nadella, geboren in Hyderabad;[586] Indra Nooyi, von 2006 bis 2018 CEO bei PepsiCo; Rakesh Kapoor und (seit Herbst 2019) Laxman Narasimhan beim britischen Konsumgüter-riesen Reckitt Benckiser; Lakshmi Mittal, Großaktionär und Chef bei ArcelorMittal, einem der größten Stahlkonzerne der Welt; Nokias Rajeev Suri; Vasant »Vas« Narasimhan, in den USA als Sohn indischer Einwanderer geboren und heute Chef beim Baseler Pharmagiganten Novartis; Ivan Menezes beim britischen Spirituosenkonzern Diageo; und so weiter.

Räuberhöhle Indien

Indien hat nicht nur unternehmerische Superstars hervorgebracht, sondern auch, wie jedes andere Land, Schurken. Der britische Journalist James Crabtree, der einige Jahre als Korrespondent aus Südasien be-richtete, veröffentlichte als Resümee seines Aufenthalts ein Buch mit dem Titel *The Billionaire Raj* (»Die Herrschaft der Milliardäre«). Darin beschrieb er das indische Unternehmertum, indem er eine Art »Rosinenpickerei mit negativem Vorzeichen« praktizierte, also sich auf die sprichwörtlichen faulen Eier konzentrierte. Dass es reichlich unfaule Eier im Lande gab und gibt – nämlich gut geführte, höchst erfolgreiche Firmen und ihre Manager –, ließ er dabei weitgehend un-erwähnt. So wird der Familienname »Ambani« (der umstrittenen und vielen unsympathischen Dynastie) bei Crabtree laut Stichwortregister auf mehr als 30 von 306 Seiten erwähnt, der Name »Mallya« (siehe unten) auf ähnlich vielen. »Tata« wiederum, ein für viele äußerst ver-trauenswürdiger Name, taucht lediglich auf vier Seiten auf, »Kotak« und »Mahindra« auf jeweils einer einzigen – und illustre Namen wie »Godrej«, »Premji« und »Wadia« sucht man vergebens. Ein Leser muss bei der Lektüre dieses erfolgreichen Werks zu dem Eindruck gelangen, dass in Indien so ziemlich alle Unternehmer durchtrieben, korrupt und lediglich auf den eigenen Vorteil bedacht seien: eine durch und durch verdorbene Räuberhöhle. Das stimmt so natürlich nicht. Man versteht eine Herde nicht, wenn man nur die schwarzen

Schafe sieht. Aber Schurken gibt es dann doch, darunter einige der kurzweiligsten Sorte:

• Da ist »Mr. Kingfisher« *Vijay Mallya*, ein launiger, stilistisch eigenwilliger Mann, der in Indien als *King of Good Times* Bekanntheit erlangte, als »Spaßkönig« – wobei zu ergänzen ist, dass nach den guten Zeiten schließlich die schlechten begannen, denn »daß einen die Sonne bescheint, ist noch kein Beweis, daß er kein Spitzbube ist«, um es mit Thomas Mann zu sagen.[587] Nach dem Tod seines Vaters erbte Mallya mit Ende 20 das etablierte Brauhaus United Breweries mit Sitz in Bangalore, das bis heute vor allem für Bier der Marke *Kingfisher*, Marktführer in Indien, berühmt ist. 2005 expandierte er in einer folgenreichen Fehlentscheidung ins Luftfahrtgeschäft und gründete Kingfisher Airlines. Die flog einige Jahre lang und 2012 dann in die Pleite. Seitdem wird in mehreren Ländern vor Gerichten diskutiert, wer nun eigentlich wem wie viel warum schuldet. Mallya selbst, der von 2002 bis 2016 (mit kurzer Unterbrechung) einen Sitz im indischen Oberhaus hatte, setzte sich im März 2016 »aus privaten Gründen« nach Großbritannien ab – flüchtete, wie die Regierung in Delhi und seine Finanziers meinen. Seine Auslieferung nach Indien steht bevor. Mallya, der die Wandlung vom obersten Spaßkönig des Landes zur Oberskandalnudel hinter sich hat, könnte im Gefängnis landen. Bis zu einem rechtskräftigen Urteil gilt natürlich die Unschuldsvermutung.

• *Subrata Roy* machte am Grauen Kapitalmarkt ein Vermögen. Er sammelte seit den 1970er-Jahren bei Hunderttausenden Geld ein, um es gewinnbringend zu investieren – vor allem unter einfachen Leuten, die ihm dank seines beträchtlichen Charismas ihre Ersparnisse anvertrauten. Im Laufe der Zeit wuchs Roys Unternehmensgruppe Sahara zu einer gigantischen Schattenbank heran, die aus einem undurchschaubaren Geflecht aus Firmenbeteiligungen bestand und von Roys Anwesen in Lucknow aus verwaltet wurde. In der Spitze hatten wahrscheinlich 30 bis 40 Millionen Inder bei Sahara Geld »investiert«. Roy, »Mr. Sahara«, galt vielen als Guru, Vaterfigur, Wohltäter. Das Ende kam, als sich die indischen Finanzbehörden – allen voran die Finanzaufsicht SEBI – die kreative Buchhaltung bei Sahara genauer ansahen und erschauderten. Anfang 2014 landete Roy im berüchtigten Tihar-Gefängnis von Delhi und schrieb ein ernüchternd einfältiges Buch mit dem Titel *Life Mantras* (»Lebensweisheiten«). Es wurde zum Bestseller.

• Schließlich *Nirav Modi*, Diamantenhändler.[588] Modi machte sich in Surat, einem der wichtigsten Märkte für Edelsteine weltweit, und später in ganz Indien einen Namen als Kaufmann und Juwelier. Anfang 2018 wurde bekannt, dass er sich bei der staatlichen Punjab National Bank (PNB) jahrelang nach Gutdünken Geld besorgt hatte, ohne Rücksicht auf Verluste. Am Ende, als Modi sich bereits ins Ausland abgesetzt hatte, blieb die Bank auf einem Milliardenverlust sitzen und stand kurz vor dem Aus.

Dieses Trio ehemaliger Dollar-Milliardäre, die unsaubere Geschäfte machten und dem Ruf des Wirtschaftsstandorts Indien beträchtlichen Schaden zufügten, ließe sich mühelos erweitern – etwa mit den Gebrüdern *Malvinder Singh* und *Shivinder Singh*, die das Ranbaxy-Pharmaimperium erbten, es vor die Wand fuhren und im Oktober 2019 verhaftet wurden. Die Brüder *Ajay Gupta*, *Atul Gupta* und *Rajesh Gupta* wiederum wanderten 1993 aus Uttar Pradesh nach Südafrika aus und unterwanderten gemeinsam mit Staatspräsident Jacob Zuma ein ganzes Land. Aber dass es Wirtschaftskriminalität in Indien gibt, heißt eben nicht, dass alle Unternehmer in diese Kategorie fallen würden. Es gibt Schurken. Es gibt Superstars.

Indien im 21. Jahrhundert: ein Denkmal

In den vergangenen sieben Jahrzehnten hat sich die Republik Indien als größte Demokratie der Welt behauptet. Im Hinblick auf die wirtschaftliche Entwicklung lässt sich dieser Zeitraum (zugegebenermaßen grob) hälftig teilen. Nach 1947 stand das Land, politisch gewollt, etwa 40 Jahre lang unter einem sozialistischen Stern und stagnierte. Seit den 1980er-Jahren – und mit forcierter Dynamik ab 1991 – folgte die Liberalisierung und Modernisierung der Wirtschaft, die bis heute andauert und einen langen Aufschwung ermöglicht hat, dessen Ende nicht abzusehen ist.

Doch wie geht es in den verbleibenden acht Jahrzehnten des 21. Jahrhunderts weiter? Wagen wir zum Finale dieses Buchs einen Blick in die Kristallkugel. (Dabei gilt natürlich, wie stets, dass Thesen und Prognosen danebenliegen können, vor allem wenn sie die Zukunft betreffen.)

1. Indien folgt in seiner Entwicklung im 21. Jahrhundert weder China noch dem Westen, sondern seinem eigenen Kurs

Vieles deutet darauf hin, dass Indien langfristig das erfolgreichste BRICS-Land sein könnte. Das Kürzel BRICS steht für fünf Staaten, nämlich **B**rasilien, **R**ussland, **I**ndien, **C**hina und **S**üdafrika. Es wurde Anfang des 21. Jahrhunderts von Jim O'Neill, damals Chefvolkswirt der US-Investmentbank Goldman Sachs, konzipiert, um eine Auswahl von fünf führenden Schwellenländern griffig zu beschreiben.

Sicher ist, dass sich die Volksrepublik China innerhalb dieser Gruppe bislang wirtschaftlich am besten entwickelt hat. Obgleich China weiterhin von der Kommunistischen Partei in Alleinherrschaft regiert wird, praktiziert das Land seit Beginn der wirtschaftlichen Liberalisierung Ende der 1970er-Jahre Kapitalismus pur. Von Demokratie kann dagegen nicht ansatzweise die Rede sein; China ist eine Diktatur. Ein autoritäres Ein-Parteien-Regime muss bei der Umsetzung schmerzhafter Reformen und bei Großprojekten selbstverständlich deutlich weniger Kompromisse eingehen und Rücksicht nehmen als ein Land wie Indien, eine stabile und zu Recht selbstbewusste Demokratie mit demnächst einer Milliarde Wahlberechtigten. Früher oder später wird auch in China der Ruf nach Freiheit und freien Wahlen aufkommen – so wie es 2019 in Hongkong der Fall war.

Auch Russland ist eine Diktatur und der Willkür von Präsident Wladimir Putin ausgesetzt. Die Wirtschaft des Landes ist international nur bei Rohstoffen von Bedeutung. Brasilien wiederum, wie Russland (und Indien) extrem korruptionsanfällig, ist schon seit Jahrzehnten ein Land mit einer großen Zukunft – und dürfte es noch jahrzehntelang bleiben. Südafrika schließlich, das »S« von BRICS, durchlief zeitgleich mit Indien eine Phase des Umbruchs. Während Indiens Ministerpräsident Narasimha Rao Anfang der 1990er-Jahre Wirtschaftsreformen anstieß, endete 1994 in Südafrika die Apartheid-Ära mit der hoffnungsvollen Gründung der *rainbow nation*. Die Regenbogennation hat in den ersten 25 Jahren ihres Bestehens jedoch massiv abgewirtschaftet und zuletzt unter Präsident Jacob Zuma Korruption auf höchster politischer Ebene gesehen. Die traditionell fortschrittlichste Volkswirtschaft des afrikanischen Kontinents hat seit Mitte der 1990er-Jahre einen relativen Niedergang erlebt, insbesondere im Vergleich mit aufstrebenden bevölkerungsreichen Ländern wie Indien, Bangladesch oder Vietnam. Indien scheint auf dem besten Weg, den Schwellenlandstatus im Laufe weniger Jahrzehnte hinter sich zu lassen, nach *oben* gen Wohlstand auszubrechen. Einzelne Entwicklungen in Südafrika – etwa der

Aufstieg der sogenannten Economic Freedom Fighters, einer links-extremen, rassistischen Partei – deuten dagegen darauf hin, dass das Land absteigen könnte, also nach *unten* ausbrechen, verarmen. Dies ist insofern bemerkenswert, als Indien und Südafrika einen gleichermaßen erfolgreichen Freiheitskampf hinter sich haben. Sowohl dem Indischen Nationalkongress (INC) als auch dem Afrikanischen Nationalkongress (ANC) war es gelungen, einen Regimewechsel herbeizuführen – dem INC 1947 mit der Unabhängigkeit Indiens, dem ANC 1994 mit der weitgehend friedlich durchgesetzten Beseitigung der Apartheid und der nationalen Neuerfindung. Allerdings zeigte sich in beiden Ländern auch, dass eine politische Bewegung, die erfolgreich einen politischen System-wechsel herbeiführen kann, deshalb noch lange nicht erfolgreich zu regieren weiß. So folgten auf die Unabhängigkeit der Republik Indien 40 Jahre wirtschaftliche Malaise, für die vor allem der INC unter Nehru und Indira Gandhi verantwortlich war. Südafrika ist unter Führung des ANC eine ähnliche Enttäuschung gewesen – namentlich sind in der Abteilung wirtschaftspolitischer Inkompetenz Thabo Mbeki (hochintelligent) und Zuma (schlichten Geistes und korrupt) zu nennen. (Die Liste erfolgreicher Revolutionäre, die nach dem Ende der Kolonialära erfolglos Wirtschaftspolitik machten, ließe sich mühelos fortsetzen – mit Robert »Comrade Bob« Mugabe in Simbabwe, Julius Nyerere in Tansania und anderen.) Die von etwa 1950 bis 1980 oft beklagte *Hindu rate of growth* ist in Indien überwunden. Dafür leidet nun Südafrika unter Führung des ANC unter wirtschaftlicher Stagnation und Orientierungslosigkeit. Das Land am Kap kam seit den 1990er-Jahren wirtschaftlich kaum von der Stelle, während Indien sich komplett neu erfunden hat.

Insgesamt hat Indien vor diesem Hintergrund eine Zukunfts-perspektive, die um einiges optimistischer ausfällt als die der übrigen vier BRICS-Staaten. Eine stabile Demokratie in Kombination mit einem von politischem Reformwillen getragenen Wirtschaftsauf-schwung ist eine glückliche, vielversprechende Kombination.

2. Indien spielt im 21. Jahrhundert global eine Schlüsselrolle und reift zur Wirtschaftsmacht, zur Superpower

Es gibt zahlreiche seriöse Prognosen und Studien zur künftigen Entwicklung Indiens. Sie divergieren allenfalls in Details. Die Grundaussage lautet stets, dass die Wirtschaft des Landes massiv expandieren wird. Die Großbank Standard Chartered geht davon aus, dass Indien 2030 – in zehn Jahren – bei kaufkraftparitätischer Rechnung die zweitgrößte Volkswirtschaft der Welt sein wird, hinter China, weit vor den USA.[589] Die Weltbank ging Ende 2017 davon aus, dass Indien im Jahr 2047 – zum 100. Jahrestag der Gründung der Republik – eine *high middle income economy* sein wird,[590] also eine Volkswirtschaft, die im internationalen Vergleich über ein »hohes mittleres« Pro-Kopf-Einkommen verfügen wird, ungefähr so wie Griechenland oder Portugal heute. Indien würde damit den Sprung vom sogenannten Entwicklungs- und Schwellenland zum »entwickelten« Land schaffen.

Das mag für manchen kühn klingen. In diesem Fall ist ein Blick auf Länder, die solch eine rasante Aufholjagd schon hinter sich haben, hilfreich. Korea beispielsweise (gemeint sind hier Nord- und Südkorea) war 1950 kaum reicher als Indien mit einem realen Pro-Kopf-Bruttoinlandsprodukt von 854 US-Dollar. Während der kommunistisch-totalitäre Norden weiterhin ein wirtschaftlicher Totalausfall ist, kommt Südkorea im 21. Jahrhundert auf ein Pro-Kopf-Einkommen um 20.000 US-Dollar. Das entspricht grob einer Verfünfundzwanzigfachung der Wirtschaftsleistung in drei Generationen.[591] Nichts deutet darauf hin, dass sich eine derart fulminante Entwicklung nicht auch in Indien zeigen könnte. Mehr noch: Im Vergleich mit anderen Schwellenländern weist Indien besonders günstige Standortvorteile auf. Dazu zählen die englische Sprache als Lingua franca der Geschäftswelt, die überwältigende Expertise im IT-Sektor (in Indien selbst und im Silicon Valley) sowie eine beeindruckende Arbeitsmoral.

Nicht nur die USA, China und die EU sind wirtschaftliche Supermächte; auch Indien wird künftig zu diesem Kreis zählen. Das asiatische Jahrhundert ist keine Vision, sondern längst Realität, wie jeder weiß, der die dort boomenden Wirtschaftsräume erlebt hat.

China spielt dabei bis auf Weiteres die führende Rolle. Aber es wäre ein Fehler, die vielen anderen aufstrebenden Volkswirtschaften in Süd- und Südostasien zu übersehen, allen voran Indien.

3. Als gefestigte Demokratie ist Indien ein natürlicher Verbündeter des Westens

Das gilt für andere große Schwellenländer in Asien – China, Russland, Pakistan – *nicht*. Selbst die Vereinigten Staaten, die in den 1950er- und 1960er-Jahren dank Nehrus »Drittem Weg« Pakistan anstelle Indiens zum regionalen Champion auserkoren, erkennen dies und agieren im geopolitischen Großraum des Indischen Ozeans entsprechend. Nicht zuletzt die indienstämmige Community in den USA, die binnen weniger Jahre auf fünf oder sechs Millionen Menschen anwachsen dürfte und außerordentlich finanzstark ist, dürfte politisch zunehmend Einfluss gewinnen und auf engere Beziehungen zwischen Neu-Delhi und Washington, D. C., hinwirken.

4. Indiens außenpolitische Konfliktachsen: Pakistan und China

Die sowohl von Indien als auch Pakistan mit einer gewissen Obsession aufrechterhaltene Dauerfehde schwelt weiter. 2019 eskalierte der Kaschmirkonflikt erneut. Neu-Delhi beendete den in der indischen Verfassung verankerten Autonomiestatus Kaschmirs (das heißt des indisch verwalteten Teils) und teilte den Bundesstaat in Jammu und Kaschmir einerseits und Ladakh andererseits, die nun den Status von Bundesterritorien erhielten, also der Zentralregierung unterstellt wurden.

Für Modi scheint indessen die wirtschaftspolitische Agenda vorrangig zu sein. Eine aggressive, konfliktträchtige Außenpolitik, wie sie andere Länder mit mehr oder weniger demokratischen Institutionen verfolgen – Russland, die Türkei, auch die USA –, liegt ihm fern. Sein außenpolitisches Credo hatte Modi bereits vor seiner erstmaligen Wahl ins Amt des Regierungschefs so beschrieben: »Wir setzen bei keinem Land auf Konfrontation. Man kann keine Außenpolitik betreiben, indem man seinen Nachbarn gegenüber auf Konfrontation geht – oder

[...] irgendeinem anderen Land gegenüber. Wir müssen unsere Außenpolitik [...] im Geist des Vertrauens und der gegenseitigen Zusammenarbeit führen.«[592]

Diese Haltung könnte irgendwann auch das Verhältnis zu Pakistan, dem Erzfeind, prägen.»[U]nsere beiden Länder haben eine gemeinsame Geschichte, und wir teilen nicht nur Grenzen, sondern auch eine gemeinsame Kultur und Traditionen. Zudem sind die Probleme, denen wir uns gegenübersehen, die gleichen; unsere größten Feinde sind Armut und Unterentwicklung.«[593] Alles richtig. Wobei das indisch-pakistanische Verhältnis trotz solch idealistischer Verlautbarungen auf absehbare Zeit die dominierende Konfliktachse des Subkontinents bleiben wird. *It takes two to tango*, wie die Rede geht. Allerdings ist und bleibt dieser Antagonismus politischer Natur. In wirtschaftlicher Hinsicht ist Pakistan weit hinter Indien zurückgefallen und hat praktisch keine Chance, den Rückstand in den nächsten Jahren aufzuholen.

Indiens wirtschaftlicher Hauptrivale im 21. Jahrhundert wird vielmehr China sein – ein wichtiger Unterschied zu den Gegebenheiten im vorangegangenen Jahrhundert. Zwar führten Indien und China 1962 gegeneinander Krieg und waren einander in inniger Feindschaft zugetan. Aber die beiden bevölkerungsreichsten Länder der Welt hatten in der zweiten Halbzeit des 20. Jahrhunderts vor allem mit sich selbst zu tun. Man arrangierte sich, weil es Wichtigeres gab als die exakten Grenzverläufe in entlegenen, dünn besiedelten Bergregionen. Es half, dass zwischen beiden Staaten eine denkbar stabile natürliche Grenze liegt, der Himalaja.

Der Umstand, dass Indien dem Dalai Lama und vielen Tibetern weiterhin Asyl gewährt, lastet auf den bilateralen Beziehungen, und die Annäherung zwischen China und Pakistan in den vergangenen Jahren verkompliziert die geopolitische Lage. Zwangsläufig sind China und Indien damit auf Konfrontationskurs. Chinas aktueller Entwicklungsplan für Pakistan, der China-Pakistan Economic Corridor (CPEC), sieht einen »Wirtschaftskorridor« vor, der von den westlichen Regionen der Volksrepublik nach Pakistan und ans Arabische Meer zum neuen Hafen Gwadar führt und so den Zugang zum Indischen Ozean erlaubt.

Er ist ein Element der Belt and Road Initiative (BRI), eines mitunter »Neue Seidenstraße« genannten, visionären »Jahrhundertprojekts«.[594] Die BRI entwirft und errichtet eine neue Ordnung der Wirtschaftswelt mit China im Zentrum, das damit insofern seinem traditionellen Ruf als »Reich der Mitte« gerecht wird, als dort künftig noch mehr globale Handelswege zusammenlaufen als heute schon, zu Wasser, zu Lande, in der Luft. Chinas Investitionen in Infrastruktur – Straßen, Eisenbahnen, Pipelines, Häfen, touristische Einrichtungen und so weiter – dürften auf Dollarbasis insgesamt im hohen zweistelligen oder gar dreistelligen Milliardenbereich liegen. In dem Maße, in dem China anderen Staaten für den Ausbau ihrer Infrastruktur Kredite gewährt, gewinnt das Land in der Indian Ocean Region (IOR) wirtschaftlich und geopolitisch massiv an Einfluss. Kritiker beobachten diese Entwicklung mit Skepsis und Argwohn, etwa in Sri Lanka, auf den Malediven[595] und in vielen afrikanischen Ländern, die in eine finanzielle und wirtschaftliche Abhängigkeit von China geraten können. China kaufe sich auf diesem Wege Einfluss, so der Vorwurf. Manche Beobachter interpretieren die Entwicklung noch negativer, als neokolonialistisch oder neoimperialistisch.

Insbesondere die Annäherung zwischen China und Pakistan ist für die Regierung in Neu-Delhi beunruhigend, kommt sie doch einer Allianz zweier Erzrivalen und einer drohenden »Umzingelung« des indischen Territoriums durch China gleich. Dies gilt nicht nur für die nördlichen, durchgehend im Hochgebirge liegenden Staatsgrenzen, sondern auch für den Indischen Ozean im Süden, die IOR, die geopolitisch erheblich an Bedeutung gewinnt. China unterhält heute bereits eine Militärbasis in Dschibuti am Golf von Aden und hat praktisch in Eigenregie den Infrastrukturausbau in Sri Lanka finanziert: den neuen Hafen in Hambantota, einen neuen Großflughafen, eine Autobahn im wirtschaftlich starken Südwesten des Inselstaats. Anfang 2018 plante China eine Joint Ocean Observation Station auf Makunudhoo, einem Atoll im Norden der Maledivengruppe – gewissermaßen im Hinterhof Indiens.

Neu-Delhi hat wiederum erklärt, eine Basis auf den Seychellen errichten zu wollen, und sendet im Gegenzug ab und an freundliche Signale an Chinas skeptische Nachbarn auf der »anderen« Seite, etwa an Japan, die Mongolei und Vietnam. Wobei das Kräfteverhältnis bis auf Weiteres klar ist: China ist Indien heute noch – wie schon 1962 – militärisch haushoch überlegen. Der Vorsprung dürfte infolge des fulminanten Wirtschaftsaufschwungs Chinas seitdem sogar noch erheblich gewachsen sein. Auch die Republik Indien mag sich einen eigenen Flugzeugträger zugelegt haben, aber die Frage muss lauten, ob das viel zu bedeuten hat. Die indische Marine hat immer wieder gezeigt, dass sie keine Feinde braucht, um ihre eigenen Schiffe zu versenken oder sonst wie außer Gefecht zu setzen.[596]

Immerhin sehen Teile der indischen Gesellschaft Chinas militärische Dominanz und ein gelegentliches »Säbelrasseln« des nördlichen Nachbarn mit Galgenhumor. So verbreitete Peking Anfang 2017 über einen staatlichen Fernsehsender (also politisch abgesegnet) die These, dass chinesische Soldaten binnen 48 Stunden in Delhi einmarschieren und Fallschirmjäger sogar binnen zehn Stunden dort sein könnten. Das mag zutreffen oder auch nicht. Sympathisch waren jedenfalls die Reaktionen vieler Inder auf sozialen Medien, die ungefähr diesem Tenor folgten: »Ha, Freunde in China, ihr kennt unsere Straßen nicht! 48 Stunden? Das wollen wir sehen!«

5. Narendra Modi ist weder Heilsbringer noch das personifizierte Böse. In wirtschaftspolitischer Hinsicht ist er der bislang beste Regierungschef in der Geschichte der Republik Indien
Polarisierung ist in politischen Debatten wenig hilfreich, auch nicht in Indien, weder im Hinblick auf Modi und seine Partei, die hindunationale BJP, noch auf die Kongresspartei. Es gibt, wohin man blickt, Positives und Negatives. Nichts ist schwarz-weiß, alles grau. Eine Verteufelung Modis (auch in westlichen Medien) ist ebenso verfehlt wie eine Glorifizierung (die manche indische Medien favorisieren).

Die wirtschaftliche Liberalisierung des Landes allerdings, die Modi sich seit 2014 auf die Fahnen geschrieben hat, schreitet dynamisch und ergebnisorientiert voran. Er tut im Großen und Ganzen das Richtige und stärkt Indiens Wachstumspfad. Seine Wirtschaftspolitik ist umsichtig, weitsichtig und pragmatisch.

6. *Indische Unternehmen werden zu den größten der Welt gehören*
Getragen wird der wirtschaftliche und technologische Aufschwung von indischen Unternehmen, die nach und nach die immer besseren Rahmenbedingungen zu nutzen wissen. Die Börsen in Mumbai und die indische Rupie werden global weiter an Bedeutung gewinnen.

Das ist für europäische Unternehmen und Anleger gleichermaßen wichtig, liefert Indien mit großer Wahrscheinlichkeit doch auf Jahrzehnte hinaus einen überzeugenden *investment case*. Indiens Banken, die gewissermaßen stellvertretend für die gesamtindische Wirtschaft stehen, dürften weiter an Bilanzsumme und Marktkapitalisierung zulegen. Ein Vergleich mit der Entwicklung, die Finanzinstitute im (kommunistischen) China nahmen, ist dabei als Orientierungshilfe dienlich. Noch in den 1990er-Jahren spielten chinesische Banken global kaum eine Rolle. Heute gehören vier chinesische Institute nach Bilanzsumme und Marktkapitalisierung zu den Top-10-Banken weltweit.

Indiens größte Banken, insbesondere die private HDFC Bank und die staatlich kontrollierte State Bank of India, rücken nach und nach vor. Die HDFC Bank hat es inzwischen nach Börsenwert unter die Top 50 der Welt geschafft. Indische Finanzinstitute könnten binnen 20 Jahren unter den Top 10 zu finden sein. Indische Konzerne werden weltweit Zukäufe tätigen, auch in Deutschland.

7. *Indiens soft power gewinnt weltweit an Einfluss*
Was *soft power* angeht, ist Indien schon heute Weltmacht. Geprägt wurde dieser Begriff vor einigen Jahrzehnten vom amerikanischen Politikwissenschaftler Joseph Nye, der »weichen« kulturellen Einfluss als einen Machtfaktor neben »harten« wirtschaftlichen und militärischen Aspekten identifizierte. So ist Amerikas Rolle als Superpower nicht nur in wirtschaftlicher und militärischer Dominanz ver-

ankert, sondern auch in jener *soft power*, die etwa Hollywood, Literatur, Musik, Technologie, Design oder Kulinarik (man denke an Coca-Cola, KFC, McDonald's, Starbucks) in aller Welt ausüben – auch in Indien natürlich, wo amerikanische Produkte und Marken allgegenwärtig sind. Viele Facetten der »westlichen« Kultur im weitesten Sinne sind Teil der indischen Gesellschaft, ohne dass darum viel Aufhebens gemacht werden würde. Beispiele sind westliche Kleidung (insbesondere von Männern), Ernährungsvorlieben (aktuell zum Beispiel der Boom der mediterranen Küche), die englische Sprache, das Fernsehprogramm.

Was *soft power* angeht, ist jedoch auch der Subkontinent eine Großmacht. Amerika mag in aller Welt für ein politisches Wertesystem stehen, in dem die Leitmotive Freiheitlichkeit, Demokratie und eine liberale Wirtschaftsordnung die Grundpfeiler bilden. Auch Indien hat aber ein politisch-idealistisches Wertesystem entwickelt und »exportiert«, insbesondere durch das Wirken von Mohandas Gandhi, der andere zeitgeschichtliche Ikonen wie Martin Luther King in den USA und Nelson Mandela in Südafrika prägte.

Amerika mag Hollywood haben; Indien hat Bollywood, die Hindi-Filmproduktion in Mumbai. Und außerdem Kollywood (das »K« stammt von Kodambakkam, einem Stadtteil Chennais, Tamilisch) und Tollywood (in Telangana, Telugu). Insgesamt kommt die indische Filmbranche auf ungefähr 1500 bis 2000 Produktionen im Jahr – mehr als jedes andere Land, auch als die USA.[597] Sie sind in aller Welt beliebt.

Ob Buddhismus, Christentum, Hinduismus, Islam, Jainismus oder Sikhismus: Religiosität und Spiritualität im weitesten Sinne sind zentrale Aspekte der indischen Kultur und Gesellschaft. Yoga und die medizinischen Lehren des Ayurveda haben weltweit Millionen Anhänger. Es gibt kein Land, in dem eine vegetarische oder vegane Lebensweise in der Breite der Bevölkerung tiefer verankert wäre als in Indien.[598] Insofern als der Vegetarismus in der heutigen Zeit weltweit Zulauf findet, gerade unter Jüngeren, kann das Land als Trendsetter gelten. Und es dürfte in aller Welt deutlich mehr indische Restaurants geben als Lokale mit britischer, deutscher oder skandinavischer Küche.

8. Die neuen Statussymbole: Geld und Bildung

Die gesellschaftlichen Herausforderungen in Indien übersteigen in ihren Dimensionen alles, was wir in Europa kennen – aus dem einfachen Grund, dass das Land so bevölkerungsreich ist wie die EU, die USA, Brasilien, Japan, Kanada, Südkorea und noch ein paar weitere Staaten zusammen. Da das so ist, gibt es viele Schwarzseher – nicht nur im Ausland, sondern auch in Indien selbst oder innerhalb der großen Gruppe der indischen Expatriates. Beispielhaft soll hier noch einmal der oben zitierte Kulturpessimist Pankaj Mishra zu Wort kommen. Er vertritt die These, dass »Inder und Chinesen, unkontrollierbaren sozialen Unruhen und unumkehrbarem Klimawandel ausgesetzt, zu ihren Lebzeiten niemals in den Genuss jener Grundvoraussetzung einer zivilisierten urbanen Existenz kommen werden, in deren Genuss ein paar Millionen Europäer und Amerikaner im 19. und 20. Jahrhundert phasenweise kamen«.[599] Mishras Bauchgefühl, mehr ist es nicht, überzeugt nicht jeden. Unklar bleibt, ob er wahrgenommen hat (und es ihn interessiert), dass Indiens Wirtschaft seit Jahren konsequent durchreformiert wird und rapide wächst – eine ideale Grundvoraussetzung für bessere Lebensverhältnisse. Rapides Wachstum, Jahr für Jahr, ist eine Kraft, deren Wucht kurzfristig überschätzt wird, langfristig aber *unter*schätzt.

Der gesellschaftliche Wandel, der mit dieser Dynamik einhergeht, ist rasant. Traditionelle Werte wie Religion, Kaste, Familie dürften künftig deutlich an Einfluss verlieren und nach und nach zu Relikten einer vergangenen Epoche verblassen, während Individualismus und säkulare Werte eine größere Rolle spielen werden. Dies gilt insbesondere für die Generation der Millennials. Ihre Einkommen liegen heute deutlich höher als jene ihrer Eltern vor ein oder zwei Jahrzehnten, und sie werden auf absehbare Zeit in vielen Branchen weiter steigen, und zwar zügig, mit spürbaren realen Zuwächsen Jahr für Jahr. Alle sind online und haben ein Smartphone – und damit die Wünsche, Träume und Ziele, die digitale Medien vermitteln.

Dadurch verschiebt sich auch die Definition dessen, was »Status« verheißt. Im verblassenden »alten« Indien brachten bestimmte

personenbezogene Attribute Ansehen mit sich: die »richtige« Kastenzugehörigkeit, Abstammung und Familie; eine hohe berufliche
Stellung oder gar ein politisches Amt (wobei traditionell Berufszweig
und Kaste lange korrelierten). Doch in dem Maße, in dem Indiens Gesellschaft nach und nach dem Unheil des Kastendenkens entkommt
– und das wird sie nach Auffassung dieses Autors schrittweise tun
–, werden ersatzweise andere Statussymbole herhalten müssen: Geld
und Bildung (die wiederum zu höherem Einkommen und Wohlstand
verhilft).

In asiatischen Ländern wie Singapur, Südkorea, China oder
Japan ist dies längst der Fall, und der Trend ist auch auf dem Subkontinent seit Jahren wahrnehmbar. Wer es sich irgendwie leisten
kann, schickt seine Söhne und Töchter auf Privatschulen und die
führenden Hochschulen und Universitäten, im In- und Ausland. Elite-
institute gibt es in Indien durchaus, und zwar viele, wenngleich sie
in Deutschland weitgehend unbekannt sind. Die Doon-Schule etwa,
in Dehradun in Uttarakhand gelegen, fungiert gewissermaßen als
»Indiens Eton« oder »Indiens Salem«. Unter den Hochschulen ist die
Gruppe der Indian Institutes of Technology (IITs) sowie der Indian
Institutes of Management (IIMs) führend. Das erste IIT, inspiriert
vom Massachusetts Institute of Technology (MIT) in Cambridge bei
Boston, nahm den Bildungsbetrieb 1951 in Kharagpur auf, einer Stadt
in Westbengalen. Viele IITs sind heute elitär. Ihre erfolgreichen Ab-
solventen haben im Allgemeinen blendende Karriereaussichten.

Wer es sich leisten kann, lässt seinen Kindern allerdings eine internationale Ausbildung zukommen und schickt sie nach Übersee. Insbesondere englischsprachige Destinationen wie Australien, Kanada,
Neuseeland und die USA sind beliebt, zumal dort im Anschluss ans
Studium der Einstieg ins Berufsleben, mit Top-Dotierung und besten
Entwicklungsperspektiven, relativ einfach ist und eines Tages eine
dauerhafte Arbeits- und Aufenthaltserlaubnis folgen könnte. Allein in
den Vereinigten Staaten dürften heute etwa 200.000 junge Menschen
mit indischem Pass studieren, in Australien rund 70.000.[600] Das macht
Sinn und kann, obgleich extrem kostspielig, ein exzellentes Invest-

ment sein. Wie andere Nationen auch wollen Inder reich werden, und Bildung ist der direkte Weg dorthin. »Ivy-League-Universitäten werden in den Augen der neuen asiatischen Oberschicht zum ultimativen Statussymbol«, wie der Querdenker und Publizist Nassim Nicholas Taleb es formulierte.[601]

Indiens Bildungsboom zeigt sich aber nicht nur am oberen Ende des Spektrums, im Umfeld der Elitehochschulen, sondern auch am unteren. Am einfachsten lässt sich dies am raschen Rückgang des Analphabetismus ablesen. Vor wenig mehr als 100 Jahren schrieb der amerikanische Missionar John Peter Jones, dass »es stimmt, dass Indien noch immer ein Land des Unwissens ist. Es ist eine bedauernswerte Tatsache, dass nur einer von zehn Männern und eine von 144 Frauen lesen kann. Nur 22,6 Prozent der Jungen im Schulalter besuchen die Schule – und nur 2,6 Prozent der Mädchen.«[602] Seitdem hat sich einiges getan. Der *Economist* berichtet, dass der Anteil der erwachsenen Inder, die lesen und schreiben können, zwischen 2001 und 2011 von 65 auf 74 Prozent stieg. Heute dürften es um 90 Prozent sein.[603] Das ist ein außerordentlich schneller Wandel. »Der Westen brauchte Jahrhunderte, um zu bemerken, dass die Bildung der gesamten Bevölkerung – nicht nur derjenigen Hälfte mit Testikeln – eine gute Idee war«, schreibt Steven Pinker, Psychologe und Professor an der Harvard University. So hätten in England erst 1885, also ungefähr auf dem Höhepunkt der viktorianischen Ära, als Großbritannien außerordentlich reich und Weltmacht war, Frauen bei der Alphabetisierung zu Männern aufgeschlossen.[604]

Aber obgleich die Analphabetenzahlen in den zurückliegenden Jahrzehnten massiv zurückgegangen sind, darf dies nicht über die in der Breite weiterhin katastrophalen Bildungsverhältnisse an der großen Mehrzahl der Schulen hinwegtäuschen. Viele Lehrer sind unfähig und haben ihren Job nicht aufgrund ihrer Qualifikationen erhalten, sondern über Beziehungen oder mittels Bestechung. Extrem einflussreiche Lehrergewerkschaften stellen sicher, dass Lehrpersonal, und sei es noch so inkompetent und korrupt, nicht entlassen werden kann. So erscheint Schultag für Schultag etwa ein Viertel eines typischen

Lehrerkollegiums nicht zum Dienst, weil es Besseres zu tun hat.[605] Oft bleibt dies ohne Konsequenzen für das Lehrpersonal. »Lehrer im öffentlichen Dienst haben absolut sichere Stellen«, schreibt der Wirtschaftswissenschaftler Vijay Joshi. »Sie haben starke Gewerkschaften und beträchtlichen politischen Einfluss; und es ist praktisch fast unmöglich, einen Lehrer zu feuern, egal was er sich hat zuschulden kommen lassen. Zugleich werden sie großzügig bezahlt, unabhängig von ihrer Leistung.« Laut Joshi beträgt das Einkommen eines Lehrers im öffentlichen Dienst etwa das Dreifache der Pro-Kopf-Wirtschaftsleistung Indiens.[606] Leidtragende sind die Schüler, die *mit* Lehrern unterm Strich dann doch etwas mehr lernen dürften als *ohne*.

9. *Indiens Agenda im 21. Jahrhundert*

Die To-do-Liste, der Indien sich heute stellen muss, ist lang. Selbstverständlich braucht niemand dort – weder die indische Gesellschaft noch die politische Klasse in Neu-Delhi – die Ratschläge eines deutschen Journalisten, was hier und heute zu tun sein könnte, was besonders dringlich ist, was nicht. Insofern sind die hier aufgeführten Stichpunkte in erster Linie als Orientierungshilfe für Leser in *Deutschland* gedacht, die mit den Gegebenheiten in Indien zwangsläufig weniger vertraut sind.

• Das drängendste Problem ist aktuell die *Umweltverschmutzung*. Indiens Oberstes Gericht wies Anfang 2018 darauf hin, dass 13 der 20 dreckigsten Städte der Welt in Indien liegen. »Das größte Problem« des Landes, so die Richter.[607] Die Gesundheit weiter Teile der Bevölkerung ist in akuter Gefahr. Am riskantesten ist die Luftverschmutzung, der niemand entkommen kann, weil wir alle nun einmal atmen müssen. Dies ist möglicherweise aber nicht das gesundheitliche Hauptproblem in Indien.

• Vielmehr wird von Jahr zu Jahr offensichtlicher, dass ein immer größerer Teil der Gesellschaft an erheblichen Gewichtsproblemen leidet, und zwar keineswegs an Unterernährung, im 20. Jahrhundert weitverbreitet, sondern an Übergewicht. Indien ist fett geworden und wird dank des sich fortsetzenden Wirtschaftsaufschwungs immer fetter. Wohlstandsbäuche und Speckfalten sind heute Indizien für relativen Wohlstand, für die Zugehörigkeit zur (auch im übertragenen Sinne) rasch expandierenden Mittelschicht. Ungefähr ein Fünftel aller Inder ist inzwischen übergewichtig oder fettsüchtig; 1990 galt dies nur für 9 Prozent.[608] Die am meisten betroffenen Regionen sind Goa, Kerala, der Pandschab, Sikkim und Tamil Nadu,[609] also gemessen am Pro-Kopf-Einkommen relativ wohlhabende Landesteile. Hunderte Millionen Inder, vor allem in den Städten, haben heute offensichtlich mehr als genug zu essen.

Das Credit Suisse Research Institute in Zürich ermittelte 2017 für die indische Bevölkerung einen durchschnittlichen Body-Mass-Index (BMI) von knapp 22. (Der BMI setzt das Körpergewicht ins Verhältnis zur Körpergröße zum Quadrat. Ein BMI zwischen 19 und 25 gilt als normal. Ein Wert unter 19 deutet auf Untergewicht hin, ein Wert über 25 auf Übergewicht. Jenseits der 30 beginnt nach dieser – wissenschaftlich allerdings umstrittenen – Skala die Fettleibigkeit.) Im Mittel war das Körpergewicht der indischen Bevölkerung in diesem Jahr also unauffällig. Zum Vergleich: Der durchschnittliche Deutsche lag laut der Studie oberhalb von 27 und war damit ähnlich übergewichtig wie ein Peruaner, Jordanier, Brite oder Kanadier.[610] Allerdings hat ein Durchschnitt nur begrenzte Aussagekraft. In Indien sind manche Bevölkerungsgruppen weiterhin unter- oder mangelernährt, insbesondere in ländlichen Regionen. Für die Mehrheit der Bevölkerung gilt dies aber nicht.

Nun gibt es Schlimmeres als Übergewicht. Pinker etwa weist zu Recht darauf hin, dass Fettsucht ein gesellschaftliches Gesundheitsproblem darstellen mag, dies in der größeren Ordnung der Dinge aber ein vergleichsweise angenehmes Problem ist.[611] Allerdings sind *Wohlstandskrankheiten* die Folge. In Indien steigt die Zahl der Diabetespatienten (Typ 2) außerordentlich schnell, wie auch in vielen anderen wirtschaftlich erfolgreichen Staaten und Erdteilen, etwa China und den Golfstaaten. 2016 zählte Indien schätzungsweise 65 Millionen Diabetiker, während es 1990, bei einer deutlich kleineren Gesamtbevölkerung, »nur« 26 Millionen gewesen waren.[612] Besonders hoch

335

ist der Diabetikeranteil in relativ wohlhabenden Regionen wie Tamil Nadu, Kerala und im Großraum Delhi.[613] 70 Prozent der Inder, die an Diabetes erkrankt sind, sind sich dessen nicht bewusst.[614] Einigen Schätzungen zufolge werden in Indien im Jahr 2040 etwa 123 Millionen Menschen zuckerkrank sein.[615]

Dies bringt für das indische Gesundheitssystem massive Herausforderungen mit sich, stellt aber keineswegs das einzige Problem in der medizinischen Versorgung der Bevölkerung dar. In keinem anderen Land sterben mehr Menschen an Tuberkulose. Die Regierung hat die Ausrottung dieser meist die Lungen befallenden Krankheit bis 2025 zum Ziel erklärt. Ob dies gelingen wird, ist offen. Noch 2016 litten in Indien ungefähr 2,8 Millionen Menschen an Tuberkulose; 423.000 starben an den Folgen, also mehr als 1000 am Tag.[616] In Indien leben wahrscheinlich mehr als zwei Millionen HIV-Infizierte, der absolut dritthöchste Wert weltweit (hinter Südafrika und Nigeria). Hunderttausende, viele davon Kinder, sterben weiterhin an Durchfallerkrankungen, verursacht vor allem von verunreinigtem Wasser.

• Eine Facette der Umweltproblematik ist die rasante *Urbanisierung*. (Kein rein indisches Phänomen natürlich, sondern weltweit zu beobachten, selbst in Deutschland.) Auch dieser demografische Trend ist noch jung. Ende des 19. Jahrhunderts konnte Mark Twain in seinem Reisebericht festhalten, dass es »in Indien keine nennenswerten Städte gibt. Die gewaltige Bevölkerung besteht aus Landarbeitern. Indien ist ein einziger riesiger Bauernhof – Felder fast ohne Ende und dazwischen Wälle aus Schlamm ...«[617] So ändern sich die Zeiten und Umstände. Vier Generationen nach Twain schrieb der Bestseller-Autor Mohsin Hamid in ironischem Ton in einem Roman: »Der erste Schritt, um im aufstrebenden Asien stinkreich zu werden, ist der Umzug in die Stadt.«[618] Indien zählt heute mehr als 50 Millionenstädte. Damit einher gehen gigantische Anforderungen an die *Infrastruktur*, insbesondere an die Verkehrswege. Was Indien auf diesem Gebiet bereits geleistet hat, verdient Respekt. Doch es ist noch lange nicht genug.

• *Arbeitsmarktreformen*. Noch heute müssen viele Firmen (abhängig vom Bundesstaat, in dem sie ihren Sitz haben, und von ihrer Größe)

eine Regierungserlaubnis einholen, wenn sie einen Mitarbeiter entlassen wollen. Das schützt Arbeitnehmer nur vermeintlich und schafft
einen erheblichen Fehlanreiz. Viele werden so gar nicht erst eingestellt,
weil es sehr schwierig sein würde, sie eines Tages wieder freizustellen
– selbst bei hoffnungsloser Inkompetenz des Beschäftigten oder einer
existenziellen Schieflage des Arbeitgebers. Dies ist einer der Gründe,
warum es in Indien deutlich weniger große Fabriken und Werke gibt
als beispielsweise in Vietnam, Bangladesch (dort insbesondere in der
Textilbranche) oder in China.

Selbstverständlich ist ein solcher Fehlanreiz kein rein indisches
Phänomen. Eine ähnliche Dynamik war oder ist auch in einigen EU-
Ländern zu beobachten, beispielsweise in Griechenland, Italien und
Spanien. In Indien ist er aber von besonderer Relevanz, weil jeden
Monat jeweils ungefähr eine Million junge Frauen und Männer neu
auf den Arbeitsmarkt strömen und eine Anstellung suchen – und das,
wie Experten erwarten, voraussichtlich bis in die 2040er-Jahre.[619] Jede
noch so kleine Reform des Arbeitsrechts, die Einstellungen erleichtert
(was der Fall ist, wenn Entlassungen einfacher werden), würde einen
großen Unterschied machen.

- *Frauen* sind am Arbeitsmarkt weiterhin stark unterrepräsentiert
und benachteiligt. Obgleich sie annähernd die Hälfte der indischen
Bevölkerung stellen, generieren sie nur ungefähr ein Sechstel der
Wirtschaftsleistung des Landes. Vieles deutet zudem darauf hin, dass
sich diese Werte aktuell im Zuge des wirtschaftlichen Aufschwungs
nicht verbessern, sondern verschlechtern. Der Anteil der Inderinnen,
die einer mehr oder weniger geregelten Arbeit nachgehen – also zum
Beispiel in einem Angestelltenverhältnis oder als Tagelöhnerin in der
Landwirtschaft –, liegt zurzeit bei ungefähr einem Viertel, während
der Vergleichswert 2005 schon deutlich höher lag, bei mehr als einem
Drittel. Eine bemerkenswerte, geradezu verblüffende Entwicklung, zumal die Anzahl der Kinder, die jede Frau statistisch auf die Welt bringt,
rasant gesunken ist. Hatte sie in den frühen 1950er-Jahren noch bei
5,9 Kindern je Frau gelegen, waren es um 1990 nur noch vier. Heute
sind es knapp über zwei – ein Wert, der sich kaum noch von jenem in

manchen europäischen Ländern unterscheidet. Der Nachholbedarf ist gewaltig, was die Einbindung von Frauen in die Arbeitswelt angeht, einerseits aus der Perspektive der Frauen selbst, andererseits aber auch aus der der gesamten Volkswirtschaft. Würden Inderinnen mit Indern gleichziehen, wären die Folgen nach einer Berechnung des *Economist* massiv. Indien hätte 235 Millionen Arbeitskräfte mehr – »mehr als genug, um alle Fabriken im restlichen Asien [mit Beschäftigten] zu füllen«.[620]

• Indien leidet bis heute an absurder *Bürokratie*, massiver *Korruption*, einer oftmals verheerend ineffizienten und desinteressierten *Verwaltung* und *fehlender Rechtssicherheit*. Eine *Bodenreform* ist nötig, die Eigentumsrechte verbindlich, transparent und fair definiert und den Kauf und Verkauf von Grundstücken und Immobilien erleichtert. Bislang müssen Unternehmen, die investieren und expandieren wollen und dafür Land brauchen, oftmals ein Behördenlabyrinth durchlaufen, ein großes Hindernis beim politisch gewollten Versuch, Indiens internationale Wettbewerbsfähigkeit zu verbessern. Noch heute sind Verwaltungen und Regierungen in Indien – auf lokaler, regionaler und nationaler Ebene – in der Regel ein Hemmnis für wirtschaftliche Dynamik, kein Beschleuniger. Genehmigungen aller Art brauchen Jahre und manchmal Jahrzehnte; das Prozedere ist grotesk komplex und anfällig für langwierige juristische Komplikationen.

• *Privatisierungen* anzukündigen ist eine Sache; sie durchzuführen eine andere. Der Rückzug des Staats aus vielen Branchen ist erklärtes Ziel der BJP-geführten Regierungskoalition in Neu-Delhi. Das ist sinnvoll. Der Staat hat nach der indischen Unabhängigkeit überzeugend gezeigt, dass er das Management von Firmen nicht nur nicht beherrscht, sondern in höchstem Maße inkompetent und korruptionsanfällig ist. Insbesondere der Verkauf von staatlich kontrollierten Banken, eine Erblast Indira Gandhis, sollte weit oben auf der Agenda stehen. Im Laufe der zweiten Amtszeit Modis als Ministerpräsident dürften auch Privatisierungspläne in anderen Branchen wie Energie, Rohstoffe oder Luftfahrt (Air India) endlich zur Ausführung kommen. Es wird höchste Zeit.

Ein Blick in die Kristallkugel

Wagen wir einen kühnen Blick in die Zukunft. Indien ist schon heute, so eine Kernthese dieses Buchs, ein Land der Superlative, das sich neu erfunden hat und weiter an sich arbeitet. Der Wandel wird sich fortsetzen, und zwar so dynamisch, dass die Entwicklungsschübe in Wirtschaft und Gesellschaft für ausländische Besucher von einem Jahr aufs andere wahrnehmbar bleiben werden. In Deutschland und Europa sollten wir uns schon heute an Indiens künftige Rolle in der Welt gewöhnen. Je früher wir die Dimensionen und die Dynamik des Subkontinents verstehen, umso besser. Bei vielen wirtschaftlichen Kennzahlen wird Indien Deutschland und andere europäische Länder mittel- und langfristig überholen, sogar abhängen. Bei einigen hat es dies bereits getan, etwa in den Branchen IT und Telekommunikation. Deutschland wird beim Wohlstand vielleicht nicht absolut zurückfallen, aber relativ. Und sowohl in Mumbai als auch Delhi werden in nicht allzu ferner Zukunft jeweils mehr Menschen leben als in London, Paris, Moskau, Rom, Madrid und Berlin *zusammen*.

Wir leben in einem asiatischen Zeitalter, das bislang in vielerlei Hinsicht vor allem ein »chinesisches« gewesen ist, nicht zuletzt in unser aller Köpfen. »Manche Projektionen gehen davon aus, dass das Pro-Kopf-Einkommen in Asien bis 2050 um das Sechsfache wachsen könnte«, wie Peter Frankopan, Historiker der Universität Oxford, in der *Frankfurter Allgemeinen Zeitung* erklärte. »Damit wären zusätzliche drei Milliarden Asiaten wohlhabend.«[621] Ein Großteil von ihnen lebt auf dem Subkontinent. Was Wirtschaftskraft und Pro-Kopf-Einkommen anbelangt, liegt Indien im Länder-Ranking heute ungefähr im unteren Mittelfeld. (Es ist also keineswegs ein »armes« Land, obgleich es in Indien weiterhin beträchtliche Armut gibt.) Vieles deutet darauf hin, dass es bis 2050 – also in nur drei Jahrzehnten – den Aufstieg ins obere Mittelfeld schaffen könnte, also in eine Liga, in der heute beispielsweise die Volksrepublik China mit einer gut vierfach höheren Pro-Kopf-Wirtschaftsleistung zu finden ist.[622]

Das wäre so weit weg nicht von Deutschland. Die Bundesrepublik zählt heute im Länder-Ranking nach Einkommen und Wirtschaftskraft ungefähr zur unteren Oberschicht. (Sie ist also keineswegs, wie manche glauben, eines der reichsten Länder der Welt, jedenfalls nicht gemessen am Pro-Kopf-Einkommen. Deutschland liegt kaufkraftbereinigt auf Rang 19.[623]) Es müsste nur ein klein wenig schiefgehen, Deutschland wirtschaftlich bis 2050 ein klein bisschen weiter zurückfallen – und es würde sich Mitte des 21. Jahrhunderts eine Stufe tiefer wiederfinden. Ungefähr da also, wo dann wahrscheinlich Indien zu finden sein wird.

Über den Autor

Michael Braun Alexander, 1968 in der Nähe von Hamburg geboren und aufgewachsen, ist einer der vielseitigsten Autoren und Schriftsteller im deutschsprachigen Raum.

Er studierte Wirtschaftswissenschaften, Politik und Philosophie in Oxford, Bologna und Washington D. C. Seit Mitte der 1990er-Jahre hat er als Wirtschafts- und Finanzjournalist in verschiedenen Funktionen für mehr als 50 Publikationen gearbeitet, darunter *BörseOnline, Capital, Die Welt, Financial Times Deutschland, Hamburger Abendblatt, Tages-Anzeiger* und *WirtschaftsWoche*. Er war Chefredakteur eines der größten Anlegermagazine in Deutschland, berichtete als Korrespondent aus London und New York und hatte von 2014 an für mehrere Jahre seinen Lebensmittelpunkt in Mumbai, wo er unter anderem als Editor-at-large und Südasien-Korrespondent für den Finanzen Verlag tätig war. Als Geldkolumnist der *Bild am Sonntag* hat er heute an jedem Wochenende Millionen Leser. Im Nebenberuf lektoriert er Donald Duck und Micky Maus.

Indien, Superpower: Aufstieg einer Wirtschaftsmacht ist Braun Alexanders sechstes Sachbuch. Darüber hinaus hat er sechs Romane veröffentlicht, zuletzt *Der Aquarist*. Er lebt in Berlin.

Weitere Bücher von Michael Braun Alexander

Sachbücher

Richtig reich: 20 zeitlose Geldregeln
So geht Gold
Wenn Geld stirbt
So geht Geld

Romane

Der Aquarist
Madame Jakublonskis Monstrositäten-Cabinet
Bräutigame
Jericho oder Das feine Gesicht des Himmels

Hinweis zum Buch

Die Nomenklatur indischer Städte, Bundesstaaten und Regionen ist komplex und verwirrend. So wurde Bombay Mitte der 1990er-Jahre von der dort regierenden Partei Shiv Sena in Mumbai umbenannt, und es gab viele weitere Namensänderungen im Zuge der nationalistischen, koloniale Hinterlassenschaften korrigierenden Neuorientierung in Indien. In diesem Buch habe ich in der Regel abhängig vom historischen Kontext zeitgenössische *oder* heutige Namen benutzt – oder aber die in Indien im Alltag überwiegend gebräuchliche Bezeichnung. So ist im aktuellen Kontext typischerweise von Chennai die Rede (nicht von Madras); von Mumbai (nicht Bombay); von Kolkata (nicht Kalkutta); aber von Bangalore (statt Bengaluru) oder Mysore (Mysuru).

Im Text verwendete Begriffe wie »Westen« oder »westlich« sind an und für sich absurd. So wie Nordamerika westlich von Indien liegt, liegt Indien selbstverständlich westlich von Nordamerika. Zugleich sind dies jedoch im Alltag gebräuchliche und insofern nützliche Ausdrücke, mit denen so gut wie jeder etwas anfangen kann, auch in Indien, sodass ich keinen überzeugenden Grund sah, sie nicht zu nutzen.

Sofern im Text männliche oder weibliche Pronomen oder Begriffe gebraucht werden – »sie«, »er«, »Staatsbürger«, »Politiker«, »Anleger« und so weiter –, so soll dies lediglich den Lesefluss verbessern. Es sind durchgehend alle Geschlechter gemeint.

Wenn Zitate aus dem Amerikanischen oder Englischen von mir übersetzt wurden – der Regelfall – und dies hilfreich erschien, ist die Originalversion in den Anmerkungen im hinteren Teil des Buchs zu finden. Dies soll dazu dienen, Zitate so transparent als möglich zu machen, und Missverständnissen vorbeugen.

In der Entstehungszeit dieses Buches war ich Aktionär oder Mitarbeiter einzelner im Text genannter Unternehmen. Der guten Form

halber und zur Offenlegung von Interessenskonflikten geben Fußnoten einen Hinweis.

So weit als möglich berücksichtigt der Text den Stand per Anfang
2020. Bei aller Sorgfalt können sich Ungenauigkeiten oder Fehler
in dieses Buch eingeschlichen haben, das komplexe – und mitunter
extrem kontroverse – historische, politische, gesellschaftliche und
wirtschaftliche Sachverhalte aufgreift. In diesem Fall bitten der Verlag
und ich um Nachricht. Wir werden berechtigte Hinweise bei nächster
Gelegenheit berücksichtigen und korrigieren.

Michael Braun Alexander
Berlin, im Frühjahr 2020

Anmerkungen

1 Mark Vanhoenacker: *Skyfaring: A Journey With a Pilot*, Vintage, 2016, S. 42.

2 Edward Morgan Forster: *The Hill of Devi*, Harcourt Brace Jovanovich, 1953, S. 137. Forster schrieb dies 1921, vor fast genau 100 Jahren.

3 Times of India, 14. Februar 2018, S. 14.

4 Times of India, 17. Februar 2018 S. 11.

5 Times of India, 17. Februar 2018, S. 11.

6 Wladimir Kaminer: *Russendisko*, Goldmann, 2000 (E-Book), Location 156.

7 Edward Morgan Forster: *A Passage to India*, Knopf, 1992, S. 14. Die Originalausgabe erschien 1924.

8 www.bbc.com/news/world-asia-24727035, aufgerufen am 26. November 2019.

9 Babur Nama: *Journal of Emperor Babur*, Penguin, 2006, S. 271 f. Es hängt allerdings von der Region ab. So könnte man beispielsweise in Delhi auch von vier Jahreszeiten sprechen, sofern man den kurzen »Frühling« (einige Wochen, etwa im März) als eigene Jahreszeit deutet.

10 Suketu Mehta: *Maximum City: Bombay Lost and Found*, Review (Headline), 2005, S. 473.

11 In Südindien beginnt der Monsun in der Regel einige Wochen früher als in Mumbai (ungefähr Ende Mai), in Delhi einige Wochen später (Ende Juni oder Anfang Juli).

12 Bert Rebhandl: *Liebe ist immer auch Erfindung*, Frankfurter Allgemeine Zeitung, 7. August 2019, S. 9.

13 Vgl. u. a. *Special Report: Sunny Days Ahead for Agriculture Sector in India*, Dalal Street Investment Journal, 19. Februar 2018, S. 24 f.

14 Anand Milk Union Limited, benannt nach der Stadt Anand im Bundesstaat Gujarat.

15 Mehta: ebd., S. 19.

16 »Jetzt oder nie«, *4630 Bochum*, 1984.

17 Vgl. *Bay wars*, The Economist, 8. April 2017, www.economist.com/asia/2017/04/08/new-rules-on-booze-drive-indian-businesses-into-a-ditch, aufgerufen am 10. Dezember 2019.

18 Vgl. *Look both ways*, The Economist, 16. April 2016, S. 41. Selbstverständlich spielt bei derartigen Berechnungen nicht nur die Einwohnerzahl eine Rolle, sondern u. a. auch die Zahl der Kraftfahrzeuge auf den Straßen.

19 Avijit Ghosh: *Night on the deadly Yamuna Expressway*, Times of India (New Delhi), 22. März 2018, S. 2; Prema Katiyar. *Why the Yamuna Expressway continues to remain accident-prone*, Economic Times, 13. Juli 2019, economictimes.indiatimes.com/news/economy/infrastructure/why-the-yamuna-expressway-continues-to-remain-accident-prone/articleshow/70207652.cms, aufgerufen am 6. Dezember 2019.

20 2013 lag die offizielle Zahl der Verkehrstoten bei 137.572, 2017 bei 147.913. Die WHO ging 2018 von 300.000 Todesopfern im indischen Straßenverkehr aus. Vgl. u. a. *Over 50% road deaths at traffic junctions: Report*, Times of India, 27. August 2014.

21 Vgl. *The hole story*, The Economist, 11. Juni 2016, S. 71.

22 »I feel like a sponge which has been dropped back into an ocean whose existence it had forgotten.« Zitiert in: Wendy Moffat: *A Great Unrecorded History: A New Life of E. M. Forster*, Picador, 2011, S. 256. Dewas: »[...] going as Prime minister or something«; Moffat: ebd., S. 180.

23 »Nothing's private in India.« Forster: *Passage*, S. 25.

24 Alexander McCall Smith: *The House of Unexpected Sisters* (Bd. 19 der Mma-Ramotswe-Serie), Little, Brown, 2017, S. 139.

25 Der Romantitel bezieht sich wiederum auf das 1919 entstandene Gedicht *The Second Coming* von William Butler Yeats.

26 Eine Art Dickmilch, Grundnahrungsmittel in Indien.

27 »One roadblock to access, even to something as simple as a universal basic savings account, is Know Your Customer (KYC) requirements. [...] Today, stringent KYC norms keep too many out of the banking system, and lead to unnecessary harassment for others.« Raghuram G. Rajan: *I Do What I Do*, Harper Business, 2018, S. 83.

28 Vgl. Leo Mirani: *The benefits of a lousy passport*, 1843 (Zeitschrift), 12. Oktober 2017, S. 23, www.1843magazine.com/dispatches/the-daily/the-benefits-of-a-lousy-passport, aufgerufen am 4. Dezember 2019.

29 Editorial, Welt am Sonntag, 9. Juni 2019, S. 2.

30 »Masala« steht in der indischen Küche für alles Gewürzte (zum Beispiel *masala chai*, Tee), für Gewürzmischungen und Soßen.

31 »[T]hey have found a secret sauce for themselves, just like we [the US] found the secret sauce a couple centuries ago. [...] The main thing you have to do is unleash the potential of your people.« Krystal Hu: *Warren Buffett: China has ›found a secret sauce for themselves‹*, Yahoo Finance, 29. April 2018, finance.yahoo.com/news/warren-buffett-china-found-secret-sauce-183809314.html, aufgerufen am 4. Dezember 2019.

32 Clemens Fuest: *Der dritte Systemwettbewerb*, Frankfurter Allgemeine Zeitung, 27. Juli 2018, S. 18.

33 »,I came to GE in 1982,‹ Mr. Immelt told me [Chrystia Freeland]. ›For the first twenty-five years, until the bubble crashed in 2007, the American consumer was the definitive driver of the global economy.‹ But the future will be different, Mr. Immelt said. For the next twenty-five years, he said, the U. S. consumer ›is not going to be the engine of global growth. It is going to be the billion people joning the middle class in Asia [...]. There are going to be one billion consumers joning the middle class in Asia. [...]‹« Zitiert in: Chrystia Freeland: *Plutocrats: The Rise of the New Global Super-Rich*, Penguin, 2013, S. 63 f.

34 HSBC Holdings plc, Annual Report and Accounts 2018, Seite 10.

35 Lea Deuber: *Schaut auf dieses Land*, Süddeutsche Zeitung, 6./7. Juli 2019, S. 53.

36 Der guten Form halber und zur Offenlegung von Interessenskonflikten weist der Autor darauf hin, dass er während der Entstehungszeit dieses Buchs über einen mehrmonatigen Zeitraum für Tata Sons tätig war.

37 Darüber hinaus zählen mehrere Inselgruppen (u. a. die Azoren und Kanaren) sowie Territorien auf anderen Kontinenten zur EU.

38 Abraham Eraly: *The Mughal World: Life in India's Last Golden Age*, Penguin, 2007, S. 5.

39 John Keay: *India – A History: From the Earliest Civilisations to the Boom of the Twenty-First Century*, HarperPress, 2010, S. 320.

40 Vgl. www.visualcapitalist.com/map-population-density/, aufgerufen am 4. Dezember 2019. Noch schneller als Delhi wächst demnach Lagos, Nigeria, nämlich um 85 Menschen je Stunde. Bangladeschs Hauptstadt Dhaka (74 je Stunde) liegt weltweit auf Rang drei.

41 Siehe u. a. esa.un.org/unpd/wpp, aufgerufen am 4. Dezember 2019.

42 Es gibt weitere, regelmäßig aktualisierte Prognosen, wann genau Indien China bei der Gesamtbevölkerung überholen könnte. Vgl. zum Beispiel: *India's population to surpass China's around 2024, earlier than thought: UN*, Mint, 21. Juni 2017, www.livemint.com/Politics/xg5PjRFTNHYKg1AUhBVa6M/Indias-population-to-surpass-Chinas-around-2024-United-Na.html, aufgerufen am 6. Dezember 2019.

43 *Banyan: Country or continent?*, The Economist, 11. Februar 2017, S. 44.

44 Vgl. u. a. Mohan Guruswamy: *1.7 billion Indians by 2050: Much food for thought*, Deccan Chronicle, 31. Mai 2017, www.deccanchronicle.com/opinion/op-ed/310517/17bn-indians-by-2050-much-food-for-thought.html, aufgerufen am 3. Dezember 2019.

45 Der Begriff »dravidisch« wurde 1856 von Robert Caldwell, einem Bischof, geprägt. Vgl. Fernand Braudel: *A History of Civilizations*, Penguin, 1993, S. 228.

46 www.economist.com/asia/2017/06/08/why-the-worlds-biggest-school-system-is-failing-its-pupils, aufgerufen am 3. Dezember 2019.

47 »Bombay! A bewitching place, a bewildering place, an enchanting place – the Arabian Nights come again? It is a vast city; contains about a million inhabitants.« Mark Twain (Samuel Clemens): *Following the Equator*, 1897, Public Domain Book (E-Book), Location 3620.

48 »There will soon be more people living in the city of Bombay than on the continent of Australia.« Mehta: ebd., S. 3.

49 Daniel Hoornweg und Kevin Pope: *Population predictions for the world's largest cities in the 21st century*, Environment & Urbanization, International Institute for Environment and Development (IIED), Vol. 29 (1), S. 195-216, 24. September 2016, journals.sagepub.com/doi/full/10.1177/0956247816663557, aufgerufen am 9. Dezember 2019.

50 Berücksichtigen muss man im Hinblick auf die chinesischen Städte, dass die Einwohnerzahl vieles zu sagen vermag, aber keineswegs alles. Shanghai mag Ende dieses Jahrhunderts »nur« wenig mehr als 20 Millionen Menschen zählen. Allerdings setzt die chinesische Regierung, jedenfalls soweit dies heute abzusehen ist, auf ein urbanes Entwicklungsmodell, das sich deutlich von jenem in Europa, Nordamerika oder Indien absetzt: auf Städte-Cluster nämlich, die die unkontrollierte Molochbildung im Zaum halten und gewissermaßen »entflechten« sollen. Als urbaner Cluster gilt in China ein Großraum, der binnen ein oder zwei Stunden mit den inzwischen allgegenwärtigen Hochgeschwindigkeitszügen zu durchqueren und durchpendeln ist. Beispiele sind das Perlflussdelta im Großraum Hongkong-Shenzhen-Guangzhou, in dem zusammen um die 60 Millionen Menschen leben; Shanghai (mit Nanjing, Hangzhou und anderen Städten zusammen um die 152 Millionen Menschen); und die Region um Peking, Tianjin und weitere Metropolen im Norden Chinas, in der heute insgesamt weit mehr als 100 Millionen Menschen leben. Das Prognostizieren von Bevölkerungszahlen in den urbanen Großräumen des 21. Jahrhunderts ist also so einfach nicht, und man muss aufpassen, nicht Äpfel mit Birnen zu vergleichen. Würde man in Indien den chinesischen

Ansatz zugrunde legen, könnte man Mumbai beispielsweise Pune und vielleicht sogar das nördlich gelegene Ahmedabad in Gujarat zuschlagen – müsste es vielleicht sogar. Für Schätzungen der Bevölkerungszahlen in Chinas Städte-Clustern vgl. u. a. *A tale of 19 mega-cities*, The Economist, 23. Juni 2018, S. 49 f.

51 Siehe u. a. www.spiegel.de/wissenschaft/mensch/uno-prognose-so-entwickelt-sich-die-bevoelkerung-bis-2100-a-1046128.html, aufgerufen am 4. Dezember 2019.

52 Thilo Sarrazin: *Deutschland schafft sich ab*, DVA, 2012, S. 18.

53 »If things continue in the present course, in 50 years it might be impossible to live in Mumbai. Either because the Indian Ocean will rise and swallow up much of the city or because it will be so hot that nobody could live here.« Yuval Noah Harari: ›*Homo sapiens are in the process of becoming gods*‹, India Today, 26. März 2018, S. 51 f.

54 Vgl. *Demography: A baby boomlet*, The Economist, 29. Juni 2019, S. 24.

55 Vgl. u. a. Subodh Varma: *Save-cow cost: Industry bleeds, farmers suffer & exports tank*, Times of India (New Delhi), 17. November 2015, S. 13.

56 So das Pew Research Center, Washington, D. C. Vgl. Shailaja Neelakantan: *Babies born to Muslims will outnumber Christian births by 2035: Pew Research Center*, Times of India, 6. April 2017, timesofindia.indiatimes.com/india/babies-born-to-muslims-will-outnumber-christian-births-by-2035-pew-research-center/articleshow/58041342.cms, aufgerufen am 8. Dezember 2019.

57 Internationaler Währungsfonds, per 2019, www.imf.org/external/pubs/ft/weo/2019/02/weodata/weorept.aspx, aufgerufen am 4. Dezember 2019.

58 Auf US-Dollar-Basis, also bei nominaler, nicht kaufkraftparitätischer Berechnung. Vgl. *India to overtake Germany in 2022, oust Britain from top 5 economies after 2017*, Mint, 28. April 2017, www.livemint.com/Politics/isicV1nvsRrnVJpcFgZ1CL/India-to-overtake-Germany-in-2022-oust-Britain-from-top-5-e.html, aufgerufen am 8. Dezember 2019.

59 *HSBC sees India as a $7 trillion economy by 2028, overtaking Germany, Japan*, Mint, 17. September 2017, www.livemint.com/Politics/0IMc34nX7x8aJFOSuUatnL/HSBC-sees-India-as-a-7-trillion-economy-by-2028-overtaking.html, aufgerufen am 8. Dezember 2019.

60 Siehe u. a. www.livemint.com/Politics/XTfAzurapqrOgEnwjhXPFL/Indian-economy-projected-to-overtake-US-by-2040-report.html, 7. Februar 2017, aufgerufen am 8. Dezember 2019.

61 Vgl. u. a. www.livemint.com/news/india/india-to-become-bigger-than-china-eventually-raghuram-rajan-1548170544397.html, aufgerufen am 11. Dezember 2019.

62 Der Autor weist der guten Form halber darauf hin, dass er zum Zeitpunkt des Manuskriptschlusses dieses Buches Aktionär bei Reliance Industries war, der Konzernmutter von Reliance Jio.

63 Die Zahlen in Tabelle 5 stammen von 2016, sind aus Sicht das Jahres 2020 also nicht mehr ganz frisch. Dafür bilden sie die Entwicklung weitgehend *ohne* die von der Modi-Regierung seit 2014 angestoßenen Reformen ab, die die Entwicklung zusätzlich beschleunigt haben dürften.

64 Yuval Noah Harari: *Sapiens: A Brief History of Humankind*, Vintage (Penguin), 2011/2014, S. 312.

65 In der sogenannten Demokratischen Republik Kongo, nicht im benachbarten Staat Kongo-Brazzaville.

66 Vgl. worldpoverty.io, aufgerufen am 28. November 2019.

67 *Banyan: Country or continent?*, The Economist, 11. Februar 2017, Seite 44.

68 Alle Zahlen: *With $950bn private wealth, Mumbai is 12th richest city in world , home to 28 billionaires*, Times of India, 12. Februar 2018, S. 2.

69 Credit Suisse Global Wealth Report 2019, S. 31.

70 Der Superlativ geht auf den Umstand zurück, dass die zahlenmäßig übersichtliche Parsen-Community mehrere Multimilliardäre hervorgebracht hat, die den Durchschnitt heben.

71 Wealth-X/Statista, vgl. www.zerohedge.com/news/2018-10-07/where-super-rich-populations-are-growing-fastest aufgerufen am 10. Dezember 2018.

72 Credit Suisse Global Wealth Report 2017, S. 51.

73 Mohandas Gandhi selbst lehnte den Ehrentitel »Mahatma« – wörtlich etwa: »Große Seele« – ab. Der Verfasser verzichtet im nachfolgenden Text weitgehend auf diese Bezeichnung.

74 Mohandas »Mahatma« Gandhi: *Wege und Mittel*, Elster, 1996, S. 59; Übersetzung der Originalausgabe *Hind Swaraj* (1909). Wörtlich bedeutet *swaraj*: Selbstverwaltung, Selbstregierung, Souveränität.

75 Wobei anzufügen ist, dass die *Jahres*arbeitszeit selbstverständlich nichts über die *Lebens*arbeitszeit sagt.

76 *Die Jungen sind arbeitslos – die Alten in Rente*, Frankfurter Allgemeine Zeitung, 25. April 2019, S. 16.

77 Vgl. u. a. www.indiatoday.in/india/north/story/bungalow-on-aurangzeb-road-on-sale-for-rs-600-crore-india-today-155428-2013-03-06, aufgerufen am 11. Dezember 2019.

78 »[M]onstrous«, »ugly«, »could hardly be matched for bad taste«. Adam Roberts: *Superfast Primetime Ultimate Nation*, Profile Books, 2017, S. 94.

79 »Chhatrapati« ist ein Titel der Marathen, wörtlich »Herr« (*pati*) des »Schirms« (*chhatra*), »Schirmherr«, »Kaiser«.

80 Darüber hinaus wurde jüngst ein weiteres gigantisches Denkmal, die 182 Meter hohe *Statue of Unity* (»Einheitsstatue«), in der Nähe von Vadodara (Baroda) der Öffentlichkeit übergeben. Es zeigt Sardar Vallabhbhai Patel, einen der Gründerväter der Republik Indien und Mitstreiter Gandhis in der Unabhängigkeitsbewegung. Wobei die Frage erlaubt sein muss, was wohl Patel selbst – oder auch Gandhi – zu diesem Koloss und den Baukosten gesagt hätte.

81 Alle Zahlen in diesem Absatz: World Federation of Exchanges, Stand: März 2019.

82 *Germany to spend 1 billion euro in 5 years on green urban mobility projects in India*, Times of India (Reuters), 1./2. November 2019, timesofindia.indiatimes.com/india/germany-to-spend-1-billion-euro-in-5-years-on-green-urban-mobility-projects-in-india/articleshow/71862627.cms, aufgerufen am 11. November 2019.

83 Über die Frage, ob es sich dabei um »richtigen« Whisky handelt oder doch eher um eine indische Interpretation, um eine Art Rum, ist ein separates Buch zu schreiben. Die Produktdefinitionen in Indien selbst, verwaltet vom Bureau of Indian Standards, sind unpräzise. Verkauft werden die Spirituosen als Whisky.

84 Vgl. Pradit Kumar Saha: *Whisky business*, LiveMint, 25. November 2017, www.livemint.com/Leisure/QjzklkTjqYpe7tr74PVSuI/Whisky-business.html, aufgerufen am 22. November 2019.

85 »The average man is profoundly ignorant of countries that lie remote from his own. When they are mentioned in his presence one or two facts and maybe a couple of names rise like torches in his mind, lighting up an inch or two of it and leaving the rest all dark.« Twain: ebd.; zitiert in: Simon Winchester und Rupert Winchester: *Simon Winchester's Calcutta*, Lonely Planet, 2004, S. 286.

86 Viele Inder bringen Adolf Hitler noch im 21. Jahrhundert große Bewunderung entgegen, aus Unwissenheit und weil Hitler Deutschland in ihrer Wahrnehmung »groß« gemacht habe. Subhas Chandra Bose, der im Zuge der Unabhängigkeitsbestrebungen in Südasien faschistische Ideen zu kopieren versuchte und insbesondere Benito Mussolini, aber auch die Nationalsozialisten in Deutschland idealisierte, hat bis heute zahlreiche Anhänger. Zudem sind viele Akademiker, also Gebildete, »Intellektuelle«, weiterhin fasziniert von den Ideen Marx', Stalins, Trotzkis – vor allem in Westbengalen, wo lange ein kommunistisch-marxistischer Geist wehte (was einen Großteil der enttäuschenden wirtschaftlichen Entwicklung Westbengalens erklärt), und in Kerala (ein wirtschaftlich deutlich erfolgreicherer Bundesstaat).

87 Der aus Tirol stammende Louis Sailer, General Manager des Leela Palace Hotels im Diplomatenviertel Chanakyapuri in Neu-Delhi. Im Gespräch mit dem Verfasser, 28. März 2018, Neu-Delhi.

88 »India, unlike so many other States, has the virtue of not concealing her wounds, either from herself or from others.« Braudel: ebd., S. 247.

89 »What is undoubtedly true is that many western visitors, once accomodated at the Taj, never move far from it. Occasionally they emerge to buy an expensive postcard of the Gateway, or a stuffed mongoose-and-cobra from one of the string of stalls near the sea which always seem to be over-stocked with this commodity. They retreat back into their air-conditioned palace again, slightly impeded in the process by a colony of particularly dirty street-dwellers who have made the pavement by the Taj their begging pitch. After a few days of this, the Taj-guest flies back to London, Washington or Milwaukee and tells his or her friends about the horrible poverty in India.« Gillian Tindall: *City of Gold: The Biography of Bombay*, Penguin, 1992, S. 11 f.

90 Jörn W. Mundt: *Thomas Cook: Pionier des Tourismus*, UVK, 2014, S. 124.

91 Pankaj Mishra: *Age of Anger: A History of the Present*, Penguin, 2018, S. 271.

92 Es ist wahrscheinlich richtig, dass Dharavi der größte Slum in Indien ist, wobei solche Schätzungen kaum belastbar zu verifizieren sind. In Karatschi im Süden Pakistans befindet sich mutmaßlich der zurzeit bevölkerungsreichste Slum Asiens, wobei auch viele weitere Metropolen gigantische Slumsiedlungen aufweisen, zum Beispiel Jakarta in Indonesien und Manila auf den Philippinen. Vgl. u. a. Bhanuj Kappal: *How Dharavi found its groove*, Mint, 29. Juli 2018, www.livemint.com/Home-Page/ FTT2WpbVWxi3zEnWQyS7dO/How-Dharavi-found-its-groove.html, aufgerufen am 4. Dezember 2019.

93 Wörtlich: »Bengalenland«; *desch*: »Land«.

94 Vgl. Ambarish Mishra und Clara Lewis: *State passes law to make pre-2000 slums legal*, Times of India, 1. März 2014, S. 1.

95 Es gibt abweichende Schätzungen. Für die im Abschnitt genannten Zahlen vgl. u. a. T. V. Mahalingam: *Dharavi's Digital Leap*, Economic Times Magazine, Special Report, 31. August 2014, S. 12 f.

96 Die Zahlen stammen aus dem Jahr 2011; dem Verfasser sind keine aktuelleren bekannt, eine für Indien typische Datenlage. Linah Baliga: *Losing old glory with time and growth*, Times of India (Mumbai), 20. März 2014, S. 8.

97 Im ausführlicheren Zitat: »In such condition, there is no place for industry, because the fruit thereof is uncertain: and consequently no culture of the earth; no navigation. nor use of the commodities that may be imported by sea; no commodious building; no instruments of moving, and removing such things as require much force; no knowledge of the face of the earth; no account of time; no arts; no letters; no society; and which is worst of all, continual fear, and danger of violent death; and the life of man, solitary poor, nasty, brutish, and short.« Thomas Hobbes: *Leviathan*, 1651, XIII.9.

98 Siehe zum Beispiel: www.dharavimarket.com, aufgerufen am 4. Dezember 2019.

99 Vgl. u. a. Bhanuj Kappal: *How Dharavi found its groove*, Mint, 29. Juli 2018, www.livemint. com/Home-Page/FTT2WpbVWxi3zEnWQyS7dO/How-Dharavi-found-its-groove.html, aufgerufen am 4. Dezember 2019.

100 Einige der folgenden Details über Aufstieg und Fall Kolkatas erschienen in ähnlicher Form in einem Zeitungsbericht des Autors. Vgl. Michael Braun Alexander: *Kalkuttas heiliger Albtraum*, Welt am Sonntag, 27. August 2017, S. 70-71.

101 Braudel: ebd., S. 247.

102 William Dalrymple: *The Anarchy. The East India Company, Corporate Violence, and the Pillage of an Empire*, 2019, Bloomsbury, S. 25.

103 Im 19. Jahrhundert machten die Briten daneben Simla (Shimla), im heutigen Bundesstaat Himachal Pradesh an den Südhängen des Himalajas gelegen, zur »Sommerhauptstadt«. Simla war in der Regel für ungefähr ein halbes Kalenderjahr Regierungssitz und gesellschaftliches Zentrum der britischen Community.

104 »Calcutta [...] has a beautiful appearance. Esplanade-row [...] seems to be composed of palaces[.]« Eliza Fay: *Original Letters from India*, NYRB, 2010, S. 172.

105 »The banks of the river are as one may say absolutely studded with elegant mansions, called here as at Madras, garden houses. These houses are surrounded by groves and lawns, which descend to the water's edge, and present a constant succession of whatever can delight the eye, or bespeak wealth and elegance in the owners.« Fay: ebd., S. 171 f.

106 »Nur heißt hier, wie in Venedig, jedes ein wenig größere Haus: Palast.« Ida Pfeiffer: *Gesammelte Werke (Vollständige Ausgaben), Eine Frauenfahrt um die Welt*, 1850; e-artnow (E-Book), 2015, Location 12204.

107 »[U]nquestionably the richest, largest and most elegant colonial city in India«. William Dalrymple: *White Mughals: Love and Betrayal in Eighteenth-Century India*, Penguin, 2004, S. 407.

108 Später zeigte sich, dass der Teestrauch, mit botanisch-lateinischem Namen *camellia*, in Assam auch wild wuchs.

109 *Strange brew*, The Economist, 13. Januar 2018, S. 57.

110 »The British had built Calcutta and given it their mark. And – though the circumstances were fortuitous – when the British ceased to rule, the city began to die.« V. S. Naipaul: *India: A Million Mutinies Now*, Minerva, 1990, S. 283.

111 »Without Calcutta and the more industrialised regions of West Bengal, East Bengal looked like what one British official had called ›a rural slum‹; without the agricultural yield of East Bengal, Calcutta's mills fell silent.« Keay: ebd., S. 506.

112 Mitverantwortlich, nach Auffassung einiger Kritiker – zum Beispiel des einflussreichen indischen Politikers und Publizisten Shashi Tharoor – sogar *haupt*verantwortlich, war die britische Regierung unter Premierminister Winston Churchill, die in den Kriegsjahren zur Sicherstellung der Versorgung der Bevölkerung auf den britischen Inseln in großem Umfang Getreidelieferungen nach Europa umleiten ließ. Tharoor sieht Churchill, »grotseskerweise zu einem Apostel der Freiheit verklärt« (Shashi Tharoor: *Die Erfindung Indiens: Das Leben des Pandit Nehru*, Insel, 2006, S. 152), in einer Liga mit Massenmördern wie Hitler und Stalin. Das mag ein interessanter intellektueller Kontrapunkt zur im Westen traditionell praktizierten Glorifizierung und Verklärung des »Weltenretters« Churchill sein; nach Auffassung dieses Autors ist es ein Fehlurteil. – Im Gegensatz zur britischen Kolonialregierung leiteten die Kommunisten während der bengalischen Hungersnot Hilfsmaßnahmen ein – einer der Gründe, warum sie später erheblichen politischen Einfluss in der Region gewinnen konnten. Travancore (Südindien) und andere Landesteile wurden ebenfalls von einer kriegs- und inflationsbedingten Hungersnot erschüttert, die im Gegensatz zur bengalischen Hungersnot in weiten Teilen der Welt – und Indiens selbst – relativ unbeachtet blieb. In den Worten des Historikers John Keay: »Famine fatalities are notoriously unreliable; in this case the totals range from two million to four million. But even if the lower figure is accepted, the famine still killed more Indians than did two world wars, the entire Independence struggle plus the communal holocaust which accompanied Partition.« Keay: ebd., S. 504.

113 Im Zuge des Unabhängigkeitskriegs Ostpakistans lösten Pogrome gegen die Hindu-Bevölkerung weitere Flüchtlingsströme in Richtung Westbengalen (und damit Kalkutta) aus. Vgl. Kapitel 5.

114 Zitiert in: Braudel: ebd., S. 241.

115 Mutter Teresa starb 1997. Die römisch-katholische Kirche sprach sie 2003 »selig« und am 4. September 2016 »heilig«.

116 »Mother Teresa is a brand which has helped to make Calcutta famous, but not one that has helped the city overmuch.« Simon Winchester und Rupert Winchester: *Simon Winchester's Calcutta*, Lonely Planet, 2004, S. 74.

117 Aroup Chatterjee: *Mother Teresa: The Untold Story*, FiNGERPRINT! (Prakash, E-Book), 2016.

118 »When it came to publicity, she was a born natural.« Chatterjee: ebd., Location 730.

119 »[O]ne of the few untouchables in the mental universe of the mediocre and the credulous [...]« Christopher Hitchens: *The Missionary Position: Mother Teresa in Theory and Practice*, Atlantic Books (Kindle), 2012, Location 948.

120 Chatterjee: ebd., Location 1998.

121 Chatterjee: ebd., Location 1998.

122 »Mother Teresa of Calcutta's soup kitchens fed three times as many people in New York as they did in Calcutta.« Chatterjee: ebd., Location 304.

123 Chatterjee: ebd., Location 612.

124 Indes: Den »Missionarinnen der Nächstenliebe« wurden und werden zahlreiche Vorwürfe gemacht. Sie sollen, so die Mutmaßung, Kinder in die Adoption verkauft haben; Todkranke Hindus gegen deren Willen zwangsgetauft haben; medizinisch inkompetent agiert haben; usw. Vgl. Chatterjee, Hitchens. In Hitchens' verdammenden Worten: »[...] a religious fundamentalist, a political operative, a primitive sermonizer and an accomplice of worldly, secular powers.« Hitchens: *Mother Teresa*, Location 218.

125 »You can criticise God, but you cannot criticise Mother Teresa.« Chatterjee: ebd., Location 65.

126 Zur Diskussion und Aufarbeitung des problembehafteten Begriffs des »Exotischen« vgl. Edward W. Saids einflussreiches historiografisches Werk *Orientalism*, 1978.

127 Per August 2018.

128 Meike Winnemuth: *Das große Los: Wie ich bei Günther Jauch eine halbe Million gewann und einfach losfuhr*, Knaus (E-Book), 2013, Location 76.

129 Winnemuth: ebd., Location 3089.

130 Winnemuth: ebd., Location 1361.

131 Winnemuth: ebd., Location 719.

132 Vgl. Epheser 5, Vers 24.

133 Nach Sirimavo Bandaranaike im damaligen Ceylon.

134 Vgl. James Crabtree: *The Billionaire Raj*, HarperCollins, 2018, S. 154 f.

135 Der Autor weist darauf hin, dass er zum Zeitpunkt des Manuskriptschlusses dieses Buches Aktionär der State Bank of India war.

136 2017 lag er bei 12 Prozent.

137 »In general, the best clue to a nation's growth and development potential is the status and role of women.« David S. Landes: *The Wealth and Poverty of Nations*, Norton, 1999, S. 413.

138 *Consumer Meter: Understanding the new rural customer*, Business Line, 1. Dezember 2018, S. 2.

139 Dies gilt selbstverständlich auch für andere Gesellschaften, insbesondere für die Volksrepublik China, die ab ungefähr 1980 eine Ein-Kind-Politik forcierte, die das Phänomen noch verstärkte und dramatisierte.

140 *Tackling gendercide*, Economist Espresso, 22. Januar 2014.

141 In China liegen die Vergleichswerte landesweit etwa bei 114 Jungen auf 100 Mädchen. »The result is that, by 2020, China will be home to an estimated 30m-40m men known as *guang gun* or ›bare branches‹, who will never marry or produce ›offshoots‹ of their own.« Roseann Lake: *A wife less ordinary*, 1843 (Zeitschrift), April/Mai 2018, S. 92.

142 *In Indien fehlen 63 Millionen Frauen*, Bild, 30. Januar 2018, www.bild.de/politik/ausland/indien/in-indien-fehlen-63-millionen-frauen-54642402.bild.html, aufgerufen am 27. November 2019.

143 *Bare branches, redundant males*, The Economist, 18. April 2015, S. 48 f.

144 *Love money*, The Economist, 18. Mai 2019, S. 45; *Stuck in the back*, The Economist, 17. März 2018, S. 48.

145 In Indien bringen sich in jedem Jahr ungefähr 230.000 Menschen um. 40 Prozent aller Frauen, die weltweit Selbstmord begehen, stammen aus Indien. Vgl. *Deadly reckoning*, The Economist, 22. September 2018, S. 44, unter Verweis auf die Fachzeitschrift Lancet.

146 *Stuck in the back*, The Economist, 17. März 2018, S. 48.

147 Nach Angaben der Weltbank lag die Fertilitätsrate (die Anzahl der Geburten je Frau) in Indien 1960 bei 5,9, im Jahr 2017 bei 2,2. data.worldbank.org/indicator/sp.dyn.tfrt.in, aufgerufen am 3. Dezember 2019. Andere Quellen gehen davon aus, dass sie aktuell

bereits unter 2,1 liegt. Vgl. Darrell Bricker und John Ibbitson: *Empty Planet: The Shock of Global Population Decline*, Robinson (E-Book), 2019, Location 2657.

148 »[P]sychological illness of the entire country«, Rede in Haryana am 22. Januar 2015, vgl. Roberts: ebd., S. 149; Fußnote S. 294.

149 »Everyone is equal. It is important that girls get access to quality education, just like boys. A daughter is not a burden. Look around us, see how girls are bringing pride and glory to our nation.« *Female foeticide a matter of ›deep shame‹: PM Modi*, Lokmat Times, 9. März 2018, S. i.

150 *Stuck in the back*, The Economist, 17. März 2018, S. 47.

151 Vgl. u. a. *Click, meet and marry*, The Economist, 23. September 2017, www.economist.com/business/2017/09/23/online-matchmaking-businesses-in-india-have-many-ways-to-woo, aufgerufen am 10. Dezember 2019.

152 McKinsey Global Institute: *The Power of Parity: Advancing Women's Equality in Asia Pacific*, April 2018, S. 3.

153 Alle Zahlen: Christophe Guilmoto, Institute of Development Research; zitiert in: *Bare branches, redundant males*, The Economist, 18. April 2015, S. 48 f.

154 »[G]ay love in India thrived on lies.« R. Raj Rao: *The Boyfriend*, Penguin, 2003, S. 38.

155 Es war indes nicht der erste Anlauf. Schon 2009 war die Kriminalisierung homosexueller Handlungen aufgehoben worden, sodass Schwule, die ihre sexuelle Präferenz auslebten, offiziell nicht mehr als Kriminelle galten. Allerdings nur vorübergehend, weil das Oberste Gericht in Delhi diese Entscheidung Ende 2013 wieder aufhob.

156 Vgl. Natalie Obiko Pearson: *India's message to women: Come visit, we're serious about safety*, Bloomberg, 23. Januar 2015, www.bloomberg.com/news/articles/2015-01-22/india-s-message-to-women-come-visit-we-re-serious-about-safety, aufgerufen am 8. Dezember 2019.

157 Indian Penal Code (IPC), Section 375. Vgl. Neetu Chandra Sharma: *Marital rape: Survey takes lid off sexual violence by husbands*, Mint, 15. Januar 2018, www.livemint.com/Politics/2On0uNbW6ufrjabfKZwPnM/Marital-rape-Survey-takes-lid-off-sexual-violence-by-husban.html, aufgerufen am 4. Dezember 2019.

158 Pramit Bhattacharya: *India is not the most dangerous country for women, data shows*, Mint, 28. Juni 2018, www.livemint.com/Politics/7PF8NRqgyxoNs2AecfmxVL/India-is-not-the-most-dangerous-country-for-women-data-show.html, aufgerufen am 6. Dezember 2019.

159 »[T]he epidemic of rape sweeping India«; vgl. Aatish Taseer: *In India, a name is rarely just a name*, New York Times (International Edition), 27. Juli 2017, S. 9, 11.

160 Sinah Hoffmann: *FASS MICH NICHT AN!*, Maxi, Oktober 2018, S. 26 ff.

161 Vgl. u. a. die Studien von Daniel Kahneman und Amos Tversky.

162 Statista, Zahlen für 2017. Die Dunkelziffer liegt in beiden Ländern hoch, in Indien vermutlich aber um ein Vielfaches höher als in Deutschland.

163 Bhattacharya: ebd. Die *Frankfurter Allgemeine Zeitung* berichtet zeitgleich unter Verweis auf die Thomson-Reuters-Studie, dass »Indien mittlerweile als das gefährlichste Land der Welt für Frauen eingestuft wird« – unterschlägt dabei indes, dass dies der *gefühlte* Eindruck einer Umfrage unter Sachkundigen war, die Studie indes gerade nahelegte, dass die Statistik dieses Gefühl eher nicht bestätigte. Till Fähnders: *Wo Vergewaltigungen alltäglich sind*, Frankfurter Allgemeine Zeitung, 26. Juni 2018, www.faz.net/aktuell/

politik/ausland/indien-wo-vergewaltigungen-alltaeglich-sind-15660621.html, aufgerufen am 6. Dezember 2019.

164 Andreas Voßkuhle im Gespräch mit Thorsten Jungholt und Jacques Schuster: »*Die Demokratie braucht einen Energieschub*«, Welt am Sonntag, 10. Juni 2018, S. 4.

165 Der Historiker Fernand Braudel ging 1960 beispielsweise von 2400 Gruppierungen aus, Yuval Noah Harari in *Sapiens* von etwa 3000.

166 »Hindus know time to be cyclic, while we know it to be linear.« Tindall: ebd., S. 95.

167 Britta Petersen: *Wo die Götter leben: Alltag und Religion in Indien. Eine Reise*, Herder, 2006, S. 10.

168 So eine Formulierung des indischen Schriftstellers Raj Rao: ebd., S. 117.

169 »The beach is remarkably fine.« Fay: ebd., S. 164.

170 Ausnahmen sind u. a. die Strände auf den Indien vorgelagerten Inseln, den Andamanen und Nikobaren sowie Lakshadweep.

171 Vgl. u. a. *Vehicle numbers cross one crore mark in Delhi*, Times of India, 4. Juni 2017, timesofindia.indiatimes.com/auto/miscellaneous/vehicle-numbers-cross-one-crore-mark-in-delhi/articleshow/58983958.cms, aufgerufen am 8. Dezember 2019.

172 World Health Organization: *WHO Ambient Air Pollution Database*, Update 2018/Update 2016, vgl. u. a. www.who.int/airpollution/data/AAP_database_summary_results_2018_final2.pdf?ua=1, aufgerufen am 11. Dezember 2019.

173 www.livemint.com/politics/news/life-expectancy-in-india-down-by-2-6-yrs-due-to-air-pollution-study-1560264853791.html, aufgerufen am 6. Dezember 2019.

174 *Different drinking habits*, The Economist, 26. November 2016, Special Report: Oil, S. 10 f.

175 Raman Jokhakar: *Make It in India*, LexisNexis, 2017, S. 161.

176 Vgl. Roberts: ebd., S. 111.

177 Milan Vaishnav: *When Crime Pays: Money and Muscle in Indian Politics*, HarperCollins, 2018, S. 8 f.

178 Vaishnav: *Crime*, S. 11 f.

179 Basierend auf Daten zu den gesamtindischen Wahlen in den Jahren 2004, 2009 und 2014. Vaishnav: *Crime*, S. 12.

180 Vgl. u. a. Xavier Rutsa: *Cong, BJP woo Christians in Nagaland with Jerusalem trip*, Times of India, 15. Februar 2018, S. 1.

181 www.transparency.org/country/IND, aufgerufen am 11. Dezember 2019.

182 tradingeconomics.com/india/corruption-rank, aufgerufen am 11. Dezember 2019.

183 2013 waren ungefähr 280.000 Personen in »Untersuchungshaft«, was zwei Dritteln aller Inhaftierten in Indien entsprach. 3000 von ihnen saßen seit mehr als fünf Jahren hinter Gittern. Vaishnav: *Crime*, S. 266.

184 Voßkuhle: ebd.

185 National Judicial Data Grid, njdg.ecourts.gov.in/njdg_public/main.php, aufgerufen am 28. November 2019.

186 National Judicial Data Grid, njdg.ecourts.gov.in/njdg_public/main.php, aufgerufen am 28. November 2019.

187 »A lawsuit, once started in India, is the nearest thing to eternal life ever seen on this earth.« Zitiert in: Jokhakar: ebd., S. 69.

188 *Courts will take 320 years to clear backlog cases: Justice Rao*, Times of India, 6. März 2010, timesofindia.indiatimes.com/india/Courts-will-take-320-years-to-clear-backlog-cases-Justice-Rao/articleshow/5651782.cms, aufgerufen am 3. Dezember 2019.

189 »Bringing justice to ordinary people without pain, inexpensively and quickly is still a dream.« Jokhakar: ebd., S. 71.

190 https://rsf.org/en/ranking, aufgerufen am 8. Dezember 2019.

191 Eine solche Autorisierung ist allerdings auch bei von deutschen Medien geführten Interviews bis heute die Regel, nicht die Ausnahme.

192 Es gibt in der Wahrnehmung des Verfassers löbliche Ausnahmen, unter den Tageszeitungen insbesondere die *Frankfurter Allgemeine Zeitung* und die *Neue Zürcher Zeitung*, die regelmäßig und in hilfreicher Themenbreite und -tiefe aus und über Indien berichten.

193 Einzelne deutschsprachige Medien – u. a. die FAZ, NZZ, Die Zeit – berichteten natürlich sehr wohl, und auch der Verfasser dieses Buchs schrieb mehrere Berichte über die Demonetisierung in Indien (so in *BörseOnline* und *€uro*). Sie gingen in der Flut der Berichterstattung aus den USA jedoch weitgehend unter.

194 Teils versuchsweise und anekdotenhaft, weil die Naturkatastrophe so groß und umfassend war, dass manches nicht zu konkretisieren war. Vgl. Christoph Hein: *Regenkatastrophe auf dem indischen Subkontinent*, Frankfurter Allgemeine Zeitung, 1. September 2017, S. 21. Der Verfasser dieses Buchs war zu der Zeit nicht selbst in Indien.

195 www.bild.de, 9. November 2017.

196 Nach Polizeiangaben kommen jährlich mindestens 150 Frauen ums Leben, weil sie von ihrer Community als »Hexe« denunziert und ermordet werden. Vgl. *Witch?*, The Economist, 21. Oktober 2017, S. 54.

197 *Hair gets stuck in go-kart's chain, woman dies in Punjab*, Times of India, 15. Februar 2018, S. 10.

198 Vimal Bhatia: *14 camels mowed down by train in Raj*, Times of India, 21. Februar 2018, S. 1.

199 www.ndtv.com/india-news/in-assam-four-elephants-die-on-the-spot-after-a-speeding-train-hits-them-1811280, aufgerufen am 8. Dezember 2019. Ein anderer, ähnlicher Vorfall: vgl. en.wikipedia.org/wiki/2013_Chapramari_Forest_train_accident, aufgerufen am 8. Dezember 2019.

200 www.telegraph.co.uk/news/2017/08/01/elephants-tigers-kill-one-human-day-india-growing-population/, aufgerufen am 8. Dezember 2019.

201 Aman Nath und Jay Vithalani mit Tulsi Vatsal: *Horizons: The Tata-India Century 1904-2004*, India Book House, 2004, S. 246.

202 Vgl. u. a. Wieland Freund: *Biologisches Endspiel*, Welt am Sonntag, 31. März 2019, S. 54.

203 Alle Zahlen: Twain: ebd., Location 5931 bis 5964.

204 Iain Marlow: *Wild elephants kill more than 1,700 Indians in four years*, Bloomberg, 10. Februar 2019, www.bloomberg.com/news/articles/2019-02-10/wild-elephants-killed-more-than-1-700-indians-in-four-years, aufgerufen am 5. Dezember 2019.

205 www.thenational.ae/world/india-snakes-kill-46-000-a-year-1.173328, aufgerufen am 5. Dezember 2019.

206 »News from Germany strangely no longer travels very far. The cost of foreign-reporting, even of having a single correspondent full-time in another European city, is one explanation. As is an apparently diminishing public appetite for news rather than gossip and entertainment.« Douglas Murray: *The Strange Death of Europe*, Bloomsbury, 2018, S. 288.

207 Thilo Sarrazin: *Der neue Tugendterror: Über die Grenzen der Meinungsfreiheit in Deutschland*, DVA, 2014, S. 140.

208 Michel Houellebecq: *Unterwerfung*, DuMont, 2015, S. 178.

209 »I wrote too much about violence. In India, in particular, where millions of people move out of extreme poverty every year, there is a great deal to be hopeful about – the transformation that comes with mobile phone and internet access, or with young women cashing their first paychecks, or even something like installing a family's first air-conditioner. I wrote those stories, too, but the move from dire poverty to ordinary poverty is subtle and difficult to capture. Violence writes itself.« Ellen Barry: *How to Get Away With Murder in Small-Town India*, New York Times, 19. August 2017, www.nytimes. com/2017/08/19/world/asia/murder-small-town-india.html, aufgerufen am 3. Dezember 2019.

210 Zitiert in: *Banyan: Country or continent?*, The Economist, 11. Februar 2017, S. 44.

211 *Knaurs Welt-Atlas*, Th. Knaur Nachf. Verlag, 1936, S. 197.

212 »Indian elections are always historic. Each iteration is the largest in the world.« Vinay Sitapati: *Half-Lion: How P. V. Narasimha Rao Transformed India*, Penguin, 2017, S. 88.

213 Vaishnav: *Crime*, S. 15.

214 Ramachandra Guha: *India After Gandhi: The History of the World's Largest Democracy*, Macmillan, 2017, S. 132.

215 So die Rechnung von Rajendra Prasad, Präsident der verfassungsgebenden Versammlung und später Präsident der Republik Indien. Vgl. Ornit Shani: *How India Became Democratic: Citizenship and the Making of the Universal Franchise*, Cambridge University Press, 2018, S. 250.

216 Shani: ebd., S. 209.

217 Guha: *India After Gandhi*, S. 90.

218 CMS Transparency mit Bezug auf die Wahlen 2014. Zitiert in: Crabtree: ebd., S. xxi. Andere Schätzungen gehen von bis zu 10 Milliarden US-Dollar aus.

219 Die sogenannte Demokratische Republik Kongo (das ehemalige Zaire), nicht der benachbarte Staat Kongo-Brazzaville.

220 Vgl. Bernd Dörries: *Routine des Grauens*, Süddeutsche Zeitung, 19. Juni 2018, S. 7.

221 Vgl. Paul-Anton Krüger: *Trügerische Ruhe*, Süddeutsche Zeitung, 19. Juni 2018, S. 19.

222 Snighda Poonam: *Dreamers: How Young Indians Are Changing Their World*, Viking (Penguin), 2018.

223 Viveat Susan Pinto: *What do Indian millennials want*, Business Standard, 20. Februar 2018, S. 18.

224 Auf Deutsch und Englisch wird der Name der Stadt üblicherweise »wa-ra-NA-si« ausgesprochen, in Indien hingegen (auf Hindi) »ua-RAHN-si«.

225 William Dalrymple: *The Last Mughal: The Fall of a Dynasty, Delhi, 1857*, Penguin, 2007, S. 8.

226 Vgl. www.spiegel.de/wissenschaft/mensch/neu-delhi-wachstum-einer-megacity-a-1231784.html, 8. Oktober 2018, aufgerufen am 27. November 2018.

227 »Ça sera la plus magnifique de toutes ces ruines.« Zitiert u. a. in Alex von Tunzelmann: *Indian Summer: The Secret History of the End of an Empire*, Pocket Books (Simon & Schuster), 2008, S. 1 f.

228 »Bombay is a crowd.« Naipaul: ebd., S. 1.

229 Die Namen der übrigen sechs Inseln, heute Stadtteile, waren Colaba und Little Colaba, Mahim, Mazagaon, Parel und Worli.

230 »Our men captured many cows and some blacks who were hiding among the bushes, and of whom the good were kept and the rest were killed.« Zitiert in: Tindall: ebd., S. 29 f.

231 Dalrymple: *Anarchy*, S. 22.

232 Es gab und gibt viele abweichende Schreibweisen der portugiesischen Ortsbezeichnung.

233 Vgl. Subharthi Guha: *Endless Cities*, Economic Times (Mumbai), 3. Mai 2014, S. 12.

234 Zumindest als in europäischer Tradition befestigte Siedlungen »gegründet«. Sowohl Manhattan als auch die der indischen Westküste vorgelagerten Inseln waren vor der Ankunft der Europäer besiedelt.

235 Gandhi: ebd., S. 68.

236 Petersen: ebd., S. 12.

237 Petersen: ebd., S. 15.

238 »Within the monotheistic religions too, there was a steady drift back toward polytheism. The Christian God divided himself into the Trinity; saints proliferated within Christianity and Islam; [...]« Barbara Ehrenreich: *Natural Causes: Life, Death and the Illusion of Control*, Granta, 2018, S. 200.

239 »Two thousand years of monotheistic brainwashing have caused most Westerners to see polytheism as ignorant and childish idolatry. This is an unjust stereotype.« Harari: *Sapiens*, S. 238.

240 »Polytheism is inherently open-minded and rarely persecutes ›heretics‹ and ›infidels‹.« Harari: *Sapiens*, S. 239.

241 »Monotheists have tended to be far more fanatical and missionary than polytheists. A religion that recognises the legitimacy of other faiths implies either that its god is not the supreme power of the universe, or that it received from God just part of the universal truth. Since monotheists have usually believed that they are in possession of the entire message of the one and only God, they have been compelled to discredit all other religions. Over the last two millennia, monotheists repeatedly tried to strengthen their hand by violently exterminating all competition.« Harari: *Sapiens*, S. 243.

242 »Hindus were far more tolerant towards Islam than Muslims towards Hinduism. That was natural. Hinduism with its innumerable gods and goddesses and variegated beliefs and practices could accomodate Islam in its capacious fold without adding much to its load of deities or signficantly altering its ethos, but Islam could not take on the immense load of the Hindu pantheon without violating its basic monotheistic principle.« Eraly: ebd., S. 315.

243 Thomas Mann: *Joseph und seine Brüder*, Band 4: *Joseph, der Ernährer*, Fischer Taschenbuch Verlag, 1991, S. 433.

244 Vgl. Nath et al., S. 49; Tindall, S. 166.

245 »[A]n entire civilization that collapsed and then vanished from human memory for more than 3,500 years [...]. [I]t had been totally forgotten.« Neil MacGregor: *A History of the World in 100 Objects*, Penguin, 2012, S. 66 f.

246 Keay: ebd., S. 13.

247 »India's history as currently understood must be seen as beginning with two woefully unconnected cultures.« Keay: ebd., S. 7.

248 »[U]nimportant in itself, but [...] the precursor of far-reaching changes in India«. Jawaharlal Nehru: *The Discovery of India*, Oxford University Press, 1946 (7. Aufl., 1988), S. 93.

249 Alexander ging irrtümlich davon aus, dass der nach Südwesten fließende Indus in den Nil übergehe, also die Fahrt ins Mittelmeer ermöglichen würde. Vgl. Robin Lane Fox: *Alexander the Great*, Penguin, 2004, S. 363 f.

250 Keay: ebd., S. 290.

251 »Hindustan is a country of few charms. Its people have no good looks; of social intercourse, paying and receiving visits there is none; of genius and capacity none; of manners none; in handicraft and work, there is no form or symmetry, method or quality. There are no good horses, no good dogs, no grapes, musk melons or first-rate fruits, no ice or cold water, no good bread or cooked food in the bazaars; no hamams, no colleges, no candles, torches or candlesticks.« Babur: ebd., S. 275.

252 Eraly: ebd., S. 346.

253 Der Historiker Niall Ferguson geht davon aus, dass »Indien und China im 16. Jahrhundert mit recht großer Wahrscheinlichkeit die fortschrittlichsten Wirtschaftsräume der Welt« waren. Niall Ferguson: *Empire: How Britain Made the Modern World*, Penguin, 2004, S. 369.

254 Lisa Balabanlilar: *The Emperor Jahangir and the Pursuit of Pleasure*, Journal of the Royal Asiatic Society, Third Series, Vol. 19, No. 2 (April 2009), S. 182; zitiert in: Lucy Inglis: *Milk of Paradise: A History of Opium*, Picador, 2018, S. 120.

255 Eraly: ebd., S. xv.

256 Landes: ebd., S. 156, unter Verweis auf John H. Kautsky: *The Politics of Aristocratic Empires*, 1982, und Albert Howe Lybyer: *The Government of the Ottoman Empire in the Time of Suleiman the Magnificent*, 1913.

257 Dalrymple: *White Mughals*, S. xxxi f.

258 Braudel: ebd., S. 248.

259 Ursprünglich bezogen auf den russischen Thron zur Zeit Katharinas der Großen im 18. Jahrhundert. Simon Sebag Montefiore: *Catherine the Great & Potemkin: The Imperial Love Affair*, Phoenix, 2007, S. 32, 238.

260 391 Edelsteine und Perlen fehlen inzwischen. Vgl. Karl Czok: *August der Starke und seine Zeit*, Piper, 2016, S. 144 ff.

261 »Aurungzeb [...] tried to put back the clock, and in this attempt stopped it and broke it up.« Nehru: ebd., S. 265.

262 »[...] its decadent and sophisticated capital, Delhi, with two million inhabitants, larger than London and Paris combined, was still the most prosperous and magnificent city between Ottoman Istanbul and Imperial Edo (Tokyo).« Anita Anand und William Dalrymple: *Kohinoor: The Story of the World's Most Famous Diamond*, Juggernaut, 2016, S. 43.

263 William Dalrymple: *City of Djinns*, Penguin, 2014, S. 95.

264 Anand und Dalrymple: ebd., S. 55; Dalrymple: *Anarchy*, S. 44.

265 Auf dem Umweg über Afghanistan und den Pandschab sollte der Koh-i-Noor später nach London gelangen, wo er heute ebenso wie der Timur-Rubin (eigentlich ein Spinell) zu den Kronjuwelen gehört. Daria-i-Noor war Teil der iranischen Kronjuwelen und befindet sich heute mutmaßlich weiterhin in Teheran.

266 Dalrymple: *White Mughals*, S. 14.

267 Vgl. u. a. Roger Crowley: *Conquerors: How Portugal Forged the First Global Empire*, Faber and Faber, 2016, S. 63.

268 Crowley: *Conquerors*, S. 290 f.

269 Crowley: *Conquerors*, S. 98.

270 Vgl. Marino Sanudo (oder Sanuto): *I diarii di Marino Sanuto*; zitiert in: Crowley: *City of Fortune: How Venice Won and Lost a Naval Empire*, Faber and Faber, 2012, S. 270.

271 Wobei das spanische Weltreich später auch einen Teil Ostasiens umfassen sollte, nämlich die Philippinen und andere Inseln.

272 Vgl. Crowley: *Conquerors*, S. 74.

273 So G. Priuli: ›*I diarii*‹, ed. A. Segre, *Rerum Italicarum Scriptores*, Bd. 24, Teil 3, Bologna, 1921; zitiert in: Crowley: *City of Fortune*, S. 369.

274 Thomas Mann: *Bekenntnisse des Hochstaplers Felix Krull*, Fischer Taschenbuch Verlag, 1982, S. 204.

275 Zitiert in: Crowley: *Conquerors*, S. 286.

276 »Through Egypt we shall invade India, we shall re-establish the old route through Suez and cause the route by the Cape of Good Hope to be abandoned.« Zitiert in: Dalrymple: *White Mughals*, S. 147; Dalrymple: *Anarchy*, S. 332.

277 Charles-Maurice de Talleyrand-Périgord.

278 Owen Matthews: *Glorious Misadventures: Nikolai Rezanov and the Dream of a Russian America*, Bloomsbury, 2014, S. 125.

279 Matthews: ebd., S. 126 f.

280 Matthews: ebd., S. 113.

281 Matthews: ebd., S. 128.

282 Landes: ebd., S. 154.

283 Landes: ebd., S. 154.

284 Shah Alam II.

285 »It almost certainly remains the supreme act of corporate violence in world history.« [...] »Within a few months, 250 company clerks [...] had become the effective rulers of the richest Mughal provinces.« Dalrymple: *Anarchy*, S. xxvii, xxv.

286 Von ihnen war wiederum nur ein Bruchteil *covenanted*, also formal vom Secretary of State of India entsandt. Ferguson: ebd., S. 184.

287 Landes: ebd., S. 162; unter Verweis auf William [sic] Babington Macaulay (gemeint sein dürfte Thomas Babington Macaulay): *Lord Clive*, in: *The Works of Lord Macaulay, Essays and Biographies*, Band 3, 1840/1898, S. 253.

288 Landes: ebd., S. 163.

289 Vgl. Inglis: ebd., S. 163, 171.

290 Vgl. Tindall: ebd., S. 104; Tom Standage: *A History of the World in 6 Glasses*, Walker, 2006, S. 208-210.

291 Harari: *Sapiens*, S. 364.

292 So zum Beispiel von Shashi Tharoor: *Inglorious Empire: What the British Did to India*, Penguin, 2017, S. 20.

293 So sprach Jawaharlal Nehru beispielsweise 1946 mit Blick auf die Ereignisse von 1857 vom »Unabhängigkeitskrieg Indiens«. Nehru: ebd., S. 323.

294 »[S]cholars are still arguing over the old chestnut of whether 1857 was a mutiny, a peasants' revolt, an urban revolution or a war of independence. The answer is that it was all of these, and many other things too: it was not one unified movement but many, with widely differing causes, motives and natures.« Dalrymple: *Last Mughal*, S. 17

295 Dalrymple: *Last Mughal*, S. 21.

296 »[T]he feeling of helplessness that had pervaded India since the Revolt of 1857«. Russi M. Lala: *Beyond the Last Blue Mountain: A Life of J. R. D. Tata*, Portfolio (Penguin), 1993, S. 69.

297 »This achievement – a truly extraordinary 19th century change to the world – parallels the internet of our time by its radical ability to connect people across continents and cultures.« Christopher W. London: *Bombay Gothic*, Jaico, 2014, S. 79.

298 Ferguson: ebd., S. 306.

299 Die Schätzungen gehen weit auseinander. Bei Nath et al. sind es zum Beispiel 13.516 (ebd., S. 96), während Tharoor die Zahl der Gefallenen mit 74.187 angibt (*Empire*, S. 74).

300 Tunzelmann: ebd., S. 48.

301 Nath et al.: ebd., S. 150.

302 Nath et al.: ebd., S. 150.

303 »I hate Indians. They are a beastly people with a beastly religion.« Zitiert in: Srinath Raghavan: *India's War: The Making of Modern South Asia, 1939-1945*, Allen Lane, 2016, S. 350.

304 »Sooner or later you will have to crush Gandhi and the Indian Congress and all they stand for.« Zitiert in: Nehru: ebd., S. 438.

305 »Democracy is totally unsuited to India. Instead of conflicting opinions you have bitter theological hatred.« In einer nicht öffentlichen Veranstaltung der Indian Empire Society. Zitiert in: Martin Gilbert: *Churchill: A Life*, Heinemann (Owl Book), 1992, S. 507.

306 »[F]or much [...] of its history, the British Empire acted as an agency for imposing free markets, the rule of law, investor protection and relatively incorrupt government on roughly a quarter of the world.« Ferguson: ebd., S. xxi.

307 Tharoor: *Empire*, S. 80, 214.

308 »[M]any aspects of Empire were far more complicated in nature or ambiguous in impact than any generalization of good or evil could do sufficient justice to.« Tharoor: *Empire*, S. xxii.

309 »[T]he British Colonial Holocaust. [...] [T]hanks to economic policies ruthlessly enforced by Britain, between 30 and 35 million Indians needlessly died of starvation during the Raj.« Tharoor: *Empire*, S. 150.

310 Gina Thomas: *Licht auf die Schattenseiten der Kolonialherrschaft*, Frankfurter Allgemeine Zeitung, 15. August 2017, S. 9.

311 »Without the British Empire, there would be no Calcutta; no Bombay; no Madras. Indians may rename them as many times as they like, but they remain cities founded and built by the British.« Ferguson: ebd., S. xxiii. Angemerkt sei dazu: Bombay wurde zwar großteils von den Briten *gebaut*, war aber von den Portugiesen *gegründet* worden – und selbst bei Ankunft der Portugiesen waren die der indischen Westküste vorgelagerten Inseln, auf denen die Stadt wuchs, besiedelt, wenngleich dünn.

312 »How many Indians today would want to call a vote to divest themselves of democracy, English, the railway network, the legal system, cricket and tea on the grounds that they are imperial legacies?« Harari: *Sapiens*, S. 229.

313 Es ist vor diesem historischen Hintergrund zu sehen, dass Narendra Modi 2014 (im Jahr seiner erstmaligen Wahl ins Amt des Regierungschefs) Indiens Unabhängigkeitserklärung als das Ende von »1000 bis 1200 Jahren Sklaverei« beschrieb – ein Satz, für den er von vielen Seiten kritisiert wurde. Vgl. u. a. Crabtree: ebd., S. 278.

314 Keay: ebd., S. 496.

315 Oder ähnlich; es gibt weitere Deutungen des Akronyms.

316 Shashi Tharoor: *Die Erfindung Indiens: Das Leben des Pandit Nehru*, Insel, 2006, S. 23.

317 Vgl. zum Beispiel: *Midnight at the margins*, The Economist, 4. August 2018, S. 69 f.

318 Während des Ersten Weltkriegs, in dem sich u. a. Deutschland und Großbritannien gegenüberstanden, waren deutsche Adelstitel in Großbritannien nicht mehr opportun und wurden 1917 anglisiert. So wurde aus »Battenberg« »Mountbatten« und das Haus Sachsen-Coburg und Gotha zum Haus Windsor. Lord Mountbatten war nicht nur Onkel von Prinz Philip, des Ehemanns von Queen Elizabeth II., sondern auch Stifter dieser Ehe: Er hatte das Paar zusammengebracht. Vgl. u. a. Tunzelmann: ebd., S. 151.

319 Vgl. Tunzelmann: ebd.

320 Raghavan: *War*, S. 30.

321 »We have gone wrong somewhere.« Zitiert in: Ramachandra Guha: *Gandhi: The Years That Changed the World, 1914-1948*, Allen Lane (Penguin), 2018, S. 776.

322 Christopher Hitchens: *God Is Not Great: How Religion Poisons Everything*, Twelve (Hachette), 2008.

323 Vgl. Guha: *India After Gandhi*, S. 32.

324 Vgl. u. a. Shani: ebd., S. 1.

325 Keay: ebd., S. 509.

326 Guha: *India After Gandhi*, S. 89.

327 Mit Dank für die Metapher an den *Banyan*-Kolumnisten des Economist, *The unfinished Partition*, 19. August 2017, S. 41.

328 Nicht zu verwechseln mit der Line of Actual Control (LoAC), die den De-facto-Grenzverlauf zwischen Indien und der Volksrepublik China beschreibt.

329 Die Schätzungen reichen je nach Zählweise von 521 bis 565 Prinzenstaaten. Vgl. Guha: *India After Gandhi*, S. 36.

330 Purushotham: *Internal Violence: The ›Police Action‹ in Hyderabad*, Comparative Studies in Society and History, S. 452; zitiert in: Sitapati: ebd., S. 21.

331 Ergänzt um eine kleine Anzahl von Mitgliedern, die vom Präsidenten der Republik Indien in Anerkennung besonderer Verdienste ernannt werden.

332 Die Republik Italien reformierte ihr Wahlrecht 1994 in wesentlichen Punkten.

333 Nath et al.: ebd., S. 180.

334 Tobias Matern: *Meister des Doppelspiels*, Süddeutsche Zeitung, 12. August 2017, S. 9.

335 »[N]othing binds a nation and a people together quite so effectively as a foreign war against a common enemy, whether that enemy is real or manufactured.« In: MacGregor: ebd., S. 60.

336 So stieg die sowjetische Industrieproduktion von 1928 bis 1940 – trotz der Weltwirtschaftskrise in den 1930er-Jahren – um 170 Prozent. Vgl. *Free Exchange: The big squeeze*, The Economist, 11. November 2017.

337 Tharoor: *Nehru*, S. 82.

338 »[...] I had no doubt that the Soviet Revolution had advanced human society by a great leap and had lit a bright flame which could not be smothered, and that it had laid the foundations for that new civilization towards which the world could advance.« Nehru: ebd., S. 29.

339 Nath et al.: ebd., S. 162.

340 »I know what private enterprise means! It means robbing the government!« In: Frank Harris: *Jamsetji Nusserwanji Tata: A Chronicle of His Life*, 1925; Neuausgabe von 2015 (Tata Sons), S. 139.

341 »Machinery is the chief symbol of modern civilization. It represents a great sin. [...] I cannot recall a single good point in connection with machinery.« Zitiert in: Guha: *Gandhi Before India*, Penguin, 2014, S. 367.

342 Gandhi: ebd., S. 53, 63, 80, 127, 131 f.

343 Guha: *Gandhi Before India*, S. 200.

344 Guha: *Years*, S. 747.

345 »[D]ear friend [...] Herr Hitler, [...] you are today the one person in the world who can prevent a war which may reduce humanity to the savage state. [...] Your sincere friend, M. K. Gandhi«. Nath et al.: ebd., S. 150.

346 »To state the matter shortly: he wanted India to revert to a village-dominated and primitive ›spiritual‹ society [...]. [A]t just the moment when what India most needed was a modern secular nationalist leader, it got a fakir and guru instead.« Hitchens: *God*, S. 218 f.

347 »An abyss separates those whose psychology is turned towards the future from those who lean towards the past.« Zitiert in Braudel: ebd., S. 253.

348 »[On] the strictest Nazi lines [...].« Nath et al.: ebd., S. 176.

349 So Shashi Tharoor in seiner Biografie. Zitiert in: Nath et al.: ebd., S. 176.

350 »In those times for almost everything except breathing one required permission or license. This kind of control built fiefdoms for several industrial empires and created a monopolistic environment.« Jokhakar: ebd., S. 1.

351 *Hindu rate of growth*, ein vom indischen Ökonomen Raj Krishna geprägter Ausdruck.

352 »[W]hile he lived, he remained the most eminent global spokesman for the Third World.« Braudel: ebd., S. 246.

353 »Then, when India and Pakistan were in conflict, we sent arms to Pakistan, theoretically at least for defense on her northern (Russian) borders. It created against us in India a bitterness that might well have been avoided by limiting our aid to Pakistan to the economic field.« Eleanor Roosevelt: *The Autobiography of Eleanor Roosevelt*, Da Capo Press, 1992, S. 295.

354 Es gibt mehrere, deutlich voneinander abweichende Schätzungen über die genaue Zahl der Toten und Verletzten.

355 »Bitch«, »the goddamn woman«, »old witch« (Indira Gandhi); »bastards« (Inder). Guha: *India After Gandhi*, S. 458.

356 Vgl. Tharoor: *Nehru*, S. 282.

357 Keay: ebd., S. 574.

358 Zitiert u. a. in: Guha: *India After Gandhi*, S. 489.

359 Verschiedene Verschwörungstheorien vertreten die These, dass Lal Bahadur Shastri in Taschkent keines natürlichen Todes starb.

360 Vgl. u. a. Srinath Raghavan: *1971 – A Global History of the Creation of Bangladesh*, Permanent Black, 2015, S. 131 f. Die britische *Sunday Times* berichtete am 13. Juni 1971 über den »Völkermord« (»genocide«) in Ostbengalen, einen »Säuberungsprozess« (»cleansing process«) und eine angestrebte »Endlösung« (»final solution«). 2019 wirkte Bangladesch bei den Vereinten Nationen darauf hin, die Operation »Searchlight« der pakistanischen Armee 1971 offiziell als Völkermord anerkennen zu lassen.

361 Raghavan: *1971*, S. 74.

362 Raghavan: *1971*, S. 76.

363 Raghavan: *1971*, S. 206.

364 Raghavan: *1971*, S. 12.

365 Raghavan: *1971*, S. 4.

366 Vgl. Raghavan: *1971*, S. 5 f.

367 Vgl. u. a. *India's defence budget breaks into world's top five: UK report*, Mint, 16. Februar 2018, S. 17. Sowie: https://www.spiegel.de/politik/ausland/sipri-studie-diese-laender-geben-am-meisten-fuer-ihr-militaer-aus-a-d2d1080b-5a81-4c48-a2ac-61c1dcdf2d99.

368 Zitiert in: Nath et al.: ebd., S. 244.

369 Petersen: ebd., S. 178.

370 Andere Schätzungen gehen von deutlich mehr Opfern aus, darunter großteils Zivilisten.

371 Vgl. u. a. *Sister Act*, India Today, 30. September 2019, S. 25.

372 »[T]he nature of hereditary rule is to produce fools as well as statesmen.« Landes: ebd., S. 153.

373 »Decades of Congress rule, naming colonies [i. e. Wohnsiedlungen], localities, cities, bridges, airports, railway stations, schools, colleges, universities, stadiums after one family was intended to declare the ›Gandhis‹ as India's royalty. They were ›officially glamorised‹ as the blue blooded family of India. The others did not matter.« U. a. zitiert in: *Jaitley Attacks Cong on Dynastic Democracy*, Economic Times, 28. November 2018, S. 4.

374 Vgl. u. a. Guha: *India After Gandhi*, S. 566 f.

375 Verschiedene Versionen sind überliefert. »Whenever a mighty tree falls, it is only natural that the earth around it does shake a little«, »When a big tree falls, the earth shakes.« U. ä.

376 »[An] image of the Congress as playing religious politics rather than standing by its professed secular creed.« Sitapati: ebd., S. 71.

377 »[B]aby steps, not leaps«. Sitapati: ebd., S. 73.

378 Laut Vijay Joshi von der Universität Oxford 5,6 Prozent. Das Wachstum der Pro-Kopf-Wirtschaftsleistung lag in den 1980er-Jahren bei 3,4 Prozent. Vgl. Vijay Joshi: *India's Long Road: The Search for Prosperity*, Penguin, 2016, S. 25, 31.

379 Sitapati: ebd., S. 171.

380 Vgl. u. a. Jairam Ramesh: *To the Brink and Back: India's 1991 Story*, Rupa, 2015, S. 16.

381 Ramesh: ebd., S. 11 f

382 »P« für Pamulaparti, den Familiennamen, der in Telugu-Tradition vor dem Eigennamen steht, »V« für Venkata.

383 »Is the economic situation that bad?« – »No, sir, it is actually much worse.« Ramesh: ebd., S. 9.

384 Der Autor weist darauf hin, dass er zum Zeitpunkt des Manuskriptschlusses dieses Buches Infosys-Aktionär war.

385 Der Autor weist darauf hin, dass er zum Zeitpunkt des Manuskriptschlusses dieses Buches Wipro-Aktionär war.

386 Guha: *India After Gandhi*, S. 659.

387 Jokhakar: ebd., S. 1 f.

388 Weltbank. Laut international gebräuchlicher Definition: mit einem Einkommen von weniger als 1,90 US-Dollar am Tag (kaufkraftparitätisch gerechnet auf Jahresbasis 2011).

389 Vgl. Guha: *India After Gandhi*, S. 618.

390 Lata Jha: *95% homes in south India have a TV: BARC survey*, Mint, 29. August 2018, www.livemint.com/Consumer/EeyHaVDObV8M97iFrDH1KM/95-homes-in-south-India-have-a-TV-Barc-survey.html, aufgerufen am 5. Dezember 2019.

391 Devesh Kapur, Neelanjan Sircar und Milan Vaishnav: *The Importance of Being Middle Class in India*, Carnegie Endowment for International Peace, 3. November 2017, carnegieendowment.org/2017/11/03/importance-of-being-middle-class-in-india-pub-74615, aufgerufen am 3. Dezember 2019.

392 Nikhil Prasad Ojha und Zara Ingilizian: *How India will consume in 2030: 10 mega trends*, www.weforum.org/agenda/2019/01/10-mega-trends-for-india-in-2030-the-future-of-consumption-in-one-of-the-fastest-growing-consumer-markets/, aufgerufen am 2. Dezember 2019.

393 »[...] the 72-year-old Mr. Rao has become, in effect, the Deng Xiaoping of India – an aging party leader who, in his sunset years, has abandoned many, if not all, of the economic precepts that had guided earlier governments, challenging not only the old orthodoxies but an entrenched network of vested interests that had built up under the old system.« John F. Burns: *Unlikely Reformer Coaxes India Towards a Market Economy*, New York Times, 8. Mai 1994; zitiert in: Sitapati: ebd., S. 163.

394 »India's best Congress prime minister«. Zitiert in: Sitapati: ebd., S. 8.

395 Vgl. *Elections in India: Missiles maketh the man*, The Economist, 4. Mai 2019, S. 41 f.

396 Vgl. u. a. Kartikey Dev Singh: *Modi's wife hurt in Raj car mishap*, DNA, 8. Februar 2018, S. 1.

397 Natasha Noman: *The Strange History of How Hitler's ›Mein Kampf‹ Became a Bestseller in India*, Mic Daily, 11. Juni 2015, mic.com/articles/120411/how-hitler-s-mein-kampf-became-a-bestseller-in-india#.Bql1vA6kF, aufgerufen am 5. Februar 2019.

398 Das gilt selbstverständlich auch für die Geschichte anderer Kontinente und Nationen, insbesondere für die deutsche und europäische.

399 Einmal abgesehen von dem Umstand, dass die Partition selbst ein brutaler Akt der Trennung und ethnischen »Säuberung« entlang religiöser Kriterien war.

400 Roshan Kishore und Ishan Anand: *Who are the beef eaters in India?*, Mint, 20. Oktober 2015, www.livemint.com/Politics/RhPVLUFmclIDWRIiSoTC7N/Who-are-the-beef-eaters-in-India.html, aufgerufen am 7. Dezember 2019.

401 *Meatpacking district*, The Economist, 24. Juni 2017, S. 53 f.

402 Vgl. u. a. www.indiatoday.in/india/north/story/naqvi-dying-without-beef-should-go-to-pakistan-manthan-254120-2015-05-21, aufgerufen am 12. Dezember 2019.

403 Vgl. Shougat Dasgupta: *Cow Klux Klan*, India Today, 17. Dezember 2018, S. 6.

404 Vgl. Alexis de Tocqueville: *Über die Demokratie in Amerika*, 1835/1840; John Stuart Mill: *On Liberty*, 1859.

405 Drei Beispiele: Erstens, im Januar 2018 erklärte der Economist, dass die mehrere Hundert Millionen Menschen zählende indische Mittelschicht ein Mythos und eine Illusion sei. *India's Economy: The missing middle class*, 13. Januar 2018, S. 12; *The elephant in the room*, S. 16 ff. Zweitens, im Februar 2018 schrieb der Economist: »The BJP government has, in fact, slowly evolved into something surprisingly similar to its Congress-led predecessor, from which Mr Modi promised to ›free‹ India.« Absurd. *All hat and cattle*, 24. Februar 2018, S. 39. Drittens, Mitte 2017 erklärte der Economist: »The prime minister is not as much of a reformer as he seems. [...] Mr Modi [...] is squandering a golden opportunity. [...] In fact, he has not even made clear that economic reform is his priority.« Ebenfalls absurd. *Modi's India*, 24. Juni 2017, S. 9.

406 »Leaders such as Recep Tayyip Erdogan of Turkey [...], the late Hugo Chávez of Venezuela und even Narendra Modi, India's prime minister, have behaved as if they enjoy a special authority derived directly from the popular will.« *A tsar is born*, The Economist, 28. Oktober 2017, S. 11.

407 Mishra: *Anger*, S. ix.

408 Mishra: *Anger*, S. 8, 343.

409 Pankaj Mishra: *India at 70, and the passing of another illusion*, New York Times (International Edition), 12./13. August 2017, S. 11, 13.

410 »Authoritarian leaders, anti-democratic backlashes and right-wing extremism define the politics of [...] India [...].« Mishra: *Anger*, S. 9.

411 Mishra: *Anger*, S. 343.

412 Mishra: *Anger*, S. 271.

413 Volker Pabst: *Der Hetzer-Yogi polarisiert*, Neue Zürcher Zeitung, 4. April 2017, www.nzz.ch/international/sitten-und-fleischpolizei-in-uttar-pradesh-der-hetzer-yogi-polarisiert-ld.155281, aufgerufen am 8. Dezember 2019.

414 Fabian Heppe und Marius Mühlhausen im Gespräch mit Ananya Vajpeyi: *Eine homogene Gesellschaft bedroht die Demokratie*, Süddeutsche Zeitung, 23. Mai 2017, S. 10. Vajpeyi lehrt am Centre for the Study of Developing Societies.

415 *India's election: Agent Orange*, 4. Mai 2019, S. 10 f.

416 Guha: *India After Gandhi*, S. 417

417 Arun Jaitley verantwortete darüber hinaus phasenweise weitere Ministerien, etwa das Verteidigungsministerium. Er starb 2019.

418 »Was India really a giant black hole before May 26, 2014? Did India's march to progress, prosperity and greatness begin only four years ago? Is this claim not an insult to the intelligence of our people?« Sonia Gandhi: *Reimagining India*, India Today, 26. März 2018, S. 38.

419 Wobei Modi alles andere als ein Freund der Planlosigkeit ist. So forderte er nach seiner Wiederwahl im Mai 2019 seine neuen Minister auf, für ihre jeweiligen Ministerien Fünf-Jahres-Pläne aufzustellen.

420 Im Geschäftsjahr 2017/18 erzielte Air India beispielsweise einen Umsatz von umgerechnet 2,75 Milliarden Euro und einen Verlust von 700 Millionen Euro. Deutsche Botschaft Neu-Delhi, 27. Mai 2019, unter Verweis auf Business Standard.

421 2016 beispielsweise ein Plus von 23 Prozent.

422 Jeweils für das folgende Kalenderjahr. Rang 63 also beispielsweise im *Ease-of-Doing-Business Report 2020* der Weltbank, der im Herbst 2019 vorgestellt wurde.

423 Vgl. *Deutschland verliert an Wettbewerbsfähigkeit*, Frankfurter Allgemeine Zeitung, 29. Mai 2019, S. 15. Das Weltwirtschaftsforum (WEF) in Genf wiederum platzierte Indien im Oktober 2019 im Rahmen des *Global Competitiveness Report 2019* auf Rang 68 unter 141 Ländern (nach Rang 58 im Vorjahr).

424 Rakteem Katakey und Debjit Chakraborty: *Modi Enlists Indian CEOs to Build Toilets, Sweep Streets*, Bloomberg, 1. Oktober 2014, www.bloomberg.com/news/articles/2014-10-01/modi-enlists-indian-ceos-to-build-toilets-sweep-streets, aufgerufen am 5. Dezember 2019.

425 *Costume drama*, The Economist, 15. Juni 2019, S. 43.

426 So die Tageszeitung Mint: »The National Annual Rural Sanitation Survey (NARSS) conducted between November 2017 and March 2018 shows that 75% of rural households in the country have access to toilets, a 29 percentage point jump over what the National Family Health Survey (NFHS) 2015-16 reported. Both NFHS and NARSS are government-backed surveys conducted in league with multilateral donor organizations such as United Nations Population Fund (UNPF) and World Bank, respectively. NARSS interviewed 92,000 households across the country while the NFHS surveyed a much larger sample of 601,509 households. [...] The NARSS data suggests that 93.4% of the people who had access to toilets used them regularly.« Dipti Jain: *Has there been a sharp rise in construction of toilets?*, Mint, 20. April 2018, www.livemint.com/Politics/WjGTASRGhHnNTjmAWc9LsK/Has-there-been-a-sharp-rise-in-construction-of-toilets.html, aufgerufen am 8. Dezember 2019.

427 So zum Beispiel in Pune. Vgl. Vijay Chavan: *Dog Owners Must Scoop the Poop or Pay a Fine: PMC*, Pune Mirror, 23. November 2018, S. 1, 8.

428 Damit zählte Indien zur Spitzengruppe; kein Land wurde mit »sehr gut« bewertet. Vgl. Anna Steiner: *Wer hilft dem Klima?*, Frankfurter Allgemeine Sonntagszeitung, 1. Dezember 2019, S. 8; unter Verweis auf CCPI, EU-Kommission, Global Energy, Climate Change Performance.

429 Vgl. Utpal Bhaskar: *All Indian households to have electricity connection this year*, Mint, 1. Mai 2018, www.livemint.com/Industry/yNG3jqOa6EnfYjXgV6wsoM/All-Indian-households-to-have-electricity-connection-this-ye.html, aufgerufen am 8. Dezember 2019.

430 Vgl. Gireesh Chandra Prasad: *Indian economy gets more formal in four years of Modi government*, Mint, 26. Mai 2018, www.livemint.com/Politics/XrNVm85O0c34tSDmtyijMI/With-demonetisation-and-GST-Indian-economy-gets-more-formal.html, aufgerufen am 8. Dezember 2019; Pawan Agrawal: *India is doing well on financial inclusion*, Mint, 1. März 2018, www.livemint.com/Opinion/EYDsPA60qlvujdln9SJcdN/India-is-doing-well-on-financial-inclusion.html, aufgerufen am 8. Dezember 2019.

431 Man denke beispielsweise an die massiven Probleme des National Health Service (NHS) in Großbritannien.

432 Malathy Iyer: *Heart attack to hospital takes 5 hrs*, Sunday Times of India, 25. Mai 2014, S. 1.

433 In Anlehnung an das von US-Präsident Barack Obama initiierte Gesundheitskonzept »Obamacare«. Der offizielle Name des indischen Krankenversicherungskonzepts lautet Ayushman Bharat. Es ist auch als National Health Protection Scheme (NHPS) bekannt.

434 »[T]he biggest healthcare scheme of its kind in the world«. Vgl. *Health Cover for All*, Business Standard, 22. März 2018, S. 15.

435 Vgl. zum Beispiel: Malini Goyal: *So, how good or bad Modi's 5 years really were? India's CEOs give their report card*, Economic Times, 7. April 2019, economictimes.indiatimes.com/news/elections/lok-sabha/india/how-modi-govt-performed-heres-what-ceos-think/articleshow/68755690.cms, aufgerufen am 10. Dezember 2019.

436 Vgl. de.wikipedia.org/wiki/Autobahn_%28Deutschland%29#cite_note-1, aufgerufen am 7. Dezember 2019.

437 »We have done in four years what the Congress could not do in 50 years.« Nitin Gadkari: ›I'm Not a Big Neta, Just a Small Person‹, India Today, 26. März 2018, S. 64.

438 Der Yamuna-Expressway wurde 2012 eröffnet, also vor Narendra Modis Wahl zum Ministerpräsidenten.

439 Vgl. u. a. economictimes.indiatimes.com/industry/transportation/railways/mumbai-ahmedabad-bullet-train-fare-to-be-around-rs-3000/articleshow/71102716.cms, aufgerufen am 8. Dezember 2019.

440 Uddhav Thackeray, Ende 2019 als Chief Minister von Maharashtra vereidigt, erklärte, das Shinkansen-Projekt kritisch überprüfen zu wollen; Ausgang offen. Vgl. u. a. economictimes.indiatimes.com/news/economy/infrastructure/firing-a-bullet-at-indias-infra-dream/articleshow/72340940.cms, aufgerufen am 12. Dezember 2019.

441 Im Februar 2018 verkündete Branson während eines Besuchs in Maharashtra, dass Virgin Hyperloop One für dieses Projekt eine Absichtserklärung mit Maharashtra unterschrieben habe. Siehe u. a. www.dezeen.com/2019/08/07/mumbai-pune-hyperloop-virgin-maharashtra-india/, aufgerufen am 22. November 2019. Vgl. Chittaranjan Tembhekar: *New tech promises Mum-Pune trip in 20 mins*, Times of India (Mumbai), 19. Februar 2018, S. 2.

442 Abhijit Roy Chowdhury und Anurag Kotoky: *India plans to open 100 airports in five years*, Economic Times (Bloomberg), 30. Oktober 2019, economictimes.indiatimes.com/industry/transportation/airlines/-/-aviation/india-plans-to-open-100-airports-in-five-years/articleshow/71821181.cms, aufgerufen am 28. November 2019.

443 Saurabh Sinha: *Busier than Frankfurt: IGI moves up 4 slots to 12*[th], Times of India, 23. März 2019, timesofindia.indiatimes.com/city/delhi/busier-than-frankfurt-igi-moves-up-4-slots-to-12th/articleshow/68529515.cms, aufgerufen am 10. Dezember 2019.

444 *On the Recovery Path*, Economic Times (New Delhi/Gurgaon), 20. September 2019, S 5.

445 Weltbank; zitiert in: Sitapati: ebd., S. 9.

446 Vgl. Roberts: ebd., S. 5.

447 Tarun Shukla: *India's air traffic doubles to 117 million passengers in 6 years*, Mint, 24. Januar 2018, www.livemint.com/Companies/RHi9FvENDxO1re0jQ6bN3L/Indias-air-traffic-doubles-to-117-million-passengers-in-6-y.html, aufgerufen am 5. Dezember 2019.

448 Shukla: ebd.

449 Richtig ist, dass es in Indien in unabschätzbarer Menge Schwarzgeld gab (und gibt). Eine der historischen Ursachen hierfür war die Steuerpolitik Indira Gandhis in den 1970er-Jahren, als der Spitzensteuersatz der Einkommensteuer bei annähernd 100 Prozent lag. Für viele Geschäftsleute, Kleinunternehmer und Gutverdiener galt damals: entweder steuerehrlich verarmen oder sich unehrlich irgendwie arrangieren – mit Schwarzgeld und Barem.

450 *ATMs continue to run dry*, Business Standard, 31. Dezember 2016, S. 4.

451 Vgl. u. a. Alok K. N. Mishra: *Lack of orders driving truckers out of biz*, Times of India (New Delhi), 22. November 2016, S. 2.

452 Vgl. u. a. Sharath Chowdary: *Hyderabad's onion market halts operations due to cash crunch*, Business Standard, 16. November 2016, S. 17.

453 *The ropy rupee recall*, The Economist, 3. Dezember 2016, S. 43 f.

454 Shreya Shah: *Flower harvest income falls 70%; year lost: A farmer's story*, Sunday Business Standard, 18. Dezember 2018, S. 1.

455 Suman Mandal: *Fishing villages face notebandi heat*, Times of India (Kolkata), 19. Dezember 2016, S. 4.

456 Vgl. Avishek Rakshit: *Cash crunch hits tea gardens in Bengal*, Sunday Business Standard, 18. Dezember 2016, S. 6.

457 Vgl. zum Beispiel: Namrata Singh: *Makeup sales decline post note ban*, Times of India, 29. Dezember 2016, S. 16.

458 *30% Fall in Demand: Raymond*, Economic Times, 19. Dezember 2016, S. 15.

459 Vgl. u. a. Yeshika Budhwar und Shivani Saxena: *Ads failed, but cash crunch cuts ciggie sales by 40%*, Times of India (New Delhi), 22. November 2018, S. 8.

460 *Workers abandon building sites after demonetization*, Times of India, 13. Dezember 2016, S. 11.

461 Vgl. Sutanuka Ghosal: *Gold Business Down 75% Despite Fall in Prices*, Economic Times, 22. November 2016, S. 10.

462 *Real estate sees lowest sales in 6 years*, Indian Express, 11. Januar 2017, S. 17.

463 *Note ban pushes Ahmedabad housing market to 6-year-low*, Indian Express, 20. Januar 2017, S. 18.

464 *Auto Sales in Dec Skid on Note Ban*, Economic Times, 11. Januar 2017, S. 7.

465 So Mercedes-Benz-India-Chef Roland Folger. Christoph Hein: *Inder wehren sich gegen Billigimporte aus China*, Frankfurter Allgemeine Zeitung, 8. November 2017, S. 20.

466 Gandhi: ebd., S. 89.

467 *The missing middle,* The Economist, 25. Februar 2017, S. 42 f.

468 Subhadra Sen Gupta: *Life on the Line,* Sunday Express Magazine, 18. Dezember 2016, S. 3.

469 »A colossal failure which cost innocent lives and ruined the economy.« Zitiert auf ZeroHedge, 2. September 2017, www.zerohedge.com/news/2017-09-01/modis-demonetization-called-colossal-failure-ruined-economy-india-gdp-growth-slumps-, aufgerufen am 4. Dezember 2019.

470 »[O]rganised loot and legalised plunder«. U. a. zitiert in: *It Doesn't Befit PM to Abuse Political Opponents: Singh,* Economic Times (Pune), 22. November 2018, S. 2.

471 »[An] astonishingly incompetent manner«. Im Gespräch mit Pratik Kanjilal: ›*PM had asked for 50 days. I'm sure goalpost will be shifted ... It is a severe test of nation's goodwill*‹, Sunday Express, 18. Dezember 2016, S. 9.

472 »The PM dropped a nuclear bomb of demonetisation on our economy and turned it into Hiroshima and Nagasaki.« *Demonetisation like dropping N-bomb on economy:* Saamna; zitiert in: Times of India, 19. Januar 2017, S. 4.

473 Vgl. u. a. Rajrishi Singhal: *How demonetisation impacted the Indian economy,* Mint, 30. August 2018, www.livemint.com/Politics/uCSwolE7ugfGfuv2O0wWbN/How-demonetisation-impacted-the-Indian-economy.html, aufgerufen am 3. Dezember 2019.

474 »[T]he clever find ways around it. [...] It is not that easy to flush out the black money. [...] I was asked by the government in February 2016 for my views on demonetization, which I gave orally. Although there might be long-term benefits, I felt the likely short-term economic costs would outweigh them, and felt there were potentially better alternatives to achieve the main goals. I made these views known in no uncertain terms.« Rajan: ebd., S. xvi f.

475 »The Reserve Bank cannot just exist, its ability to say ›No!‹ has to be protected.« Rajan: ebd., S. 223 f.

476 Obwohl die RBI formal autonom ist, sieht Artikel 7 ihres Statuts (Reserve Bank of India Act) vor, dass die Regierung in Delhi ihr Anweisungen geben darf, die »nach ihrer Auffassung im öffentlichen Interesse notwendigsind«. Vgl. Amy Kazmin: *Former yes man at India's central bank says no to Modi,* Financial Times, 2. November 2018, S. 3.

477 »[I]t is going to be our duty to reform the institutions and to strengthen them so that they can function effectively and professionally as envisaged under the constitutional arrangement or the statutory provisions.« Narendra Modis Antworten auf Fragen von Diwakar und Rajeev Deshpande: *I'm an Outsider to Delhi and to Politics as Well,* Times of India (Mumbai), 6. Mai 2014, S. 12 f.

478 *The great race,* The Economist, 5. März 2016, S. 17 ff.

479 *Exclusive access,* The Economist, Special Report Financial Inclusion, 5. Mai 2018, S. 6.

480 *Fintech in India: E-rupification,* The Economist, 8. Juni 2019, S. 65.

481 John Sarkar: *Online grocers grapple with spike in orders,* Times of India, 15. November 2016, S. 19.

482 *After two years, Uday Kotak now says DeMo was poorly executed,* The Pioneer (New Delhi), 10. Dezember 2018, S. 10.

483 *DeMo Effect: Tax Base Widens, Income-Tax Filings Jump 50%,* Economic Times (Jamshedpur-Ranchi), 5. Dezember 2018, S. 11

484 »So, they were like, let's start and we will deal with problems on the way. [...] I prefer that approach too. I think demonetisation was just a way to signal to the people that we are moving to the digital world, and everyone needs to get used to it.« *Sensex could double in the next five years, says Mark Mobius*, im Gespräch mit Ami Shah, LiveMint, 11. Dezember 2017, www.livemint.com/Money/qp14E9Dayx9Bc7B0xWpx3J/Sensex-could-double-in-the-next-five-years-says-Mark-Mobius.html, aufgerufen am 4. Dezember 2019.

485 Reiner Holznagel: *Ärgernis der Woche: Bleib nicht, wie du bist!*, Euro am Sonntag, Ausgabe 01/18, 5. Januar 2018, S. 6.

486 Im Gespräch mit dem Verfasser, 15. März 2018, Delhi.

487 Vgl. *First big bankruptcy success hands Rs 35,200 crore to banks*, Times of India, 21. Mai 2018, timesofindia.indiatimes.com/business/india-business/first-big-bankruptcy-success-hands-rs-35200-crore-to-banks/articleshow/64261157.cms, aufgerufen am 8. Dezember 2019.

488 Nach Darstellung vieler Medien in Indien als *die* größte.

489 *Schumpeter: Jiopolitics*, The Economist, 11. März 2017, S. 64.

490 Reliance Industries Annual Report 2017-18, Juni 2018, S. 10.

491 »In other words, its capacity is about 1.6 times the capacity of Bharti Airtel Ltd, Vodafone India Ltd and Idea Cellular Ltd combined.« Mobis Philipose: *Thanks to Reliance Jio, Airtel, Vodafone and Idea are squeezed from both ends*, Mint, 23. März 2018, www.livemint.com/Money/6tHBK70v3xpybP7azhBw9I/Thanks-to-Reliance-Jio-Airtel-Vodafone-and-Idea-are-squeez.html, aufgerufen am 9. Dezember 2019.

492 Vgl. Mobis Philipose: *Indian telcos may well lose by winning*, Mint, 8. Juni 2018, www.livemint.com/Money/LIVo3U73Jho4Fk4htPkWVK/Telecom-firms-may-well-lose-by-winning.html, aufgerufen am 8. Dezember 2019.

493 Mobis Philipose: *Is Reliance Jio already the second largest telecom firm in India?*, Mint, 13. Juni 2018, www.livemint.com/Money/xXmklu6XOmglmLT474o69L/Is-Reliance-Jio-already-the-second-largest-telecom-firm.html, aufgerufen am 9. Dezember 2019.

494 Navadha Pandey: *As users dip, data drives growth in India's telecom sector*, Mint, 9. Oktober 2018, www.livemint.com/Industry/24YdU0cVdwXl9SDDZnVgRL/As-users-dip-data-drives-growth-in-Indias-telecom-sector.html, aufgerufen am 6. Dezember 2019. Im Vorjahreszeitraum, als es noch deutlich mehr Anbieter gegeben hatte, waren es sogar 1,187 Milliarden gewesen.

495 *A global timepass economy*, The Economist, 8. Juni 2019, S. 21 ff.

496 »We got lucky because, just as we launched in India, Reliance Jio was launched and its competitors lowered data rates. So, the cost of data in India has fallen like nowhere else in the world.« John Sarkar und Surojit Gupta: *We got lucky due to Jio, says Netflix CEO*, Times of India, 24. Februar 2018, S. 23.

497 Newley Purnell: *The Internet Is Filling Up Because Indians Are Sending Millions of ›Good Morning!‹ Texts*, 22. Januar 2018, www.wsj.com/articles/the-internet-is-filling-up-because-indians-are-sending-millions-of-good-morning-texts-1516640068, aufgerufen am 22. November 2019.

498 *India's new Jiography*, The Economist, 26. Januar 2019, S. 55.

499 Im Gespräch mit Jessica von Blazekovic, *Jetzt geht die nächste Milliarde Nutzer online*, Frankfurter Allgemeine Zeitung, 27. März 2019, S. B8.

500 Der Effektivsteuersatz liegt etwas höher.

501 Die von Jamsetji Tata selbst bevorzugte Schreibweise. Mitunter auch Jamshedji oder Jamshetji geschrieben.

502 Zitiert in: Harris: ebd., Vorwort (1957), S. xii f.

503 Vgl. Vishwa Mohan: *10% drop in farm suicides, 11,000 cases in 2016: Govt*, Times of India (New Delhi), 22. März 2018, S. 9. Es gibt eine beträchtliche Dunkelziffer. In den Vorjahren lagen die Werte demnach bei 12.602 (2015), 12.360 (2014) beziehungsweise bei 11.772 (2013) Selbstmorden.

504 indianexpress.com/article/india/12021-farmer-suicides-in-maharashtra-in-four-years-5794171/, aufgerufen am 10. Dezember 2019.

505 Vgl. www.livemint.com/Politics/TlGwNUE1tREBRILUzEQsyK/Railways-to-terminate-services-of-over-13000-absentee-emp.html, aufgerufen am 9. Dezember 2019.

506 Nach Angaben von Indian Railways, zitiert in: Jyotika Sood: *Why the railways suffer on an average 100 accidents a year*, Mint, 23. August 2017, www.livemint.com/Politics/JJCrjn2XBqbaokew7lTt6K/Why-the-railways-suffer-on-an-average-100-accidents-a-year.html, aufgerufen am 9. Dezember 2019.

507 Ministry of Railways, Government of India, Kundenrundschreiben vom 14. April 2018.

508 *Quotas for all*, The Economist, 12. Januar 2019, S. 44.

509 Vgl. Debjoy Sengupta: *End of Monopoly, or is it?*, Economic Times, 22. Februar 2018, S. 22.

510 Andere Quellen nennen aufgrund einer anderen Berechnungsmethodik abweichende Werte. Das Deutsche Aktieninstitut (DAI) in Frankfurt am Main ermittelte per Ende 2018 zum Beispiel 4405 börsennotierte Unternehmen in den USA und 463 in Deutschland. Für Indien legte das DAI keine Vergleichszahl vor.

511 Sven Beckert: *Empire of Cotton: A Global History*, Vintage, 2015, S. 246.

512 Interview mit Matthias Dworak und Mario Lochner, Focus-Money, Ausgabe 25/2017, S. 36.

513 *Large-Cap Stocks: Coming Back Into the Reckoning!*, Dalal Street Investment Journal, 19. Februar 2018, S. 40.

514 ADRs und GDRs sind keine Aktien, funktionieren praktisch aber genauso. Zu beachten ist, dass ein ADR oder GDR nicht zwangsläufig exakt einer Aktie entspricht. Bei Reliance Industries entfallen zum Beispiel zwei Aktien auf ein GDR, bei der HDFC Bank entspricht ein ADR drei Aktien.

515 Lala: ebd., S. 68.

516 John Peter Jones: *India, Its Life and Thought*, Macmillan, 1908 (E-Book), Location 728.

517 Nehru: ebd., S. 149.

518 London: ebd., S. 30.

519 Während in der gesamtindischen Gesellschaft zurzeit eine Frau im Laufe ihres Lebens im statistischen Mittel 2,2 Kinder bekommt, liegt der Vergleichswert in der Volksgruppe der Parsen nur bei 0,8. Bei einer Fertilitätsrate von 2,1 Kindern je Frau bleibt die Bevölkerungszahl konstant. Vgl. u. a. www.bbc.com/news/world-asia-india-40628310, aufgerufen am 11. Dezember 2019.

520 »There simply is no other major business on earth like the Tata Group [...].« Peter Casey: *The Greatest Company in the World? The Story of Tata*, Portfolio (Penguin), 2014, S. xi.

521 Casey: ebd., S. xii.

522 Er war allerdings nicht der erste Unternehmer der Familie. Jamsetji Tatas Vater, Nusserwanji Tata, hatte bereits ein Unternehmen gegründet.

523 Eigentlich Dorab Tata; er bevorzugte selbst den um die Höflichkeitsendung »-ji« verlängerten Vornamen »Dorabji«.

524 Im Geschäftsjahr 2017/18 lag der Gesamtumsatz aller Tata-Unternehmen nach Firmenangaben bei 110,7 Milliarden US-Dollar. www.tata.com/investors, aufgerufen am 15. Dezember 2019.

525 Wie John Brooks es in seinem Wirtschaftsklassiker im Kapitel über Fords desaströses *Edsel*-Abenteuer in den 1950er-Jahren ausdrückte: »their symbols of inferior caste«. John Brooks: *Business Adventures: Twelve Classic Tales from the World of Wall Street*, John Murray, 2014 (E-Book), S. 32.

526 Vgl. timesofindia.indiatimes.com/business/india-business/no-tata-nano-production-in-first-9-months-of-2019-just-1-unit-sold/articleshow/71487834.cms, aufgerufen am 28. November 2019.

527 Formal war Tata Tea Käufer.

528 Vgl. u. a. economictimes.indiatimes.com/news/company/corporate-trends/at-19-5-billion-tata-group-is-indias-most-valuable-brand-report/articleshow/67725002.cms, aufgerufen am 15. Dezember 2019.

529 Es gab mindestens zehn Bombenanschläge in Bombay/Mumbai im Zeitraum von 1993 bis 2003. So starben am 12. März 1993 mehr als 300 Menschen bei einer Anschlagserie u. a. auf die Bombay Stock Exchange (Fort) und auf das Air-India-Gebäude (Nariman Point). Am 25. August 2003 kam es zu Massakern am Gateway of India und auf dem Zaveri-Basar mit 52 Toten. 2006 starben mehr als 200 Menschen bei Anschlägen auf Vorortzüge. Auch in anderen Städten wurden Terrorakte verübt. Vgl. u. a. Sandeep Unnithan: *Black Tornado: The Three Sieges of Mumbai 26/11*, HarperCollins, 2014, S. xv, xix.

530 Zu Details vgl. Morgen Witzel: *Tata: The Evolution of a Corporate Brand*, Portfolio (Penguin), 2010, S. 150.

531 »There is a hole in the company's accounts [...]. We do not yet know the size of the hole, but we know it exists. And Tata will fill it. The losses are our moral responsibility, and we will make them good.« Frei zitiert in: Witzel: ebd., S. 151.

532 »But when people in India think of Tata Finance today [2010], that is not what most of them remember first: not the fraud, but the honourable way that the Tata group dealt with it and took responsibility.« Witzel: ebd., S. 151.

533 Vgl. Harish Bhat: *Tata Log: Eight Modern Stories from a Timeless Institution*, Portfolio (Penguin), 2012. Bhat ist langjähriger Tata-Manager.

534 Gemeint ist Sir Ratan Tata (1871-1918), nicht zu verwechseln mit dem gleichnamigen langjährigen Chairman von Tata Sons, Ratan Tata (Jahrgang 1937).

535 Siehe vorherige Anmerkung.

536 »A Tata company shall provide equal opportunities to all its employees and all qualified applicants for employment without regard to their race, caste, religion, colour, ancestry, marital status, gender, sexual orientation, age, nationality, ethnic origin or disability.« Tata Code of Conduct (Stand 2019).

537 Poonam: ebd., S. 40.

538 Vgl. Varun Sood: *No layoffs, but top outsourcers see staff strength shrink for first time in 20 years*, Mint, 8. Februar 2018, S. 5.

539 Vindu Goel: *IBM Now Has More Employees in India Than in the U.S.*, New York Times, 28. September 2017, www.nytimes.com/2017/09/28/technology/ibm-india.html, aufgerufen am 3. Dezember 2019.

540 SAP Annual Report 2018 on Form 20-F, S. 89, 183.

541 So eine Prognose der US-Bank Morgan Stanley. Vgl. P. R. Sanjai und Jeremy Diamond: *The tiny deals behind Mukesh Ambani's bid to take on Amazon*, Bloomberg, 8. April 2019, www.bloomberg.com/news/articles/2019-04-07/the-tiny-deals-behind-mukesh-ambani-s-bid-to-take-on-amazon, aufgerufen am 5. Dezember 2019.

542 Binny Bansal und Sachin Bansal sind nicht miteinander verwandt; die Namensgleichheit ist Zufall.

543 P. R. Sanjai: *Ikea's first store in India opens in Hyderabad tomorrow*, Bloomberg, 8. August 2018, www.livemint.com/Companies/ja0JvP63Jh5L9tS6Y4XhtL/Ikea-Hyderabad-store-to-open-tomorrow-6-million-visitors-ex.html, aufgerufen am 5. Dezember 2019.

544 Nach Angaben von Jayant Sinha, damals Staatsminister für zivile Luftfahrt. › *Yesterday's solutions are unsuited for tomorrow's victory* ‹ (Interview), India Today, 26. März 2018, S. 68.

545 Bei der State Bank of India (SBI) handelt es sich nicht, wie der Name nahelegen könnte, um die indische Notenbank. Zentralbank ist die Reserve Bank of India (RBI).

546 Vgl. u. a. www.spglobal.com/marketintelligence/en/news-insights/trending/t-38wta5twjgrrqccf4_ca2, aufgerufen am 16. Dezember 2019.

547 Nicht zu verwechseln mit dem ebenfalls börsennotierten Hypothekenfinanzierer HDFC, 1977 begründet, aus dem die HDFC Bank hervorging.

548 Patanjali war einer der Begründer der Yoga-Lehren in der indischen Frühgeschichte, laut Baba Ramdev »der größte Yogi aller Zeiten«; seine Lebensdaten und -umstände sind umstritten.

549 Angaben zum Geburtsnamen variieren: Ram Kishen Yadav oder aber Ramakrishna Yadav. Baba ist eine höflich-respektvolle Anrede, Ramdev ein spiritueller Name.

550 Angaben zum Geburtsnamen variieren: Acharya Balkrishna oder aber Balkrishna Subedi, siehe vorherige Fußnote.

551 Anfang Dezember 2019 lag Balkrishnas Vermögen laut *Forbes* allerdings nur noch bei 1,4 Milliarden US-Dollar. www.forbes.com/profile/acharya-balkrishna/#36f27cc51d99, aufgerufen am 2. Dezember 2019.

552 *In need of a new prescription*, The Economist, 24. März 2018, S. 58 f.

553 Ende 2019 kündigte Anand Mahindra an, sich zum 1. April 2020 als Group Executive Chairman zurückzuziehen. Vgl. u. a. indianexpress.com/article/business/companies/anand-mahindra-to-step-down-as-mahindra-group-chairman-from-april-1-6176670/, aufgerufen am 21. Dezember 2019.

554 Vgl. www.bosch.in/our-company/bosch-in-india/, aufgerufen am 17. Dezember 2019.

555 Vgl. www.ibef.org/download/Tourism-and-Hospitality-August-2015.pdf, aufgerufen am 17. Dezember 2019.

556 German Embassy New Delhi, Facebook, 27. September 2019.

557 Adam Roberts: *Special report India: Modi's many tasks*, The Economist, 23. Mai 2015, S. 9.

558 Priyanka Golikeri: *The suite vacation*, DNA (Mumbai), 7. Dezember 2018, S. 6.

559 Vgl. *Follow the stars*, The Economist, 20. Oktober 2018, S. 62.

560 Vgl. *The Big Draw*, Economic Times (al fresco), 9. Dezember 2018, S. 27.

561 2019 dauerten Reisen typischerweise drei bis sechs Tage. SOTC India Holiday Report 2019. Vgl. Swati Mathur: *Indians going for shorter but multiple holidays, says survey*, Times of India (New Delhi), 28. September 2019, S. 16.

562 Hier sind *branded* Hotelzimmer gemeint, also die u. a. von Hotelketten angebotenen. Darüber hinaus gab und gibt es informelle Übernachtungsmöglichkeiten.

563 Vgl. www.routesonline.com/news/29/breaking-news/286313/busiest-routes-in-the-world-the-top-100/.

564 Saurabh Sinha: *UAE on itinerary of a third of all flyers to & from India*, Times of India (New Delhi), 23. Februar 2018.

565 *India's most vital hub city*, Financial Chronicle Weekend, 24./25. März 2018, S. 2.

566 Die Covid-19-Pandemie Anfang 2020 (also zum Zeitpunkt des Manuskriptschlusses dieses Buchs) hat diese Prognose mit an Sicherheit grenzender Wahrscheinlichkeit hinfällig gemacht; der langfristige Aufwärtstrend dürfte indes ungebrochen sein.

567 Ein Ausdruck, der ursprünglich nicht aus Indien stammt, sondern aus China. Vgl. Inglis: ebd., S. 219.

568 *100 years since servitude*, The Economist, 2. September 2017, S. 46 f.

569 Vgl. David Northrup: *Indentured Labor in the Age of Imperialism, 1834-1922*, Cambridge University Press, 1995.

570 Northrup: ebd., S. 156 f.

571 *Indian Diaspora Largest*, Times of India, 27. März 2018, S. 9.

572 Die Zahl könnte binnen 15 bis 20 Jahren auf sechs Millionen steigen. Vgl. Sanjoy Chakravorty, Devesh Kapur, Nirvikar Singh: *The Other One Percent: Indians in America*, Oxford University Press, 2017 (E-Book), S. 2, 45. Vgl. Joshi: ebd., S. 243.

573 Zitiert in: *A model minority*, The Economist, 26. November 2016, S. 70.

574 Chakravorty et al.: ebd., S. xvii.

575 Chakravorty et al.: ebd., S. xv, 36, 95.

576 Chakravorty et al.: ebd., S. 69.

577 Chakravorty et al.: ebd., S. 65.

578 MacGregor: ebd., S. 373.

579 *The new Europeans*, The Economist, 9. Februar 2019, S. 22 f.

580 Embassy of the Federal Republic of Germany New Delhi und Deutscher Akademischer Austauschdienst, Press Release, 3. Oktober 2018.

581 *Hochqualifizierte Zuwanderer zieht es nach Deutschland*, Frankfurter Allgemeine Zeitung (dpa), 4. Juni 2019, www.faz.net/aktuell/beruf-chance/beruf/blaue-karte-hochqualifizierte-zuwanderer-zieht-es-nach-deutschland-16221039.html, aufgerufen am 4. Dezember 2019.

582 Zitiert in: Lalit K. Jha: *India to retain top spot in remittances with $80 bn in 2018: World Bank*, Mint, 8. Dezember 2018, www.livemint.com/Industry/kwSiOsjV6sVvU5ekrp8LPM/India-to-retain-top-spot-in-remittances-with-80-bn-World-B.html, aufgerufen am 8. Dezember 2019.

583 *The Outflow of Money*, India Today, 9. April 2018, S. 12.

584 *India's most vital hub city*, Financial Chronicle Weekend, 24./25. März 2018, S. 2.

585 *A model minority*, The Economist, 26. November 2016, S. 70.

586 Nadellas Vater und Schwiegervater waren politisch aktive Sozialisten.

587 Mann: *Joseph*, S. 136.

588 Nirav Modi ist nicht mit Indiens Ministerpräsident Narendra Modi verwandt.

589 Enda Curran: *India's GDP set to eclipse US' by 2030: StanChart*, Bloomberg, vgl. www. livemint.com/Politics/Jthcr40zpud6oUzJmI5kcJ/India-GDP-set-to-eclipse-US-by-2030-StanChart.html, aufgerufen am 5. Dezember 2019.

590 www.livemint.com/Politics/G2zn7haMqmzSDFees61ePM/India-to-be-high-middle-income-economy-by-2047-World-Bank-C.html, aufgerufen am 22. November 2019.

591 Vgl. u. a. Rainer Hank: *Gemeinwohl*, Frankfurter Allgemeine Sonntagszeitung, 24. Dezember 2017, S. 21. Die Wirtschaftsleistung Nordkoreas hat sich im genannten Zeitraum nur marginal erhöht.

592 »We do not want to be confrontational with any country. Foreign policy cannot be conducted by having a confrontational approach with neighbours or for that matter with any other country. We have to conduct our foreign policy with all other nations and specially our neighbours with a sense of trust and mutual cooperation.« Narendra Modis Antworten auf Fragen von Diwakar und Rajeev Deshpande: *I'm an Outsider to Delhi and to Politics as Well*, Times of India (Mumbai), 6. Mai 2014, S. 12 f.

593 »[B]oth our countries have a common history and we share not only borders but also common culture and traditions. Besides, the problems that we face are also common; our biggest enemy being poverty and lack of development.« Ebd.

594 So Xi Jinping, Staatschef der Volksrepublik China. Vgl. *Planet China*, The Economist, 28. Juli 2018, S. 7.

595 So werden Schätzungen zufolge etwa drei Viertel der Staatsschulden der Malediven, seit Langem eigentlich ein enger Verbündeter Indiens (»*India first*« lautet ein Leitmotiv der Regierung in Malé), inzwischen von China kontrolliert. Vgl. *The two sides of the mountain*, The Economist, 23. Dezember 2017, S. 76 f.

596 Für einen ersten Eindruck vgl. en.wikipedia.org/wiki/List_of_Indian_Naval_accidents, aufgerufen am 2. Dezember 2019. Selbstverständlich hat auch die bundesdeutsche Marine das eine oder andere Hardwareproblem, wobei insgesamt eher weniger Einheiten sinken.

597 Vgl. *Routine update*, The Economist, 20. Mai 2017, S. 59.

598 Noch heute essen Inder generell wenig Fleisch, etwa vier Kilogramm pro Kopf und Jahr, und zwar vor allem Huhn und *mutton* (meist Ziege, manchmal Schaf). *A meaty planet*, The Economist, 4. Mai 2019, S. 49 ff.

599 »Burdened by uncontrollable social unrest, and irreversible climate change, Indians and Chinese will never enjoy in their lifetime the condition of a civilized urban existence that a few millions in Europe and America enjoyed intermittently through the nineteenth and twentieth century.« Mishra: *Anger*, S. 340.

600 Vgl. Prashant K. Nanda und Asit Ranjan Mishra: *More Indians going abroad for studies, but foreign students aren't coming in*, Mint, 17. August 2018, www.livemint.com/Education/qVtlWO1E9D923fiDD2o69I/More-Indians-going-abroad-for-studies-but-foreign-students.html, aufgerufen am 28. November 2019.

601 Nassim Nicholas Taleb: *Skin in the Game: Hidden Asymmetries in Daily Life*, Allen Lane, 2018, S. 164.

602 Jones: ebd., Location 440.

603 *Publishing in India: Mythomania*, The Economist, 26. November 2016, S. 71.

604 »It took the West centuries to figure out that educating the whole population, not just the half with testicles, was a good idea [...]. [...] Englishwomen did not become as literate as Englishmen until 1885.« Pinker: *Enlightenment Now: The Case for Reason, Science, Humanism, and Progress*, Penguin Random House, 2018, S. 239.

605 *Letting 260m minds go to waste*, The Economist, 10. Juni 2017, S. 13. Nach anderen Angaben 18 Prozent; Max Rodenbeck: *Special report: India: Too much to do*, The Economist, 24. Oktober 2019, S. 10.

606 Joshi: ebd., S. 171 f.

607 »[T]he most critical problem«. Vgl. Amit Anand Choudhary: *SC: All health schemes will go haywire if pollution not curbed*, Times of India (Mumbai), 6. Februar 2018, S. 9.

608 Aroon Purie: *From the Editor-in-Chief* (Editorial), India Today, 26. November 2018, S. 5.

609 Damayanti Datta: *The Coming of an Epidemic*, India Today, 26. November 2018, S. 39 ff.

610 Credit Suisse Research Institute: *Emerging Consumer Survey 2017*, S. 16.

611 »Though obesity surely is a public health problem, by the standards of history it's a good problem to have.« Pinker: ebd., S. 69.

612 Datta: ebd.

613 Neetu Chandra Sharma: *Cases of diabetes, heart diseases and cancer surging unabated in India: Study*, Mint, 12. September 2018, www.livemint.com/Politics/cJeqOhXwMmEKWjdLZMg67K/Cases-of-diabetes-heart-diseases-and-cancer-surging-unabate.html, aufgerufen am 3. Dezember 2019.

614 Datta: ebd.

615 Geeta Anand: *One Man's Stand Against Junk Food as Diabetes Climbs Across India*, New York Times, 26. Dezember 2017, www.nytimes.com/2017/12/26/health/india-diabetes-junk-food.html, aufgerufen am 7. Juni 2018.

616 Maitri Porecha und Jayadev Calamur: *The Big Battle to Kill the Killer*, DNA, 24. März 2018, S. 2.

617 »India does not consist of cities. There are no cities in India – to speak of. Its stupendous population consists of farm-laborers. India is one vast farm – one almost interminable stretch of fields with mud fences between ...« Twain: ebd., Location 3811.

618 »Moving to the city is the first step to getting filthy rich in rising Asia.« Mohsin Hamid: *How to Get Filthy Rich in Rising Asia*, Penguin, 2013, E-Book, Location 153.

619 So zum Beispiel Joshi: ebd., S. 65.

620 *How India fails its women*, The Economist, 7. Juli 2018, S. 8.

621 Zitiert in: Alexander Wulfers: *Das Zentrum der Welt hat sich verschoben*, Frankfurter Allgemeine Zeitung, 22. März 2019, www.faz.net/aktuell/wirtschaft/frankopan-die-zukunft-der-weltwirtschaft-ist-asiatisch-16098735.html, aufgerufen am 29. November 2019.

622 Auf Dollarbasis. Kaufkraftbereinigt ist der Abstand deutlich geringer.

623 Siehe zum Beispiel: de.wikipedia.org/wiki/Liste_der_Länder_nach_Bruttoinlandsprodukt_pro_Kopf, aufgerufen am 28. November 2019. Datenquellen (IWF, Weltbank) in den Fußnoten.

Personen- und Sachregister

Abbildungsnachweis

Bildteil Seite 1
© 2020 www.mapsofindia.com, eigene Bearbeitung Müjde Puzziferri
Bildteil Seite 2
© picture alliance / Design Pics
Bildteil Seite 3
Oben: © istock/saiko.3p
Unten: © Shutterstock/Hung Chung Chih
Bildteil Seite 4
Oben: © Wikipedia, Hajotthu
Unten: © istock/duncan1890
Bildteil Seite 5
Oben links: © istock/duncan1890
Oben rechts: ©picture alliance / DINODIA
Unten links: © picture alliance / akg-images
Unten rechts: © Shutterstock/Dipak Shelare
Bildteil Seite 6
Oben: © Shutterstock/KarSol
Mitte: © picture alliance / Everett Collection
Unten: © picture alliance/dpa
Bildteil Seite 7
Oben: © Shutterstock/Heide Pinkall
Mitte: © picture alliance / REUTERS
Unten: © picture alliance / REUTERS
Bildteil Seite 8
Oben links: © Shutterstock/rindambanerjee
Oben rechts: © picture alliance / Kyodo
Unten links: © istock/SaikatP
Unten rechts: © picture alliance / NurPhoto

Die dritte Säule

Raghuram G. Rajan

Die Globalisierung, die Finanzkrise und die digitale Transformation haben die drei Säulen, auf denen die Gesellschaft ruht – der Staat, die Märkte und die Gemeinschaft – ins Ungleichgewicht gebracht. Nur eine kleine Elite scheint von den neuen Paradigmen zu profitieren; die bürgerliche Mitte kämpft um den Erhalt ihres Status und die Schwächsten sind abgehängt. Zur Wiederherstellung des Gleichgewichts müssen alle Säulen wieder auf eine Ebene gehoben werden. Die Lösung liegt in der Stärkung lokaler, inklusiver Gemeinden als notwendigem Gegengewicht zu einem starken Staat und globalen Wettbewerbsmärkten.

Raghuram G. Rajan, ehemaliger IWF-Chefökonom und Ex-Gouverneur der indischen Zentralbank schreibt über eine der größten Herausforderungen unserer Zeit. Eine brillante und weitsichtige Analyse der aktuellen Gegenreaktion auf die Globalisierung von einem der wichtigsten Ökonomen unserer Zeit.

560 Seiten | Hardcover | 26,99 € (D) | 27,80 € (A) | ISBN 978-3-95972-252-0

Losing my Virginity

Richard Branson

Legastheniker und Versager. Mit 16 Jahren bricht Richard Branson
1968 die Schule ab. Deren weitsichtige Einschätzung seiner
Zukunft: Knacki oder Millionär. Nicht einmal drei Jahre später
eröffnet er in der Oxford Street den ersten Virgin-Plattenladen
und landet kurz darauf mit einem Plattenvertrag seinen ersten
Millionen-Deal. Damit legt Branson den Grundstein seiner Virgin
Group, die heute mehr als 20 Milliarden Dollar Umsatz erwirtschaftet und mehr als 50 000 Menschen beschäftigt.
In seinem Millionen-Bestseller Losing my Virginity spannt das
umtriebige Multitalent den Bogen von 1950 bis an die Schwelle
des Millenniums. Es ist die beeindruckende Autobiografie eines
Abenteurers und Paradiesvogels, für den Aufgeben nur eines ist:
keine Option.

512 Seiten | Hardcover | 24,99 € (D) | 25,70 € (A) | ISBN 978-3-95972-140-0

Finding my Virginity

Richard Branson

Am Silvesterabend 1998, an der Schwelle zum neuen Millennium, beginnt nicht nur der zweite Teil seiner Biografie, sondern auch Bransons zweites Leben – zwei Jahrzehnte, voll mit noch mehr Höhen und Tiefen, Rekorden und Grenzüberschreitungen.
Ein einmaliger Blick auf das Leben eines außergewöhnlichen Menschen, dem schon sein damaliger Schuldirektor prophezeite: »Entweder du landest im Gefängnis oder du wirst Millionär.« Mit Finding My Virginity folgt 20 Jahre nach Erscheinen des Millionen-Bestsellers Losing My Virginity – Business ist wie Rock 'n' Roll der zweite Teil der Autobiografie des Ausnahme-Unternehmers Sir Richard Branson.

544 Seiten | Hardcover | 24,99 € (D) | 25,70 € (A) | ISBN 978-3-95972-126-4

Der reichste Mann der Weltgeschichte

Greg Steinmetz

Jakob Fugger ist der reichste Mann, der (nicht nur in Mythen) jemals gelebt hat. 1459 als Enkel eines Bauern geboren, häufte er ein unvorstellbares Vermögen an, das selbst den legendären J. D. Rockefeller oder heutige Superreiche wie Bill Gates in den Schatten stellt.

In einer Zeit, in der die Macht von Königen schier unbegrenzt war, legte Jakob Fugger den Grundstein für seinen unglaublichen Reichtum. Innovative Ideen, Verhandlungsgeschick und vor allem Nervenstärke zeichneten den Bankier aus, der dem Papst die Erlaubnis für Zinsgeschäfte abrang.

Greg Steinmetz enthüllt, mit welchen Methoden Fugger sein gigantisches Imperium aufbaute, Fürsten- und Königshäuser in die Abhängigkeit drängte und die europäische Politik maßgeblich mitprägte. Um unseren modernen Kapitalismus, wie wir ihn heute kennen, zu verstehen, muss man Jakob Fugger verstehen.

312 Seiten | Hardcover | 26,99 € (D) | 27,80 € (A) | ISBN 978-3-89879-961-4